老司城古建筑群文化研究

苏　晓　著

中国原子能出版社

图书在版编目（CIP）数据

老司城古建筑群文化研究/苏晓著 . —北京：中
国原子能出版社，2018. 11 （2023.1 重印）

ISBN 978-7-5022-9514-1

Ⅰ. 老… Ⅱ. ①苏… Ⅲ. ①古建筑—文化研究—永
顺县 Ⅳ. ①TU-092. 2

中国版本图书馆 CIP 数据核字（2018）第 281484 号

老司城古建筑群文化研究

出版发行	中国原子能出版社（北京市海淀区阜成路 43 号　100048）	
责任编辑	王　青　刘　佳	
责任印制	赵　明	
印　　刷	河北宝昌佳彩印刷有限公司	
经　　销	全国新华书店	
开　　本	787 mm×1092 mm　1/16	
印　　张	17. 75	
字　　数	365 千字	
版　　次	2018 年 11 月第 1 版　2023 年 1 月第 2 次印刷	
书　　号	ISBN 978-7-5022-9514-1	
定　　价	88. 00 元	

前　言

　　近年来，土司制度与土司文化研究已成为国内民族文化研究的热点问题之一。本书以科学发展观为指导，发扬"经世致用"的传统，系统总结研究土司时期永顺老司城的建筑群的文化内涵及文化功能；是湖南省社科基金项目"永顺老司城古建筑群文化研究"研究的结晶。

　　作为土家族文化实体存在的老司城遗址，文化传承应该如何保护，应相辅相成，缺一不可。在老司城遗址建筑本身上品读土家族的生态文化；在老司城演变历史中窥探中华民族的治乱兴衰，这些都是对老司城建筑群文化元素研究的意义所在。研究老司城的多元文化，对分析老司城的文化内涵，把握老司城地区独特的民族文化有着重要的意义，为老司城文化价值的形成与变迁、非物质文化遗产的传承与保护提供理论和实践依据，让文物旅游资源得到充分利用，带动地方经济发展，同时促进现代建筑与中国传统文化的融合，让老司城文化以一种丰满的姿态展现在世人的面前。

　　土司制度是中国古代封建王朝统治少数民族地区，主要是南方少数民族地区的一种重要的政治制度，是中国历史发展进程中的特殊产物。它的产生、发展和消亡，都是在中国这一具有悠久历史的统一多民族国家和多元一体、血肉相融的中华民族的大一统的背景下演进的。它体现出多民族统一国家的中央政权秉承"修教齐政、因俗而治"的传统理念而与地方少数民族谋求利益平衡及共同发展，从而实现大一统国家稳定与文化多样性传承的民族生存和社会管理的政治智慧。因而对土司制度与文化的研究，有利于传承优秀传统文化和政治智慧，对全球化背景下的当代及未来的多民族共同繁荣、文化多样性的有效维护都具有重要的意义。

　　永顺老司城，位于湘西永顺县城东约19千米处的灵溪镇司城村，本名福石城，因是永顺彭氏土司王朝统治的古都，俗称为司城或老司城。永顺彭氏土司自五代后梁开平西年（910年）彭碱成为溪州刺史开始，历经五代、宋、元、明、清，到清雍正六年（1728年）"改土归流"止，历时818年，连绵不绝，世袭28代，共35位土司王，其鼎盛时期辖二十州。这种持续不断的长期有效统治，在土司历史上绝无仅有，而且老司城规模之大、繁荣之盛、存时之久亦为各地土司所罕见。史书有"城内三千户，城外八百家""五溪之巨镇，百里之边墟"的记载。清代贡生彭施铎曾作《竹枝词》

赞："福司城中锦作窝，土王官畔永生波，红灯万盏人千叠，一片缠绵摆手歌。"从中可见老司城昔日的繁盛与辉煌。

自"改土归流"后，作为古溪州政治、经济、文化和军事中心的永顺老司城就随即步入了遗址化的历程。所幸运的是这一过程是和平安静的，当其他地区土司城和土司衙署、土司官寨等土司制度物化遗存为战火或自然灾害毁坏殆尽之时，唯独永顺老司城免遭大面积破坏，其衙署的地上建筑部分改为兴建永顺府之用，其余则就地疆土掩埋。后继的历任地方政权对老司城遗址始终保护有加，使其虽经历二百余年，风貌仍然保存完好，目前成为中国各地区现存土司遗产中规模最大、遗存信息最丰富、保存最完整、最具典型性和代表性的土司遗址。

承担"永顺老司城古建筑群文化研究"课题工作，责任重大，任务艰巨，这对我们是不小的挑战，课题组成员完成这项课题研究十分艰辛，唯愿通过我们的付出，能够将土司文化推向世界，让世界了解土司文化。由于时间等因素，文中尚有许多不尽人意之处，诚请专家指正！在研究过程中，我们参考和借鉴了一些学者的研究成果，无法一一列举，在此一并致谢！

苏晓

2018 年 10 月 18 日

目　录

第一章 老司城遗址概论

任何一个民族都离不开其所生存的自然环境，因为生存环境的差异，所蕴涵的民族文化也有不同。环境不只是对技术有许可性与抑制性影响，地方性的环境特色甚至可能决定了某些有巨大影响的社会性适应。① 老司城遗址作为土家族先民活动的痕迹，要深刻地理解其所承载的历史意义，必然要从其存在的自然和人文生态的变迁来寻找发生和变化过程。

第一节 老司城及其周边的地理环境之变迁

一、位置与范围

老司城遗址（图1—1）位于湖南省永顺县县城东 19.5 公里处的灵溪镇司城村，地处武陵山脉中端的黑山山脉，地理坐标东经 110°，北纬 290°，海拔基本在 268～360 米之间。整个遗址群涉及范围约 25 平方公里，其中中心城区面积约 19 公顷，背依太平山，面临灵溪河，地处崇山峻岭之中。老司城所在的永顺县东邻张家界市境，西接龙山县、保靖县境，北枕桑植县境，南临古丈县境，东南同怀化地区沅陵县境毗连。从东沿的锅锅姥峰至西沿的万云山顶，宽 78 公里；南面自枝柳铁路罗依溪酉水大桥头至北面喇叭界，长 81 公里。全县辖 30 个乡镇，327 个村（居）委会。从全国范围来看，老司城虽然处在四川盆地与洞庭湖区之间的中间地带，但由于武陵山脉东北—西南走向，连山叠岭，河谷湍流，要想轻松进入很不易，《太平御览》卷一百七十一《沅陵记》就记载："五溪十洞颇为边患，自马伏波征南之后，虽为郡县，其民叛扰，代或有

---

① ［美］史徒华（Julian H. Steward）：《文化变迁的理论》，45～47 页，台北，允晨文化实业股份有限公司，1989。

之，盖恃山险所致。"

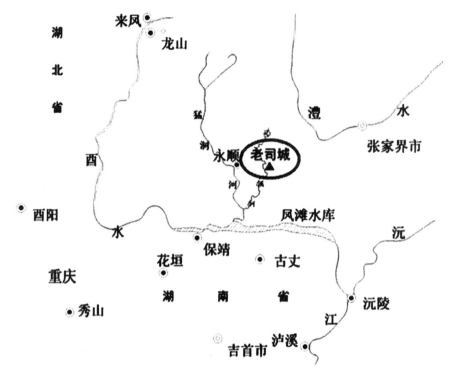

图 1—1　永顺老司城位置示意图

二、地形

　　永顺县地处云贵高原东侧与鄂西山地交界之处，武陵山脉中段，县内常态地貌（侵蚀流水地貌）和岩溶地貌同时发育，山高谷深，河流侵蚀切割强烈，地形起伏大，永龙山呈弧形雄居县境西北，人头山蜿蜒东南，其间普岸山、万福山、蟠龙山、四方界、羊峰山、方石岩等山脉曲绕相连，组成斜"S"型，地势依此向东北部澧水和南部酉水梯级下降，构成了不对称"鞍状"的地貌形态。层峦叠嶂，岭谷相间，溪谷纵横，最高羊峰山海拔为 1437.9 米，最低小溪鲤鱼坪的明溪海拔为 162.6 米，高低相差1275.3 米，地势比降为 44.6%。形态地貌分为山地、山原、丘陵、岗地和平原五种类型。山地是县境的主要地貌，面积 2720.6560 平方公里，占全县总面积的 71.4%。乾隆永顺县志（赋役志）记载："山高岭峻，其土多石，全赖刀耕火种。"山地中的低山标高 300～500 米，相对高差 200～400 米，坡降 25°～30°，山体破碎，多以 500 米夷平面构成，是县境水田旱土主要耕作地带。面积 336.7867 平方公里，占全县面积的8.84%，主要分布于猛洞河中游，牛路河上游、泗溪河、施溶河和贺虎溪两岸。平原多分布在溪河两岸和大型溶蚀洼地或溶槽地带，为冲积、洪积松散堆积物所组成。海拔在 500 米或 500 米以下，坡度小于 5°，土质肥沃，是重要的粮油产地。主要集中在石堤、颗砂、松柏等乡镇，面积 130.4068 平方公里，仅占全县面积的 3.42%。老司城遗址地处武陵山脉南支，地貌形态为山地中的中低山地貌，河道深切，地形破碎，一般标高 500 ~ 800 米，相对高差 400 ~ 600 米，坡度大于 30°。

三、气候

永顺县属中亚热带山地湿润气候，热量较足，雨量充沛，水热同步，温暖湿润；夏无酷暑，冬少严寒，垂直差异悬殊，立体气候特征明显，小气候效应显著。全年北风最多，南风次之，西风最少。灾害性天气主要为暴雨、洪水、冰冻。年平均气温在 14.2℃ ~ 16.4℃ 之间，1 月份为全年最低值，在 2.5℃ ~ 4.8℃ 之间；7 月份平均气温为全年最高值，在 25.1℃ ~ 27.3℃ 之间。极端最高气温 40.5℃，出现于 1981 年 8 月，大多数年份均有出现，极端最低气温 – 15.4℃ 出现在 1977 年 1 月 7 日于松柏。无霜期长，因地形各异，最长的 1962 年为 313 天，最短的 1960 年为 245 天。县各地气温随海拔的高度依次递减。但是由于山地辐射逆温的作用，在晴朗天气条件下，气温的垂直分布结构有很大改变，气温却随着海拔高度增高而上升，最低气温出现在山脚（谷），最高气温却出现在山腰，山体越大，逆温越强，最大增温可达 7.6℃，形成一层天然暖带。南坡（50 ~ 350 米）强于北坡（50 ~ 250 米），山顶气温低于山腰，高于山脚。1958—1981 年平均雨日 170.8 天，平均降水量 1365.9 毫米。年降水量大于 1009 毫米，4 ~ 7 月上旬又是降雨最集中的季节。年平均蒸发量为 1141.4 毫米，由于降水量与蒸发量存在差距，而在农作物生长期内的 7 ~ 9 月份雨量又偏少，就会出现秋旱现象。乾隆《永顺县志·风土志·气候》记载："春深天寒，夏中日燥，秋初炎蒸，端阳衣单葛，重阳加薄絮，雪深尺则互冻，冬骤雨则雷鸣，日出常热，天阴常冷。"改土归流后，随着水稻技术的大规模推广，作为灌溉蓄水工程早在清朝就开始有建设，清乾隆四十七年（1783），回龙潘家寨修山塘 1 口，灌田 30 余亩，为县内修塘灌田之始。

四、河流

永顺全县共有大小溪河 330 多条，分属沅水和澧水水系。酉水及其一级支流猛洞河、牛路河、泗溪河、施溶河、浪溪河等属于沅水水系；杉木河、万民岗河、砂坝河、桃子溪河、贺虎溪、永茂河等则属于澧水水系。地下水资源丰富，山泉、水井、泉眼密布其间，常年不息。

酉水是古楚黔中境内五溪之一，是沅水最大的一条支流。古名白水河，又名西溪，有北、中、南三条源流。北源又称北河，源远流长，水量丰富，是主干流，发源于湖北省宣恩县境内的椿木营乡的猫儿孔，蜿蜒南流入湖南省龙山县一段后，又自湾溪进入湖北省来凤县境内，随后西绕重庆市酉阳县酉酬镇，又南流至重庆市秀山县的石堤镇，与中源的秀山河汇合形成干流，折向东南流入龙山县里耶镇高桥村，又经保靖县比耳镇，再流经永顺县、古丈县，途中先后汇纳洗车河、花垣河、猛洞河、施溶溪、古丈河等溪流，东南流而下，经沅陵县西北溪子口张飞庙注入沅水，再东流至常德德山注入洞庭湖。南源松桃河，发源于贵州省松桃县的山羊溪，先东向流入松桃县城，再经洪安、茶峒成为湘渝界河，流入湖南后叫白河，现在又叫花垣河，到保靖汇入酉水。酉水全长 477 公里，在永顺境内有 67.5 公里。环绕老司城遗址的灵溪河上承施河下与浪溪河汇合进入牛路河人猛洞河，是老司城通往外界的一条主要水道。

澧水也分为北、中、南三源，分别是桑植县杉木界、八大公山和永顺的塔卧，东流经桑植县、永顺县、张家界市、慈利县、石门县、临澧县、澧县、津市等县市，最后注入洞庭湖。

永顺境内，古代峒路险绝，被宋人称为"鸟道"，河流为人民的生活带来了出行货运和灌溉之利，各溪流冲积形成的坝子为农业的发展提供了有利的条件，历史上水量丰裕，各支流的交汇处成为物质流通的集散地，形成了不同规模的集镇和码头。乾隆《永顺县志·地舆志·市村》记载王村市"上通川黔下通辰沅，为永郡通衢水陆码头，凡进城货物必于北处雇夫背运"。列夕"自王村以上进猛岗小河往来行舟多泊焉。民居罗列，商贩聚处。桐油、香油、杂油、桔子药材等货于此收买，亦要区也"。新中国成立以来，随着交通事业的快速发展，各河流的运输出行作用弱化，主要集中在水利工程的建设上。酉水河在湖南的境内的水电站就有湾塘、碗米坡、双溶滩、凤滩等。

五、自然资源

永顺的动植物资源很丰富，从自然植被的分区上，与所处的气候区相适应，植被类型是属于亚热带常绿落叶阔叶林带，因山地的因素，植物的分布也呈现出一定的规律性。以常绿落叶阔叶林为主，海拔 800～1000 米山地黄棕壤地带，多为常绿落叶阔叶混交林，海拔 800 米以下的山间河谷地区，原始植被保存较少，多为人工林。目前有国家重点保护的子遗植物 36 种，药材植物 985 种；国家一级保护树种有珙桐、水杉等；二级保护树种有香果、银杏、鹅掌楸、连香木、篦子三尖杉等；三级保护树种有银鹊、黄杉、楠木、红椿、花榈木等。国家重点保护动物 68 种，其中，国家一类保护的有云豹、白鹤、白颈长尾雉、蟒等；二类保护的有林麝、穿山甲、猕猴、金鸡、鸳鸯、果子狸、大鲵、苏门羚羊等；三类保护的有竹鸡、环顾雉、斑鸠、金星竹鼠、刺猬、蛇、蟾、白鹭、狐等。矿产资源已探明矿藏储量 36 种，矿产地 30 处，主要有煤、铁、铅锌、磷、大理石、膨润土等。

中原自定下"先王之制，邦内甸服，邦外侯服，侯卫宾服，夷蛮要服，夷狄荒服。甸服者祭，侯服者祀，宾服者享，要服者贡，荒服者王。日祭、月祀、时享、岁贡，终王"（《国语·周语上》）政策基调后，"以土作贡"成为少数民族地区联系中央王朝，同外界进行交往的一个主要渠道。从正史记载朝贡的史料上可以看到对少数民族的记载。《新唐书·地理五》就记载有溪州灵溪郡，土贡有丹砂、犀角、茶牙；辰州卢溪郡土贡有光明丹砂、犀角、黄连、黄牙。入宋后，楠木更是成为辰州沅陵县民的一种赋税。据《续资治通鉴长编》卷六十一真宗景德二年（乙巳，1005）就记有"免辰州沅陵县民岁输楠木"一条。除楠木外，而黄蜡、水银、名马①、茶叶等都成为溪州彭氏政权进贡中央的地方物产。犀角在宋朝成为武陵山区各蛮首进贡的常物，可以推测，武陵山区除了华南虎、金钱豹、云豹等珍稀动物在历史上曾常见外，犀牛应也是一种常见的动物。

综上所述，从老司城及其周围所处的地理位置来看，虽是处于中原和东部通往西南或巴蜀通往东南中介地，自然资源丰富，有着聚落发展的良好条件，而且考古发现也证明了我们的祖先在旧石器时代就呈现出以河流为道，以山间盆地和河岸台地为生存空间的特点，② 但又由于深处高山峻岭腹地，远离平原、河流交通要道，有着天然的封闭性，这使得老司城即使经过了八百多年的岁月，当很多文化遗迹都随着区域开发荡然无存时，它所承载的民族历史进程仍然有迹可循。

第二节　老司城及其周围的考古发掘

一、酉水流域的早期人类生活

流域是抚育文明的发源地，作为老司城与外界交流的主要通道酉水沿岸，早就有先民居住。自1988年发现保靖县东洛文化遗址后，陆续不断发现的旧石器遗址证实了早期原始先民生活的痕迹，考古工作者先后在龙山、保靖、泸溪等地发现了13处旧石器地点。在保靖和龙山发现的旧石器点，位于酉水两岸的1～3级阶地，采集的石器主要以砂岩为原料的砍砸器为主，有少量的砍削器，距今大约5万～1万年。③ 袁家荣先

---

① ①参见（元）脱脱等：《宋史》，卷四百九十三，《蛮夷一》，第40册，14174页，北京，中华书局，1977。
② 邓辉：《土家族区域的考古文化》，8页，北京，中央民族大学出版社，19990。
③ 周明阜、吴晓玲、向元生、龙京沙：《凝固的文明》，10页，西宁，青海人民出版社，2006。

生将湖南西部的旧石器分为两个类群,一是潕水类群,一是澧水类群。潕水类群地理分布在沅水中游及其支流河谷地带。沅水中游在地理上形成以雪峰山、南岭、云贵高原、武陵山环绕及五强溪峡谷截断的相对封闭小区,与东部洞庭湖平原的"澧水类群"旧石器有明显区别,也与西部的广西、贵州、四川东部旧石器不属同一个体系,湘西地区的旧石器就属于潕水类群,在旧石器时代就有其文化的独特性。① 采集的器物一般都制作粗犷,技术简练,形状不规则,石器全部以河床砾石为原料,大部分是砂岩,只极个别是燧石,色调以黄色为主,其次是青灰色,都是采用锤击法一次打击加工成工具,大部分是一面剥片而成,个别器物是两面加工。②

自 20 世纪 70 年代以来,考古工作者在沅水中上游和澧水流域发现的新石器时代遗址就多达 375 处,其中,湘西州就有 11 处。③ 西水沿岸就有龙山里耶,溪口,保靖的押马坪、碣洞洞穴遗址等,保靖梅花乡茶寨村的碣洞洞穴遗址在西水河东岸,坐东朝西。洞高 5 米,宽 2 米,进深约 7 米,文化堆积厚约 0.5 米。采集有人牙、人头盖骨、猪牙等化石;另采集有夹砂褐陶残片。④ 这些新石器时代遗址,从采集的标本来看,石器有长方形磨制石斧、刮削器、圭形凿、石棒、石器半成品。陶器质地有泥质红陶、泥质黑陶、夹砂红陶、夹砂灰陶,陶片上除磨光加黑衣外,还饰以条纹、粗绳纹、篮纹、方格纹、横人字纹、菱形纹、圈点纹及划纹等。还有少数的陶片,是在泥质红陶上绘黑色的锯齿纹及蒂纹。陶器器形有盆、豆、罐、盒、鬲、鼎、大口尊等。这里的原始陶质的特点是泥质红陶居多,泥质灰陶次之,器形按用途可分炊器有鼎、罐;饮食器有钵、盘、豆、壶、盂;盛储器有瓮、缸、盆。林时九认为湘西地区有一支古老的原始民族,他们早期原始文化大约从大溪文化阶段开始,经过屈家岭文化阶段一直在这块地方活动。从地域分布,地层关系和若干典型器物的演变分析,可能受到大溪文化、屈家岭文化、长江中游龙山文化系统影响。⑤ 从出土的器物可以看出,先民随着技术的提高,在材料选用和制作工艺上都有了很大的提高,人类延续 300 多年的采集、狩猎经济生活逐渐被农耕、畜牧经济生活所代替,是"人类文化史上划时代的历史事件"⑥。而陶器上的图案纹饰也成为这一时代艺术的显著特征。

从新石器晚期起,武陵山区腹地的文化就受到外来文化的不断冲击、不同文化的交流,融合,伴随着历史的烽烟云起打下了深深的烙印。商周时代的遗址就更加丰富,

---

① 何介钧、湖南省文物考古研究所:《长江中游史前文化暨第二届亚洲文明学术讨论会论文集》,23 ~ 44 页,长沙,岳麓书社,1996。

② 《湖南考古 2002》,上册,38 页。

③ 周明阜、吴晓玲、向元生、龙京沙:《凝固的文明》,22 页,西宁,青海人民出版社,2006。

④ 周明阜、吴晓玲、向元生、龙京沙:《凝固的文明》,22 页,西宁,青海人民出版社,2006。

⑤ 林时九:《从湘西民族地区考古发现看楚文化的影响》,载《吉首大学学报》,1990(3)。

⑥ 安志敏:《中国新石器时代的农业》,见《中国大百科全书.考古卷》,704 页,北京,中国大百科全书出版社,1986。

仅西水沿岸就发现有多处古文化遗址，来凤境内有漫水葫芦堡田家河边、吊水河和牛摆尾等遗址，① 保靖、龙山、永顺三县就有 35 处，② 其出土的材料中不仅具有楚文化信息，保靖迁陵喜鹊溪遗址出土的罐，龙山溪口遗址出土的夹砂褐陶、鬲与湖北江陵荆南寺遗址第一、二次发掘出土的罐、鬲相似。③ 大口缸的使用，回纹和云雷纹的特点也包含了中原文化的因素。④

不二门遗址位于永顺县城南 1.5 公里处，处于猛洞河中游河岸的一个山间平坝南缘，是个聚落遗址群，因其独特的地理环境，分为洞穴、山坡、岩下、岩间平地、溪边几个类型。洞穴大小不一，自然形成。通过发掘发现洞内各层表面，都有板结的生活面，在居住的中心有利用自然岩石垒成的火塘。在洞穴里还发现三座墓葬，所在的堆积土中，发现东周时期的泥质灰陶的器物口沿、深锐绳纹陶片和汉代五铢钱。陶器以夹砂褐陶为绝大部分，其次为夹砂红陶、粗泥黑皮陶、泥质磨光陶、泥质灰陶等。普遍是以纹饰，多饰于颈部和器身。纹饰以方格纹、绳纹、刻划纹为主，少量为戳印纹、弦纹等。方格纹可分大小方格，深浅不同；绳纹多不规则，由乱绳纹、交错绳纹等，粗绳纹多较浅，有一种深锐的绳纹则饰于火候很高的泥质灰陶上；刻划纹是最富特色的纹饰，多刻于器物的颈部，以水波纹、几何纹为主，往往与器身的绳纹结合在一起。铜器较为丰富，有短剑、钺、斧、镞、凿、鱼标及容器的残片等。短剑 1 件，扁茎无格，茎平头，一孔，断面扁圆，茎身处斜肩，分界明显，剑身细长，断面呈菱形，长 20.4 厘米。剑格 1 件，格较宽，断面菱形，素面，是楚剑中的常见，宽 5.2 厘米。鱼标 1 件，完整，刃部有倒刺，杆部三棱形，长 3.8 厘米。石器有石斧、石刀、砍砸器、刮削器、石锤、石球、研磨器、砺石、网坠、石针、石支座、水晶石等。骨角器较为丰富，种类有骨针、骨管、骨锥、尖状器、鹿角、卜甲等。骨针 11 件，均残。遗址中发现了大量的动物骨骼及牙齿标本，经袁家荣先生鉴定，这些动物的种属包括：猪、野猪、豪猪、牛、羊、虎、豹、熊、鹿、獾、獐、大狸猫、猞狸、鼠、竹鼠、鳖以及其他肉食类、禽鸟类、鱼类。⑤

不二门遗址稳定的文化层，生动地展现了湘西先民的生活状态。经济生活以渔猎为主，卜甲说明社会精神生活中祭司的存在，多元与传统并存。就正如考古专家柴焕波所说的这一遗址的发掘为湘西的商周文化树立了一个标杆。与江汉—洞庭湖区商周文化不属于同一个文化系统，同毗邻的皂市文化相比，隐含着区域自然环境和相应的

---

① 邓辉：《土家族区域的考古文化》，101 页，北京，中央民族大学出版社，1999。
② 刘长治：《湖南湘西自治州境内西水沿岸古遗址调查》，载《考古》，1993（10）。
③ 王宏：《湖北江陵荆南寺遗址第一、二次发掘简报》，载《考古》，1989（8）。
④ 邓辉：《土家族区域的考古文化》，104 页，北京，中央民族大学出版社，1999。
⑤ 柴焕波、龙京沙：《湘西永顺不二门发掘报告》，见《湖南考古 2002》（上），72～125 页，长沙，岳麓书社，2004。

生产方式上的诸多差异。虽与峡江及鄂西山区商周文化属于同一个大的文化系统，却又存在着本土特点。这一类型的遗址除不二门遗址外，永顺县杨公桥遗址、船铺后头遗址、乌龟包遗址、五合门遗址、半坡遗址、下颗砂遗址、哈水丘遗址、田家寨遗址、巴了坪遗址，保靖县瓦场遗址、荒地坪遗址、阳对门遗址、喜鹊溪遗址，桑植县朱家台遗址、长田遗址、接口遗址、车坝田遗址、浸水田遗址、南兴台地遗址、柿木岗遗址，永定区三兜丘遗址、台上遗址、龚家嘴台地遗址，慈利县桥头遗址、姚仁华田遗址，新晃县朱木山遗址、白洲滩遗址等二十多处都具有相同特征。①

　　酉水流域保靖四方城遗址也是反映区域历史特征的一个典型代表。四方城是汉代迁陵县的遗址，位于保靖县城东北 4 公里的龙溪乡要坝村西水河第二台地，也是春秋战国至明清两千多年延续不断的文化遗存。自 1982 年为配合五强溪凤滩电站建设，湘西文物考古队首次发掘发现 12 座墓，又在 1993、1995、1997、1998 年相继进行发掘，共发掘墓葬 83 座，战国汉代墓有 65 座，18 座为晋、唐、明、清时期墓葬。四方城内的春秋战国墓，均为中小型墓，并有 2/3 的墓属于楚墓，1/3 的墓属于巴族墓。楚墓中在战国早期是平民墓，到了战国中晚期开始出现贵族士一级的墓。个别的墓葬中，葬有祭祀器的陶簋，而这种簋只与古丈白鹤湾和龙山里耶的簋相似。保靖虽在汉高祖五年（公元前 202）建迁陵县，但从出土的资料看，在西汉的早、中期，仍承袭的是战国晚期至末期的楚式生活风格。从出土的器物看，仍以楚式的鼎、盒、钫为主，无西汉早期的"半两"、"三铢"等币制出现，直到西汉的中晚期才大大改变原有的状况，开始流行杂器和滑石璧、铜"五株"等，并已知此时的人们开始对已故的亲人祭奠是用火焚"五铢"币的方式进行的，并演变至今，仍流行纸币焚烧祭奠的习俗。②

　　酉水流域发掘战国两汉墓葬中，如永顺王村战国两汉墓、古丈县白鹤湾战国西汉墓，龙山里耶李拐堡战国墓等，存在着很多共同点，尤其是 2002 年以来龙山里耶古城遗址发掘，都反映了这一区域共同的历史特征。即有楚文化的特征，也有巴文化的体现，还有不同于两者的土著文化因素。何介钧对出土宽格青铜短剑的分析，推测为濮系民族所造。③ 而柴焕波结合史料对不二门东周濮人墓的确定，④ 丰富了这一地区民族的来源。

---

①　柴焕波：《湘西商周文化探索》，见《湖南考古 2002》（下），522～533 页，长沙，岳麓书社，2004。

②　湘西文管处、保靖文管所：《保靖四方城战国、汉代墓葬发掘报告》，见《湖南考古 2002》（上），174～218 页，长沙，岳麓书社，2004。

③　何介钧：《湖南先秦考古学研究》，215～220 页，长沙，岳麓书社，1996。

④　柴焕波：《武陵山区古代文化概论》，40～46 页，长沙，岳麓书社，2004。

二、老司城遗址的考古发掘

从 1995 年 10 月起，直到 2012 年 6 月，湖南省文物考古研究所会同湘西州文物工作队、永顺县文物局先后对老司城及外围相关遗址进行调查与发掘。老司城城址的基本格局和营建使用年代逐步得到认识，其周边各类相关遗存也逐渐浮现，一个跨度时间长而复杂多变的地域文化完全呈现在世人面前。老司城遗址作为经历了八百余年的城市发展历史的土家族政权的政治、经济、文化、军事中心，周边的诸多文化遗存与之都有着密切的内在联系，形成了以土司历史遗存为主体的湘西土司文化核心区。

（一）核心区

老司城遗址从整体上呈现了一个"点状分布、线状联系"的城市特点。城区范围约 19 公顷，依山形地貌分布着宫殿区、衙署区、紫金山墓葬区、宗教区和苑墅区等古代城市主要功能区，宫殿区、衙署区都有自身的城墙，外围有总城墙围绕。隔河的绣屏山顶布有烽火台。城区外门有东门、南门、南门码头。史料记载有八街九巷，现尚存有正街、右街、左街、五屯街、紫金街、鱼肚街。街巷全由红褐色裸石嵌砌路面，构成三角形、菱形等几何图案，整齐匀称、古朴雅致，具民族特色。

宫殿区位于遗址中心城区北部，城址依山而建，东北高，西南低，宫墙形状略呈椭圆形，长轴呈东南—西北走向，长约 147 米，短轴西南—东北走向，长约 114 米，总面积 16700 平方米。宫殿区内的遗存有城门、宫墙、房屋建筑、道路、堡坎、排水设施等。宫殿区共设有三个宫门：南门、西门、北门。南门与衙署区相连，现已发掘，可见通道；西门位于宫殿区西南侧，通过右街与河街和古码头相连，为宫殿区的主要出入口；北门位于宫殿区西北侧。从现发掘的区域来看，宫殿区内遗存有大量的房屋建筑及其配套排水沟、道路，房屋遗迹及南部建筑群等，发现有地下取暖设施，有火塘、火道、火铺面，从出土遗物来看，为明代中后期。[①] 城墙内侧可见大型的排水明沟和桥以及多处甬道，还有大量遗存的堡坎，堡坎高度 1.2 ~ 5 米不等。堡坎大致可分为三种形制：护坡型堡坎、挡土型堡坎和围合型堡坎。护坡型堡坎一般在建筑的前侧，为山地建筑立面的组成部分，挡土型堡坎在建筑的后侧。老司城遗址区内的堡坎基本系护坡型挡土墙，用红砂条石、青石块和鹅卵石浆砌，石缝填筑油灰（石灰拌桐油和糯米浆），裸露面抹油灰。堡坎一般包有双面石皮，乱石混土填芯。因位置的不同，堡坎的形制略有差异。这充分显示了因地制宜、依山筑城的建筑技术。

衙署区位于宫殿区东南侧，俗称"衙署"，地势背山面河，东北高、西南低，依自然山势筑成多层平台，建筑分布在这些平台上。同宫殿区一样，在四周建有围墙。围

---

① 柴焕波：《湖南永顺县老司城遗址》，载《考古》，2011（7）。

墙形状略呈长方形,长边呈东北—西南走向,长约 147 米;短边呈东南—西北方向,约 58 米,面积约 8520 平方米。以临正街方向为西墙。衙署区内现地面建筑有土王祠、土王祠西侧的凉洞、文昌阁、司城小学、堡坎及相关遗迹基址。土王祠、土王祠西侧的凉洞属于土司时期遗迹,保存较好,分别位于第五、第四级台地上。祠堂门口有一对石鼓,祠堂正前方立土司德政碑,德政碑是康熙年间为永顺宣慰使彭泓海所立,赞扬其德政爱民。四级台地北侧为凉热洞遗迹,凉洞尚存,热洞全毁。文昌阁位于该区的第二级台地北侧,是从雅草坪搬迁至此的土司时期关帝庙前殿,司城小学位于该区第三级台地的南侧,属于后来建筑物。衙署区除了与宫殿区共用宫殿区南门外,还有自己的南门和西门,其中西门沿用至今。从正街经衙署区西门到祠堂大门有一条约 200 米长的官道,要经过四个平台和五段石阶梯三十余个石级,区内还保存了大量的堡坎遗迹,为各级平台的外侧护坡型挡土墙,一般残高 2 米以上。衙署区内的宗教祠祀部分在下文宗教区内做一详细介绍。

墓葬区位于城东紫金山山坡与山脚,东以紫金山山腰柏树林为界,西至山脚紫金街,长约 140 米、宽 110 米,占地面积约 15400 平方米,地势相对较高,该墓区是土司王族墓地,墓地依山势呈阶梯状,每阶梯宽约 8 米,墓与墓之间一般为 2~3 米,共五个阶梯,有土司及眷属墓葬 30 余座。这与文献记载大致相吻合,乾隆《永顺府志》载:"彭世麒、彭明辅、彭宗舜、彭翼南、彭永年、彭元锦、彭廷机、彭廷椿、彭相澍等夫妇墓三十冢在老司城,彭泓海夫妇墓二冢在洗㘬湖,彭泓海妻墓一冢在吊矶岩,彭肇相等墓四冢在广罗寨,彭肇极墓一冢在腊茄。"据考古勘探、发掘清理得知,紫金山墓地以墓园形式营造,设左右神道两条,右神道中部可见卵石阶梯和一级红砂岩阶梯,均置石像生,据当地人介绍,原神道两侧分别树立石像生五尊,石像生有石人、石马、石狮、石羊等。现场发现一尊石狮、一尊石人和三尊石马残件;墓主人均为永顺土司彭氏王室成员,按早到晚依辈分由后往前排列,或安置于两侧,可窥视出其昭穆制的延续;墓葬规制视官职大小、地位高低而定;墓葬形制皆为砖室券顶,分单室、双室或多室,视墓室结构设墓道、回廊,身份高者,墓室内仿生前居室与装修的做法,墓室多为高浮雕青砖装饰,石房子明器上有当地土家文化寓意的多子多福浮雕,有石人骑着战马腾云驾雾的浮雕图;墓前还清理出了拜台、八字墙,祭台有云纹浮雕,八字墙被毁,仅留墙基,墙基可见花砖纹饰有宝香花和卷草纹及竹节纹。两处平台,推测为拜台前的台地,都是卵石路面,用扁形鹅卵石摆出拼花纹饰,一处拼花有"四朵梅"、"四十八钩"一方连续图案,当地土家文化根据梅花和白果花变形而来,寓意花带缠腰、四季吉祥如意。一处为菱形图案。① 这些图案在今天的西兰卡普织锦多有所见。改土归流后,彭氏土司家族或迁江西或徙散周边各地,墓园逐渐疏于看守屡遭盗

---

① 资料来源于永顺老司城国家考古遗址公园文物保护工程设计方案(第二期)。

掘，随葬品基本无存，出土器物多为金银器配饰和上品瓷器。这些发掘都对进一步了解明代土司丧葬文化，了解土司社会的变化提供了实物载体。

宗教区又分为城内和城外两个部分，在城内的礼制建筑区与紫金山墓葬区遥遥相对，中间以宫殿区通往祖师殿的卵石道路相隔。城内宗教区在衙署区内，发现有土王祠，位于老司城遗址内凤头山坡地的第五级台地之上衙署区东部，坐东南朝西北，南、西、北三面临河，东方一面背靠福、禄、寿三山。整个古建台基位城址衙署区中轴线第五级台阶，分两进，第一进为悬山顶穿斗式木架结构，三柱四棋（瓜柱），面阔三间，明间为大门过厅，三合土地面，次间装地楼板，沿天井有走廊，是民国时期重修的建筑。第二进为硬山穿斗抬梁式砖木结构，面阔三间，通宽13.6米，进深9.7米，均为三合土地面，解放初期于此设八区政府，对该建筑约有改建和添建。土王祠原名"彭氏宗祠"，据民国《永顺县志》载："彭氏宗祠于万历十九年（1591）彭元锦修建。"原主体建筑名"绳武堂"，据《永顺司宗图》载："顺治四年（1647）七月，张献忠部将马进忠、王进才犯境，焚毁衙署，顺治九年（1652），土司彭弘澍重建。"民国八年（1919）彭氏清谱祭祖将彭氏宗祠从世忠堂迁于现址。

关帝庙，又称圣英殿，遗址位于城东南一高台上，高台约20余米，原面积约2亩，为歇山顶木房，20世纪60年代拆毁，《县志》记载："圣英殿在司治雅草坪前，其山名回此，亦祀关帝，元锦建。关帝及照烈帝张恒侯像俱系铜铸，雍正中迎其像供于东门外庙后。"又载："明万历宣慰彭元锦奉命征滇蛮，关圣显威来助，十八战皆捷，凯施建关帝宫。"现遗址以作考古清理，台基尚存。圣英殿前为文昌阁旧址，建筑搬至衙署区。文昌阁，在关帝庙西面，与关帝庙紧密相连，20世纪60年代拆迁到衙署区位置，现今称为"摆手堂"。城隍庙，位于若云书院北侧高约3米的土台上，其地现仍称城隍庙，已毁，不见遗迹，相传改土归流后，将此城隍庙迁往永顺县城；吴着祠遗址，俗称"吴着坪"，又称"吴着厅"，位于城址东北凤凰山鞍部台地，现残存建筑墙体，为彭氏土司修建。五显祠，又称五谷庙，原为一歇山小殿，20世纪50年代拆毁，现仅存遗迹。若云书院，为湘西最早的书院之一，遗址位于城东名为书院坪的山坡上。城内宗教区内，书院东与紫金山墓地隔左街遥遥相望，其间左街西侧有一石牌坊，为彭翼南夫人所建，明间横梁阴刻"子孙永享"四字。牌坊向西有卵石古道通向书院。今书院仅存遗址。

城外宗教区祖师殿位于老司城东南约3里，灵溪河东岸，泰平山南麓，相传始建于后晋天福二年（937），重建于明代，之后多有修葺。中轴线自西向东依次有祖师殿、皇经台、过厅、玉皇阁，殿内现存铁钟一口，钟高1.5米，口径1米，为明代嘉靖十年（1531）宣慰使彭世麒铸造。钟钮为头尾脚爪俱全的拱背狮，钟面铭有"法轮常转"、"常道遐昌"、"皇图巩固"、"仁慈正烈"等铭文。此组建筑占地580平方米，正殿保存最好，面阔五间，通宽17.5米，进深13米，举架高20米，重檐歇山顶，穿斗抬梁式结构，空心青砖花脊。三跳斗拱雅致古朴，梁架结构与做法既吸纳汉民族官式风格，又不失地方民族特色，堪称少数民族地区与汉文化融合的典型代表。观音阁，据《县志》载："观音阁在司治南三里，以祀音大士，其山名石佛大士，像系铜铸，土司彭翼南建。"遗址位于祖师殿彼岸的小山包。各类不同类型的寺庙，显示了同一地区文化的多元性，祭拜仪式的举行，增强了这一地区人民的凝聚力，满足不同层次人们的需求，对稳定这一地区社会秩序起到了一定的作用。

苑墅区是土司城区后花园，沿着灵溪河上溯，在河两岸有土司家眷亲朋好友休闲游玩土司庄园、别墅和钓鱼台设施，据田野调查，共发现八处石刻题铭，记录了土司家人一起游玩的情景，有"弘治己未（十二年，1499）岁仲夏，余邀同世亲冉西坡游此，得鱼甚多。其日游者从者千余，俱乐醉而归。思垒记"，"余与嫁西司妹同游时，水泛，故记"，"余思垒暇时回，时老母口春属游景口因闻醋起以记之"，"正德年来，与诸大夫乘舟游乐之勒，因㭲碧花庄。思垒书"等，生动再现了土司日常生活。[①]

灵溪河将老司城分为东城区和西城区，老司城作为一座功能齐全的都城，街道是连接城市的核心，相传有八街、五巷、两口，现在尚存其名的有正街、河街、五屯街、紫金街、左街、右街、鱼肚街，鱼肚街在西城区。据成臻铭根据考古和相关文献资料并多次实地考察，认为老司城城区街巷有"九街两口十九巷"。九街和两口是老司城的主心骨，而十九巷则是围绕九街两口逐步形成的。九街是指正街、右街（御街）、中街（午门街）、左街、半坡街、五屯街、紫金街、河街、鱼肚街（桐油枯）。它呈"四横五纵"格局分布。"四横"自前而后，包括河西的鱼肚街，[②] 西城区归龙潭城秦氏专属的"鱼市一条街"鱼肚街，也是喻家堡要塞的主要街道，与老司城隔河相望，南北又有白砂河和来自骡子湾溪流环抱，其西背枕万云山脚的桐油枯，建筑依山而建，基本为悬山顶穿斗式木架结构，个别为庭院式布局，占地面积约2万平方米。现有居民20余户，以喻姓、秦姓、向姓为主。是老司城水产交易的场所。要塞附近有观音阁、五谷庙等宗庙遗址。后山桐油枯山顶是一片较开阔的平地，又名教场坪，是昔日土兵练兵的场所，现在要塞内还保留有当时的建筑墙基、柱础等。

两口是指马房口、狮子口。老司城河西自右而左有三条小溪，分别称为马房口、八补湾和小河。其中，位于右边小溪出口处、连接司城古柳林荫道的称为马房口，位于中间小溪出口处、连接鱼肚街右端的称为八补湾（万人坑），位于左边小溪出口处、连接鱼肚街左端的称为狮子口。

（二）外围区

老司城以山为障、以水为池的自然地形构成了老司城外围坚固的防御工事，为加

---

① 柴焕波：《湖南永顺县老司城遗址》，载《考古》，2011（7）。

② 河西以鱼肚街为中心，向左经狮子口巷、迎师坪、古栈道（对岸为第三处钓鱼台）抵达观音阁，向右经八补湾、马房口巷、监钦湾抵达北门潭的察闸院。

强防御，更是规定"峰尖领畔准其垦耕种，平原处荆棘蔓，不许开垦，土司之法所以守险而戒敌也"①。除了地理环境上的自然防御，还有一系列险峻的军事关卡、要塞分布在老司城周围的水陆交通线上。永顺县政府组织文物考古调查组对史料上与老司城相关的地点进行了全面考察清理，发现以老司城为中心有一个严密的安全网络，在灵溪河的上游一端，自生桥、谢圃、利木湖、飞霞关都发现了具有军事防守功能的关卡和建筑遗址，都有土兵驻扎，控扼东北方向的出入口；老司城北面有烽火台，山脚下的监钦湾、午门一带，应有营兵驻扎；在老司城鱼肚街南端，发现有建筑物遗址，也应是具有军事防御的建筑；灵溪河下游一端，则是榔溪关、龙潭城，"教场坪在司治西二里许，土人常于此处演武"，"搏射坪在司治西北五里，地宽敞，土人每于此搏射"②，现仍称搏射坪。以老司城为中心的给外围古城关卡，既是城市物质的供应地，又是城市的防御点。这里仅选取部分给以介绍。

龙潭城位于老司城灵溪河下游约8公里处，又名弄塔。城址背靠高山，坐北朝南，平面呈长方形，面积约5万平方米，城址所处台地由北而南向河床延伸突出，是灵溪河下游两岸唯一较开阔的台地，其面水环绕，溪泉如梳，在此附近汇集浪溪河入牛路河。河岸两侧悬崖绝壁，河床狭窄，水流湍急，暗石密布。城址由于长年的农耕和其他生产活动，地面建筑已无存。通过两次调查发现有少量的地面遗物，经对地层进行解剖，局部城墙可辨识；从而确定城址四周原为夯土墙，土墙东西长约300米，南北宽约200米。现残存的墙体残高0.5~1米不等，宽不详。经对部分残存城墙的轮廓进行追踪，初步推断有东、南、西三门。经试掘发现城址内地层中的包含物较丰富，从宋元至明清的地层与遗物对应清晰，年代准确，宋元时期遗物以白瓷或青瓷为主，明代则以青花居多，大量的卵石虽看不出其结构，但大面积的建筑存在则无可非议。根据考古试掘得出的信息，其始建年代与民国《永顺县志》"龙潭城在云霭山下，其地名弄塔，宋季彭允林建治于此，遗址尚存"的记载大体一致。另外，在宋元地层下层发现商时期的遗物，文化性质同于不二门文化类型。在龙潭城附近发现有四处墓地、一处关卡和码头，值得注意的是发现的墓地通过清理出的瓷器及其他器物，确定为宋元时期的墓群。考永顺土司宗谱载彭氏祖宗多葬弄塔村，当即此地。③

吊井古城，古城遗址位于老司城西北约12公里的吊井乡所在地，处全家湾小河、风洞小河与施河（灵溪河上游段称施河）交汇处，面积约6万平方米。城址依山而建，南靠灯盏驼山，三面环水，全家湾小河自西北向东南绕城北汇施河，风洞小河由西南向东北绕城南注施河，三河在此相汇，切成深谷断崖，乱石林立，滩陡水急，使得河道变得狭窄，加之两岸的悬崖绝壁，着实为踞天险扼司城西北门户之重地，军事防御

---

① 乾隆《永顺府志》，乾隆二十八年刻本。
② 乾隆《永顺县志》，卷一，《地舆志》，乾隆五十八年刻本。
③ 参见乾隆《永顺府志》，乾隆二十八年刻本。

功能极其优越。城内现为集市，密集的居宅对遗址有一定影响，而城外各类遗存保存相对较好，调查发现有相应时期的寺庙、遗址、桥梁、古道、水井、烽火台和墓葬，以及供休闲游玩观赏的荷花池、观莲台、钓鱼台等。发现有四条古道，分别通往塔卧、石堤、万坪、颗砂城。

颗砂古城，因雍正二年（1724）永顺土司彭肇槐由老司城迁址于此而得名新司城。该城位于永顺县东北部的颗砂乡颗砂村，西南距吊井城约 5 公里。"颗砂治所一名颗砂行署，在内颗砂保，明宣慰使彭世麒建，清宣慰使彭肇槐徙居于此，改土后废，遗址尚存。"① 这一带地势平坦开阔，土地肥沃，历来为永顺土司的粮仓及产盐区，民国《永顺县志》载："颗砂等处相传有盐井，土司封禁今失其所。"相传先前为"覃、王、张、向、田"五姓最早于此领照拓荒，世代繁衍，至明朝中叶永顺宣慰使司彭世麒置颗砂行署，至雍正七年（1729）废除土司制度，二百余年来，一直是土司及其幕僚处理政务、休闲娱乐的场所。此地是时"人烟繁盛，景物清幽，又有曲水流觞，双松掩映，实永邑胜地"②。四周高山环抱城址及周边的台地，颗砂小河由西北绕城址往东而南 1 公里处在松云潭于施河交汇。城外有来自北部的万坪和东北方向塔卧两条古道在此汇合通吊井古城。调查发现还有相应时期的建筑基址、桥梁、凉洞、古井、蟠桃庵遗址、青岗包窑址、松云潭石刻、爽岩洞石刻及古墓葬等。

牌楼古城位于石堤镇西南约 2.5 公里的牌楼村，背靠吴家坡，榔溪河自东北往西南穿西坝湖小盆地，在城址东转往南，绕城南折往北，与南来的溪流在回龙堡相汇后向北入洞潭，在榔溪关注灵溪河。城址东有前门山，东南有教场坪，南有观音山、彭家湾、谢家坡等自然村布列四周。布政使坊原为三开间的青砂石牌楼，上有浮雕，现仅存南部一间。原由牌坊入即为多进式的庭院建筑，两侧为巷道，虽该组建筑风貌无存，但基址与城址格局基本保留。现城内居民 20 来户，以王、张、田、向为主。经调查，与之相应的遗存还有回龙宫遗址、碑刻、古道、桥梁、钓鱼台、墓葬等。据民国《永顺县志》载："布政使坊在内龙保西坝湖，明嘉靖中为进阶昭毅将军布政使永顺等处军民宣慰使司彭翼南立。"据《明史》载，嘉靖十二年（1533），彭翼南右参政改为右布政使，牌坊所立时间当在彭翼南任右布政使职之后为表彰其功劳而建的。古道主要有 4 条，南北东西为主干，往北经石堤、五官、润雅至麻洋坪澧水西岸，在石堤往东经青天坪、龙爪关达澧水西岸的永定卫，往西北约 10 公里至吊井城；由城址往南经狮子、筒瓦、西那、小龙村抵王村，往西约 5 公里到新庄要塞下至老司城，往东南数里及羊峰卫。

南渭州位于永顺县泽家镇南渭村董家组，三面环水，依山而建，处于酉水中游西

<hr>

① 民国《永顺县志》，卷六，《地理》，民国十九年刻本。
② 乾隆《永顺县志》，乾隆二十八年刻本。

岸山脚一个凸出的半岛中，呈椭圆形，东西狭长，南北较短，占地面积约为 8 万平方米。两边悬崖峭壁，前有出水码头，水路交通发达，历为土民、土官西南方出入酉水的大门，系司城西南部军事要地。

南渭州城址系明、清时期南渭州土知州彭氏州址所在地。明洪武三年（1370）南渭州首任知州彭万金治于此。① 据乾隆《永顺县志》载："南渭州，古诸蛮之地，秦属黔中，汉属武陵，唐为富州，五季为静边都大乡、三亭、陇西地，宋为中溪州，元因之，先是新添葛蛮安抚司，至明洪武三年内附，改升南渭州。"又据《明史》："洪武五年（1372），永顺宣慰使顺德汪伦、堂压安抚使月直遣人上其所受伪夏②印，诏赐文绮袭衣。遂置永顺等处军民宣慰使司，隶湖广都指挥使司。领州三，曰南渭，曰施溶，曰上溪；长官司六，曰腊惹洞，曰麦着黄洞，曰驴迟洞，曰施溶溪，曰白崖洞，曰田家洞。"

南渭州现遗址区仅剩衙署区、宫殿区、荷花池、墓葬等遗迹。其中，衙署区和荷花池被辟为稻田，宫殿区变成董、王等姓居住区。1993 年水枯季节，湘西州考古队调查发现该城，并在城址北部发现东汉砖室墓。2008 年三普时，永顺文物局普查队员对遗址局部作了地层解剖，采集大量砖、瓦、陶、瓷片等。年代与文献记载大致相符。南渭州作为明朝永顺等处军民宣慰使司隶湖广都指挥使司，其在宋时为中溪州所在地。民国《永顺县志》记有"明南渭州土知州彭正夫妇墓一冢在阿迫。清南渭州土知州彭应麒墓一冢、彭凌高夫妇墓一冢、彭宗国墓一冢均在阿迫"，考察发现彭应麒和彭凌高父子两座墓被盗，墓前有碑，正中阴刻正楷"明诰封奉政大夫祖考公讳应麒字瑞宝老大人之墓"二十一字，落"孝孙宗国玄孙启尧敬吊"，款"康熙庚寅岁季春仲浣吉旦"。彭凌高墓墓室内破坏严重，1990 年由当地彭氏后裔重修，墓前有碑刻一通，碑中阴刻正楷"皇清诰封上大夫启祖公讳凌高之墓"共十五字。

施溶州土知州，在永顺司东南。'元会溪、施溶等处长官司。明洪武二年（1369），改州，以田建霸为土知州。传至田茂年，清顺治四年（1647），归附。雍正五年（1727），田永丰纳土。③ 乾隆二十八年（1753）刻本《永顺府志》载："施溶废州在永顺县东南九十里。"施溶州是进入永顺土司的南大门，从地理位置来看与今古丈县会溪坪、永顺县施溶溪、长官回龙、小溪、椰溪一带相邻呼应，东与沅陵接壤，扼守酉水航运之交通要道，顺酉水而下可达沅陵、常德等地，逆酉水而上可达王村、列夕、南渭州、保靖、里耶及西阳等地，陆路有古道经长官、大青山、保坪、驴迟峒至腊惹洞；或经长官、松柏、羊峰至石堤再达司城，水陆交通十分便利。施溶州一带所在地

---

① 民国《永顺县志》："彭万金，元新添葛蛮安抚使，明洪武三年偕子金胜随永顺总司内附，改升南渭州知州，世隶永司。"

② 当为元末明玉珍所建大夏政权。

③ 罗维庆：《土司制度与永顺土司文献资料整理研究》（未出版）。

现留存有明代砖室券顶墓，在施溶溪永顺县长官镇陈家包，共发现六座墓冢，墓群均为砖室墓，三层券顶，墓冢做工精细讲究。施溶州遗址现被凤滩水库水位所淹没，其城池建制一时无法考证，有待以后进一步的水下考古工作。

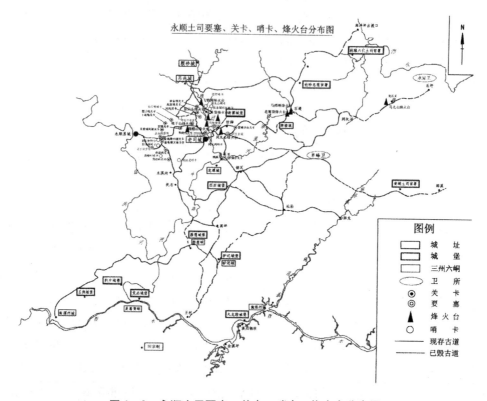

图1—2　永顺土司要塞、关卡、哨卡、烽火台分布图

　　除了外围古城，在水路交通要道上还筑有9个城堡、6个要塞、17个关卡、11个哨卡，山峦顶部还布有烽火台。（见图1—2）① 据排查考察有谢圃城堡、他砂总理官署、土芒州城堡、列夕城堡、克必城堡、九龙蹬、回龙堡城堡、西那城堡、老司岩城堡9个，除谢圃城堡位于老司城北部3公里外，其余均分布于司城外围各重要方位。南部酉水流域有南渭州的芒州、麦着黄洞长官司的老司岩、占据天险的九龙蹬等沿守历史上酉水这一重要水路通道；在入永顺土司腹地猛洞河设列夕、克必两城堡锁住河口；于石堤、高坪低山丘陵一带置西那、回龙堡、他砂城堡联守老司城北、东、南三面，同各级防御设施为老司城的安全形成一道道严密的防护网，保证着老司城中心的安全。

　　九龙蹬遗址位于永顺县芙蓉镇明溪村铜柱溪与酉水河交汇处，山势重叠，状若九条龙，故俗称"九龙蹬"。遗址处在的一个独立山顶上，呈马鞍形，面积约1400平方

----

　　① 参见《老司城遗址周边各类防御遗存调查报告》，35～68页。

米。建筑遗址大体呈方形，长、宽约25米，自然岩石地面，局部经修凿成两进，四周利用自然岩体，人工垒砌成保坎，建筑北部有三道人工砌成的石级。经考古调查发现，遗址表土中均匀分布灰青色瓦片，推测原来地面上应为木结构建筑。在遗址南端灰沟中出土大量遗物，年代很杂，最早的可到秦汉时期，以陶鬲足、铜钺为代表，五代时期遗物以大量的釉陶为代表，零星散见于地表的还有明清时期青花瓷片，可见，该遗址在历史时期就一直被人所沿用，又因其地势险要，下可攻、退可守，且靠临会溪坪，战略位置十分重要。五代以来这里成为溪州彭氏集团驻守重兵扼守酉水东大门的重要城堡之一。九龙蹬四周都是百丈高的悬崖峭壁，仅有羊肠小道可攀登而上，遗址背面有一线小道，可从对面山洞取水，从现场即可体会到铜柱上所描述的"跨壑披崖，临危下瞰，梯冲既合，水泉无汲引之门，樵采莫通，粮糗乏转输之路"的地形特点。又据《通鉴》卷二百八十一："士愁兵败弃州走保山寨"及《铜柱记》中"钲鼓之声，震动溪谷，彼乃弃州保险，结寨凭高，唯有鸟飞，谓无人到"的记载来分析，九龙蹬推测为是"保山寨"遗址所在。

老司城作为地方的一个小朝廷，要维持正常运转，就需要有效的行政系统来保证各项工作的有效进行。根据史料对相关官署所在地腊惹洞遗址、驴迟洞遗址、王村遗址、麦着黄洞遗址、旧村遗址等进行发掘，发现主要的行政长官衙署设立在东南沿澧水、酉水、施溶溪一带的交通枢纽、贸易繁华的集镇，东有润雅旧村行政官署，主要负责东部澧水一带的行政事务，，是经澧水出入张家界的主要行政官署。东南有黄洞官署，主要是负责施溶溪流域的行政事务，是陆路进入张家界、沅陵地区的行政官署。南部田家洞官署和腊惹洞官署、驴迟洞官署遥遥相对，其中腊惹洞官署、驴迟洞官署又呈东西对应，是扼守在酉水北岸的两个综合性行政官署，酉水交通便利，王村又是很重要的古镇，地理位置非常重要，是古代兵家必争之地。田家洞官署在酉水南岸古丈的断龙，主要作用也是为了更好地加强酉水两岸的行政管理，负责保靖、古丈的部分行政事务。

腊惹峒长官司，元属思州，以向孛烁为总管。明洪武五年（1372），改属永顺司，以田世贵为长官司。传至田仕朝，清顺治四年（1648），归附。雍正五年（1727），田中和纳土。① 腊惹峒长官司遗址位于现芙蓉镇雨龙村院子组，两面环山，中间为山谷丘陵地带，小龙溪顺谷地往西经那丘南注猛洞河，居宅分布于溪流南北两侧的坡脚，现居民以唐姓为主，向、王、胡姓次之。遗址内现残存的遗迹有石拱桥一座、砖石墓群、烽火台遗址、乌鸦庙遗址等。发现墓碑刻有"向志德字孛烁……明洪武二年（1369）己酉岁以沅陵移居腊惹峒任六峒长官……"据乾隆《永顺县志·卷三·秩官志·附土司世职·四十一》载："向孛烁元时洞民总管，向世贵字孛烁子袭任。明洪武三年

---

① 罗维庆：《土司制度与永顺土司文献资料整理研究》（未出版）。

（1370）改升长官……"其中一碑正中阴刻："皇清诰封长官司向公讳宗国号观云墓"，两侧刻有："原命生于康熙己巳年（二十八年，1689）五月十一日午时受生，大限殁于乾隆甲戌年（十九年，1755）二月初一日未时正寝。"现立于司城土王祠内建于康熙五十二年（1713）的德政碑背面刻有"腊惹洞向宗国"。民国《永顺县志》载："清腊惹洞长官司向忠和墓一冢在下榔溪保小龙村；清腊惹洞长官司向宗国墓一冢在下榔保饷塘坪。"这与罗维庆整理的资料有出入，实地考察与《县志》相符，腊惹峒长官司应是向氏世袭之地。

驴迟峒长官司，元属思州。明洪武五年（1372）改属永顺司，以向迪踵为长官司。传至向光胄，清顺治四年（1648），归附。雍正五年（1372），向锡爵纳土。①据《永顺宣慰司志》卷之二载："驴迟洞沿革：古蛮夷地，秦属黔中，汉属武陵，唐为富州，五季为静边都大乡、三亭、陇西等县地，宋为下溪州，元因之时向达迪踵、向莫踵元为洞民总管，明洪武三年（1370）内附改陞为驴迟洞长官司属永顺宣慰司。形胜：附近司城地当要道"。驴迟洞长官司遗址位于永顺县芙蓉镇保坪村大龙组，整个遗址呈椭圆形，面积约为4500平方米。现村民均为向姓，自称清代从腊惹洞（现雨龙村院子组）搬迁到此处居住。由于长期以来的生产活动，遗址破坏较为严重，地表可见大量明清时期的残砖以及青条石、柱础等建筑材料，同时，在大咱组还发现有用青砖做围墙的院子两座（围墙大部分残损），从地表采集陶片等实物标本的特征分析，属明清时期遗物。另在遗址发现文庙，村小学建于上，现小学迁址，整个布局与基址保存尚好。五庙位于文庙南约百米许，现遗迹无存。另在大龙村的新基湾发现券顶砖室墓和墓冢，原有墓碑，毁于"文化大革命"，墓主身份无考。

民国《永顺县志》记载："上榔保大龙村驴迟洞右偏有古树古墓，封若堂坊相传为长官宅兆，荆棘丛生，石刻翁仲及石狮皆卧口（左秃右贵）松楸间，其碑碣亦复苔霾藓蚀，字迹模糊莫辩，殊属可惜。又捞子庄以多古冢，砖石封其面，前立片石有称皇明诰封永顺司总统委官向大廷字事章者。有称黄明诰封永顺统委官员向有芳者，有称永顺司军政厅向应朝字少松者，代远年湮，莫辨其后裔为谁。"又民国《永顺县志》："四大天王庙在上榔保大龙村，道光中向、彭、孔、孟、王五姓建，故又称五庙。相传其神飞鸟化身，自辽东来。因塑木像四尊，披曳襄衣，脑后皆若鸟翼之覆，土人牲帛供奉，时伏腊褥属不绝。其左厢配享者为向宗彦。"

田家峒长官司，明洪武三年（1370），以田胜祖为长官司。传至田兴禄，清顺治四年（1648），归附。雍正五年（1372），田蹭臣纳土。①田家洞长官司遗址位于古丈县断龙乡田家洞村铺三组，南有断龙山，北有龙霸溪山，西有塘上包，呈三面环山之地，村民普遍居住于山腰或山顶。田家洞具体治所正史虽未载及，目前对其地望方位的判

---

① 罗维庆：《土司制度与永顺土司文献资料整理研究》（未出版）。

断只能够依据于考古田野调查及有限的地方志。《永顺宣慰司志》卷二记载："田家洞沿革：古诸蛮夷地，秦属黔中，汉属武陵，唐为溪州，五季为静边都大乡三亭陇西等县地，宋为下溪州，元因之。田胜祖元为洞民县官，明洪武三年内附，陞为田家洞长官司，属永顺宣慰司。形胜：危峰窈谷，鸟道云栈。襟带北河，控引保靖。"又据乾隆版《永顺县志·沿革》的记载"田家洞，今永顺县南一百里，田家保地。"同时，乾隆《永顺县志·沿革·市村》也载："田家洞，在县南，离城一百里，为苗洞总路，居民聚集，重岗叠巘，亦要区也。又据严如煜《苗防备览·险要》载："田家洞，西南一百一十里，旧设长官司，为永保土人寨落，攒簇排列，重岗叠巇，地险民勤，奸苗不敢轻犯。"从以上的记载基本暗合，现今的田家洞村居民主要以田姓为主，虽杂有黄、彭等姓，但是田姓亦然占据村落人口的70%。田家洞边的喜哈村罗洞祖一个叫"新基垄"的地方有一砖石券顶墓，墓主为田包才。该墓墓碑及墓门封砖残塌，田姓后人曾于1998年重新砌补立碑。根据当地记述先祖世系名录的《思遗薄》抄本，田家洞及嘻哈村一带的田氏皆以田炮才（"包才"）为祖公，并且其薄本中便有"祖公：四赖、和善、田苠臣、包才、马才……"之类的文辞。另外当地人田福祖编纂《田氏族谱》所载世系："田乃有—田河尚—田炮才—田万魁、万星、万胜、万利、万柄、万金、万林、万风……"称田万胜世居田家洞。现存于老司城土王祠内的德政碑也载有"田家洞田万胜"一目。结合上述谱书所载世系，炮才为田苠臣别号当无问题。因此，地方史乘关于田家洞的记载应该是可信的，这也与严如煜《苗防备览·舆图·苗疆全图》中所标示的田家洞的位置大体一致。

此村寨原为田姓土司镇守之要塞，为典型的三州六洞之一的重要屯兵之所。由于现代城镇建设规模，田家洞原有寺庙均被拆毁另辟他用，仅存官署局部围墙与台阶。田家洞末代土司田苠臣（当地人亦称"包才"或"炮才"）之墓还保留在衙署区东北约200米的新基垄。这二墓地距离田家洞遗址较近，第四纪网纹土堆积较厚，按当时风水理念，是一处理想葬地。该墓冢较大，青块石包边围砌，据封土规模推测，可能为合葬墓。又据邻近古代和现代墓葬多安葬于此，且排列有序，参考永顺土司墓葬材料，很接近于该时期族墓地的规律。官署遗址区域内现遗留有石柱础、房屋基础以及田氏家族墓地。

白岩峒长官司，元属葛蛮安抚司。明初，改属永顺司，以张那律为长官司。传至张四教，清顺治四年（1648），归附。雍正五年（1372），张宗略纳土。① 白岩洞遗址位于龙山县桶车乡白岩村2组，南北两边为大山，中间是较为平坦的谷地，白岩小溪从村中自西向东流过，占地面积约4万平方米。据乾隆《永顺县志》载："白崖洞长官司（师），古诸蛮地、秦属黔中、汉属武陵，唐为锦州，五季为静边都大乡、三亭、陇

---

① 罗维庆：《土司制度与永顺土司文献资料整理研究》（未出版）。

西等县地，宋为上溪州，元因之，张那律为洞民总管，明洪武三年，内附改升白崖洞长官司。"民国《永顺县志》载："白岩洞长官司，元曰白崖洞，属新添葛蛮安抚司，隶湖广行省。明洪武三年改属永顺军民宣慰使司。清初仍旧，改土后为龙山县地，谓之白崖里。"

白岩洞长官司辖地为龙山县境东北部，现桶车乡境内有司城堡，长官桥等相关地名留存，其司治应当位于今桶车一带，白岩洞遗址可能即其治所。遗址内发现有小石拱桥5处，土夯墙1处长约10米、明代柱础2个、明清时代的青砖券顶的墓4处，其他都已损毁。

施溶溪长官司，元属思州。明初，改属永顺司，以汪良为长官司。传至汪世忠，清顺治四年（1648），归附。雍正五年（1372），汪文丰纳土。① 《永顺宣慰司志》卷二在施溶洞长官司为"古诸蛮夷地，秦属黔中，汉属武陵，唐为溪州，五季为静边都大乡、三亭、陇西等县地，宋领其地。属永顺宣慰司"，其地"襟山带河，西北控制，辘轳相望，商旅之所。"另外，张文琴民国《永顺县志》载施溶洞长官司旧治在"城南一百五十里"之"长官寨"。② 经考察，在县境内东临施溶溪的长官镇长官居委会陈家包共发现墓冢六座，其年代均为明代，大部分已被盗，墓群均为砖室墓，三层券顶，墓冢做工精细讲究，可能为土司时期施溶洞长官司长官家族的墓群。长官寨一带大多为凤滩水库蓄水淹没区，无法做具体的考古调查工作，至今尚不能够确认其地是否残留有土司时期的文化遗址。

麦着黄洞长官司，元曰麦着土邮，属思州。明洪武五年（1372），改属永顺司，以黄谷踵为长官司。传至黄甲，清顺治四年（1648），归附。雍正五年（1372），黄正乾纳土。③ 根据《永顺宣慰司志》卷二记载，麦着黄洞为"古诸蛮夷地，秦属黔中，汉属武陵，唐为溪州，五季为静边都、大乡、三亭、陇西等县地。宋为下溪州，元因之，以黄麦和踵升长官，领其地。明洪武三年，黄麦谷踵内附改属永顺宣慰司"。经调查组的现场踏勘，麦着黄洞故地最有可能在今古丈县的老司岩一带。老司岩城堡现地属古丈县红石林镇花兰村大坝组（大坝组西侧就是红石林国家地质公园），猛洞河与酉水交汇口处东南约1公里，位酉水北岸约1里的山坡台地，城北一条石板古道蜿蜒往下通酉水码头，酉水自西向东绕城堡北侧而过，下游约5公里处北岸是王村，右岸是由西南来的古唐河与酉水的交汇口，在此将河西村一分为二，左称河西，右名河南。这一带水路交通便利，自古以来就是西至巴蜀、东通湖湘的必经之地，其不仅是老司城的前哨，也是活动在酉水流域各系土司联络的前沿，城堡的城墙虽破坏严重，但其轮廓尚还清晰可辨，平面呈圆形的条石城墙围绕主体建筑，面积约2万平方米，城堡外的

---

① 罗维庆：《土司制度与永顺土司文献资料整理研究》（未出版）。
② 民国《永顺县志》载："长官寨：城南一百五十里，旧为施溶溪长官司治所。"
③ 罗维庆：《土司制度与永顺土司文献资料整理研究》（未出版）。

原始街巷布局基本保留，一条主街由北而出通码头，城内和街道两侧还较好地保留着清代至民国中期的建筑共计14栋。其民宅主要为土家族建筑风格，有合院式硬山穿斗式砖木结构，更多的为悬山顶穿斗式木架结构的建筑，或依地势配吊脚厢房，形制、朝向不一，各组建筑都讲究通透与周围环境的搭配，或抬高房基，或以多进式台阶来处理台明与建筑的关系，通道、台明、天井等所用石材均为青石或红砂石，门窗格扇透雕各种山水、花鸟及人物故事。古街两旁的老宅仍保留着其鼎盛时期的商铺，古朴的家具与生产生活用具仍陈设和沿用，这一切都掩映在绿郁的翠竹丛中。现存的古树、古井和寺庙依在。老司岩城堡周边的交通形势及地理形貌跟《永顺宣慰司志》卷二关于麦着黄洞"襟山带河，西北控制，辁辘相望，商旅之所"描述大体一致，另外根据乾隆王伯麟《永顺县志》载："在麦着黄洞治六里许有桂竹山，其山多桂竹。又麦着黄洞东八里许有山田山，其山有泉可流灌数十里，因辟成田。"现今老司岩周边多桂竹，自然形貌与史载麦着黄洞极相一致，且百姓以黄姓居多。因此，老司岩城堡极有可能就是明麦着黄洞长官司的治所。

村落是人民生活居住、生息繁衍的场所，也是人民从事生产活动，开展各种社会活动的基地。农耕结合也是村落形成的基础，村落的形成和发展也反映了社会发展情况，调查组对土司区域的古村落进行了调查，共收录统计与土司相关的古村寨29处，村落犹如区域社会的细胞，反映出区域社会的特点和变迁。老司城作为几百年的政治经济文化中心，其兴衰也影响着村落的发展。古村寨多位于老司城通往周边城堡、要塞、关卡、哨卡的古道旁或这些遗存的附近。经调查，在老司城的西部及西北部有泽树、卡壁湖、鲁纳坡、高峰坡、张家寨、蒴些塘、皮匠铺、蒴些上寨和下寨、骡子湾古村寨9处，东部及东北部有自生桥、观房、九官坪、五官坪、马洞、科洞、那丘古村寨7处，东南部有他洞、海泽沟、雨禾、大咱、且茶古村寨5处，施溶溪流域有集六、集坪等古村寨2处，洗车河流域有洗车河、捞车河等4处。居于古村寨中的各姓居民，长期以来由于人口的繁衍，外来人口的迁入，生活环境的改变和基本建设，村寨中大部分古建筑和年久失修的老宅已被现代式的楼房所取代，原有的祭祀等场所也随之消失，现仅存少量明清时期的古建筑局部，以及一些残垣、石朝门基础、石柱础等。

考察组在对老司城及其周围相关地区进行全面的田野调查和发掘，全面梳理了历史时期的古道、古城、村落及相关遗址，清理出45件不同历史时期的铭文、墓志铭、碑刻、题刻，对研究武陵山区社会的生活样态、土司社会秩序、西南民族文化、社会结构变迁都提供了丰富的史料。

第三节　从老司城遗址考古发现看社会结构之变化

中国古代的华夷一统观，在对待蛮夷问题上，是"修其教不易其俗，齐其政不改其宜"①，因俗而治，用制度、文化和技术引导改变蛮夷地区，"故远人不服，则修文德以来之"。注重用文化的优势来吸引和改造周边民族，从而将民族地区逐渐纳入到中央政权一体化中，而少数民族地区在接受文化的过程中，其社会结构也出处于不断的变动中。

一、身份的改变：变动中的等级结构

自唐以前，溪州属楚南地区的黔中郡和秦朝的黔中郡，汉改为武陵郡，"有沅陵、零阳（今永顺、龙山二县地）、迁陵（今保靖县地）、充（今桑植县地）四县，为今府属。蜀汉时，吴置天门郡②，晋于西阳析置黔阳县，梁改置大乡县（今永顺县地）。陈分隶沅陵郡。隋置辰州，为辰州地。唐天授二年，析辰州，置溪州灵溪郡，领县二：曰大乡、三亭，属黔中道"③。尽管溪州的行政区划名称在不断地变化，但似乎中央权力没有深入到武陵腹地，这里居住的人们仍然是过着"民多射生而鼻饮，啖蛇鼠，捕虾蟹，朝营夕用，故无宿给"④的生活，尽管在两汉发掘的墓葬中发现汉文化的因素，对已故的亲人祭奠是用火焚"五铢"币的方式进行的，并演变至今，仍流行纸币焚烧祭奠的习俗，因武陵山区"皆崟岩邃谷，林深菁密，羊肠鸟道诘屈缭绕，狭不容趾。狍、狑、獠、猺错居，怙恃其险"。⑤即使是"岁令大人输布一匹，小口二丈，是谓寅布"⑥，也只是象征性的征收而已，一直应是处于蛮酋的秩序中。虽是东汉光武帝时期，武威将军刘尚奉命征剿武陵五溪蛮，全军覆没。朝廷复派伏波将军新息侯马援率中郎将马武、耿舒、刘匡、孙永等，领兵四万再征武陵蛮。亦被蛮军据高凭险，借水急滩陡的有利地形，阻马援军于壶头山下，至夏酷热难挨，瘟瘴流行，马援也染疾而

---

①　《礼记正义》，卷十二，《王制篇》。

②　天门郡：三国时吴永安六年，孙休因天门山洞开如门，其高仰射不至，因分武陵郡三县设立天门郡。南北朝时期，陈改为石门郡，隋朝废郡，改为石门县，属于澧州。

③　乾隆《永顺府志》，卷一，《沿革》，乾隆二十八年刻本。

④　（宋）李昉等：《太平御览》，卷一百七十一，《五溪记》。

⑤　乾隆《泸溪县志》，卷二十三，《领境》。

⑥　（元）马端临：《文献通考》，卷三百二十八，《四裔五》，考2574页，北京，中华书局，1986。

亡，均已失败告终而放弃控制武陵地区的意图。虽"谒者宗均为置吏以司之"①估计也只是一种松散的管理，起到监督传达信息的作用。

武陵山区地势险要，难于控制，也如《汉书·严助传》刘向所说"蛮夷之地，得而无用，不能成为中国的郡县。蛮夷之人，未沾王化，不守信约，反复无常，不可以冠带之国法度理也"。故不值得为此"不居之地，不牧之民。兴师动众"②。故尚书令虞诩提出羁縻的政策，尚书令虞诩独奏曰："自古圣王不臣异俗，非德不能及，威不能加。其兽心贪婪，难率以礼。是故羁縻而绥抚之，附则受而不逆，叛则弃而不追。先帝旧典，贡税多少，所由来久矣。今猥增之，必有怨叛。计其所得，不偿所费。"③虽当时顺帝没有采纳，其实后面的也是按此策略保持同蛮夷地区的关系。又因位置的重要性，武陵地区也是各势力极力争取的地方，三国时期，蜀汉"及东征吴，遣良入武陵招纳五溪蛮夷，蛮夷渠帅皆受印号，咸如意指"④。竭力将其纳入自己所属的政权体系下，从而保证其边防的安全。

我们可推测溪州土民仍然过着部族生活，可能承担着向蛮酋缴纳物品以求保护的义务，"往往推一酋帅为主，亦不能远相统摄"⑤。中央王朝也依据势力所及范围，尽力将蛮酋地区纳入儒家"天下"的等级结构中。于是通过进贡、册封、授以印信加强同民族地区的联系，这种联系就体现在各种政策的执行当中。而各部落势力也借朝廷力量来扩大自己的势力来保证在区域中的制衡力量。

唐末战乱之际，朝廷自顾不暇，自然也就失去制衡能力，于是"唐季，蛮酋分据其地，自署刺史"。而彭氏政权正是在这一历史的动荡中开始建立起溪州霸业来统摄这一区域。作为夹在马楚政权与后蜀中间地区，溪州的位置优势自然是不言而喻，都想争取这一势力。马楚政权能够维系一段时期，也是因为为强化马氏家族家长制的统治，在马希范时期是想确立中央集权文臣官僚体制，一方面对更换中原王朝保持隶属关系，保障自己的安全，一方面不断拓边发展经济扩大势力。"听民自卖茶，买于北客，收其征，以赡军"⑥，还发展桑业，修筑龟塘，发展农业。因溪州东边与南边皆与楚国接境，彭氏政权中心是在下溪州地带，与马氏辰州、澧州接境，由此可知彭氏势力边缘部民因也是楚国的编户齐民，需要纳税，从溪州铜柱记载就可见一斑："我王每示含宏，尝加姑息，渐为边患，深入交圻，剽掠耕桑，侵暴辰、澧。疆吏告逼，郡人失宁"，"当州大乡、三亭两县，苦无税课，归顺之后请祇依旧额供输。不许管界团保、

---

① （元）马端临：《文献通考》，卷三百二十八，《四裔五》，考 2574 页，北京，中华书局，1986。

② 韩升：《东亚世界形成史论》，47 页，上海，复旦大学出版社，2009。

③ （元）马端临：《文献通考》，卷三百二十八，《四裔五》，考 2574 页，北京，中华书局，1986。

④ （西晋）陈寿：《三国志·马良传》。

⑤ （元）马端临：《文献通考》，卷三百二十八，《四裔五》，考 2574 页，北京，中华书局，1986。

⑥ （宋）司马光等：《资治通鉴》，卷二百六十六，开平二年丁卯条，太原，北岳文艺出版社，1995。

军人、、百姓乱人诸州四界，劫掠该盗，逃走户人"。"王庭差纲，收买溪货，并都幕采伐土产，不许辄有庇占。其五姓主首、州县职掌有罪，本都申上科惩。如别无罪名，请不降官军攻讨。若有违誓约甘"，从铜柱铭文可见，州界之处经常发生摩擦，最后终于通过溪州大战，将彼此间的权利和义务以铭文形式确定下来。铭文传递的信息，随着马楚政权的向西经营，溪州东界边民一是承担马氏政权的赋税的，二是农业应该是有所发展，三是商业是存在的，四是彭氏与马氏之间建立了隶属关系，"天福五年，正月十九日，溪州刺史彭士愁与五姓归明，众具件状，饮血求誓"。彭氏率五姓一起归明，应是彭氏在当时已建立起一定的势力范围。也可见宗族势力的发展。而另一条信息也反映了这一地区的局势，"秋八月，黔南巡内溪州刺史彭仕然（通鉴作彭仕愁，欧阳史作彭士然。今按李宏皋铜柱铭作彭仕然，宏皋乃希范学士，当无讹误，从之），引锦、溪州蛮万余人寇辰、澧二州，焚掠镇戍，遣使乞师于蜀，蜀主以道远不许"①。彭氏政权也曾接受蜀国的封号，来保障自己的势力，最后通过武力，以"法律"的形式奠定了彭氏在溪州的统治地位。

在中国的华夷一统观的思想支配下，我们可以看到，有宋一代，其实也是彭氏誓下州体系的瓦解一代。作为中央集权的朝廷，是不允许有威胁王权势力的存在，必然会视其局势的轻重将其纳入中央王朝体系之下。在这个体系中，建立起中央与地方的君臣关系，通过册封、进贡来确立之间空间距离、等级关系，直到时机成熟，将其纳入州郡的直接管辖之下。

宋初，是承认这一誓下体系的，有"宋建隆四年，慕容延钊平湖湘，知溪州彭允林、前溪刺史田洪赞等列状归顺，诏仍其官，父死则以其子继之"。宋初仍是执行羁縻的政策，即使"（太平兴国八年，983）八年，锦、溪、叙、富四州蛮相率诣辰州，言愿比内郡输租税。诏长吏察其谣俗情伪，并按视山川地形图画来上，卒不许"②。因为初建，宋廷还没有精力来经制这一地区，"自后首领入贡不绝，每加赏赐存恤之。最大者曰彭氏。世有溪州，州有三，曰上、中、下，又有龙赐、天赐、忠顺、保静、感化、永顺州六，懿、安、远、新、给、富、来、宁、南、顺、高州十一，总二十州，皆置刺史。而以下溪州刺史兼都誓主，十九州岛皆隶焉，谓之誓下州。誓下州将承袭，都誓主率蛮酋合议，子孙若弟、侄、亲党人当立者，具州名移辰州州为保证，申钤辖司以闻，乃赐敕告、印符，受命者隔江北望拜谢。州有押案副使及校吏，听自补置"③。但同时，我们也可以看到，一是宋廷是利用这一体系内部的分离来逐渐达到这一目的的，二是宋廷开边拓土，增加财政收入。

从对这一地区蛮首赐予武职就可看出，乾德三年（965）七月，珍州刺史田景迁内

① （清）吴任臣：《十国春秋》，卷六十七，《文昭王世家》，北京，中华书局，1983。
② （元）脱脱等：《宋史》，卷四百九十三，《蛮夷一》，第40册，14173页，北京，中华书局，1977。
③ （元）马端临：《文献通考》，卷三百二十八，《四裔五》，考2574页，北京，中华书局，1986。

附、五溪团练使、洣州刺史田处崇上言："湖南节度马希范建叙州潭阳县为懿州，署臣叔父万盈为刺史。希县卒，其弟希萼袭位，改为洣州，愿复旧名。"诏从其请。懿州是属于属于誓下二十州的，而宋廷是现给以为从五品的五溪团练使武官称号，"十二月，诏溪州宜充五溪团练使。刻印以赐之"①。可见宋廷对西南地区的蛮酋势力，是居于同样的地位对待，虽都誓主拥有率群酋合议定承袭之事等权力，但这个权力也是建立自身势力的基础之上的，也就有了"至和二年，与其子知龙赐州师党举族趋辰州，告其父之恶；且言仕义尝杀誓下十三州将，夺其符印，并有其地，贡奉赐予悉专之，自号如意大王，补置官属，将起为乱"。不仅内部之间有冲突，而且在二十州的联系上应该也是松散的。从各州朝贡的史料和官衔就可看出。

"太平兴国二年，懿州刺史、五溪都团练使田汉琼以其子、弟、女夫、大将、五溪统军都指挥使田汉度而下十二人来贡，诏并加检校官以奖之。三年，夷州蛮任朗政等来贡。"② 乾德四年（966），南州进峒鼓内附，下溪州刺史田思迁亦以铜鼓、虎皮、麝脐来贡。"至道元年，高州、溪州并来贡。二年，上亲祀南郊，富州刺史向通汉上言：'圣人郊祀，恩浃天壤，况五溪诸州连接十洞，控西南夷戎之地。惟臣州自昔至今，为辰州墙壁，障护辰州五邑，王民安居。臣虽僻处遐荒，洗心事上，伏望陛下察臣勤王之诚，因兹郊礼，特加真命。'诏加通汉检校司徒，进封河内郡侯。"③"五溪都防御使向通汉表求追赠父母，从之。"④ 淳化三年（992），晃州刺史田汉权、锦州刺史田保全遣使来贡。五年（994），以舒德言为元州刺史。奖、晃、叙、懿、元、锦、费、福等州皆来贡，上亲视器币以赐之。⑤ 这样的记载还有很多，对重要的州刺史，不断地授予武职官阶，中央政府亦令其持节，以提升品级，加重权威。如向通汉官至五溪十洞都防御使，《续资治通鉴长编》卷八太祖乾德五年（丁卯，967）又有一条"秋七月丙申，铸五溪都防御使印赐溪州"。南北朝时期就有对蛮酋加封带有品阶官衔的现象，宋廷仍然采用以王朝官职系列加封蛮酋，虽属于虚封，但一方面对未开化的蛮酋认同这一政治体系，一方面都通过这一系列的不同品阶的官衔，来显示各蛮酋的不同地位，以求地方势力的平衡，同时，通过进贡回赐，又促进了经济文化的交流。当然彭氏誓下州体系最后仅剩溪州地区，这中间的过程一蹴而就的，它也是中央与蛮酋地方以及蛮酋地方之间的势力较量。

熙宁年间，神宗朝开始开边拓土，"辰州布衣张翘亦上书言南、北江利害，遂以章惇察访湖北，经制蛮事。北江诸蛮隶辰州，在黔之西南，阻五溪，汉黔中地，为羁縻

---

① （元）脱脱等：《宋史》，卷四百九十三，《蛮夷一》，第40册，14173页，北京，中华书局，1977。
② （元）脱脱等：《宋史》，卷四百九十三，《蛮夷一》，第40册，14173页，北京，中华书局，1977。
③ （元）脱脱等：《宋史》，卷四百九十三，《蛮夷一》，第40册，14173页，北京，中华书局，1977。
④ （宋）李焘：《续资治通鉴长编》，卷七十九，《大中祥符五年》，第6册，北京，中华书局，1995。
⑤ （元）脱脱等：《宋史》，卷四百九十三，《蛮夷一》，第40册，14174页，北京，中华书局，1977。

州三十六，而下溪州为大，彭氏世居之。南江诸蛮，自辰州达于长沙，各有溪峒，本唐郡县。五代失守，诸酋分据其地，曰叙、曰峡、曰中胜、曰元，则舒氏居之；曰蒋、曰锦、曰懿、曰晃，则田氏居之；曰富、曰鹤、曰保顺、曰天赐、曰古，则向氏居之。悖既经制，于是南江之舒氏、北江之彭氏、梅山之苏氏、诚州之杨氏相继纳土，创立城寨，使之比内地为王民，置沅、诚二州"①。宋廷在开边也考虑经济成本，宣和中，议者以为"招致熟蕃，接武请吏，竭金帛、缯絮以啖其欲，捐高爵、厚俸以侈其心。开辟荒芜，草创城邑，张皇事势，侥幸赏恩。入版图者存虚名，充府库者亡实利。不毛之地，既不可耕；狼子野心，顽又莫革。建筑之后，西南夷獠交寇，而溪洞之蛮亦复跳梁。士卒死于干戈，官吏没于王事，生民肝脑涂地，往往有之。以此知纳土之议，非徒亡益，而又害之所由生也。莫若俾帅臣、监司条具建筑以来财用出入之数，商较利病，可省者省，可并者并，减戍兵，省漕运，而夷狄可抚，边鄙可无患矣"②。乃诏悉废所置州郡，复祖宗之旧云。可见宋一朝对蛮酋的经制当然是以要进行各方面的权衡，加上宋一朝本身又面临有北方的威胁，于是对蛮酋地区"莫若先事选择土豪为傜人所信服者为总首，以任弹压之责，潜以驭之。凡细微争斗，止令总首弹压开谕劝解，自无浸淫之患。盖总首者语言嗜好，皆与之同，朝夕相接，婚姻相通，习知其利害，审察其情伪。而其力足以惠利之，每遇饥岁，则籴粟以赈其困乏，傜人莫不感悦而听从其言。若先借补名目，使得藉此以荣其身，而见重于乡曲，彼必自爱惜而尽忠于公家。如此则傜民之众可坐以制之。然亦须五年，弹压委有劳效，然后正补以所借之官。所捐者虚名，所得者实利，安边之策，莫急于此"。诸司言"赵亮励所言，谓以蛮傜治蛮傜，其策莫良。宜诏本路监司遵守"③。采取的是以蛮治蛮的政策。其实从这里我们也可以看出，有宋一代，是在治理少数民族地区政策的实践上总结出经验，从而为元明清时期土司制度的完善奠定了基础。

中央王朝是一直以实现德化天下为目标的，当然这个目标也是以最大限度维持王朝安全为底线的，所以才有了在南江以武力击败懿州、洽州诸蛮，朝廷将懿州改为沅州，知州由朝廷直接委派。对北江则"诏修卞溪州城，并置砦于茶滩南岸，赐新城名会溪，新砦名黔安，戍以兵，隶辰州，出租赋如汉民"。对北江在当时仅止于会溪城，这是因为会溪城扼重要位置。再由于南宋南移，更要防范北方的金、辽政权，也无暇顾及已经对蛮区的经制。也就是在南宋仓皇南下的时期，彭氏政权中心则由龙潭迁往老司城，从而建立起土司政权的小王国。

自宋以后，元明清沿袭了宋的政策，以授予官衔、朝贡、世袭建立起与民族地区的关系，只是各项程序规定得更完备，也就有了从"静边都指挥使、金紫光禄大夫、

① （元）马端临：《文献通考》，卷三百二十八，《四裔五》，考2574页，北京，中华书局，1986。
② （元）马端临：《文献通考》，卷三百二十八，《四裔五》，考2574页，北京，中华书局，1986。
③ （元）马端临：《文献通考》，卷三百二十八，《四裔五》，考2574页，北京，中华书局，1986。

检校太保、使持节溪州诸军事、守溪州刺史兼御史大夫、上柱国、陇西县开国男、食邑三百户彭士愁"① 到"钦命世镇湖广永顺等处军民宣慰使司宣慰使都督俯致仕恩爵主爷"② 身份改变。直至改土归流，将其纳入中央王朝的直接统治之下。

从整个历史过程中其实我们也可以看到溪峒民的身份也从部民到出租赋如汉民，成为土兵、土丁、兵丁、书碑、石匠、友应、经历、渔户等各种不同等级、不同行业的称谓，从而支撑起这一地方体系的正常运转。"凡沿罗江以渔船资生者约三二十人，北河以渔船资生者三十余户。"③ 专门有渔业为生的，如在老司城就有一条秦氏专门卖鱼的鱼肚街。谈迁《北游录》就载有"渔户最悍，有警即充前锋。春夏间，土官观渔为乐，先截流聚鱼，俟土官酒酣，入水捕鱼。口唻一，手捕其二，跃岸称贺"④。农业在宋一代就有了很大的发展，宋廷是推广农耕的，《续资治通鉴长编》卷三百四十九神宗元丰七年（甲子，1084）就有一条："诏供备库副使、知会溪城王令宣追一官勒停。坐擅杀官牛，与蛮立誓，取公使库无名额钱，悔过以偿也。"既反映了地方官治理是以顺民俗与蛮杀牛盟誓，也可看出牛对农业的重要性。"客妇善纺棉，唯不善织。各村市皆有机行，布皆机工织之。……五月间麻熟，妇女群汇而绩之，织成布。""土妇善织锦，裙、被之属，或经纬皆丝，或丝经棉纬，挑刺花纹，斑斓五色。虽较永、保二邑稍逊，然丝皆家出，树桑饲蚕。又有土布、土绢、峒巾，皆细致可观。机床低而小，布绢阔不盈尺。向不知制履，市之肆中。近皆自制，与客妇等。"⑤ 商业的繁荣，明人包汝楫曾在辰州为官，撰写了一部《南中纪闻》，其间就曾对溪州的司城有过这样的描述："楚省城垣，因山增筑，形式不圆而方，古所称方城是也。城中风气朴茂。被服饮食，皆适丰约之中。余遍游市肆，诸凡荡心丧志，奇技淫巧之事绝少。即此可占民俗之淳。……楚中错处市廛者甚多，经济贸易，与市民无异。通衢诸绸帛店，俱系宗室，间有三吴人携负至彼开铺者，亦必借王府名色。各衙门取用绸帛，俱有值月，伺候并不爽误，宗室与市民一体。"⑥ 溪州也是兵民合一，《涌幢小品》卷十二就记载有：土司惟川湖、云贵、两广有之，然止用于本省，若邻省未尝上中原一步也。亦流贼时征人，用之有功。嘉靖间，南倭北虏，无不资之，且倚为重。如湖广士兵，永顺为上（彭翼南），保靖次之（彭荩臣），其兵甚强。近尝调三千人，后调六千，此在官之数也，实私加一倍，共一万二千人。其阵法，每司立二十四旗头，每旗一人居前，其次，三人横列为第二重，又其次，五人横列为三重，又其次，七人横列为第四重，又其次，

---

① 胡东升、王焕林：《溪州铜柱铭文》，海口，海南出版社，2011。
② 参见《宣慰彭弘海德政碑》拓片，藏于吉首大学历史与文化学院。
③ 光绪《古丈坪厅志》，卷十一，《物产》，光绪三十三铅印本。
④ （清）谈迁：《北游录》，《纪闻上》之《永顺保靖二司土风》，332 页，北京，中华书局，1960。
⑤ 嘉庆《龙山县志》，卷七，《风俗》，嘉庆二十三年刻本。
⑥ （明）包汝楫：《南中纪闻》一卷本。

七人横列为五重，其余皆置后，欢呼助阵。如在前者败绩，则第二重居中者进补，两翼亦然。胜负以五重为限，若五重而皆败，则余无望矣。每旗一十六人，二十四旗，共三百八十四人，皆精选之兵也。其调法，初檄所属，照丁拣选。宣慰吁天，祭以白牛，牛首置几上，银副之。下令日："多士中有敢死冲锋者收此银，啖此牛。"勇者报名，汇而收之，更盟誓而食之，即各旗头标下十六人是也。节制甚严，止（只）许击刺，不许割首，违者与退缩者皆斩。故所战有功，但沿途苦剽。因调来者非止（只）一枝，有过得相推委故也。其他若安、若岑、若奢，大约相同，余琐锁不足道。方志记载："土司有存城兵五营，兵丁每营一百名。一以备捍卫，一以供役使，其兵丁每名领工食银三两六钱，米三斗六升，皆民间派给。"①可见，在土司统治区域下的人民就如王朝的编户齐民一样承担赋税，既要承担朝廷赋税，又有土司朝廷杂费。至元十二年（1275）阿里海牙降施、归、峡、辰等州后，"尽奏官其所降官，以兵守峡，籍其户口田赋来上，帝喜，大宴三日"②。《元史·地理志》载："云南、湖广之边，唐所谓羁縻之州，皆赋役之，比于内地。"③明初，对新归附的土司要求其纳赋，但对具体数量没有明确规定，大都"听自输纳"，如洪武七年（1374）"中书省奏：'播州土司既入版图，当收其贡赋，岁纳粮二千五百石为军储'。帝以其先来归，因赋随所入，不必以额"④。明王朝统治巩固后，土司纳赋数额才逐渐确定，如洪武二十一年（1388），贵州租赋"自今定其数以为常，从宽减焉"⑤。《蛮司合志》对明代云南诸土司的纳赋进行统计，指出："岁各量出差发银，多不过二千五百两，少者四十两或十五两。"⑥从这些记载可以看出明代土司虽有纳赋之义务，但数量并不多，特别与内地汉族地区相比，赋额较小，同时，不同地区土司所交赋税也有区别。明代开始实行蠲免政策，即对因灾而歉收，或因军功受奖的土司可减、免赋税，以示仁政或恩宠，"明代各土司，定有输纳粟粮之数，而每逢征调及被灾，仍不时捐免"⑦。如洪武二十一年（1388），部臣以贵州逋赋请，元世祖日："蛮方僻远，来纳租赋，是能遵声教矣。逋负之故，必由水旱之灾，宜行蠲免"⑧。永乐四年（1406），免播州"荒田租"⑨。成化五年

---

① 民国《永顺县志》，卷二十四，《武备一》。转引自谢华著《湘西土司辑略》，102 页，北京，中华书局，1959。
② （明）宋濂等：《元史》，卷一百二十八，《阿里海牙》，第 10 册，3126 页，北京，中华书局，1976
③ （明）宋濂等：《元史》，卷五十八，《地理一》，第 5 册，1346 页，北京，中华书局，1976。
④ （清）张廷玉：《明史》，卷三百一十二，《四川土司二》，第 26 册，8040 页，北京，中华书局，1974。
⑤ （清）张廷玉：《明史》，卷三百一十六，《贵州土司》，第 27 册，8168 页，北京，中华书局，1974。
⑥ （清）毛奇龄：《蛮司合志》，《两广》，西河合集本。
⑦ 乾隆《永顺府志》，卷四。
⑧ （清）张廷玉：《明史》，卷三百一十六，《贵州土司》，第 27 册，8168 页，北京，中华书局，1974。
⑨ （清）张廷玉：《明史》，卷三百一十二，《四川土司二》，第 26 册，8040 页，北京，中华书局，1974。

（1469），因屡征调广西等地有功，免"保靖宣慰诸土司成化二年税粮八百五十三石"[1]。

旗是一种寓兵于农的军政合一组织，凡土司辖区内的土民均编入相应旗内。由于地域广，人口多，因此永顺土司所设的旗是土家族土司中最多的。据民国《永顺县志》卷二十四载，永顺土司区共有七十五旗，其中用于出征参战的五十八旗，分别为"辰、利、东、西、南、北、雄、将、能、精、锐、爱、先、锋、左、韬、德、茂、亲、勋、策、右、略、灵、通、镇、尽、忠、武、敌、雨、星、飞、义、马，标、冲、水、战、涌、祥、龙、英、长、虎、豹、嘉、威、捷，福、庆、凯、旋、智、胜、功"，后又增设"靖、谋"；为土司服务的有"戎、猎、镶、苗、米房，吹鼓手六旗、伴当七旗、长川旗、散人旗、总管旗"。又有"福"京一旗，为土官的宗族人口，共计七十五旗。由此可见，旗是一个有机的军事整体，它既是作战单位，也是行政和后勤保障单位。各旗皆设有旗长，又称旗头。旗长战时率旗兵出征，平时则管辖旗内土民，收取赋税，差发徭役等事务。旗分别隶于各州司并统属于总司，而总司也委派舍把对各旗进行管理："土司经制，把总三十一员，分管五十八旗随堂办事……把总即当日舍把之类。"[2]旗兵没有俸禄，甚至战时还需自备粮饷。因此，旗兵往往有事则为军兵，以备战斗，无事则散处为民，从事生产。

永顺土兵逐渐形成了具有特色的军事阵法："其阵法，每司立二十四旗头，每旗一人居前，其次三人横列为第二重；又其次五人横列，为第三重；又其次七人横列，为第四重；又其次七人横列，为第五重。其余皆至后，欢呼助阵，若在前者败绩，则二重居中者进补，两翼亦生。"[3]旗的设置应该是受明朝在土司区域设置卫所的影响，是彭氏土司在与卫所的接触过程中将原来的峒与旗制的结合而成，明史载有"凡一卫统十千户，一千户统十百户，百户领总旗二，总旗领小旗五，小旗领军十"[4]。对卫所的管理也是"（永乐二年，1404）明年更定卫所屯守军士。临边险要者，守多于屯。在内平僻，或地虽险要而运输难至者，皆屯多于守。七年（1409）置调军勘合，以勇、敢、锋、锐、神、奇、精、壮、强、毅、克、胜、英、雄、威、猛十六字，编百号。制敕调军及遣将，比号同，方准行"[5]。解决驻军的经费也实行军屯或民屯的方式，"其制，移民就宽乡，或招募或罪徙者为民屯，皆领之有司。而军屯则领之卫所。边地，三分守城，七分屯种。内地，二分守城，八分屯种"[6]。从《永顺宣慰司历代稽勋录》载有

① （清）张廷玉：《明史》，卷三百一十，《湖广土司》，第26册，7996页，北京，中华书局，1974。
② 乾隆《永顺府志》，卷十二。
③ （明）郑若曾、李致忠点校：《筹海图编》，736～737页，北京，中华书局，2007。
④ （清）张廷玉：《明史》，卷七十六，《职官五》，第6册，1874页，北京，中华书局，1974。
⑤ （清）张廷玉：《明史》，卷九十，《兵二》，第8册，2195页，北京，中华书局，1974。
⑥ （清）张廷玉：《明史》，卷七十七，《食货一》，第7册，1884页，北京，中华书局，1974。

彭师裕（907—969）"师裕，楚王所赐名，复号为彭大王，士然之长子也。后，师裕忌大王之称，即请授封，马氏为金紫光禄大夫、检校尚书右朴（仆）射，守溪州三亭县令兼御史大夫、上柱国、武安君节度左押衙、溪州刺史。至周世宗显德三年（957），关印铜牌一面，管一百二十洞蛮民"。至彭儒猛（954—1037）时就"至宋真宗祥符二年（1009），任前职，管一百八十洞蛮民"。至彭师晏时，时值章惇经制南北江蛮，筑下溪州城。赐名会溪，戍以兵，隶辰州，出租赋如汉民。遣师晏诣阙，授礼宾副职使。有宋一代，溪州彭氏所管辖峒民恢复为"一百二十洞蛮民"。① 溪州峒民仍是在彭氏政权之下。进元，虽然"盖岭北、辽阳与甘肃、四川、云南、湖广之边，唐所谓羁縻之州，往往在是，今皆赋役之，比于内地"。"元则有路、府、州、县四等。大率以路领州、领县"②。至大二年（1309），以永顺保靖南渭安抚司改永顺等处安抚司。至正十一年（1351）改永顺安抚司为宣抚司，秩正三品。每司达鲁花赤一员，宣抚一员，同知、副使各二员，金事一员，计议、经历、知事各一员。③ 在以土酋为官的同时，是以达鲁花赤来一起经制地方军民事务。直至明朝，洪武五年（1372），永顺宣慰使顺德汪伦、堂崖安抚使月直，遣人上其所受伪夏印，诏赐文绮袭衣。遂置永顺等处军民宣慰使司，隶湖广都指挥使司。领州三，曰南渭，曰施溶，曰上溪；长官司六，曰腊惹洞，曰麦着黄洞，曰驴迟洞，曰施溶溪，曰白崖洞，曰田家洞。④ 可以看出从峒民到旗兵的转变。

二、从中央到地方：宗族的民众化

到宋代，宗族不再是特权阶级的专属，而运用宗族势力强化政治权力维系整个社会的有序运行，是这一时期的特点。据民国《永顺县志》载："彭氏宗祠于万历十九年（1591）彭元锦修建。"原主体建筑名"绳武堂"，据《永顺司宗图》载："顺治四年（1647）七月，张献忠部将马进忠、王进才犯境，焚毁衙署，顺治九年（1652），土司彭弘澍重建。"民国八年（1919）彭氏清谱祭祖将彭氏宗祠从世忠堂迁于现址。不仅是彭氏宗族的发展，各势力都借助宗族势力的伦理道德与政治权利相结合已到达权力的制高点，如周边的容美土司田氏、酉阳冉氏、桑植土司向氏等。

如《土司旧志》三州、六司、光明，各设土职知州、长官，给以印信，并设流官吏目及土吏一名，头目、洞老十名，隶兵八名。正德间，始裁吏目，嘉靖时，土官又自添马罗长官，国朝仍为三州、六司，每司有土百余里，分地子民而统辖于总司宣慰

---

① 参见《永顺宣慰司历代稽勋录》，藏于吉首大学历史与文化学院。
② （明）宋濂等：《元史》，卷五十八，《地理一》，第5册，1346页，北京，中华书局。
③ （明）宋濂等：《元史》，卷九十一，《百官七》，第8册，2310页，北京，中华书局。
④ （清）张廷玉：《明史》，卷三百一十，《湖广土司》，第26册，7991页，北京，中华书局，1974。

使，亦犹内地之郡县也。① 三州、六司皆为世袭。《永顺宣慰司志》卷之二载：

南渭州，土官知州一员世袭：彭万金→彭金胜→彭什才→彭律如可宜→彭清→彭惹即送→彭定→彭良成→彭章→彭世忠→彭应麒→彭应麟→彭凌高→彭宗国；

上溪州，土官知州一员世袭：张口→张信→张宗保→张大本→张良辅→张凤来→张之木→张汉卿→张汉相；

施溶州，土官知州一员，世袭：田健霸→田金隆→田建贤→田旺→田广→田贵→田荣→田万季→田可多→田稔→田永丰；

六长官，长官一员，世袭：向孛烁→向世贵→向顺→向源→向胜祖→向銮→向九龄→向中和；

驴迟洞，长官一员，世袭：向尔莫踵→向达→向麦帖送→向忠→向天麟→向世臣→向光胄→向国屏→向锡爵；

腊惹洞，长官一员，世袭：向孛烁→向世贵→向顺→向源→向胜祖→向銮→向九龄→向中和；

麦着黄洞，长官一员，世袭：黄答洛踵→黄弥→黄胜→黄金→黄臣→黄相→黄世忠→黄甲→黄诏陛→黄正乾；

施溶洞，长官一员，世袭：汪良→汪通→汪隆→汪忠→汪相→汪一龙→汪元清→汪文珂；

田家洞，长官一员，世袭：田胜→田畴→田有旺→田有成→田兴邦→田兴禄→田晋玉→田尽臣；

白崖洞，长官一员，世袭：张那律→张海砂。

可见在地方基层，已将宗族势力发挥到极致，以宗族网络来相互牵制来维持地方的运转，通过祭祖活动，也将贯穿着等级次序，由此可见，宗族这种父子与君臣关系也已深入到基层社会。

在唐末宋初，彭氏部族已实行以男性为继嗣的父系家长制，其实从溪州铜柱就可以看出，已有彭氏的几位排名中，依次为彭士愁—彭允瑶—彭师佐—彭师楎—彭师俗—彭师果—彭师晃，从彭氏族谱可知彭允林为彭师裕的长子，继承了溪州刺史，可推测彭允瑶亦为彭士愁的孙子辈，抑或为长孙，为继承首要人选，但最终由彭师裕长子继承，道光版的《彭氏族谱》彭师裕虽为彭士愁的长子，但因年代久远，其所记也存疑。但有一点可以从溪州铜柱与族谱可以对证，彭师裕是排在彭师晃的前面，而彭师晃最终成为保靖土司的始祖，从中可以看出，这种并不严格的嫡长子继承制在维系这一大家族在区域中强势地位具有一定的作用，从《九国志》中彭师晃的记载就可看出，"师晃，溪州人，世为诸蛮酋长。父士愁，唐末溪州刺史。其地西接牂牁，南抵桂

---

① 乾隆《永顺县志》，卷一，《沿革》，乾隆五十八年刻本。

林象郡，东北控澧朗，方数千里，山水险恶，舟车不能通。其蛮有六种，盘氏为大，即槃瓠之种也，俗无文法，约束系于酋长。当士愁之世，昆弟强力，多集聚，故能诱胁诸蛮皆归之，统兵万余人"①。《九国志》的作者路振（957—1014）为北宋史学家，所记应接近事实。彭士愁的起家是靠兄弟的力量，可统兵万余人成为酋长。但兄弟并不见于记载，即使是在记录有彭玕的传记中也没有提到与彭士愁的关系。从中可以看出，早期的彭氏起家是靠兄弟聚集以武力强势起家，在维持的过程中又依据宗族的主、分支来继续着势力的保持，虽然有宋一代，不乏出现兄弟相残和父子不和的情况出现，以武力和嫡长子继承相存以及朝贡争取朝廷的支持成为世家的一种主要途径。

进入明代，随着明廷势力的进入，卫所与土司并存，尤其是土司的继承都有一套规范的程序，而不是仅"自推一人为将统其众，将常在州听要束"②"莒领郡者，或以土豪，或补以牙职，而一方恬然，此中朝规制之得也"③。并没有太多规定，"岁时修贡"，"神宗熙宁五年，诏内外官及溪洞官合赐牌印"④。在《历代稽勋录》到了明代，则需要宗支谱系，"武官袭替，例有赍为凭，其纪载生时邻佑，及收生妇人甚详，盖防异姓假冒，及乞养之涸也"⑤。为避免在承袭的时候出现残杀局面，明廷做了一系列的规定："司委官体勘，别无争袭之人，明白取具宗支图本并官吏人等结状呈部具奏，照例承袭。"⑥ 虽然明廷这样的规定是为土司继承有序，避免争端，但在客观上却是明廷的影响深入到土司地区社会内部，影响着社会内部结构的改变，《永顺宣慰司历代稽勋录》记录彭世麒（1477—1532）就记载有："公在任一十六年，所向克捷，茂著多功，疏请于朝，乞休林下。建修颗砂行署，延聘永定卫樊使君公子樊珍，朝夕讨论，修志崇礼，焕然一新。公祖父子与珍之祖父交游四五世矣，与珍契合四十余年，公于樊氏一饭靡忘。甚哉，又能建立祠祀，壮修社学，俾千载之上，人所钦仰。公之芳声令德，庶几不泯焉。"⑦ 修建祠堂祭祀，发展教育。1522年彭世麒还请赐进士第、光禄大夫兼太子太保、兵部尚书、德安府应城县西轩陈金为过世的母亲撰写墓志铭⑧，相夫教子、报国尽孝体现在墓志铭的书写中，也可见汉文化的浸入已影响了土司地区的上层，在正史的记载中，也可看到从彭世麒开始以立牌坊来树立在地区的声誉，而不仅仅只是求朝廷的奖励，《明史》卷三百一十《列传第一百九十八·湖广土司》记载有正德年

---

① （宋）路振：《二十五别史》，《九国志》，卷十一，《彭师暠》，125 页，济南，齐鲁书社，2000。
② （元）脱脱等：《宋史》，卷二百八十六，《蔡齐从子延庆》，第 28 册，9639 页，北京，中华书局，1977。
③ （宋）曾公亮等：《武经总要》，卷二十，《前集》。
④ （元）脱脱等：《宋史》，卷一百五十四，《舆服六》，第 11 册，3592 页，北京，中华书局，1977。
⑤ （明）沈德符：《万历野获编》，《补遗卷四·土官承袭》，道光广东刻本。
⑥ （清）汪森辑：《粤西诗载》，卷二十四，《土官承袭例》。
⑦ 参见《永顺宣慰司历代稽勋录》，藏于吉首大学历史与文化学院。
⑧ 参见《诰封明故太淑人彭母墓志铭》拓片，藏于吉首大学历史与文化学院。

间，致仕宣慰彭世麒因献木有功致仕升都指挥使，请求立坊，赐名曰表劳。会有保靖两宣慰争两江口之议，词连明辅，主者议逮治。明辅乃令蛮民奏其从征功，悉辞香炉山应得升赏，以赎逮治之辱。父子俩都很重视名声。尊祖敬宗开始出现，在彭氏祠堂的碑文中也可看见："先是思斋公以用武显世忠大业；足为诸子孙光，乃于曾祖敬斋公厥考正斋公尚未建祠而尸祝之，非所以尊祖敬宗也。"以至于在彭世麒时期开始"建立祠祀，壮修社学"。但还不是彭元锦所建的彭氏宗氏祠堂，也如碑文中所见："今彭侯两怀握篆莅疆土，诸废俱兴，今祀祠未合春露秋霜之候，何以妥列祖之英灵，假有庙而伸孝思也。"彭世麒所修仅是家庙而已。在碑文中记有："其他祭田祭器，伏腊奉祀，悉定如制。"也规定了祭祀制度和祭田祭器，而且在建立这种宗族制的同时，也将土司的权威通过这种活动深入到所统辖的基层社会中。彭氏宗祠所祭拜的并不是宗祧祭祀，而敬奉的仅是逝去的土司王。在乾隆本《永顺县志》就记有："土人度岁，先于屋正面供已故土司神位，荐以鱼肉。其本家祖先神位设于门后。家下鸡犬，俱藏匿，言王鬼在堂，不敢凌犯惊动。此即各寨皆设鬼堂，谓是已故土官阴魂衙署。每岁正月初三至十七，男女齐集，鸣锣击鼓，跳舞长歌，名曰摆手。"① 对土司的祭祀已全然深入到民间的生活当中，以至于改土归流后，这种深入基层的土司权威依然存在。"土民设摆手堂，谓是已故土司阴署，供以牌位。黄昏鸣钲击鼓，男女聚集，跳舞长歌，名曰摆手。有以正月为期者，有以三月、六月为期者，惟董补、五寨、二里最盛。屡出示，禁之不能止。亦修其教，不易其俗而已。然其间有知礼者，亦耻为之。若附郭土民，此风久息，第堂址犹存。"②

宗族的民众化，也是跟宋以来社会是一致的，宗族因其内部结构中存在着鲜明的宗法等级性受到朝廷的推崇普及，它具有传统功能，也是古代家族政治的体现。③ 同时，宗族组织作为一种资源配置，在流动的社会中，对成员的认同和增强抗击风险的能力起到了很大的作用。彭氏政权在与朝廷交往的过程中，成功地将对祖先的祭祀与土王祭祀结合在一起，从而有效地建立起在区域社会的权力正统性。

三、从单一到多元：社会组织的多样化

人类生活息息相关的事务都可成为人类崇拜的对象，因其生态环境和经济生活方式的不同，其所崇拜的对象也有所差异。跟大多数民族相似，自然崇拜、鬼神崇拜、万物有灵是最初原民的信仰，并不会因为外来文化的传人而消亡，而会随着需求的不同赋予新的地域特征与此共存，从最初的图腾崇拜到元明清时期的土司崇拜等祭祀的

① 乾隆《永顺府志》，卷十二，《杂记》，乾隆二十八年刻本。
② 嘉庆《龙山县志》，卷七，《风俗》，嘉庆二十三年刻本。
③ 冯尔康：《中国社会结构的演变》，141 页，郑州，河南人民出版社，1994。

变化，都可以看到作为社会组织之一的宗教祭祀所具有的历史特征。

据考古勘探并结合地方志记载，可以确认老司城有祖师殿、观音阁、皇经台、关帝庙、将军山寺、土王祠、八部庙、吴着祠、稷神坛、社令坛、伏波庙、城隍庙等各种不同类型的宗教寺庙，从这些遗址我们可以看出随着社会的变化，社会组织也呈现出地域与血缘结合文化的多元化。

不二门卜甲的出土说明早在商周时期就有祭祀活动，早期的祭祀活动是跟自然、鬼神和部落的图腾和祖先有关。而具有地域特色的是这一地区宗教的主要形式。

首先是祖先神的崇拜，人民也因为共同的祭祀活动而加强认同。《永顺宣慰司志》载："八部庙在司治前江之西岸凹内，古设庙以祀八部大神。每年正月初一巫祀，试白水牛，以祈一年休祥。"① 可见八部大神是这地区的祖先神，土家族史诗《摆手歌》中有一节《洛蒙挫托》，就是关于土家族祖先"八部大王"与黄帝作斗争的神话故事。其内容大意是八部大王的母亲喝了神赐茶叶，生下八个儿子和一个女儿，女儿做了黄帝娘娘，黄帝请她的八个兄弟去京城修建房屋。黄帝见这八兄弟本领过人，要谋害他们。他们知道后，放火烧了黄帝的宫殿。黄帝惧怕八兄弟的神威，赐封他们为八部大王。② 跳摆手舞时梯玛所唱的《梯玛歌》是这样说的：远古时代，毕兹卡共有八个部落，各个部落均有酋长、均有名字，有位老人把八个儿子遗弃在青龙山上，因龙哺乳、凤翼温，长成八个力大无比、武艺高强的汉子。他们捉虎像逮猫，拔树像扯草。从此，八个兄弟威震八峒，分别成为八个部落的酋长，为熬潮河舍、西梯佬、西呵佬、里都、苏都、那乌米、拢此也所也冲、接也飞也那飞列也，俗称"八部大王"。③ 每年正月初一举行祭祀八部大神仪式，专门拣选并椎杀白水牛作为祭品。乾隆五十八年（1793）刻本版《永顺县志》载："八部庙在司治前江之西岸凹内，庙自古设，以祀八部大神，每年正月初一用白水牛以祈祥。"④ 关于八部大王的神话有很多，但很显然，八部大王的崇拜是进入父系氏族社会的首领崇拜，而这种首领英雄崇拜的观念和记忆一直存在于这个区域社会中，随着社会的变迁不断赋予新的内容。

中央王朝一直是将"形成一套伦理道德与行为准则，在相同国家制度和道德规范下，中心区域形成共同的文化基础，造成相同的民族心理，这既是中国统一的文化要素，也是国家在与周边民族国家相比较时，形成民族认同与共同的对外思想观念，由此构成中华民族的文化核心"⑤。彭氏土司在构建自己小王朝的同时也在复制着这一原则，打造以土司文化为核心的地方文化，以加强地域民族认同，做到等级有序，从而

---

① 正德《永顺宣慰司志》，卷二，《祠庙》。
② 彭勃、彭继宽整理：《摆手歌》，长沙，岳麓书社，1989。
③ 彭荣德、王承尧整理：《梯玛歌》，长沙，岳麓书社，1989。
④ 乾隆《永顺县志》，卷三，《祀典志》，乾隆五十八年刻本。
⑤ 韩升：《东亚世界形成史论》，4 页，上海，复旦大学出版社，2009。

有效地维持地域社会的稳定运行。

"土人度岁，先于屋正面供已故土司神位，荐以鱼肉。其本家祖先神位设于门后。家下鸡犬，俱藏匿，言王鬼在堂，不敢凌犯惊动。此即各寨皆设鬼堂，谓是已故土官阴魂衙署。每岁正月初三至十七，男女齐集，鸣锣击鼓，跳舞长歌，名日摆手。"① 这是乾隆二十八年（1763）所记载的跳摆手舞祭祀土司情况，时隔55年，嘉庆二十三年（1818）版《龙山县志》记载："土民设摆手堂，谓是已故土司阴署，供以牌位。黄昏鸣钲击鼓，男女聚集，跳舞长歌，名日摆手。有以正月为期者，有以三月、六月为期者，惟董补、五寨、二里最盛。屡出示，禁之不能止。亦修其教，不易其俗而已。然其间有知礼者，亦耻为之。若附郭土民，此风久息，第堂址犹存。"② 说明土司祖先祭拜已深入人心，并且还把活动的时间从正月扩展到三月、六月也进行。

吴着祠，明朝、清朝和民国时期的方志多有记载。《永顺宣慰司志》载："吴着祠在司治左半坡街，建祠以祀古之土老吴着送。"③ 这则史料表明，具有祭祀吴着送的吴着祠建造于老司城内罗城南门外的半坡街。乾隆五十八年（1793）版：永顺县志》载："吴着祠在司治左半坡，以祀古之土老吴着送"；④ 乾隆二十八年（1763）刻本《永顺府志》载："永顺之吴着祠，亦无确据，至今报赛不绝。倘托以神奇，著之编简，岂几近于鳖令杜宇之说乎？"⑤ 嘉庆二十三年（1818）版《龙山县志》载："相传吴着冲为人准头高耸，上现红光，必多杀戮。家人知其然，以妇女数人裸体戏舞于前，辄回嗔作喜，土民所以有摆手祈禳之事。然当年彭城地因着冲为祟，立祠祀之，至今赛焉。殆所谓取精多而用物宏，其魂魄尚能为厉者与？"⑥ 民国版《永顺县志》载："吴着送阴灵作祟，彭氏惧，乃建祠以祀。今祠尚存，旧司城土人报赛亦必及之。"⑦ 在这些文本关于吴着祠的书写中，反映了一个情况，彭氏是取代了吴着冲（冲土家语为首领之意）而成为地区的首领，祖先崇拜是原始宗教形态在土家人宗教意识中积淀的结果，千百年来一直是土家人最古老、最固定的信仰。祭祀祖先，告慰亡灵，已经成为土家人日常生活中最普遍的宗教义务。"土家族的祖先崇拜并不是一个完全自我封闭的系统，在多民族的文化交流中它在顽强地保持自身特色的同时其形式与内容也作了些适应性的变异，兼收并蓄了部分其他民族，主要是汉民族的文化因素。如祭祀家祖，是受儒家文化影响后才出现的，其神龛供奉的主神牌是天地君亲师，副神牌则杂以儒教、佛教、道教等各路神灵，如'九天司命太乙君'、'观音大士'、'神农黄

---

① 乾隆《永顺府志》，卷十二，《杂记》，乾隆二十八年刻本。
② 嘉庆《龙山县志》，卷七，《风俗》，嘉庆二十三年刻本。
③ 正德《永顺宣慰司志》，卷二，《祠庙》。
④ 乾隆《永顺县志》，卷三，《祀典志》，乾隆五十八年刻本。
⑤ 乾隆《永顺府志》，卷十二，《杂记》，乾隆二十八年刻本。
⑥ 嘉庆《龙山县志》，卷十六，《艺文下》。
⑦ 民国《永顺县志》，卷八，《建置志·祠庙》。

帝'、'四官大神'等，却没有土家人自身信仰的'八部大神'、'向王天子'、'彭公爵主'等祖先神灵。"①

福民庙、稷神坛、社令坛都是随着农耕的发展而相应发展起来的社会组织。福民庙在老司城民间又称五谷庙，是土司政府每年定期组织农事活动仪式的场所。《永顺宣慰司志》载："福民庙在白砂溪内，原祖建祠，以祀五谷神。每年正月十五日，传调合属军民于鱼渡（肚）街州上，摆列队伍，以伺亲临点阅，后躬诸本庙参谒，令巫人卜答，一以祈当年之丰熟，一以祈合属之清安。至十月十一，仍照前例，报答本年丰稔宁谧。岁以为常。"② 农事生产关乎生计，有农业的开始就应有对农事活动的祭祀，一直延续，并经由土司将此仪式正式化，成为区域地方社会一种权力象征。乾隆五十八年（1793）版《永顺县志》载："福民庙在白砂溪前，土司建以祀五谷之神"。③

稷神坛是专门用来祭祀农神后稷的神坛。《永顺宣慰司志》载："稷神坛在锡帽山前，原有坛。每年祈祀其神，常有人见穿红袍戴乌幞头。"④ 祭祀农神也显示出多层次，并不仅是只有地方上层的祭祀权力，土民也可以独立来进行对农神的祭祀，祈求来年的丰收。而这则史料就生动地表明了民间祭祀的存在，稷神坛并不在老司城的主城区，而是在老司城河西城区的锡帽山前面，不是由土司召集主持的大型的祭祀活动，而是"常有人见穿红袍戴乌幞头"，在梯玛主持下举行祭祀稷神的仪式。乾隆五十八年（1793）版《永顺县志》载："稷神坛在锡帽山前。"⑤

社令坛是专门用来祭祀土地神的神坛，简称为"地坛"。《礼记·祭法》曰："共工之霸九州也，其子曰后土，能平九州，故祀以为社。"秦汉以后，民间的社神就成为乡间的土地神，韩愈就有一首诗："白布长衫紫领巾，差科未动是闲身。麦苗桑含毵生葚，共向田头乐社神。"⑥ 每乡镇几乎都有土地神，《幽兰居士东京梦华录》卷之十就载："土地祠各乡镇多有之。按周礼春官大示而外有土示。地示。此后代土地神之所由名也。土示五土之示。即社也。"《太平御览》在介绍古代楚地风俗竹卜就载："《荆楚岁时记》曰：秋分以牲祠社，其供帐盛于仲春之月。社之余胙，悉贡馈乡里，周于族。社余之会，其在兹乎？此其会也。掷教于社神，以占来岁丰俭，或拆竹以卜。"⑦ 可见以族为单位的民间社神祭祀早已有之，有春秋两季祭祀。既是娱乐活动，也是对来年丰收的祈福。《永顺宣慰司志》载："社令坛在司治东南那乃浦岸。每年遇春秋二社，

---

① 游俊：《土家族祖先崇拜略论》，载《世界宗教研究》，2000（4）。
② 正德《永顺宣慰司志》，卷二，《祠庙》。
③ 乾隆《永顺县志》，卷三，《祀典志》，乾隆五十八年刻本。
④ 正德《永顺宣慰司志》，卷二，《祠庙》。
⑤ 乾隆《永顺县志》，卷三，《祀典志》，乾隆五十八年刻本。
⑥ 《全唐诗》，卷三百四十三。
⑦ （宋）李昉等：《太平御览》，卷七百二十六，《方术部》。

椎牛以祀，原无祠。"① 在溪州则以牛为祭祀牲畜，春秋两季都进行。《永顺县志》载："社令坛在司治东南那乃浦岸，每年春秋二社，椎牛以祀，原无祠。"② 在"社日"举办椎牛活动，时至今日，仍有"社巴日"、"社日"和"社场"，某些区域仍保留着重大节日举办"椎牛"活动的习俗。

伏波庙是专门用来祭祀伏波将军马援的庙宇，马援因忠贞为后人所敬重，征五溪蛮死于沅水，死后敬为神，被五溪人民奉为司水之神，保佑出行平安，多设在溪流交汇处，在今湖南沅江流域多有所见。作为沅江支流之一的酉水，亦有伏波庙的分布。《永顺宣慰司志》载："伏波庙在会溪，崇祀新息侯伏波马王。"③

祖师殿传修建于后晋天福二年（937），正德版《永顺宣慰司志》载："玉极殿在司治东南二里，有山名真祖山，建殿崇奉玉帝。""崇圣殿在玉极殿右次，建殿崇奉玄帝。"④ 乾隆本《永顺府志》载："玉极殿城东三十里，上奉玉帝。崇圣殿在玉极殿右，以奉元帝，今毁。"⑤ 据考证即在祖师殿所在位置。⑥ 乾隆版《永顺县志》载："圣英殿在司治雅草坪，前都督彭元锦建，以祀关帝，其山名回龙。五显祠在司治圣英殿后，武宗正德间建（1506—1521），以祀五显灵官。"⑦ "城隍庙在五显。城隍大王。"⑧ 民国版《永顺县志》载："五显祠在司治圣英殿后，武宗正德间彭明辅建，以祀五显灵官。案，灵官不知何时人，惟道家常称之。……明成祖时，道士周思得行其法于京师，成祖闻之，亲祷灵官，有求辄应。遂命设像致祭，列入祀典，是为崇奉之始。……盖亦神道设教之意也，故土司亦立专祠祀之。""土司城隍庙在旧司城，废。案，故址荒不可见耳。"⑨ 城隍庙在明代是作为官方正式设像供奉，在土司地区，由于是属于自治，并没有官方所封的城隍神以供祭祀，就如民国本县志所说盖亦神道设教之意所设祠供奉。道教是在吸收各种原始宗教、民间宗教、神话传说的基础上，逐渐形成了自己的神仙谱系，并不断地与地方宗教融合形成具有地域特色的宗教文化。道教所宣扬的养生术、长生术及修道成仙的修炼思想，老司城地区本身就具有重巫术信鬼神丰富的土壤。道教与土家族原始宗教结合在一起，并融入到早期的宗教从业者"梯玛"的职能范围中。"梯玛"意为敬神的人，民间称之为"土老司"或"土老师"，是土家族地区早期文化的传播者与保存者，"梯玛"没有正式的经书，主要靠主持民间宗教仪

① 正德《永顺宣慰司志》，卷二，《祠庙》。
② 乾隆《永顺县志》卷三，《祀典志》。
③ 正德《永顺宣慰司志》，卷二，《祠庙》。
④ 正德《永顺宣慰司志》，卷二，《祠庙》。
⑤ 乾隆《永顺县志》，卷三，《祀典志》。
⑥ 成臻铭：《老司城遗址建筑布局及功能研究》（未出版）。
⑦ 乾隆《永顺县志》，卷三，《祀典志》。
⑧ 正德《永顺宣慰司志》，卷二，《祠庙》。
⑨ 民国《永顺县志》，卷八，《建置志·祠庙》。

式，操持民间生育、治病、婚丧、生产、娱乐等活动为生。土家族地区原始宗教中神灵庞杂，其特点是以祖先崇拜为中心，但自汲取道教文化元素后，道教神占了相当大的比重，并居于主神地位，这在土老师作法时张挂的神像图中有明显的体现：神像图中部略下处，为土家族二位远祖神像；二祖神之上，基本上为道教神；神像图最上端为"三清"，上清灵宝天尊居中，其左为玉清元始天尊，右为太清道德天尊（即太上老君）；稍下中为玉皇大帝、天、地、水、阳四常、王母、神将、雷公、雷母，其左为南斗六星男神，右为北斗七星女神，这些皆为道教神像；图像下层为地狱图景，当是受佛教影响。从整个神像图明显可看出土家族敬祖与道教、佛教信仰间的相互渗透与影响。① 在老司城的已经发现早期的各种祠庙中，道教成分就占了很大部分。祖师殿的大钟就是彭世麒祖孙三代于嘉靖十年（1531）三月初五集资铸大钟一口，铭文如下：

第一格：道日增辉　大明国湖广永顺等处军民宣慰使司吴着大村工地，居奉神喜舍。信士彭士俊，把总向晟、张虎、彭九龄、向永寿、汪斌，管家严谨、彭远、彭志高，头目田鹉、田九口、田大用、上同。第二格：皇图永固　恩官、前致仕宣慰使司彭世麒，恩官、致仕宣慰使彭明辅，现任宣慰使彭宗舜，官舍彭明伦、彭明义、彭明德，经历司信官徐林。第三格：法轮常转　右泊合司舍把众信人等，即日上午圣造，言念俊等，百年光景，如白驹易过，'四重深恩'未报，没齿难忘，食夕拳拳，心怀切切，由是同登处喜，舍资财，铸造洪钟一口，入于本司马浦圣殿，永克供养，上愿：皇风清穆，圣寿长更；祁：官长安荣封疆永固；不父：众信均使，康宁俗美，岁丰民安，物阜谨意。第四格：帝道遐昌　大运嘉靖十年岁次辛卯三月初五日庚寅良吉造。炷匠饶衡等。

明万历十五年（1577），永顺宣慰使彭元锦铸铜炉，铭文：

考之志日：钟，西方之声，以象厥成，谁功大者？其钟大，垂者为钟，仰者为鼎。万历丁亥，予掌篆之次岁也，梦帝赐予以大刀红马，予即刻象（像），立殿于将军山顶，书其额日"神武祠"。又蒙神节降护持：酉之役，三战三捷；播之役，捷音屡奏；保之役，十一战十一胜。且旦夕赐佑，魑魅魍魉，莫施阴谋。予蚤无子，又蒙赐之上，题其殿为圣英宝殿，乃命工范铜铸钟鼎，悬于庙用彰神武，而为之铭。洪惟圣常，惟心天日。

默佑于予，魍魉无济。镇我边廷，时和岁利。亿万斯年，彭氏永祀。

观音阁位于老司城南灵溪河西岸望乡台的山腰，据《永顺宣慰司志》载："观音阁在司治，其名石佛山，建，崇。"②《永顺县志》载："观音阁在司治南三里，以祀观音

---

① 钱安靖、汤清琦：《论土家族原始宗教的巫师与巫术》，载《宗教学研究》，1996（2）。
② 正德《永顺宣慰司志》，卷二，《祠庙》。

大士，其山名石佛，大士像铜铸，土司彭翼南建。"① "蟠桃庵在颗砂，彭世麟建，即世麟为母求寿，因于颗砂行署之东建佛阁一栋，名曰蟠桃庵。庵供大士一尊，并阁堂圣像均系铜铸。"② 在来凤境内的酉水上游沿岸有仙佛寺摩崖造像龛内残余有"咸康元年五月"字样，后根据专家依据造像确为最早的摩崖造像为初、盛唐时期。③ 可见佛教于东晋年间已传入土家族地区。佛教宣扬灵魂不灭、生死轮回观念，主张以忠孝仁信为本的孝道，提倡"立身行道，永光其亲"。

崖墓葬是中古时代武陵山区土家族先民的流行葬俗，在中古文献中屡有记载，酉水流域发掘的崖墓多出"天圣元宝"、"崇宁重宝"等，年代为唐宋时代。1978 年 5 月，湘西州文物队对永顺南渭州仙人棺崖墓进行清理，得宋钱、铜钤、银钤等物，经鉴定为宋人九品官吏墓（1995 年版《永顺县志》）。南宋朱辅《溪蛮丛笑·葬堂》条中记载五溪蛮地区："死者诸子照水内，一人背尸，以箭射地，箭落处定穴，穴中藉以木，贫则已。富者不问岁月，酿酒屠牛，呼团洞发骨而出，易以小函，或枷崖屋，或挂大木，风霜剥落皆置不问，名葬堂。"随着汉文化影响的日益深入，葬俗仪俗也受到其影响。土司贵族的砖石墓的形式、结构、装饰都采用汉族墓葬方式，并且体现出昭穆制的风格，但也随处可见地域的特色。根据考古清理，整个陵园的地表由墓葬封土、拜台、"八字"山墙、花带缠腰过道、南北神道及石像生、照壁等遗迹组成，在列与列之间的过道上有卵石铺成的道路，俗称"花带缠腰路面"，拜台间亦以此相连。卵石路面做工非常考究，具有土家族传统土家花带的"八瓣花"、"四朵梅"连续图案，古朴、美观。对于土民来说，这种文化的侵入还是很缓慢的，在乾隆二十八年（1763）的县志就有"重耕农，男女合作"，"死则环尸哭泣，且歌终日即葬，无丧服"④。"公媳内外宜有别也。查土司尽属筇屋穷檐，四围以竹，中若悬磬，并不供奉祖先。半室高搭木床，翁姑子媳联为一榻。不分内外，甚至外来贸易客民寓居于此，男女不分，挨肩擦背，以致伦理俱废，风化难堪。现在出示化导，令写天地君亲牌位，分别嫌疑，祈赐通饬，以挽颓风。"⑤ 在土民之中，仍然保持着积极的生死态度观，对祖先的崇拜也是建立在共同祖先的基础之上，随着流官的积极倡导和推进，也如谢晓辉在其文章中所说，为消除土司政权长期所建立起的权威正统性转为中央王朝的正统性，对已经深入土民生活中的摆手堂及有关活动加以禁止。⑥ 并不断得化导，"令写天地君亲牌位"，强化王朝权威的正统性。

---

① 民国《永顺县志》，卷八，《建置志·祠庙》。
② 民国《永顺县志》，卷八，《建置志·祠庙》。
③ 来凤县政府提供的 2004 年第六批全国重点文物保护单位推荐材料：《仙佛寺摩崖造像》。
④ 乾隆《永顺县志》，卷四，《风土志》，乾隆五十八年刻本。
⑤ 乾隆《永顺府志》，卷十一，《檄示》，乾隆二十八年刻本。
⑥ 谢晓辉：《联姻结盟与谱系传承——明代湘西苗疆土司的变迁》，载《中国社会历史评论》，2012（13）。

结语

老司城遗址作为历史上溪州彭氏土司的主要的治所，是国家政权下少数民族（土家族）王朝政治中心，也是土司制度这种政治文明传统特殊的见证，从最初的誓下二十州到偏安一隅的溪州境，可以看到中央王朝将少数民族地区王朝化的统治过程，也是多民族国家多元一体政治格局形成过程。在这个过程中，从羁縻州到土司政治，也建立起了刺史与峒民到土司与旗兵（土兵）的结构转变，在这个转变的过程中，通过朝贡与征战立功来建立起中央与地方相互认同的同时，地方也建立起土王与土民的相互认同，而这种认同也是建立在独具特色的宗族的民众化和社会组织多元化的表现中。

武力是少数民族获得权威的早期手段，首领崇拜是权威确立的象征体现。嫡长子继承制以及土司入学的规定，是朝廷对土司地区进行有效的干预，而土司地区在接受的同时也呈现出地域的特色，有如土王祠与彭氏祠堂的有效整合，摆手堂地普及与土王崇拜的普遍化。土司政权在建立起自己的统治权威时，并不是简单的照搬王朝的体制，而是有效地建立起适合地方传统的机制维系地方秩序的有效运转，在树立起权威的同时，也允许多元社会组织的存在，从老司城存在的多个祠庙遗址就可看出，土民思想表达的多种途径，而不仅仅只是土司专制。在土司治下，也有"渔户最悍，有警即充前锋。春夏间，土官观渔为乐，先截流聚鱼，俟土官酒酺，入水捕鱼。口啖一，手捕其二，跃岸称贺。土人善织丝。又岗布以苎麻。拭污不秽："自耕而食"；"永顺辖崇山。有欢兜庙。土人修怨者。持牲酒往诅之"；"土官馈客，尝食外。禽兽野味凡百余种，而不可多受。以人贪廉，默为轻重"。[①] 展现出生动的生活场景。在少数民族地区王朝化的过程中，我们也看到了大一统过程中处理少数民族地区问题的积极性，在给予地方自主的同时反而强化了地方对王朝的认同，而不仅仅只是地方与中央、蛮夷与华夏之间简单的二元影响过程，必须在具体的历史过程中分析事件对进程的影响，而老司城遗址及其所呈现的历史过程恰好为王朝与地方如何有效实现一体化做了一个很好的说明。

---

① （清）谈迁：《北游录》，《纪闻上》之《永顺保靖二司土风》，332 页，北京，中华书局，1960。

第二章 老司城古建筑的城市建设

土司城的选址、城区布局和土司城的规模、形制与性质以及土司城的风景园林，决定着土司城城市建设面貌。这种建设面貌的形成，既有特殊原因又有地域特色。中外土司城如此，老司城也一样。

第一节 老司城的选址

地方文献资料记载有一个共同的取向，就是老司城择址福石山。老司城城址取向福石山的过程，在很大程度上反映了人类在处理生存、发展与宜居环境营建等关系上的相地智慧。

一、老司城择址福石山

如第一章第一节所言，羁縻时期，继任溪州刺史的彭士愁开始建造祖师殿，接着就是彭师宝和彭福石宠择址福石山，进行初期的营建活动。尽管他们的营建活动在目前所能见到的地方文献资料和考古资料中还不十分清楚，但当时择址福石山的过程在地方史料却有较为明确的记载。

据地方文献反映：

按永顺司有曰福石郡者，疑蛮人自为郡名。今灵溪、福石山，即永顺老司城地也。①

考察这条清朝乾隆五十八年（1793）的《永顺府志》的记载，这就形成老司城明确的空间定位。即永顺老司城择址在灵溪、福石山等峰丛峡谷之间，依山面水。山为

---

① 《永顺府志》卷十二，《杂记》。转引自湖南省少数民族古籍办公室主编：《湖南地方志少数民族史料》（上），176页，长沙，岳麓书社，1991。

福石山，水为灵溪河。灵溪河在民间记忆中称为司河，就是流经老司城的那条河流，它是今湖南省"三湘四水"之一沅江水系酉水的支流。

后来的方志，不仅对福石山的空间定位以及相邻的山名援引前朝各种方志与地理志，做了详细的考察，而且对福石山山系名称的演变做了应有的说明。

福石山，内龙保内。县东三十里，与禄德、寿并在旧司治。后万山环拱，天然城郭，为土司数百年治所。右曰紫禁山，为宫人丛葬处；治前三里曰八桶湖，其祖宗多葬于此。

按：辰州府志载，永顺司有福石郡，大抵以此山得名；又宣慰司志：福石山在司治，后禄德山在左，寿德山在右；李志：福石山在城东三十里，后即华盖山；王志驳之日：福、禄、寿乃三座名山，查前县李创修志书，合福、禄、寿为一山，又谓后即华盖。恐考察未精。至一统志，误作在县东南三十里，不足为据。今武昌亚新地学社更名为三星山。

锡帽山，县东三十里内龙保。在司治西北岸，四时有花草。相传，此花草荣茂非常则朝迁有荣典（宣慰司志）。按：府志作县东南三十里，统志、县志均作在县东南三十里。[①]

这里所说的《辰州府志》，是乾隆三十年刻印的《辰州府志》。《宣慰司志》是明朝正德年间（1056—1521）由永顺致仕宣慰使彭世麒始修，清朝康熙三十年间（1691）续修的《永顺宣慰司志》，可惜这部方志目前仅现一卷残本。"李志"是清朝雍正十二年甲寅（1734）沅陵知县李谨编修的《沅陵县志》。"王志"具体指哪一部方志不详。"一统志"指《大清一统志》，这是一部清朝官修地理总志，前后修过三部，即康熙《大清一统志》、乾隆《大清一统志》和《嘉庆重修一统志》。民国十九年（1930）由胡履新修、张孔修纂的《永顺县志》在详细考订前朝各种方志和《大清一统志》的基础上，明确指出福石山系包括福石山（司治）、禄德山（华盖山）、寿德山（紫禁山），又名三星山，其司治北岸的山称为锡帽山，这应该是可信的。值得指出的是，《辰州府志》关注福石郡本身就表明以福石山命名的郡治于两宋之交在行政上归属于辰州管辖。据笔者实地考察，在老司城的民间记忆里至今仍然保留着福、禄、寿"三星山"的记忆，其对岸的锡帽山被也称为"麦利威山"。

谢华于1959年出版的《湘西土司辑略》，在综合方志和谱书中的各种说法后，对老司城的地理形势进行了描述，并形成了灵溪及其支流前后的福石山"今名华盖山"的说法。

福石宠袭任后，迁其治于灵溪之福石郡（即今永顺城东南三十里之老司城）。郡以

---

① （民国）《永顺县志》卷三，《地理志·山名》。

福石山（今名华盖山）得名，置于何时，无考。新治依山而筑，万峰环拱，灵溪及其支流前后萦绕，天然城池，为永顺司数百年小朝廷的首都。（谱，永顺县志张文琴纂，以下简称张志）①

尽管谢氏的著作将上述说法置于"彭福石宠"条目之下又说"置于何时，无考"让人其妙莫名，但对于我们进一步定位老司城的择址还是有极大帮助的。它使我们能够进一步确认，今天老司城择址的山系就是福石山。

二、决定老司城择址福石山的主要区位因素

决定老司城择址福石山的区位因素虽然多种多样，但主要还是其文化、自然和社会经济因素。

（一）文化因素

无论是土司政府还是刺史政府，不管他们奉行的地方政治还是家族政治。在"身/家/国/天下"粘连结构中，既然于身讲"环境"，于国于天下讲"地理"，那么于家就讲"风水"了。

"风水"主要是指人们选择建筑地点时，对气候、地质、地貌、生态、景观等各建筑环境因素的综合评判，以及建筑营造中的某些技术和种种禁忌的总概括。风水在我国"衣/食/住/行/娱"文化中，尤其是在"住"文化中，被认为是事关贫富、贵贱甚至是子孙绵延的重大问题。所以中国历代无论是达官显贵还是平民百姓，均没有忘记延聘被称为"风水先生"的当地乡土地理专家相地作为阳宅和阴宅，期望藏富贵，避贫贱，子孙绵延。正因为此，"风水宝地"小到阳宅（住宅）、阴宅（坟墓）、亭台楼阁、庙宇、寺观、道路、古塔、桥梁、古树、怪石，大到山川河流、城池等颇有呼之即来之势，神秘地甚至是恐怖地环绕着人们的生存环境，成为一切信仰者所向往的发祥之所。

风水术就是在这种择地定居中发端。风水术在我国形成于汉晋之际，成熟于唐宋元时期，于明清时期日臻完善。风水术的发展，更多的是风水理论的发展完善。唐宋时期，风水理论形成。它分为两个流派：一派是唐朝中叶以杨筠松为代表的形势派，它注重山川形胜和建筑外部自然环境的选择，也即龙（脉，或主山）、穴（位）、（护）砂（龙虎、朝案、水口砂）、水（流）、（座）向等"地理五诀"；一派是宋代以王伋为代表的理气派，它着眼于建筑方位、朝向和布局，也即着眼于（座）向、（生）气、明堂。② 两派均注重阳宅和阴宅之区分，并对元明清时期及其以后的风水理论与方法形

---

① 谢华：《湘西土司辑略》，42~43页，北京，中华书局，1959。
② 参见程建军、孙尚朴：《风水与建筑》，1页、14页，南昌，江西科学技术出版社，1992；何晓昕、罗隽：《中国风水史》，113~114页、225页，北京，九州出版社，2008。

成决定性影响。十分巧合的是，唐宋到元明清时期恰恰是老司城建筑的兴起与发展时期。老司城无论是择址还是营建，均在一定程度上受制于形势派和理气派理论与实践，进而决定着其实践的理性精神与建筑的审美趣味。

然而令人遗憾的是，形势派和理气派的理论与实践对老司城择址福石山微环境或者小环境的影响程度有多深，因较为直接文献史料比如清朝道光六年《永顺宣慰使司历代稽勋传·洪澍》等仅有类似于"八百余年带砺河山"点到为止的记载，而无法获得具体证实。尽管如此，在民间对老司城的记忆里仍然保留着老司城择址的深刻记忆。这记忆在乡土作家的著作里以"万马归朝司城，飞鸦刺破青天"的故事形式①明显体现：

老司城周围崇山峻岭，人称万马归朝。有一天，土司和舍把头人观看山景，土司对他们说："是山都朝拜老司城，可见老司城是个帝王居住的地方。"正说之间，土司猛抬头看到西北钩一方的飞鸦角，这飞鸦角像一匹野马，头朝四川，后腿蹄向老司城。土司一见，怒不可遏，指着飞鸦角高声吼道："这飞鸦角太可恶，偏偏不向我老司城，应该把它锁起来。"土司的话谁都不敢违抗，于是调来铁匠打造铁缆调来岩匠在飞鸦角山上打石洞，整整忙了三年六个月才把石洞打铁缆制成。土司召来各州、司、旗、峒的头目，都来老司城看锁飞鸦角。大炮响了三声，铁缆的一端钩住飞鸦角的鼻孔，一端系在老司城的铁柱子上，土司王对大家说："飞鸦角不服我管，我把它锁起来，你们也像飞鸦角吗？"大家都跪着说："不敢，不敢，归顺王爷。"现在，在飞鸦角的山顶还可以看到当年土司王派岩匠打的洞。后来，飞鸦角为报锁鼻之仇，便投生做土司的儿子，这就是传说中的白鼻子土司。他做尽了坏事，断送了土司的江山。这个故事在民间流传很广，有句民谣说："你锁我的鼻子，我杀你的满门。"②

上述这则传说故事反映土司是讲究风水的，而且老司城的风水选择是为土司"万马归朝"的统治服务的。

老司城建成以后，一天，土司上凤凰山观看风景，一侍从见由西向东而来的群山便说道：

大王，您看这群山犹如万马奔腾一样都向您朝拜来了。土司非常高兴，当即命名此景叫"万马归朝"。高兴之余，仔细观看群山，见一山独自背朝老司城，面朝永顺万福山，心中大怒，便问管家："山名叫什么？"管家答道："飞鸦角。"土司王怒道："飞鸦角还想飞，这还了得。不治此山，我如何治理溪州。"土司当即征调壮丁，挖去飞鸦角山顶的泥土，请来百名石匠凿洞，凿断此山"龙脉"，若凿不断也要锁住"龙

① 参见刘纯玺、刘善福：《土家族故都老司城》，181 页，香港，天马出版社，2005。
② 参见彭剑秋：《溪州土司八百年》，123～124 页，北京，民族出版社，2001。

脉"。经过一段时间，已凿出一个三丈六尺深、三丈就尺宽的方洞。一天，一个石匠收工时忘记拿凿洞工具，就回头去拿。这时天已黑。石匠经石洞门口，听见洞内有人在议论。他走近一听，就听见其中一个说："飞鸦角，土司这般惩治你，你打算怎么办？"另一个说："我有什么错，只不过背朝老司城而已，我死都不服，我死后投生要成土司儿子继承王位，败掉土司江山。"另一个说："飞鸦角，土司弄不死你的，你不是千把锄头万把镐，单怕铜钉钉断腰吗？"石匠吓得赶快跑回家，禀报土司。土司得知此事以后，立即下令溪州所有铜匠聚集老司城，用三十六天时间，打造三十六斤重一把铁锁，三十六斤重一颗铜钉，三百六十斤重的大铁钩，三十六里长一条铁链。他们将铜钉钉入凿洞中，用铁钩钩上，用铁链系上，再由铁锁锁住，铁链另一头系在老司城灵溪河畔的铁柱上。事毕的当日晚，有路人打着火把从飞鸦角路过，只听到这里传来有绝命的悲凄哭泣声，走到山崖的山沟中，发现有溪水像鲜血一样。此后，传言飞鸦角已死。不久，土司生一子。刚出生，发现鼻梁骨长有黄豆般大小的白色的疮。这疮也怪，人长疮长。再后来，他当上了土司，人称"白鼻子土司"。白鼻子土司生活荒淫，推行"初夜权"，强迫青年男女成婚之日，第一夜新娘要与白鼻子过夜，使得土家青年男大不能婚，女大不能嫁。他还在冬天叫几十名土家年轻后生，在灵溪河名叫"龙朝湾"的深潭里入水摸银子，并说从水底摸出银子的不杀，摸不出就杀。冬天的河水，冰冷刺骨，白鼻子土司看到瑟瑟发抖的摸银子人放声大笑，不管摸着银子没摸着银子的，都一律杀掉。他这样做的时候，满天顷刻会出现乌云，接着雷电交加，大雨倾盆，洪水滔滔。灵溪河对岸有一座山像龙头一样，转看白鼻子土司的"无道"。这山叫"龙朝湾"山，白鼻子土司由此叫"白鼻子无道"。白鼻子土司最恨别人背地里叫他"白鼻子土司"。溪州百姓这样一叫，他的鼻子就痛痒难忍。每遇这个时候他就杀人，全部杀壮丁，杀后将他们的尸体抛入万人坑。他怕土家青年壮丁伺机报仇哇。他这样杀人，弄得溪州百姓怨声载道，民不聊生，连彭氏亲属也越来越远离他了。皇帝得知此事后，派兵围剿。白鼻子无道众叛亲离，一战便败。他逃到别些公园，在田家湾马屎坝一个小山洞里被追兵杀死。他死后，山洞称为"白鼻子洞"。飞鸦角变成的白鼻子土司就这样完了。①

这一则传说故事是说土司为整治老司城的"万马归朝"的风水采取了什么具体办法，获得了什么样的结果，以及"改造风水"的整治者的家业和"崇尚自然"的被整治者的事业最后是一个什么样的结果。老司城风水史上的斗争，实际上是一种文化与另一种文化或者是"人化自然"上的冲突，它也在一定程度上说明了受乡土地理专家或者风水先生影响的土司风水观念在老司城建城史上举足轻重的地位。

---

① 参见萧卓夫：《溪州土司名胜拾萃》，87～88页，北京，民族出版社，1997；向盛福：《土司王朝》，194～196页，呼和浩特，内蒙古人民出版社，2009。

（二）自然因素

决定老司城择址福石山的自然因素，是这里的山形、水系与气候。

1. 山形

山形主要指地形与地势。中国地形呈三级阶梯分布，据中国地势剖面图，第一级阶梯指青藏高原地区，第二级阶梯是除青藏高原之外大兴安岭、太行山脉、巫山、雪峰山、大瑶山、十万大山一线以西的高原和山地，第三级阶梯是大兴安岭、太行山脉、巫山、武陵山、雪峰山、大瑶山、十万大山一线以东的平原和丘陵地区。永顺老司城基本位于大兴安岭、太行山脉、巫山、武陵山、雪峰山、大瑶山、十万大山一线附近。考察中国基本适应自然的遇山钻洞、遇水架桥的气势恢宏的大地杰作铁路线，有一条铁路线就是大致沿着大兴安岭、太行山脉、巫山、武陵山、雪峰山、大瑶山、十万大山一线走的，沿途经过内蒙古自治区赤峰市、北京，河北省石家庄市、邯郸市，河南省郑州市、洛阳市、南阳市，湖北省襄樊市、宜昌市、枝城市，湖南省张家界市、古丈县猛峒河站（罗依溪镇）、吉首市、怀化市，广西壮族自治区桂林市、柳州市、南宁市、防城港市。其中，经过湖南省湘西土家族苗族州古丈县猛峒河站的这条铁路线叫做枝柳线，永顺县老司城距猛峒河站为100分钟的汽车车程。这表明老司城贴近中国地势第二级阶梯的脊线。

老司城所在地永顺县位于云贵高原与两湖平原之交的武陵山区，东至永定区，西至龙山、保靖两县，北至桑植县，南与古丈县隔酉水河相望，东南与沅陵县相邻。全县总面积3812平方公里。这里地势崎岖，西接云贵高原东侧，位于鄂西山地和江南丘陵过渡地带的武陵山西北，形成了由西北向东南的倾斜。县境东南角为武陵山脉之黑挑山，西面为永龙大界，中部为万福山、四方山、高立山、万云山、羊峰山和大青山。这里山脉有名的羊峰山、大青山、人头山、高峰坡、永龙大山，海拔都在1000米以上，走向大致是由北而南。羊峰山向北延伸至澧水，向南延伸至酉水，其主峰最高海拔为1437.9米；万福山，向北延伸至澧水南源，向南延伸至猛洞河与牛路河汇合处。南部的酉水河谷的最低海拔为119米。这里地形分为三类，一部分地区如麻岔、石堤、羊峰、松柏，绝大部地区为高山区，保坪、高坪、西米、泽家、柏杨、太坪等乡镇为高山丘陵区，另有一部分如万坪的十万坪以及猛洞河中游的平地，为海拔500米以下的河谷小平地。①

老司城遗址位于永顺县西部东经110°、北纬29°附近，距永顺县城灵溪镇19.5公里，总面积25平方公里。其"万马归朝"峰丛发源于武陵山脉中支黑山山脉的永龙大界，呈西北向东南走向。遗址所在的台地，城区面积25万平方米，海拔高度为199～

---

① 参见湘西土家族苗族自治州革委会编绘：《湘西土家族苗族自治州地图册》（内部资料），39页，1979。

295 米。老司城及其周边大小山谷有 800 个。永龙大界，有两大支系和三个小支系在老司城及其周边地区。其中两大支系：一是由塔卧经颗砂、岩板铺、毛坪延伸至自生桥，形成老司城的太平山系（高立山界）；二是人首车，经大干溪、小干溪延伸至永顺北部的对山、和平、泽家、列夕。三个小支系：第一个支系人万福山（万福山界），形成飞鸦角山系和博射坪山、参天玉笋山系；第二个支系人龙洒湖、龙灯山，经泽树村、抚志禾作山和雅颂溪山系，延伸为老司城的贺虎山；第三个支系入望乡台山，延伸至老司城的银板仙人山、美女山。两大支系和三个小支系，海拔在 780～240 米之间，在老司城周围形成"万马归朝"的奇异山形。具体环绕老司城的：正东青龙，为太平山系（高立山界），主峰海拔 780 米；① 东北方向为福禄寿三星山，系太平山向右的延伸，其前面是头、胫、翼、腰、尾俱全、形如落飞的凤凰的凤凰山；② 正北玄武，为参天玉笋山、轿顶山系，其向南延伸部分为锡帽山（麦利威山或晴岚翠窟山）；正西白虎，为禾作山界的绣屏山（民间称为"照壁山"、"笔架山"）③、将军山；西北方向为麦坝山、飞鸦角（飞霞山，位于钓矶岩附近）；西南方向为雅颂溪山系的银板界仙人山、美女山（美山梳头山）、插帽金花山、天马山、狮子山（青狮山），其中紧邻天马山的狮子山在老司城诸山中最矮，主峰海拔仅为 240 米；正南朱雀，为贺虎山；东南为太平山系的送答茄山、九肇坡山、玄武山（罗汉晒肚山），其远郊有羊峰山及邻近的心印山。如前所述，羊峰山主峰海拔为 1437.9 米，是永顺县境最高的山。

需要说明的是，将军山在老司城四周有三座：第一座位于雅草坪关帝庙的土包之上，高出地面一丈有余，形似巨人，五官俱全；第二座位于绣屏山的右前方；第三座位于灵溪河西岸的锡帽山下。这些"将军山"中，只有雅草坪的将军山修建关帝庙等。④ 有意思的是，灵溪河东岸的玄武山属于太平山系，形如罗汉赤身裸体坐靠，山上树木不多，恰似罗汉晒肚；灵溪河西岸的美女山属于雅颂溪山系，则形如美女侧身蹲坐，山上绿树成荫，恰似美山梳头，两眼平视凤凰山。⑤

2. 水系

---

① 站在太平山顶，很难发现下面有一座巨大的土司城。这可能在一定程度上体现了老司城择址的军事防御性能。

② 在凤凰山的山形中，"凤凰"头在西尾在南，宫殿区和衙署区分别位于凤凰的腰部和尾部，外城城墙从灵溪河岸沿着凤凰的左翼、胫部，延伸至凤凰右翼的紫金山土司墓葬区。

③ 绣屏山由形似"照壁"的六个小峰丛列组成，中有五个等距的半月形托架，又形似"笔架"，因而被称为照壁山、笔架山。（清·乾隆）《永顺县志》卷一，《地舆志·山川》记载："绣屏山，城东三十里，《旧司志》：前六峰并时，拱抱如屏，灵溪十景所谓绣屏拼座也。"

④ 据（清·乾隆）《永顺县志》卷一，《地舆志·山川》记载："将军山，此下据《土司旧志》补入，在福石山之右，四山围绕，若将军立其上，彭元锦建祠于顶以祀关帝，又建江湖廊庙、公署及若云书院于坪。"

⑤ 老司城四周具体的山系与山名，参见向盛福：《土司王朝》，1～8 页，呼和浩特，内蒙古人民出版社，2009。

中国季风线以东地区，从北到南分布有黑龙江、辽河、海河、黄河、淮河、长江、东南沿海诸河、珠江等八大水系。其中，流域面积最大者为发源于有"中国屋脊"之称青藏高原的长江水系。长江以北和长江以南水系众多，其中，长江以南水系比较有名的，自东而西有太湖、鄱阳湖、洞庭湖、乌江、赤水河。

洞庭湖主体位于今湖南省境内，以湖心的君山古称洞庭山而名，它从西面、南面接纳湘江、资江、沅江、澧水等四水，进而吞吐长江水流，调节中国南北资源。据清朝道光年间陶澍、万年淳所言：洞庭，海内巨浸也。昔黄帝张乐于此，本以山得名。《山海经》："洞庭之山，在九江之间。"所谓九江，辰、沅、、渐、溆、沅、西、澧、资、湘也。九水中，五人于沅，与澧、资、湘潴而为四，同注洞庭以会江，若五口然。故《国策》又谓之"洞庭五渚"也。五湖，洞庭为长。九江，湘沅最长。附洞庭得名者，首青草、赤沙，而洞庭一湖总统之。与湘沅争流者，首资源澧浦，皆洞庭一湖兼收之。《记》云："五岳视三公，四渎视诸侯，其余视伯子男。"四渎之外惟五湖，以五湖位置之，洞庭之为伯，无得而议焉。[1]

陶澍、万年淳是《洞庭湖志》的修纂者，对洞庭湖在中国水系中的地位以及它接纳了哪些水流应该是了如指掌。两则材料表明，不仅洞庭湖在中国五湖之中列为首位，而且洞庭诸水之中的湘江和沅江，主流最长。

历史上，沅江有五条支流，号称"五溪"。"五溪"之名，首出于北魏郦道元的地理著作《水经注》，它具体指流经云贵高原与洞庭湖平原过渡带的雄溪、橆溪、沅溪、酉溪、辰溪等五条溪水。据《水经注》记载，"武陵有五溪，谓雄溪、橆溪、沅溪、酉溪、辰溪是其一焉"。[2] 从郦道元对五条溪水所列条目进行考察，"五溪"属于沅水的五条支流。据目前的研究结论，这五条支流分布于以湖南省怀化地区沅陵县城为终点的沅江中上游，其中，雄溪指今天的巫水，酉溪指今天的酉水，辰溪指今天的辰水。另外的两条，橆溪和沅溪具体何指，目前尚存在分歧。对于沅溪，有的认为是指今天的潕水，也有人认为是泸溪县的武溪。目前对于橆溪争议颇大，既有指渠水、清水江的，又有指古丈县境的明河、麻阳县境的锦江的。这些争议明显反映了自然环境变迁之下，人们对郦道元命名各水系原初用意理解的差异。笔者比较倾向于橆溪指渠水、沅溪指潕水之说。五溪自洪江市托口镇到沅陵县沅陵镇一线汇入沅江，然而其流域包揽了今天湘鄂渝黔桂五省市区的 54 个区县市。对"五溪"自北而南进行排序，酉溪（酉水）居最北，橆溪（渠水）居最南，先后为酉溪（酉水）、辰溪（辰水）、沅溪（潕水）、雄溪（巫水）、橆溪（渠水）。位居沅江水系最北的酉水（酉溪），介于巫江流域、澧水流域以及沅水其他支流之间，有南北两条主要支流。其北支流发源于湖北

---

① （清·道光）陶澍、万年淳修纂，何培全点校：《洞庭湖志》，1，长沙，岳麓书社，2003。

② （北魏）郦道元著，（清）王先谦校：《水经注》卷三十七，《沅水》，成都，巴蜀书社，572 页，1985。

宣恩县的白水洞和猫儿孔，称为白水河；南支流发源于贵州松桃县，称为"白河"。二者汇合于湖南保靖县，之后穿越永顺、古丈县境，向下在沅陵县城汇入沅江。

老司城所在地永顺县，位于澧水、西水二水系的上游。全县溪河共48条，其中较大的有14条。属澧水流域的面积约713平方公里，占总面积的18.7%，向东北方向流入澧水；属西水流域的面积约3100平方公里，占总面积的81.3%，往南流入西水。境内最大的河流为猛洞河，全长115公里，自北而南流贯通全境。位居第二的河流为牛路河，全长约80公里，它自北而南流至抚志乡的那子溪与猛洞河汇合后，在列夕乡注入西水。由此可见，牛路河是西水以北猛洞河的主要支流。

老司城位于牛路河水系的河谷之中。如果将牛路河分为上游、中游和下游的话，则其上游为灵溪河的支流，中游为灵溪河，下游为牛路河。

以老司城为中心，自生桥以上为牛路河上游，也即灵溪河的支流。它网盖吊井乡、颗砂乡、新寨乡、仓坪乡、塔卧镇、三家田乡、车坪乡、大明乡和石堤镇。其径流发源于塔卧宜兰大界（塔卧镇茅花界和蹯龙山），一路滩险流急，流经车坪、颗砂（距司城15公里）、爽岩洞（距颗砂1.5公里）、松云潭（距颗砂1公里）、新寨坪、万福山、树木咱、钓矶岩（距司城10公里）、十里沟冲猫儿洞，直到自生桥（跨灵溪河东西两岸，这里有仙人洞，距钓矶岩7公里）为止。

自生桥以下为牛路河的中游，即灵溪河。灵溪河全程为23.5公里，穿过吊井乡、灵溪镇、石堤镇境内，其中自生桥至老司城11.5公里，老司城至哈尼宫12公里。河水流出自生桥后，水流趋于平缓，然而环绕老司城之后水流逐渐变急。自生桥以下，灵溪河流经丝柳口、谢圃（这里有3公里的长潭）、神仙打眼、碧花潭、碧花庄、[①]北门钓鱼台、老司城遗址、狮子山（将军山对面）、天马山（龙朝湾山）、渔翁撒网石、罗汉晒肚山、美女山、银板仙人山、龙洞钟灵瀑布（溶洞，水从洞内流出）、送答茄山（响水洞）、九肇坡山（椰溪河自左注入）、狮子桥、龙潭城（鸡公岭有天王庙）、乱葬岩滩，直到哈尼宫为止。

牛路河下游通称为"牛路河"，上起哈尼宫下至两河口，全程12公里。它位于抚志乡，西米乡之间，流经抚志乡、高坪乡和西米乡，两岸高崖峭壁。它从哈尼宫"天下第一漂"开始，穿过山脚岩、捏土瀑布、回首峡（龙门滩或阎王滩）、落水坑瀑布、梦思峡长廊瀑布（宽6米，长100米）、小山脚、大山脚、三大炮、猴儿跳、大龙洞、小龙洞（溶洞、阴河与瀑布）、三月鼎峙，直到两河口[②]为止。牛路河在两河口与猛洞河会合后，称为"猛洞河"，沿岸经过老司岩、猛郎峰、八仙洞、鸳鸯洞、金狮洞、龙

---

① 碧花庄在《彭氏祠堂执照》中，被称为桂花庄。据见，（清·道光）《彭氏源流族谱》（一），第79~80页"彭氏祠堂执照"记载，"旧司治土名界限……右齐桂花庄"。

② 这一带的两河口成了平湖，鼎峙山上有块泽庙、块泽洞或飞仙洞，山下有"三潭映月"或"三月鼎峙"。

门峡、酉水岩墓、石壁画廊、猴儿跳、大龙洞、小龙洞、龙头峡，最后在王村流入西水。①

可见，老司城位于长江以南、洞庭湖以西、沅江水系最北酉水（酉溪）北面的支流猛洞河的支流牛路河中游的灵溪河上。这里的牛路河道不能通航。

3. 气候

永顺县属亚热带山地暖湿季风气候，四季分明，雨量充沛，年平均气温在16°左右，年平均降雨量在1300毫米上下，4月至7月的降雨量占全年降雨量的56%以上，7月下旬至9月上旬出现旱象。全年最低气温在零下6.1°，最高气温在40.2°，无霜期282天，日照1301小时。其中，处于峰丛峡谷、不能通航、"万马归朝"环境之中的老司城，年平均气温16.4℃，1月平均气温4.8℃，7月平均气温27.3℃，年平均降水量为1365.9毫米，无霜期335天。这样的气候环境很适合山地民族在此生存。

总之，老司城择址所在地的山形、水系与气候，决定了这里及其周边的社会经济具有自己的特色。

（三）社会经济因素

老司城择址福石山，还受到了宗教、军事、政治、交通、自然资源等社会经济因素的影响。

从宗教方面看，彭士愁继任溪州刺史后，在后晋天福二年（937）于老司城建造祖师殿。该祖师殿主体上是一座道教建筑，它建成之后，驻殿道士不可能不与五代时期以会溪坪、彭家湾和九龙厅山寨之间某地的溪州刺史和北宋时期龙潭城、下溪州城的溪州刺史发生联系，将老司城一带的山形水系与气候信息提供给溪州刺史，从而间接地为后来的溪州刺史择治老司城创造了条件。

从政治、军事方面看，北宋中后期宋神宗时期，彭师晏修筑下溪州城之时，辰州首先就考虑到对溪州刺史的军事钳制问题。所以，辰州在下溪州城附近建造黔安砦，驻兵守卫，迫使溪州刺史像汉地一样缴纳"租赋"，结果引发彭师宝和彭福石宠父子试图摆脱辰州的直接控制，择址于与外界隔绝的牛路河上游灵溪河边、福石山下的老司城。按照（清·乾隆）《辰州府志》的说法，刺史是唐朝末年在"诸县多废"的情况下由蛮酋自置的，他们势力强大时经常对周边的州郡发动进攻，并与上级官府周而复始地发生冲突。《府志》举出楚王马希范和溪州刺史彭士愁的例子，说彭士愁势力大盛时一度进攻澧州，败时则与楚国竖立溪州铜柱，按协约各自独立发展。② 关于自立为官以及自置官吏与地方官府冲突之事，方志和土司宦谱多有记载。具体而言，有溪州铜柱竖立后溪州与辰州多次争夺铜柱的占有权、有溪州刺史彭胜祖自置为永顺安抚使、

---

① 参见萧卓夫：《溪州土司名胜拾萃》，2页、88页、89页，北京，民族出版社，1997；向盛福：《土司王朝》，9~21页，呼和浩特，内蒙古人民出版社，2009。

② 以上参见（清·乾隆）《辰州府志》卷一，《沿革考》。

有土司时期马罗峒旗长自置为长官司等等一系列的事件发生。

从交通、自然资源富集的情况来看，尽管福石山这里牛路河上游的灵溪河与辰州河道不通，有高山峡谷阻隔，但它来去境内的颗砂、万坪、塔卧、石堤西、新庄等山间盆地和缓坡地、永龙大界以及境外的永定（今张家界市后坪一带）却十分便利。这些地方物产丰饶，出产稻谷、包谷、小麦、高粱、黄豆、红薯、马铃薯等粮食作物，棉花、苎麻，花生、油茶、烟叶等经济作物，盛产麦冬、黄柏、金银花、首乌、半夏等药材以及猪、牛、山羊、鸭、鸡等畜产品。还有，溪州及永顺土司境内的山间河谷有兽类 8 目 20 科 49 种、鸟类 9 目 22 科 72 种、爬行类 2 目 5 科 19 种、药材植物 985 种、油料植物 256 种、芳香植物 307 种、维生素植物 68 种、纤维植物 179 种、鞣料植物 109 种、淀粉糖料植物 237 种、观赏植物 383 种、色素植物 12 种。据郭伟民、柴焕波等老司城考古学家对老司城内罗城宫殿区考古发掘出来的动物骨骼进行观察，土司时期被土司之家消费掉的动物，就有虎、豹、熊、狼、鹿、麂子、黄牛、水牛、野猪、豪猪、羊、马、狗、野猫、鸡、家禽、鲤鱼、草鱼、中华鳖、贝类等 20 余种。可见，这些丰富的自然资源，基本上能够保障老司城的物质供应。

总之，老司城择址福石山受到文化、自然和社会经济多种多样的原因支配，其择址的最大特点是：其一，分布于高原及其延伸开来的山地与河谷地区；其二，基本适应人类长期分散定居生活。这些特点，加之羁縻时期的刺史试图远离王朝国家的统治中心的心态与行为，在很大程度上又决定着老司城的建筑布局、规模、形制与性质乃至风景园林建设的取向。

第二节 老司城的建筑布局

在多山多水和亚热带山地暖湿季风气候的环境下，老司城适应自然环境的建筑布局具有自己的特点。这座城市的骨架——"街巷"主要是用河卵石砌成的，其纽带亦即通往外界的路径体现了对山地、河谷环境的适应，其血脉也即河溪调剂着境内的物质交流与城市日常生活。它在很大程度上反映了居住于中国地势第二级阶梯向第一级阶梯过渡地带的人类适应环境的营建智慧。现分别从城市的骨架、城市的纽带、城市的血脉三个方面，进一步观察老司城的街巷、通往外界的路径和它与灵溪河的依存关系。

一、老司城城区的街巷

城区的街巷是老司城的骨架。老司城城区的街巷主要分布于灵溪河以东，站在凤凰山的老司城宫殿区后面的宫殿围墙上方以及老司城对岸的锡帽山（麦利威山或晴岚翠窟山），基本可以将老司城河东城区、河西城区的街巷一览无余。

（一）九街两口十九巷

结合笔者现场考察和当地居民、乡土专家以及考古工作者的介绍，并参考相关文献，笔者发现，老司城城区街巷有"九街两口十九巷"。"九街"和"两口"是老司城的主心骨，而"十九巷"则是围绕九街两口逐步形成的。

"九街"是指正街、右街（御街）、中街（午门街）、左街、半坡街、五屯街、紫金街、河街、渔渡街（桐油枯）。它呈"四横五纵"，格局分布。"四横"自前而后，包括河西的渔渡街，① 河东的河街，衙署区前面的正街，连接紫金街和大致环绕雅草坪五屯巷、城隍庙、朱家堡、关帝庙、鲁腊铺的五屯街；"五纵"自右而左，包括宫殿区右侧的右街，衙署区左侧的左街、半坡街以及连接左街、半坡街和五屯街的紫金街。其中位于内罗城衙署区左侧的与正街连接在一起的左街、半坡街、五屯街、紫金街形似自西向东抓地的"龙爪"，被称为"龙爪大道"。② 据乡土专家现场估算，这些街道长 200～500 米、宽 2～4 米不等，如连接右街和左街的正街宽 4 米，河西归龙潭城秦氏专属的"鱼市一条街"渔渡街长 500 米、宽 3.3 米，从紫金街至周家湾巷口的紫金街长 300 米、宽 3.3 米，连接正街和紫金街的左街宽 3.3 米，从西门到南门码头的河街长 400 米、宽 2.7 米，从北门至午门的右街长 400 米、宽 2.7 米，从河街至午门的中街长 200 米、宽 2.7 米，从紫金街至鲁腊铺的五屯街长 500 米、宽 2.7 米，半坡街宽 2 米，等等。不过这种估算与考古测量存在差距，如正街就宽达 6 米，不止是 4 米。

"两口"是指马坊口、狮子口。老司城河西自右而左有三条小溪，分别称为马坊口、八补湾和小河。其中，位于右边小溪出口处、连接司城古柳林荫道的称为"马坊口"，位于中间小溪出口处、连接渔渡街右端的称为"八补湾"（万人坑），位于左边小溪出口处、连接渔渡街左端的称为"狮子口"。

"十九巷"是指西门巷、南门巷、堂坊堡巷、午门巷、半坡巷、互铜巷、雅草巷、城隍庙巷、朱家堡巷、周家湾巷、杨士庙巷、马坊口巷、狮子口巷、秦姓巷、段家湾巷、张家巷、闻家湾巷、王家巷、陈家巷。③ 其中，西门巷连接河街与右街（御街），南门巷连接正街、左街与河街，堂坊堡巷连接河街与正街，午门巷连接正街与河街，半坡巷东接半坡街，五铜巷连接五屯街，雅草巷连接五屯街与紫金街，城隍庙巷、朱家堡巷连接五屯街，周家湾巷连接紫金街，杨士庙巷连接东门至祖师殿之间的松柏古道，马坊口巷紧邻八补湾、连接司城古柳林荫道，狮子口巷和秦姓巷连接渔渡街。

---

① 河西以渔渡街为中心，向左经狮子口巷、迎师坪、古栈道（对岸为第三处钓鱼台）抵达观音阁，向右经八补湾、马坊口巷、监钦湾抵达北门潭的察阗院。
② 见（清·道光）《彭氏源流族谱》（一），第 79～80 页"彭氏祠堂执照"。
③ 以上参见向盛福：《土司王朝》，49～51 页、58 页、86 页，呼和浩特，内蒙古人民出版社，2009。

依据现有对老司城外围城墙考古的情况，值得指出的是，河西的渔渡街和马坊口、狮子口以及马坊口巷、狮子口巷、秦姓巷等小巷，不在土司时期法定的城区范围之内。

（二）老司城城区的院落住宅与建筑群

参照老司城考古工作者现有的工作成果，笔者发现司河的河东，存在着土司用内罗城和外罗城城墙圈定的城区。在上述街巷之间，主要分布着与政治、宗教、文化教育相关的院落住宅与建筑群。具体而言，右街、正街、左街、半坡街和半坡巷环绕的为宫殿和衙署建筑群，紫金街与半坡街之间分布着紫金山墓葬群，雅草巷分布为雅草坪墓葬群，紫金街、五屯街、雅草巷与外城城墙之间分布着"世守湖广永顺等处军民宣慰使司宣慰彭公德政碑"、"子孙永享"牌坊、若云书院、关帝庙、城隍庙、文昌阁等宗教文化和教育建筑群，其他的街区主要为土司自署职官的院落住宅。

外罗城城墙之外的城区，主要分布着与土司休闲、其他宗教文化、手工业和商业相关的院落住宅和建筑群。具体说来，河西渔渡街至宫殿对岸的北门潭、监钦湾及上游一点的谢圃一线的口巷，分布着鱼市、"察闹院"、监狱和碾房、铁匠铺等手工业和商业建筑群以及相关土民的住宅，河东城区以外则分布着土司钓鱼台、碧花山庄、灵溪河石刻题铭、祖师殿、八部大王庙等休闲、宗教文化建筑设施。

其实，依据民间口述史和地名调查，就能初步了解河西对河东的城区主要具有哪些服务功能。一是，狮子口附近的菜园坪，是陶氏世代种植和供应蔬菜的地方。二是，狮子口一带有"教场坪"，是土兵的练兵场。三是，秦氏自龙潭城被迁居老司城后，安置在渔渡街右端的狮子口巷居住，给予渔业执照，在，狮子口的"亲缘山"获拨30亩墓葬地，世代在渔渡街上为土司经营渔业。他们的渔业执照是在"察闹院"领取的。四是，八补湾为万人坑。五是，马坊口，是世代养马的地方。六是，位于马坊口和"察闹院"之间的监钦湾，设置有监狱和碾房。七是，锡帽山下的"察闹院"，占地12亩，有一里多用河卵石铺成的山路直通山顶，这里驻扎"禁卫军"500人，门前的北门潭是土司时期最大的官渡。八是，距老司城城区2.5公里的谢圃，最初是宣慰使彭明辅修的别墅，后来被当地民间传言为铁匠铺或者兵器铺。从上述八个方面透出的信息，可知司河一线以西的老司城城区，主要是从事城市种植业、手工业和商业服务的，设置在这里北门潭的"察闹院"，主要具有税课司和巡检司的职能，担任老司城的常规警卫任务。居住于此的居民，除"察闹院"的土兵外都是一些菜农、捕鱼人、死刑犯、牧马人、犯人、碾米者和铁匠等，他们的政治地位与经济地位都相对低下，其院落住宅与建筑群当十分简陋。

上述口述史和地名信息，可以在方志中获得进一步证实。据（清·乾隆）《永顺府志》卷十二《杂记》记载，"永顺土司分五十八旗，曰……共为五十八旗。此外更有戎猎、镶苗、米房（坊）、吹鼓手六旗，伴当七旗，长川旗，散人旗，总管旗"；"永顺司治西五十里，博射坪二里，有教场坪，皆昔土司演武校射之处"；"原日土官衙署，绮柱雕梁，砖瓦鳞砌。百姓则刈木架屋，编竹为墙。舍把头目许竖梁柱，周以板壁，皆不准盖瓦。如有用瓦者，即治以僭越之罪，俗云：'只许买马，不许盖瓦。'"① 另据（民国）《永顺县志》记载，"土司有存城兵五营，兵丁每营一百名，一以备捍卫，一以供役使"。② 这里所说的"永顺司治"是指新司城颗砂，"西五十里"是指颗砂距博射坪的距离。距博射坪两里，就是指老司城狮子口一带的教场坪了。上述地方文献资料，均不程度地指向了民间口述史之中老司城河西的"察闹院"、"存城兵五营"及其所管辖土民的主要服务工作，以及他们"刈木架屋，编竹为墙"的居住境遇。

（三）老司城城区的功能分区

土司城的城市要素是由其城区的功能分区决定的。从司河两岸老司城的九街两口十九巷和老司城城区的院落住宅与建筑群进行综合考察，不难发现，分布于灵溪河谷的老司城城区，以司河为界分为河东、河西两大"组团"，而且东、西两大"组团"发展不均衡，形成整体"组团"式的建筑发展布局。

河东、河西两大"组团"之中，河东城区街巷密集，由八条街道形成"三横五纵"的分布格局以及主要由西门巷、南门巷、堂坊堡巷、午门巷、半坡巷、五铜巷、雅草巷、城隍庙巷、周家湾巷等小巷构成的道路体系。在这样的道路网络之中，主要分布着以宫殿和衙署为标志的行政区，以紫金山墓葬群、雅草坪墓葬群为标志的墓葬区，以若云书院、关帝庙、城隍庙、文昌阁等为标志的宗教、文化教育区，以土司自署职官院落住宅为标志的高档住宅区。此外，东城区的上游还有以土司钓鱼台、碧花山庄为标志的休闲区。这些"组团"是在不同的历史时期逐步形成的，反映了人类对自然环境和社会政治环境的一种适应智慧。而河西城区，街巷稀疏，仅有一街两口和周家湾巷、马坊口巷、狮子口巷、秦姓巷等少量的小巷，居住于此的居民主要为土兵、菜农、捕鱼人、死刑犯、牧马人、犯人、碾米者和铁匠等，他们分属于"察闹院"（税课司、巡检司）和"戎猎、镶苗、米房（坊）、吹鼓手六旗，伴当七旗，长川旗，散人旗，总管旗"，具有经济、军事防卫和衙署服务等综合职能。所以说，河西城区主要还是手工业区、商业区、卫戍区、工商管理区、劳教区，以及除"察闹院"等机构之外的棚户区。这是另一种性质的城区"组团"。从河东城区和河西城区各自发展的态势来看，由于其功能分区界线清楚，因而所呈现的依然是十分明显的"组团"式发展形态。

在土司城地域形态中，因为老司城整体"组团"式发展和分散"组团"式发展明显不均衡，所以，包括河西城区在内的土司用内罗城和外罗城城墙圈定以外的老司城城区，除"察闹院"等个别特例之外，很难找到比较接近城墙圈定内的建筑保坎与基

---

① 转引自湖南省少数民族古籍办公室主编：《湖南地方志少数民族史料》（上），179～180页、182页，长沙，岳麓书社，1991。

② （民国）《永顺县志》卷二十四。

座，更无从谈起建筑构件上的精雕细刻。这是服务于内罗城土司衙署和土司家庭的服务人员居住的棚户区，无论是住宅形制还是住宅构筑类型都要受到制度上的约束，均必须与河东城区那些高档住宅区保持差异的结果。从老司城整体和局部"组团"式发展不平衡来看，永顺土司似乎具有重政治控制轻军事镇压、重宗教文化教育轻刑杀和重名声轻财利的倾向。作为自筹经费的国家一级政府居然具有类似倾向，它可能是造成南明时期和清朝前朝老司城迅速走向衰落的重要原因。

二、老司城通往外界的路径与邮驿设施

湘黔古驿道和酉水河、柿溪河，是老司城连接外界的纽带。在山间河谷中，以老司城为中心形成了四通八达的对外交通网。各种邮驿设施，运行于这个交通网络之中。

（一）老司城通往外界的路径

据 2005 年 7—8 月的吉首大学中国土司历史文化研究中心的历史民族学调查以及后来考古工作者和乡土专家的跟踪考察，永顺老司城有四条道路通往外面的世界。这四条道路是：

第一条是从老司城会官坪出发，经马坊口、司城古柳林荫道、送君坪、博射坪、骡子湾、下别些马屎坝（上别些：松枣摆手堂）抵达高峰马屎铺。然后以高峰马屎铺为中转站，向西经艾坪乡岔捺的老寨抵达西衙步的猛峒别墅、浦口、勺哈、洗车、隆头，向南经抚志马蹄湖抵达列夕码头。在列夕码头，一条陆路向西南经芷草衙署抵达南渭州，一条水路可以抵达王村（衙门坪、公馆坪、走马坪），然后或走酉水或经今古丈县高峰界抵达沅陵，进入沅江。据（清·乾隆）《永顺县志》卷四《人物》记载，"子宏海，率领苗土劲兵三千，自裹糇粮，驻扎王村，拒贼上游，由高望抵辰州府，上闻，钦颁康字号永顺等处军民宣慰印信一颗"。① 这表明从王村到辰州府有陆路相通，经过今古丈县的高望界林场。

第二条是从老司城东门出发，沿着宽 40 厘米的河卵石官道，从接官亭翻过太平山，② 经新庄马洞、排楼抵达石堤西、青天坪，然后抵达大庸后坪的大庸所。

第三条是从老司城北门出发，经北门潭、古栈道（碧花庄对面的"神仙打眼"）、谢圃、树桐坳（竹筒坳）、颗砂坪抵达吊井岩的壶窝别墅，并以壶窝别墅为中转站，向北抵达颗砂别墅、新寨、塔卧、万坪、毛坝和桑植柿溪河，向东则经塔卧抵达润雅、五官坪、麻阳坪和温塘。

---

① 转见湖南省少数民族古籍办公室主编：《湖南地方志少数民族史料》（上），209 页，长沙，岳麓书社，1991。
② 接官亭被称为"茅亭"。（道光）《彭氏源流族谱》（一），第 79~80 页"彭氏祠堂执照"称："旧司治土名界限……后齐禄德山茅亭旧岭。"这里的"茅亭"就是指接官亭，它位于禄德山岭之上。

第四条是从老司城前往龙潭城和榔溪河。主要有两条线路：一是从东门沿着灵溪河、经祖师殿抵达龙潭城和榔溪河；一是从河西马坊口经送君坪、小河、千子湾、望乡台、雅颂溪抵达龙潭城和朗溪河，并以龙潭城和榔溪河为中转站经铜瓦、西米、高坪、小龙村抵达王村。

上述四条道路交织成的老司城通往外界的交通网络，有一条湘黔古驿道贯穿其中。它东连大庸所，西接龙山，北连桑植，南接辰州，使羊峰、石堤西、润雅、老司城、龙潭城、吊井岩壶窝别墅、塔卧、博射坪官屋场、岔捺、猛峒别墅成为重要的交通枢纽。

（二）老司城的邮驿设施

到目前为止，笔者尚没有发现土司时期与老司城邮驿设施直接有关的文献记载。但老司城及其周边地区，留下了大量的有关马与骡的遗址和地名，如马坊口、博射坪官屋场、骡子湾、高峰马屎铺、别些马屎坝、抚志马蹄湖、新庄马洞，等等。[①] 这些遗址和地名分布于老司城通往外界的交通网络之中，应为老司城邮驿设施的重要组成部分。

三、老司城的码头、城市供水设施与排水系统

老司城坐落在太平山前的凤凰山上，前临灵溪河。灵溪河水系作为老司城的血脉，对老司城起到了舒经通络和纳新吐故的重要作用，滋养着老司城，使整座老司城充满着生机与灵动。

（一）老司城的码头

老司城及与老司城相关的码头，主要有内河码头和外运码头两种类型。内河码头在老司城及其周边地区，虽名之为码头，但实为渡口。之所以如此，是因为稍大一点的木船由于水道较浅，而不能自由往来各码头之间，只能摆渡。与内河码头相反，外运码头是为真正的码头，它可以通过水陆两路将老司城的需要运出和运入的物质进行吐吞，进而完全盘活老司城地区的资源。现从内河码头和对外码头两个方面，予以讨论。

1. 灵溪河的内河码头

老司城的内河码头集中于老司城和龙潭城两处。它们均位于灵溪河上，分处于灵溪河的中游和下游，分河段调剂着永顺宣慰司区内部的物质。

一是老司城的内河码头。灵溪河自从向下流出自生桥后，水流平缓，尽管环绕老司城之后水流逐渐变急，但从自生桥到祖师殿下游的银板仙人山，共 12 公里的内河可

---

① 参见向盛福：《土司王朝》，107 页，呼和浩特，内蒙古人民出版社，2009。

以通航。正因为此，老司城所在的这段水路上分布着为数不少的码头。土司时期，老司城的这些内河码头主要是北门码头、小西门码头、南门码头、东门"河码头"、祖师殿码头、马坊口渡口、渔渡街"桐油枯"码头。这里的内河渡口有官渡、义渡和商渡之别。

老司城北门下面的北门潭是土司时期的官渡，是为北门码头。这里曾经摆放着谢圃一百多名铁匠锻造出来的两个几百斤重的大铁锚和五十个几十斤的小铁锚，用于固定两只可载100人的官渡船和50只临时应急用的小船。据说民国二十三年（1934），有人在灵溪河下游的朗溪河捡得一个大铁锚，铸成了几十口铁锅。2000年6月，老司城村民喻安武、喻安禄两兄弟在北门潭捡得一个锈烂的小铁锚出售，获得50元人民币。① 从北门码头到自生桥一线，据考古工作者调查和吉首大学中国土司历史文化研究中心考察，河谷之中留下了大量的土司摩崖石刻。如碧花庄对面"神仙打眼"古栈道留下的土司摩崖石刻是：'碧花潭'"正德年来与诸士夫乘舟游乐之，并因名口碧花庄，思垒书"，"弘治□□之□，余与云巢□先生口结乐游，记云"；又如谢圃公署上游20～150米、1000米范围内河谷石壁上留下的五处土司摩崖石刻是："正德三年，余与嫁酉司妹同游时，水泛，故记"，"思垒与诸亲友游此，细话改人名"，"余思垒暇时常侍老母同眷属游景，因酬起以记之""弘治己未岁仲夏，余游同世亲冉西坡游此，得鱼甚多，其日，从者千余，俱乐醉而归，思垒记"，"嘉靖乙丑季夏，予口内阁大学士徐门下、锦衣金垂川、吕松泉、庠士杜太行携宗族等同游于此，美"。② 从这些土司摩崖石刻的内容来看，他们与亲朋好友乘坐的交通工具多是舟船。这些舟船应为原停靠于北门码头的官船。

小西门码头位于河街的西端，主要属于义渡。目前这个地方变成了很大的沙洲，称为南门沙洲。用原木架设的木桥，通往河西。每当春夏时节灵溪司河涨水时，激流直冲灵溪河右边的西岸，河街西头也会被淹没一段。

南门码头位于河街的东端，主要属于义渡。目前这里也变成了很大的沙洲，称为"南门沙洲"。据考古发掘，南门码头这里的河面宽50余米，最初是在平坦的大自然基石修筑而成的，上下高差约4米，面对秀屏山绝壁，整个码头长30余米、宽3米多，码两侧有用条石垒成的墙垣。③

东门"河码头"又称周家码头，位于东门外花桥下灵溪河边的外罗城城墙下面，距上游南门码头约1000米，主要属于义渡。东门码头筑造在长约10米、宽约5米的大

① 参见向盛福：《土司王朝》，93页，呼和浩特，内蒙古人民出版社，2009。
② 引自湖南省文物考古研究所、湘西土家族苗族自治州文物局、永顺县文物局编：《永顺老司城》（上册），143页，（打印本），2012。
③ 引自湖南省文物考古研究所、湘西土家族苗族自治州文物局、永顺县文物局编：《永顺老司城》（上册），141页，（打印本），2012。

青石上，其吃水部分以两个长 0.4 米、深 0.23 米、宽 0.28 米的长方形凹槽为托座支撑码头平面。这里还有考古工作者所称的"三号钓台"凿有石阶梯 10 级连接小路之中大青石上面的石级。

祖师殿码头位于祖师殿下面 0.4 公里的灵溪河边，距东门码头 1.5 公里左右。前往祖师殿的便道上有多次土地堂遗迹，应属于商业性渡口。

在河西，建造有马坊口码头和渔渡街"桐油枯"码头。马坊口码头位于小西门码头对面，属于民用渡口，享有土司划定在司城小河里和送君坪的义渡田 5 亩。① 渔渡街码头在南门码头和东门"河码头"斜对面，也属于民用码头，该码头因渔渡街原名"桐油枯"而可能在土司时代称为油码头。

值得指出的是，清理老司城的码头之后笔者发现，老司城的河东城区与河西城区之间基本上不修建桥梁，主要以码头、渡口和舟船为交通工具沟通河东与河西两大城区的街道，即使有简易桥梁也是"改土归流"后修建的。这表明灵溪河作为军事上的天然防御屏障，受到土司衙门的严格管制。

二是龙潭城的内河码头。在老司城与龙潭城之间，灵溪河因受到银板仙人山以下长达 6 公里的龙洞钟灵瀑布、送答茄山等溶洞和瀑布的阻隔而不能直接行驶舟船，加之龙潭城到哈尼宫之间长达 3.5 公里的灵溪河道也有乱葬岩滩阻隔，这样一来，龙潭城实际上也变成了一个内河码头。龙潭城这里的内河码头，具体建造在龙潭城背后 1 公里的灵溪河边一个名叫"龙门沟"的地方。在龙门沟码头，常年有两条渡船和几十条小船停靠于此。与老司城不同的是，龙潭城修有桥梁，称为狮子桥。距龙潭城上游 1 公里处，也即距老司城下游 4 公里处为九肇坡山，山下有自石堤西方向流来的榔溪河自左汇入灵溪河。可见，龙潭城内河码头主要是与石堤西有直接的舟船往来。

2. 老司城的对外码头

老司城的对外码头，严格说来当为永顺宣慰司的对外码头，只是便于表述才这样称之。这些对外码头主要为酉水及其主要支流猛洞河上的两岔河码头、列夕码头、王村码头和镇溪码头以及分布于澧水河上的温塘对岸的麻阳坪古渡口。其中，猛洞河上的两岔河码头、列夕码头，将大楠木等物质转运到酉水河上的王村码头或镇溪码头，然后通过沅江、洞庭湖运往长江流域乃至京师。澧水河上的温塘码头，主要是起到永顺宣慰司与永定卫大庸所形成物质对流的作用。据记载，永顺司"山多田少，刀耕火种。方春，斫木薙草，举火燔之，名曰刳畲，食以糁子、小米为主，稻谷则多仰给予永定卫大庸所。(谱)"② 以"稻谷"输入之事观之，麻阳坪古渡口和前面提及的石堤西，当为永顺宣慰司稻米西运的重要进口地点。

---

① 参见向盛福：《土司王朝》，104 页，呼和浩特，内蒙古人民出版社，2009。

② 谢华：《湘西土司辑略》，100 页，北京，中华书局，1959。

（二）老司城的城市供水设施

作为牛路河上游的灵溪河这样的内河城市，老司城东、西两个城区对应地密集四组码头，还有三个钓鱼台，并且没有发现修建跨河大桥的遗迹，这着实令人费解。

如前所言，老司城位于灵溪河河谷地带，河西城区仅有小河和马坊口小溪从山间汇入灵溪河。在这样的自然环境下，"山多田少"或者旱地多于水田是老司城区最大特点。传说明朝时期的画家唐寅（1470—1524）为老司城题刻了"雅草甘泉"四字，然而诸多书画爱好者在雅草坪一带进行搜索均无功而返。之所以如此，是因为他们将"雅草"与雅草坪联系起来了，认为"雅草"就是指雅草坪，而且雅草坪有一股很甜的泉水"甘泉"。殊不知，不仅雅草坪自古以来本没有自然流出的"甘泉"，而且号称为"江南四才子"之一的唐寅生活于成化、弘治、正德、嘉靖年间，成名大约在弘治十三年（1500）以后，唐寅成名的时代在老司城正是永顺宣慰使彭世麒（1477—1532）执政的时代，当时老司城东门以内的雅草坪一带还没有修建专供土舍读书的若云书院等建筑，没有必要给这里专门引水过来。当然，对于老司东城区的供水，许多专家学者会结合目前遗址上稻田的水源提出不同的见解。然而，追溯老司城河东城区遗址上水田开辟的历程，会发现它最初在民国时期开辟于吴着祠一带，之后又在新中国时期的20世纪的六七十年代陆续开辟，内罗城宫殿区及其周围的水田是改革开放后1980年左右老司城遗址大规模开辟水田期间开辟的。这些稻田的水源会共同聚集到一个名叫"泽汲湖"的地方。泽汲湖不是一个湖泊，而是一个坐落于凤凰山右侧、太平山半山腰的一个山洞。该山洞有水量不大且源源不断流出的山泉水。明朝时期，在老司城东门外通往外界的由河卵石铺就的第二条官道上名叫接官坪的地方曾修建有接官亭，这里专门接待外来官员的饮用水大约用木枧人工引自泽汲湖。清朝"改土归流"后一段时间，接官亭及引水设施被废弃。民国和新中国成立以来，老司城遗址上被陆续造田，开始陆续加大规模地开采泽汲湖水源地的水源灌溉稻田。这样说来，唐寅成名之后游历老司城的时候，应该在接官坪的接官亭饮用到从泽汲湖人工引来的洞泉，并且投宣慰使彭世麒之所好面对此洞泉和山景就地题刻了"雅草甘泉"四字。至于土司时期为何不开山凿石将泽汲湖的洞泉直接引入老司城东城区，民间的说法是由于土司保护"龙脉"的缘故。

对于老司城城市的供水，笔者专访了当地"老司城通"向盛福先生。向盛福结合老司城居民世世代代的传说，给笔者讲了一个"老司城人聪明缘于喝灵溪河水"的故事。他说老司城人在没有通水通电的时候，包括20世纪50—70年代，平时是搭个台子到灵溪河洗衣、洗菜和挑水吃的，只有上山劳动的时候才喝山泉水，每遇哪家有红白喜事，首先就要组织几个、十几个甚至几十个年轻力壮的后生挑水供应。受他具体讲述的启发，结合老司城考古工作者的劳动成果，笔者发现老司城的供水设施有两大系统。

1. 灵溪河水供水设施

灵溪河水为老司城河东城区和河西城区主要水源地。从老司城上游考古工作者所称的碧花庄道路边的"二号钓鱼台"到下游观音阁一线的灵溪河两岸，分布着为数不少的"码头"和"钓鱼台"。如前所述，"码头"有北门码头、小西门码头、马坊口码头、南门码头、东门"河码头"、"桐油枯"码头，还有热水坑的"一号钓鱼台"、碧花庄道路边的"二号钓鱼台"和东门码头边上的"三号钓鱼台"。这些"码头"和"钓鱼台"的主要功能，是作灵溪河水源地的取水设施使用的。其中，"二号钓鱼台"是碧花庄和吴着祠的取水平台，"一号钓鱼台"和北门码头是老司城宫殿区的取水平台，北门码头对面的码头是察闹院、见钦湾监狱和锡帽山"烽火台"的取水平台，小西门码头和南门码头是河街和正街一带的取水平台，马坊口码头是马坊口一带的取水平台，"桐油枯"码头是渔渡街的取水平台，东门"河码头"和"三号钓鱼台"是东门一带的取水平台。还有，观音阁下面的灵溪河边也应该建有取水平台，这需要进一步的考古调查。考古工作者在这些"码头"或"钓鱼台"石平台上发现的一些人工凿成的方孔，应当是木构辅助设施与取水平台的连接处，以保灵溪河水在秋冬季节变浅以后取水、挑水和洗衣、洗菜人员的安全。取水和挑水人员在取水平台提取到灵溪河水以后，使用木桶和扁担等运水设施将水挑到目的地。目的地建有带木盖的水缸等储水设施，根据内罗城和外罗城居民贵贱等级身份的不同和家庭人口规模的大小，有的储水设施是镶有花砖的大水池，有的则是司空见惯的大木桶。

2. 山泉供水设施

尽管灵溪河水是老司城东西两大城区的主要水源，但是山泉水依然是老司城居民的最爱。这里的山泉水，既有平日被土司落锁的水井、笕引的洞泉，又有溪水。特别是消暑季节，无论是土司、土舍、族舍还是一般土民、客民，取用山泉水的解渴的频率较高。

用石材券顶的平日被土司落锁的水井被称为"官用水井"，它位于土司官道沿线，如马坊口码头附近的会官亭，还有今灵溪镇高峰村的金鱼塘古井等，就属于官用水井，主要供土司之家和接待外来官员时使用，仅在消暑季节才将水井里的铁门打开，允许当地土民、客民挑运这里的凉水饮用。除官用水井外，还有平日对外的民用水井。民用水井的修筑不是特别讲究，随意建造。如祖师殿下边一点的一口水井，平时就供祖师殿的人员和往来"松柏古道"上的人员饮用。前往官用水井担水的人员，多为内罗城宫殿区和衙署区的服务人员，使用"金壶"搬水，所以这样的水井又被称为"金壶井"。普通居民无论是在官用水井还是民用水井担水，一般均使用水桶和扁担作为运水工具。这种井水，多为随取随饮的。

笕引的洞泉，据目前所发现的，出现于老司城东门外官道上的接官坪。如上所述，这里修筑有接官亭这样的建筑，专门用来迎接外来官员和贵宾。笕引的洞泉，引自泽汲湖山洞。引水设施主要为杉树挖槽的木笕，有时也临时使用打通竹节的不耐用的楠竹笕。从水的源头沿着山腰将洞泉引至目的地，一般近的使用几匹、十几匹竹木笕，远的使用几十匹甚至是上百匹竹木笕。某些地方还使用托架，以使竹木笕保持平稳。送水的目的地，建造比较考究的储水设施。

临时做水塘取用的溪水，主要位于老司城东、西城区以外的郊区。这些地方，东城区外有三条小溪，西城区有三条小河。这些小河小溪平时水量不大，只有在多雨季节才水量充足，所以溪边临时做的取水用的水塘，时而干涸时而被水冲毁。如离老司城西城区较远的博射坪，除饮用井水外，很多时候就是饮用这种山溪水。

总之，老司城的供水系统主要是人力挑水系统，其构筑的"码头"和"钓鱼台"等平台具有渡口、货运、挑水、洗衣、洗菜等多重功能。这样做的最大好处，就是在不修筑跨河大桥的情况下将老司城东、西两大城区有效地分隔开来，从而在一定程度上重点保障了河东城区的军事安全。

（三）老司城的地下排水系统

老司城一带民间传说，盛传老司城地下有九条通道可达灵溪河底，供土司逃生之用。经过考古工作者的努力，加之笔者的现场考察，笔者发现这里确实有九条地下通道。这九条地下通道，其中有五条通道集中分布于老司城河东城区北门、小西门和南门附近的灵溪河河岸，它们分别是北门北侧的一个通道、西门北侧的一个通道、西门以南的两个通道和南门右侧的一个通道，另外，在宫殿区西北内罗城的墙根还有四个青砖券顶的涵洞。这就是说，内罗城墙根的四个涵洞加上灵溪河岸的那五个通道，就成了老司城民间所盛传的老司城地下的九条通道。类似的通道和涵洞在东门"河码头"附近和渔渡街"桐油枯"码头均不存在，它集中分布在内罗城宫殿区和衙署区的周围及其山坡下的灵溪河河岸，直接指向内罗城中的宫殿区和衙署区。

结合考古工作的成果进一步观察发现，内罗城墙根的四个涵洞和灵溪河岸的五个通道之间，是紧密相连的。其相连情况是这样的：一是北门最北端的那个涵洞，连接灵溪河陡坎上的通道；二是北门左侧的三个涵洞，连接小西门北侧的通道；三是上接宫殿后面河卵石道路、在宫殿区与衙署区之间紧贴宫墙墙根呈东北西南走向的长132米的明沟，呈倒"Y"状连接小西门以南的两个通道；四是衙署区左半部分的天井方孔，连接衙署区南门右侧和西门左侧的通道。上述涵洞、明沟和通道在经过宫殿区、衙署区和内罗城城墙时，有天井一侧的方孔或者细长的明沟与之相通。除南门右侧的通道外，按照自北而南的顺序，北门最北端的涵洞与宫殿区右半部分的天井方孔和细长明沟相通，北门左侧的三个涵洞与宫殿区中部的天井方孔和细长明沟相通，长132米明沟的左支道与宫殿区左侧部分的天井方孔和细小明沟相通。这些天井或者明沟均用河卵石铺就，而且长宽不等，① 有的还用青砖镶隔成菱形图案。如衙署区大堂的每一个方形或者长方形天井的一侧，均留有一个一尺见方的方孔，凉洞、热洞外面均开有

---

① 细长条的应为明沟或暗沟，长宽大致相等的才算是天井。

近一尺宽的细长明沟紧贴墙根。这些最终均与灵溪河河岸的五个通道连接在一起。

具体考察遍布于宫殿区和衙署区各建筑平台附近的天井一侧的方孔和细长的明沟，人不可能从这些小通道中进出，要说能够进出的就只有猫狗之类的小动物和蛇虫之类的爬行动物。所以，比较合理的解释是，民间传说的老司城九条地下通道还真不是供彭氏土司逃生之用的，而是供他们排水用的地下排水系统。这些像"千脚虫"一样横七竖八的地下通道，其"虫脚"变成了宫殿区和衙署区每栋房屋天井一侧的方孔和细长明沟，接受这里的雨水和生活污水，把它集中在身体之内并排往灵溪河。①

从九条通道的密集程度来看，地下排水系统密集于宫殿区，衙署区反而很少。这表明土司之家重视排除宫殿区的生活污水和地表水，同时也表明居住于土司宫殿区的人口很多和排污任务重，而活动于衙署区的人员相对较少，故而排污任相对较轻。还要注意的是，这些地下排水系统是呈封闭状态穿越了老司城内的横向街道的。联系到前述供水系统，会发现北门码头这个地方只有北门北侧一个涵洞和排水口，而且涵洞似乎曾被人为地堵上了。它极有可能是土司之家为了保护北门宫殿区取水的水质故意为之。除北门北侧的排污口被堵之外，其他7个排水系统均基本畅通。这表明土司之家不在小西门码头和南门码头一带灵溪河下段取水，所以没有必要提高这里的水质。

在老司城内罗城地下九条排水系统中，被老司城考古者称为"G10排水设施"的，似乎是担负这块山坡地排洪泄洪任务兼及排污的最重要的排水工程。据笔者现场观察，这个排水系统上部呈"Y"字状，承接斜绕宫殿区后墙和衙署区后墙后面道路带来的整个山坡地的洪水，中途还要承接来自衙署区右半部分的雨水和生活污水。正因为此，下段的明沟就筑造得异常宽大和坚固。这条明沟越往下走，其沟深、沟宽和沟壁厚度都在增加，② 说明暴雨时节这里面临的水压确实很大。明沟的上段和中段面分别修筑上、下两座砖石结构的封闭式拱桥，以连通宫殿区和衙署区上部和下部，明沟下段到灵溪河河岸西门以南泄洪出口之间修筑了两个排水口，以防止消水速度过慢。这在很大程度上表明了该通道无论是水的湍急还是水量均远远超过其他六个排水通道。③ 正因为此，研究"G10排水设施"技术构成具有特殊意义，它是剥开老司城早期建城史的关键所在。

包括宫殿区和衙署区在内的内罗城是老司城的核心城市，它由于选址在山坡地上，因而面临的最大问题就是暴雨时节的排洪泄洪问题。老司城建城早期所开挖的排洪泄洪道，很可能是土沟，后来因这样的排洪泄洪道容易被山坡水冲毁而改用卵石块夹杂

---

① 据向盛福统计，老司城共有像千脚虫脚这样的"小支道"27条。它表明这里有27个天井也即27个建筑组群。见向盛福：《土司王朝》，147页，呼和浩特，内蒙古人民出版社，2009。

② 其沟深1~1.2米、沟深1~1.6米、沟壁厚0.65~1米。

③ 参见湖南省文物考古研究所、湘西土家族苗族自治州文物局、永顺县文物局编：《永顺老司城》（上册），23~25页，（打印本），2012；永顺县人民政府：《老司城遗址申报中国世界文化遗产预备名单文本》，83~94页，（打印本），2012。

山石块垒砌之间用石灰填缝的沟壁，并同时用卵石卡成沟底，以提高原来土沟的耐冲力。然而这样的明沟仍不时被冲决，于是遂对沟壁的两侧采用油灰抹面①，沟底的薄弱部位再加卡一层卵石。再之后，围绕"G10排水设施"圈筑整个宫墙，并把被老司考古称为"古涵洞"的4个排水口砌在整个宫墙墙体之中，从而提高了宫殿区防偷袭的对外军事安全能力。这也是"G10排水设施"之所以紧贴环宫墙墙根、顺宫墙根而下的技术原因。遗址上现存的那些最初的沟底、沟壁和后来包裹于宫墙墙体之中的青砖券顶以及各自的建筑材料卵石、山石、填缝石灰、抹面油灰等，均为对老司城早期建城史进行断代的珍贵的实物史料。明沟本来筑造于青砖券顶的涵洞之先。在此基础上，为了提高内罗城和外罗城明沟经过处的土地使用面积或者建筑面积，后来才在明沟基础上加造青砖券顶的涵洞。明沟在券顶成为涵洞过程中，先用青砖眠铺成壁，然后用青砖券顶，砖与砖之间用石灰填缝，两侧用石灰抹面，拱上平铺石灰浆一层，上填山石与卵石，均只是为了使券顶稳固，防止垮塌，并有力地支撑上面的地面。之所以如此，是因为这些青砖券顶的明沟既通过了宫殿区又通过了镶砌明显"中轴线"标志的正街及其坡下的河街，还在地下形成了倒"Y"字形的分支通道，其上面铺平以后还承载一些其他建筑物，需要提供强有力的地下支撑。从那条明沟以青砖券顶的方式穿过正街和河街并在地底下形成倒"Y"字形分支通道看来，这条排洪泄洪道的建造年代应早于镶砌明显"中轴线"标志的正街及其坡下的河街的铺设，与镶砌明显"中轴线"标志的正街及其坡下的河街河卵石材质、圆润度和镶砌方法相同的各条街道建筑年代当为同一时期，它们的建造年代应晚于这条气势恢宏的排洪泄洪道，其中倒"Y"字形分支通道筑造技术，当为老司城建城早期地下排水系统中最具技术含量的筑城技术。它为我们揭开的是彭氏土司早期完整的老司城建筑史奥秘，反映了人类在恶劣的河谷条件下营造宜居的安全环境的营建智慧。②

---

① 笔者曾对山坡上端宫墙后部河卵石铺底的早期挡水墙进行了观察，发现这里的油灰抹面厚达1寸左右，十分坚固。

② 据民间传说，每当山洪暴发时，从老司城地下九条通道中涌出的是九股黑水，称为"黑煞溪"。这九条地下的黑煞溪，是根据从吊矶岩沿河下来的一个老梯玛的建议和绘制的图形建造的，专门用来对付对面涌来的"红煞溪"的。因为每当"抛粮下种"的季节，大雨倾盆而来，溪河陡涨，红煞溪的激流会像一条红色的巨蟒射向灵溪河，冲刷宫殿区的台阶，冲倒这里街道和土民的房屋。土司根据老梯玛的意见和绘制的图形，在老司城地下建造九条地下通道后，每当红煞溪水流射向老司城宫殿区时，这里的九条黑煞溪会与它绞在一起，发出巨大的声响，并且战胜红煞溪，确保老司城宫殿区的安全，曼对面的红煞溪不再作恶。参见刘纯玺、刘善福：《土家族故都老司城》，127～128页，香港，天马出夏社，2005；向盛福：《土司王朝》，147页，呼和浩特，内蒙古人民出版社，2009。这里的梯玛，是土家族对本民族宗教人士的专称，相当于汉民族之中的道士。结合这个民间传说，再看目前老司城东城区这边堆得成山成岭的沙丘以及洪水陡涨之后漫过河街的情形，笔者发现当老司城地下排水系统在清代大规模"改土归流"以来逐渐被废弃后，确实不能调节这里的洪流和河沙。所以，老司城东城区排水系统的建造，既解决了山坡地排洪泄洪的难题，又起到调节灵溪河里的洪流和河沙淤积作用，确实反映了土司初期土民族人民与山水自然融为一体的高超的城市营建智慧。

总之，老司城在灵溪河谷之中呈现了河东、河西两大"组团"的建筑布局特点，形成了以"四横五纵"的河卵石街道为骨架的九街两口十九巷以及互相关联的建筑单元。两大"组团"之下的河东城区和河西城区之间相互之间不架设桥梁，仅靠码头、官船和民用船只保持畅通。老司城不仅在河西城区不便绕道通行之处或者地势险要之处遇水架设独立的栈道，而且还开通了四条对外联络的官道网络，并且配备了驿马等相应的邮驿设施。整个城区，即使是高规格的河东城区也不提供自动供水，仅以钓鱼台和码头方便居民挑水，河东城区的地下泄洪排污系统筑造得异常坚固牢实。

第三节 老司城的规模、形制与性质

一座城市的体系通过城市的规模、形制与性质，可以在城市的空间形态上得到集中体现。它在一定程度上透视了人类适应自然环境的生存智慧。具体到老司城自然也不能例外。老司城是一座修筑有两重城墙的城市，其城墙内的城市体系和包括近郊、远郊和整个永顺土司区在内的城墙外的城市体系，似乎在规模、形制与性质方面存在差异。

一、老司城的城市规模

老司城是永顺宣慰司总司所在地，其周围还分有四大行署、三州、六长官司、五十八旗、三百八十峒。清朝时期，永顺籍的贡生张星灿在老司城荒废一百年后，曾作《老司城吊古赋》一篇。从这篇赋文中，依稀可见昔日老司城的规模与繁华。原文如下：

吁嗟呼悲哉，一望山隈，中心如捣，几许繁华，倏焉不保，瑟瑟荒村，萧萧古道；藤稍程稍碍帽而谁除，棘刺牵衣而不扫，问遗韵与流风，几依稀于父老。客告余曰："此老司城也，是前代之所留贻，而后人因以据考也。"忆昔彭氏割据，名曰土司，凭山作障，即水为池：石堆白马，岩隐青狮；焕雀屏于玳瑁，饰鸳瓦于琉璃；云烘紫殿，雾锁丹墀；袅袅陈宫之景，遥遥楚馆之思。况以观首阁敞，关圣宫成；殿列祖师之号，观撑玉极之名；燠台日暖，凉洞风清；钟鼓兮镗鞳，石鼓兮铿镠；肃苍官于左右，森青士兮纵横；巍巍乎五溪之巨镇，郁郁乎百里之边城。更有罗汉松新，娑罗树霭，九曲池通，千工坝大，盘龙渺入云中，阳风高凌天外。飞霞兀杰阁之峰，披登鸣钓矶之濑，花鸟助其聪明，林泉资其狡狯。固宜奕叶卜其寝昌，云朽传之未支艾也。夫何世易时移，积今成古，画栋全灰，雕甍竞腐，井润金壶，峰颓玉柱。草含恨而自芳，花无言而畴主。感变态于沧桑，聊开樽丽醉舞。迄今百有余年，而古寺之旁秀黍麦矣，废井之滨盈积柏矣，英风不再，剩简策矣，峻宇何存留阡陌矣，绣壤黄滕，昔日之华堂锦宅也，败址颓垣，昔日之琼筵玉席也。遂使逝水斜阳，深情脉脉，抚断碑而怆怀，抚残碣而动魄。予过之觑歔不已，凭吊先型，慨城郭之非故，仅藓碧而苔青，又安知今日之广厦，不成为后日之幻形，怅古今一辙，遂染翰之不停。①

它向我们展示的是城墙内的老司城以及城墙外包括近郊、远郊甚至是整个永顺土司区在内的老司城昔日的图景。依据张贡生的描述，结合目前的老司城田野考古成果和笔者的现场观察，可知城墙内外的老司城，城市规模确实不小，总面积为25平方公里。

（一）老司城遗址的城市规模

这里所谓老司城遗址的城市规模，是指永顺宣慰司总司所在地的老司城东城区和西城区。它上自自生桥以下的"上河城"谢圃，下至银板仙人山以上的祖师殿及其对面的观音阁，包括灵溪河两岸的内罗城、外罗城和这两重石头城城外的近郊和远郊在内。这是老司城城区，其总面积据严格地测算，为25万平方米。其内罗城周长、外罗城周长、面积规模、街巷规模、建筑规模和人口规模如下。

1. 内罗城和外罗城的周长

老司城的河东城区有内、外两重石质城墙，在山坡地的斜面形成了一个圈层结构。其中宫殿区和衙署区分布于内罗城，城门遗址、道路遗迹、墓葬群、文化设施遗存和其他遗迹则主要分布于内罗城之外的外罗城。目前残存的内罗城城墙城门建筑和外罗城的河卵石街道，是老司城遗址的典型标志物，它与清朝以来迁建于内罗城衙署区的彭氏宗祠、摆手楼以及一直原建于外罗城郊外的、祖师殿、玉皇阁一起构成了老司城特有的城市景观。

老司城内罗城周长为716.7米。在内罗志城中间，有一段长达128.1米的贯通东西的隔墙，它把内罗城区分为相对独立的北部和南部两个活动区域。北部活动区域为土司家庭活动区域，南部活动为土司政府活动区域，通常称为"宫殿区"和"衙署区"。据老司城的田野考古显示，宫殿区城墙包括隔墙在内，其周长为436米，其中东、西、北三面城墙保存较好，尚存城墙的长度为243.7米，西门以南与南墙有些部位已拆毁，保存的残基不足1米；衙署区周长为408.8米，东、南、西墙保存较为完好，北墙大部分利用宫殿的围墙，西墙仅留墙基残迹，其中东墙（衙署区与宫殿区之间的隔墙）长128.1米，南墙长58.3米，西墙长145米，北墙长77.4米。②

① （民国）《永顺县志》卷七，《建置》。转引自萧卓夫：《溪州土司名胜拾萃》，112页，北京，民族出版社，1997。
② 永顺县人民政府：《老司城遗址申报中国世界文化遗产预备名单文本》，37页、58页，（打印本），2012。

老司城的外罗城内周长为 2072 米，其中整个城墙保存较好的有 358 米，保存一般的有 561.1 米。①

2. 面积规模

老司城的田野考古已经测算出了内罗城衙署区的周长与面积，他们测算出的衙署区的面积为 8762.4 平方米。② 如上所述，衙署区的城墙周长为 408.8 米。这样可知在老司城地区城墙周长与城区面积之比为 1:21.434442。

基于此，老司城内罗城宫殿区的面积为 9345.4 平方米，衙署区的面积为 8762.4 平方米。这样看来，向盛福估计宫殿区的总面积为 3600 平方丈，③ 这应为十分保守的估计，田野考古换算出来数据为 8410.9 平方丈。如果将宫殿区的这一面积与衙署区面积 8762.4 平方米相减，则发现宫殿区的面积比衙署区的面积大 583 平方米。如果两项面积相加，则发现内罗城的城区总面积为 18107.8 平方米。

采取同样的测算法，则城墙周长为 2072 米的外罗城范围内的总面积为 44412.2 平方米。由于老司城河东城区为圈层结构，因而，外罗城范围内的总面积应减去内罗城的城区总面积，最后得到的数据为 26304.4 平方米。这就是内罗城城区范围之外的外罗城城区总面积。

前述老司城城区面积为 25 万平方米，则应减去内罗城的城区总面积为 18107.8 平方米和外罗城城区总面积 26304.4 平方米，这样得出的老司城近郊和远郊的总面积为 205587.8 平方米。这一数据，就是除开内罗城和外罗城之外的老司城上自自生桥以下"上河城"谢圃，下至银板仙人山以上祖师殿及其对面的观音阁，灵溪河两岸近郊和远郊的辐射范围。这些以老司城内罗城为圆点的近郊和远郊，同时也是土司时期的土司土舍及其自署职官、土司家人、土司亲友走出宫殿区和衙署区经常游历的地方。

3. 街巷规模和建筑规模

本章第二节第一部分把老司城河东城区和河西城区的街巷总结为"九街两口十九巷"。其中，呈"四横五纵"结构形态布局的街道之一渔渡街，还有马坊口、狮子口等 2 口以及周家湾巷、杨士庙巷、马坊口巷、狮子口巷、秦姓巷、段家湾巷、张家巷、闰家湾巷、王家巷、陈家巷等 10 巷，明显不在老司城外罗城内，集中于老司城外罗城的就只有八街九巷。这就是说，老司城外罗城的街道与小巷是大致相等的，而外罗城城外以渔渡街为中心的城区延伸部分明显是巷口多于街道。它反映了土司时期具有重内罗城、外罗内规划和轻近郊城区延伸部分规划的城市建设取向，表明这些被忽视的城区是随着土司城市经济发展带来老司城城市规模进一步扩大之后自由延伸的部分，进而说明了土司城市服务功能的逐步完善。

---

① 永顺县人民政府：《老司城遗址申报中国世界文化遗产预备名单文本》，26 页，（打印本），2012。
② 永顺县人民政府：《老司城遗址申报中国世界文化遗产预备名单文本》，58 页，（打印本），2012。
③ 向盛福：《土司王朝》，147 页，呼和浩特，内蒙古人民出版社，2009。

街道密集于老司城内罗城以外的外罗城城区，反映这里还不是常人能够随意出入的区域。尤其是这些街道在内罗城的宫殿区和衙署区突然消失，表明这凉洞等调节温度的设施，整个内罗城残存的花砖和石柱楚异常精美，天井地面的河卵石铺设呈现多种纹饰，特别考究。在衙署区，建有绳武堂、纯忠楼、筹迈堂、钦命都督府、旗槍、寿禄堂、永镇楼、迎宾馆、奉先堂、支应房、头门牌坊等建筑群。[①] 内罗城外围的外罗城，城区街道"三横五纵"，四通八达；紫金山墓葬群自成单元，建造铁门进行隔离；关帝庙、城隍庙（祠）、文昌阁等宗教区独成院落，建造院门；若云书院文化区，沿途牌坊、功德碑、德政碑林立；半坡街还建有吴着祠。外罗城以外，北门码头和小西门码头对岸，则有会官亭、马房、"察闹院"、监狱、碾房、稷神坛、铁匠铺、鱼市、八部大神庙、福民庙（五谷庙）等建筑群；出东门，则为接官亭、祖师殿（崇圣殿）、玉皇阁（玉极殿）、水府阁、观音阁、社令坛等建筑群。[②]

对于老司城及土司宫殿、文昌阁、关帝宫、祖师庙、皇经台、观音阁等典型建筑，其建筑规模及其蕴含的建筑智慧在前述老司城一带流传至今的五修词、五说词和民间小调[③]之中，尚有着比较清晰的记忆。

（五修词）

一修土王美金銮，四围高墙，照壁高数丈，江山八百年。二修关帝宫，整鼓铜钟，关帝老来称英雄，大刀摆当中。三修祖师庙，鲁班来所造，千年未偏倒，万古把名飘。四修皇经台，实在修得乖，天干年成把经拜，大家齐斋戒。五修观音阁，美女梳头朝北座，右侧灵溪河，对岸罗汉笑呵呵。

（五说词）

一说彭氏皇宫院，午门五进至金銮，前有绣屏拱座，后有福禄寿三山，彭土司君屋场，世袭八百年。二说关帝宫，九火炼成金铜钟，武夫子坚贤容，有大刀名青龙，设小学教萌童，准备状元公。三说祖师庙，鲁班来所造，横梁千柱千搁倒，千百年来完好，鲁班技艺高，仙机真奇巧。四说班皇楼厅，供奉皇经，峨眉山天久晴，众人开经来拜神，打雨醮五谷登，万民俱沾恩。五说观音阁，朝北南座，后有少女梳脑壳，门前两株大梭椤，南海山普陀，比这也难过。

（民间小调）

一唱土司坐司城，一统乾坤，修宫殿立午门，凉洞热洞砖砌成，咿儿哟咿儿哟，赛过西京城哟，嗬也，嗬也！二唱悠悠灵溪河，皇宫绕过，如玉带泛碧波，大河小河两汇合，咿儿哟咿儿哟，一派好山河，嗬也，嗬也！三唱文昌关帝宫，整鼓铜钟，和

① （明·正德）《永顺宣慰司志》卷之二，《公廨》。
② （明·正德）《永顺宣慰司志》卷之二，《祠庙》。
③ 参见向盛福：《土司王朝》，129～131 页，呼和浩特，内蒙古人民出版社，2009。

尚们早敲钟，余音袅袅半夜中，咿儿哟咿儿哟，土司世昌隆，嘀也，嘀也！四唱披发祖师庙，鲁班所造，楠术柱马桑树，横梁千柱千搁倒，咿儿哟咿儿哟，仙机真奇妙哟，嘀也，嘀也！五唱雄伟观音阁，朝北南座，灵溪河右边过，前有梭椤树两棵，咿儿哟咿儿哟，南海配普陀，嘀也，嘀也！

《五修词》、《五说词》和《民间小调》应该是梯玛在对内、对外不同场景之下使用的说唱词。其中，《五修词》是在木匠动工建造时对内使用的祝愿词，《五说词》是给晚辈讲古的说词，《民间小调》是对外宣传的唱词。这些说唱词的共同之处，就在于从正面歌颂了老司城建筑艺术和建筑环境的美好以及建筑功能的完美，并且间接地歌颂了人类在山水之间的建筑智慧。

4. 人口规模

据民间传说，老司城在其鼎盛时期，其人口已经达到了"城内三千户，城外八百家"的规模，即常住人口1.9万人的规模。这里的城内和城外应该是指外罗城（含内罗城）的内外。城内城外常住人口规模的差异，反映了"人地关系"在老司城的某些城区地段是相当紧张的。

如前所言，老司城的城市结构是以内罗城为圆点的圈层结构，其城市发展格局是整体"组团"式的发展格局。在这样的结构和格局之中，内罗城宫殿区居住的是土司、土司各房夫人、土舍、临时来访的亲戚以及宫殿管理人员和侍从人员。衙署区平时办公的为土司、经历、一州六长官司长官和土司自署职官，轮流在此居住的为支应房的众多"友应"。① 也就是说，内罗城是上流人物及其侍从人员居住和出入之所。从前述建筑群的布局以及全国土司城人口居住的一般规律看来，外罗城则长年居住着经历、一州六长官司长官、土司自署职官、文人、总理、家政、总管、舍把、亲将、官营工商业者、书生、护庙、护墓等。内罗城与外罗城的上述这些人，在城内有三千户。此外，外罗城还有临时入城支差的"存城五营"兵、土民、医、相、丹青、琴棋、僧、道、尼、师爷、衙差、升秤、吹鼓手、戏子、匠、戎猎、镶苗、米房（坊）、伴当、长川、散人等。他们包括清朝康熙年间《钦命世镇湖广永顺等处军民宣慰使司宣慰使、都督府致仕恩爵主爷中涵德政碑》碑阴所记的"标员中军官向华，副中军王启忠，旗长彭宗国，家政彭芳，友应彭荫祖，旗长陈廷漠、向应魁、彭弘济，撰文魏光修，书碑魏国佐……职员彭弘耀、彭启周、向宗礼、朱需、彭弘浩、田种禄、向文宗、王宗智、张宗齐、田尔耕、彭元、彭桓、彭升、张承杰、彭登云，督工职员向应朝、张宗龄、彭宗汉、彭启舜、王宪，登记石立柱、周良伍、胡廷海……四班班长萧乐、路应祖、杨之贤、郑之盛、刘继忠，内使向有禄、李春元，石匠孙承尧、孙承洲"等人。

"城外八百家"主要分布于外罗城之外河东城区和河西城区。居住于这些地方的人

① （明·正德）《永顺宣慰司志》卷之二，《所属官制》、《公廨》。

员，有"一街两口十巷"的人员、察闹院"办事人员、监狱管理人员和囚犯、碾米者、碧花庄的住户、铁匠铺的铁匠、渔渡街的商人、福民庙（五谷庙）、八部大神庙、祖师殿（崇圣殿）、玉皇阁（玉极殿）、水府阁、观音阁等坛庙的僧道尼。此外，菜园坪的菜农，马坊口的牧马人，官渡和民渡的船老。大，还有云集于此的各路拜庙的香客。

"城外八百家"包括驻扎在"察闹院"的"存城五营"。它主要是警卫老司城和四大行署的安全，以及土司和致仕土司的安全。据方志记载："土司有存城兵五营，兵丁每营一百名。一以备捍卫，一以供役使，其兵丁每名领工食银三两六钱，米三斗六升，皆民间派给。"[1]"存城五营"兵士的钱粮之所以由民间派给，是因为土司是王朝国家体制下自筹经费的政府，中央和地方对它基本上没有什么财政支持。"存城五营"兵士属于永顺土司的常规部队，被民间称之为"禁卫军"。他们在"备捍卫"和"供役使"之余，去内罗城宫殿区箭杆坪教土舍习武，还在练武场上习兵练武。其习兵练武之地主要分布于校场坪、博射坪和谢圃三处："司治二里许，有校场坪，土人常驻于此处演武。又西北五里，有博射坪，又北五里曰谢圃，地势均较宽敞，土人每于此搏射。"[2]据老司城田野考察，博射坪位于西北东南方向的沟谷之中，这里残存有被民间称为土司官屋场的遗址，该遗址位于官道交会处，东通自生桥下的灵溪河，南通博射坪、飞霞阁，西通花园门，遗址由四个建筑平台组成，西、东、南地形如护城河，宽约 4 米，周边有城墙基，遗址面积约 6000 平方米。官屋场门前据说原有一对石狮，东边有一座坝长 42 米、面积约 1000 平方米的塘坝，称之为"莲花池"，池边设有钓鱼台。从博射坪土司官屋场遗址看来，它起到了警卫位于今永顺县吊井乡花园村二组的"壶窝别墅"的作用。也就是说，四大行署如谢圃、壶窝别墅等，旁边设置老司城"察闹院"的分支机构，平时也驻扎有"存城五营"的兵士。不过这支土司常规部队的主要兵力还是驻扎于老司城北门外锡帽山下的"察闹院"，担负老司城的防务。

（二）老司城遗址外围的城市规模

老司城遗址外围的城市，主要包括自生桥至银板仙人山之间灵溪河一线之外的四大行署，三州六长官司治所，以及由五十八旗、三百八十峒聚焦起来的城市。由于目前发掘出来的文字史料的严重匮乏以及老司城田野考察对老司城周边辐射的力度微弱，因此，无法确认这些城市的周长、面积规模、街巷规模、建筑规模和人口规模，只能仅就其城址定位作一初步的梳理。

四大行署，是指猛洞河别墅、颗砂别墅、谢圃公署和壶窝别墅。一是猛洞河别墅。猛洞河别墅又称猛洞别墅，是致仕宣慰使彭显英于明朝成化二十二年（1486）营建的别墅，清朝雍正大规模"改土归流"后设为崇文书院，20 世纪 50 年代设为永顺专署办

---

① （民国）《永顺县志》卷二十四。转引自谢华：《湘西土司辑略》，102 页，北京，中华书局，1959。
② （民国）《永顺县志》卷二。

公处所，遗址位于永顺县城城东猛洞坪的西衙步，今湘西土家族苗族自治州第二民族中学及其前身永顺民族师范学校的校园内。它四面环山，东有玉屏山，南有高峰坡，西有王家坡，北有李家山。二是颗砂别墅。颗砂别墅是致仕宣慰使彭世麒于明朝正德十五年（1520）建造的行署，清朝雍正五年（1727）冬被假称致仕的宣慰使被彭肇槐设为"新司城"，清朝雍正七年（1729）至雍正十一年（1733）曾设为永顺府和永顺县合署办公的衙门，遗址位于今永顺县颗砂乡政府所在地的颗砂村，前有小溪弯环拥抱，目前仍保存着前街、颗砂别墅（老屋场）础石、后街、土司鱼塘、鹅池、九龙桥、鸭池、热洞、凉洞、蟠桃庵山门、人面狮身像、金壶井、琵琶井等遗迹。三是谢圃公署。谢圃公署又称"夕圃"，是致仕宣慰使彭明辅于明朝嘉靖末年建造的公署，遗址位于老司城灵溪河上游上河村名叫谢铺寨的台地上，一面背山，三面临灵溪河，城区呈椭圆形，长径约150米，短径约80米，周围有城墙环绕。残存城墙长20米、宽1.5米、高0.5～1.5米，墙体用岩块、河卵石砌成，以油灰胶合抹面。开设东、西、南三个城门，残存的城门为东门。城区北部为城区主体建筑，残存的建筑基座和宽约65厘米的排水沟，有宽阔的卵石道路直通城门，道路两侧分布两处对称的建筑遗迹，形成品字形建筑布局。遗址内有卵石铺成的道路残迹多处，还有古池塘一口，现地面上尚有清代建筑。① 四是壶窝别墅。壶窝别墅是宣慰使彭宗舜于明朝嘉靖年间建造的行署，遗址位于今永顺县吊井岩乡花园村二组。现残存有泥土夯筑的城墙长约800米，厚1米，高0.5～2米。城区中心的主体建筑为土司行署，呈长方形，东西长60米，南北宽30米，面积约为1800平方米，散布大量陶片。建筑遗址内残存的九级青石台阶，宽6.6米。主体建筑遗址东30米处是土王庙遗址，屋架原为三柱四棋，共3间，面积300平方米，用于供奉土王。20世纪50年代毁坏，在遗址内有大量真实的瓦砾和瓷片一匹砾较厚。城墙开设有几个城门，其中东门又称"花园门"，有宽约0.6米石阶7级，两侧有方孔石础4个，一侧的自然石壁被凿成直壁，此门接官道通向老司城。东门边有碾坊、蒸坊、榨坊遗迹，残存碾石2个，有被称为"花园坑"的长0.6米、宽0.5米、深0.4米左右的打铁淬火用的"起水"的方形石坑1个。城区深处有称为莲观台大水塘一口，还有官井、称为"钓矶岩"的钓鱼台。东侧王家后山，还发现用油灰抹面的墙基。② 此外，这里还分布着三拱桥、地下秘道、岩壁庄、"山麂"石雕、禁果庄、牧牛庄、猪容庄、石叠庄等遗迹。③

---

① 参见湖南省文物考古研究所、湘西土家族苗族自治州文物局、永顺县文物局编：《永顺老司城》（上册），142～143页，（打印本），2012；永顺县人民政府：《老司城遗址申报中国世界文化遗产预备名单文本》，103页，（打印本），2012。
② 见湖南省文物考古研究所、湘西土家族苗族自治州文物局、永顺县文物局编：《永顺老司城》（上册），148页，（打印本），2012。
③ 参见刘纯玺、刘善福：《土家族古都老司城》，135～150页，香港，天马出版社，2005。

三州六长官司治所，是指南渭州、施溶州、上溪州三州的治所以及腊惹峒、驴迟峒、施溶峒、白岩洞、田家峒、麦着黄峒等六长官司的治所。其中，南渭州管辖今永顺县列夕乡、柏杨乡、泽家镇等地，土知州为彭氏，首次任命于元至正十一年（1351），治所首设于泽家镇南渭村的"衙门坪"，再迁于列夕乡友和村的芷州哨官衙门所在地；施溶州管辖今永顺县回隆乡、长官镇、镇溪乡以及古丈县罗依溪镇、高峰乡等地，与今怀化市沅陵县接壤，土知州为田氏；上溪州管辖今龙山县境地，土知州为张氏，治所设今龙山县洗车河流域；腊惹峒长官司管辖今湖南省永顺县芙蓉镇、保坪乡、高坪乡等地，长官为向氏，治所设今永顺县芙蓉镇雨龙村院子组；驴迟峒长官司管辖今永顺松柏乡、西米乡、羊峰乡等地，长官为向氏，治所设今永顺县芙蓉镇保坪村大龙组；施溶峒长官司管辖今永顺长官镇、回隆乡、镇溪乡、永茂乡、朗溪乡等地，长官为汪氏，治所设于今永顺县长官镇长官居委会"长官寨"；白岩洞长官司管辖今湖南省龙山县地，长官为张氏，治所设于今龙山县兴隆街乡白岩洞村；田家峒长官司管辖今湖南省古丈县断龙乡、双溪乡等地，或者今古丈县红石林镇一带，长官为田氏，治所设于今古丈县断龙乡田家峒村铺三组，或者红石林镇先锋村和白果树村，或者岩头寨乡才狗寨村；麦着黄峒长官司管辖今湖南省古丈县茄通乡等地，长官为黄氏，治所设于今古丈县红石林镇花兰村大坝组的老司岩。值得注意的是，在清朝康熙年间《钦命世镇湖广永顺等处军民宣慰使司宣慰使、都督府致仕恩爵主爷中涵德政碑》碑阴的"州司"一栏中，除刻记上述三州六长官司之外，还刻记了"马罗峒田暹"，意思是永顺宣慰司治下还有一个马罗峒长官司。然而在文字史料检索中笔者发现，明代《土官底簿》（四库全书本）仅记三个土知州，明代刘继先的《历代稽勋录·永顺彭氏历代世家稽勋图系》（清嘉庆补誉本）"忠烈公"条仅记从洪武六年开始永顺宣慰司一直辖三州六司，《明史》卷三一〇《湖广土司》不记马罗峒长官司，《清史稿》卷五一二《土司一》也仅记三知州六长官，其均不包括马罗峒长官司。很显然，马罗峒长官司是在"飞旗"基础上设立的，它是永顺宣慰司自设的长官司，当属自署职官系列。

五十八旗。除直接为内罗城宫殿、衙署轮值服务的戎猎、镶苗、米房（坊）、吹鼓手六旗、伴当七旗、长川旗，散人旗、总管旗之外，永顺宣慰司所属的三州六长官司辖区内，分布有"五十八旗"。据清朝《永顺府志》记载，"永顺土司分五十八旗，日'辰利东西南北雄，将能精锐爱先锋，左韬德茂亲勋策，右略灵通镇荩忠，武敌雨星正义马，标冲水战涌祥龙，英长虎豹嘉威捷，福庆凯旋智胜功'。以七字为句，每一字一旗，共五十六字，为五十六旗，后添设'请谋'二字，共为五十八旗。此外更有戎猎、镶苗、米房（坊）、吹鼓手六旗，伴当七旗，长川旗，散人旗，总管旗。雍正七年，改土设县，割南北两旗之地归桑植，将辰、东、雄、将、锐、爱、镇、武、标、战、龙、威各旗之半，并先、锋、韬、茂、策、通、盖、飞、马、勇、祥、虎、捷、庆、旋、胜等旗，归龙山。其在永境者，则辰、东、雄、将、锐、爱、略、镇、武、标、战、龙、威各旗之半，并西、能、精、德、勋、灵、忠、敌、星、义、冲、水、英、长、豹、凯、智、功各旗也。又福字一旗，则系土官宗族，散居各乡，今分属永、龙两邑"。① 从上述方志材料来看，这"五十八旗"分布于今天的龙山、永顺两县境内桑植县与永顺县交界的个别地方。这些旗的某些旗长有些在内罗城衙署内轮值，地位很高。他们在清朝康熙年间《钦命世镇湖广永顺等处军民宣慰使司宣慰使、都督府致仕恩爵主爷中涵德政碑》碑阴的"建碑各官头目"一栏中，排在"州司"的前面，包括"标员中军官向华，副中军王启忠，旗长彭宗国，家政彭芳，友应彭荫祖，旗长陈廷漠、向应魁、彭弘济，撰文魏光修，书碑魏国佐"等人。其中，"标员中军官向华"据吉首大学中国土司历史文化研究中心拓印的：向华夫妇墓碑基资料》，墓体右侧刻录的是，"考，历事两代，授冠带替政旗长、把总、提督六曹中军厅之职。戊戌年冬二十三日寅时安葬。生于崇祯壬午年七月初四日辰时，殁于戊戌年五月初七日未时"。可见，"标员中军官"向华的实际职务是冠带替政旗长、把总，主要起到提督六曹中军厅的作用。

三百八十峒。它是"五十八旗"之下的二级行政区，属于地方基层自治组织。据《历代稽勋录》考察，永顺宣慰司在明朝万历年间和清朝康熙初年，两次出现了"三百八十洞"的记载。其"洞"的数量有增也有减：后周世宗显德三年（956），"羁縻溪州"首次出现"管一百二十洞蛮民"的记载；北宋真宗祥符二年（1009），首次出现"管一百八十洞蛮民"的记载；宋哲宗元裕六年（1091），又降至"管一百二十洞蛮民"，直至南宋理宗宝裕二年（1254）结束。可见羁縻州时代的"洞"，在土司时代被细化了，基层行政区由大划小了。正因为此，峒的数量大大增加。清朝康熙年间《钦命世镇湖广永顺等处军民宣慰使司宣慰使、都督府致仕恩爵主爷中涵德政碑》的碑阴，记录各峒寨头目共323人。这些峒实际上指380峒，只是各峒头目没有完全到齐，也就是说380峒的名称可能还有少量的缺项。这380峒包括如下地名，它们是：加柯料工、内外白砂、七寨苗、刺普迪、徐苦、溪东山、着胡、车戏、加柯、茶胡、岩弄已、别些、比耳、里耶、洛塔、五洞、他砂、田王二洞、上下榔溪、施溶、内外龙爪、猛洞、只奇、迪洛、包以、董补、诺舍、六洞、五寨、三什、三巴忠、日奇、黑洞、洗罗、功冲、内柯砂、内外塔卧、马罗峒署事、四十八寨、上下二梭。采用古今地名对照的办法粗略可知，别些、上下榔溪、施溶、内外龙爪、猛洞、内柯砂、内外塔卧分布于永顺县境，比耳、里耶、洛塔、洗罗、上下二梭分布于龙山县境，田王二洞分布于古丈县境。它们与今天三县的乡镇名称基本一致。

二、老司城的形制

老司城的形制包括老司城本身的形制和老司城外围城市的形制两个方面。其本身

---

① （清·乾隆）《永顺府志》卷十二，《杂记》。

的形制是老司城中心城址的形制，具体由老司城的内罗城和外罗城构成；其外围城市的形制是指中心城址以外的外围遗址的形制，具体由老司城近郊和远郊构成。它们受制于高原周边山地的依山面水的河谷自然条件。这样的自然条件激发了人类特有的建筑智慧，使得老司城只能适应自然环境依山就势而建，凭山作嶂，以水为池。平原地区或大面积平坝地区固有的大规模的纯正圆形形制、方形形制的城市建造，在老司城这样的河谷条件是很难被发现的。以城墙为界，老司城的城市建造具有城内有序有形、城外无序无形的高原、山地特点，城市多被建造于河岸线以上和山脊线以下。它就是在这样的山脉与溪河的缓冲地带，形成了地域特点鲜明的城市形制。

（一）老司城本身的形制

在这里对老司城本身形制的描绘总体上还只是一种静态的把握，主要关注以下七大要素：一是老司城依山面水的自然地理形势以及它的码头与桥梁；二是老司城城墙圈的形制、城门的布局和城墙细部的形制；三是城区建筑平台后面的保坎；四是城区建筑平台的形制、平台上面的石柱础及其铺设与布局；五是城区建筑组群之间的廊道和城区内的街道；六是城区通往建筑平台的台阶和踏步；七是城区环绕建筑平台的细长明沟以及建筑平台围合的天井与地下排水系统的连接。由于基本覆盖凤凰山的老司城河东城区修筑内罗城和外罗城两重城墙使之形成内外两个相对封闭的城区，因而，只得以此为视野聚焦老司城的内罗城和外罗城予以分别观察。

1. 内罗城的形制

凤凰山像一只从南方飞来的准备收翅落地的凤凰，坐落于老司城河东城区。内罗城位于外罗城的西南部，占据太平山系之福禄寿三星山前面的凤凰山左背，其北部和南部距离灵溪河较近，东部和西部距离灵溪河较远，是一个相对独立的建筑单元。正因为此，内罗城北门和南门，附近的灵溪河岸，修筑北门码头和南门码头用于挑水和洗衣、洗菜，分别服务内罗城城内的北部宫殿区和南部衙署区。由于宫殿区和衙署区之间，有紧贴宫墙墙根呈东北西南走向的"GIO 排水设施"形成的宽大的排污泄洪明沟分隔，因而，明沟上架设了两座砖石结构的封闭式拱桥，分为宫殿区和衙署区的东北部和西南部，整体形成了外部封闭、内部联通的城区活动空间。

宫殿区像一块巨大的河卵石奇石，按由北而南的顺序斜放在衙署区这座略呈长方形的厚实的托座上，形成内罗城依山就势的"一方·圆"城墙圈景观形制。宫殿区和衙署区的接触面，就是紧贴宫墙墙根呈东北西走向的"G10 排水设施"形成的宽大的排污泄洪明沟。这就是说，北部宫殿区的城墙圈是呈椭圆形的，南部衙署区的城墙圈除与宫殿区接触的部分略为向内凹陷外，略呈长方形。以宫殿区为中心，据老司城田野考发现，城墙上开设有 4 个城门，即便利出入北门码头的北门、便利出入正街和右街的大西门以及便利出入衙署区西北部和西南部的那两个小城门。衙署区除连通宫殿区的那两个小城门外，还开设有便利出入正街的西门以及便利出入左街和半坡街的南门。开放这些城门的城墙圈，由于依山就势的缘故，东段相对较矮，北段、西段和南段相对较高。据考古对内罗城残墙外侧的测量，北段、西段和南段城墙高 4 ~ 6 米、厚 0.45 ~ 1.2 米，东段城墙高 1 ~ 2 米、厚 0.45 ~ 1.2 米；内罗城内宫殿区和衙署区的隔墙高 2 ~ 4 米，厚 0.45 ~ 1 米。东段的城墙墙体因距离"山"较近，基本上是采用山石垒砌并以石灰浆进行胶结，做工相对粗糙，墙体单面涂抹厚约 5 厘米的油灰面；北段、西段和南段的城墙墙体由于距离"河"较近，主要以大卵石为原料垒砌，以石灰和桐油等进行胶结，做工相对精细，单面或双面抹有油灰，有些墙体表面也涂抹厚达 1 厘米的油灰面。这些墙体的墙芯均以碎石拌土进行充填，墙体表面有早晚修补的情况。①

内罗城宫殿区和衙署区为了防止地面垮塌和增大地面建筑面积，沿着山体等高线有规律地形成一排排建筑保坎。保坎紧贴山坡地，为单面墙体，有的保坎表面涂抹厚约 1 厘米的油灰面。建筑保坎前面，分布着方形、长方形、长条形和略呈椭圆形的建筑平台。宫殿区据乡土专家讲述和笔者的现场观察，有 7 个面积宽大的建筑平台，老司城考古证实自下而上有 4 ~ 5 个较宽大的建筑平台；衙署区共有 15 个建筑平台，其中彭氏宗祠及其前面有 6 个相对宽大的建筑平台，彭氏宗祠后面有 9 个细长的建筑平台。土筑的面积宽大的建筑平台四周，用六至八层河卵石或者二至四层山石叠压加固，② 旁边狭长的平台上面还有规则地铺设河卵石或者石板，大约用作连通各建筑组群之间的廊道。长宽不一的建筑平台之间，形成一条条用河卵石或者抹有油灰的山石铺底的细长明沟，相对宽大的建筑平台之间则有规则地分布着一个个天井。天井用河卵石铺砌，并用横卧的青砖分隔，形成面积较大的周边有衬边的菱形图案。据说这属于西兰卡普织锦图案。天井的一角分布着一尺见方的方孔，分布连接地下的排水系统。面积宽大的土筑建筑平台上面，依照现在依然残存的文昌阁和彭氏宗祠进行观察，③ 分布着进深三排、面阔四排的雕花石柱础，或者进深七排、面阔四排的素面石柱础。据第一章第二节统计，这样的石柱达 200 多个。由于清朝大规模"改土归流"以后类似石柱础被迁入老司城河东城区的居民移作他用，加之后来内罗城宫殿区被改造为梯田，因此，石柱础在宽大建筑平台上面的排列规则到目前为止已经变得模糊不清。

在穿越内罗城城墙和保坎的上、下两个建筑平台之间，基本上修筑踏步。衙署区保坎上、下两个建筑平台之间的踏步，有四级、五级、六级、七级、八级、九级、十级、十一级、十三、二十一级不等，反映了上下两个建筑平台之间的高差。宫殿区保坎上、下两个建筑平台之间的踏步，因这里在 20 世纪七八十年代大规模地营建梯田，

---

① 参见永顺县人民政府：《老司城遗址申报中国世界文化遗产预备名单文本》，37 页、58 页，（打印本），2012。据笔者现场观察，东段城墙和宫殿区与衙署区之间的隔墙，早晚修补的情况更甚于其他各段城墙墙体，这大概与两段墙体需要抵御山坡地洪水的冲刷有关。

② 宫殿区一般是使用河卵石材，夹杂使用一些山石，衙署区则主要使用山石石材。

③ 文昌阁是从外罗城将军山一带移建来的。

而很难找到它的踪迹，仅在大西门这里找到进出营殿区的踏步。大西门的踏步据老司城考古，从下而上共有七级，总高差为2.4米，其中第一级高12厘米，用红条石铺成，尚存1块，长8厘米、宽46厘米、厚12厘米；第二级高15厘米，用鹅卵石铺成，保存比较完整，长2.35米、宽50厘米；第三级高25厘米，呈斜坡状，用鹅卵石与砖块铺成，砖块嵌在卵石下方，长2.4米、宽45厘米；第四级高20厘米，用卵石与砖石辅成，交错铺砌，比较完整，长2.85米、宽50厘米；第五级高17厘米，用卵石与砖交错铺砌，尚存完整，长2.9米、宽44厘米；第六级高16厘米，用卵石与砖交错铺砌，有小部分破坏，长3米、宽40厘米；第七级高20厘米，用卵石与砖铺成，尚存卵石痕迹，破坏严重，长3米、宽14厘米。石级的包边石采用青砖，分厚、薄两种，厚砖长24厘米、宽20厘米、厚13.5厘米，薄砖长25厘米、宽16厘米、厚7厘米。① 不过，从总体上考察内罗城的踏步，宫殿区的踏步建造比衙署区的要相对精致一些。

2. 外罗城的形制

外罗城城墙圈像一只巨大的自北而南卧放的雨靴，将整座凤凰山和将军山的山体圈建其中，介于两山之间的雅草坪就位于太平山系之福禄寿三星山前面的北高南低的凤凰山和将军山之间。该城墙圈随形就势分布于绵延起伏的山地之中，其东段和西段较长，分属于靴身后部和靴身前部与靴面，北段和南段较短，则形似靴口和靴底。北段和西段临灵溪河而建，有些地段地势陡峭，南段呈"V"形构造在地势陡峭的地段上方将整个将军山包裹起来，东段城墙基本呈直线状穿行于福禄寿三星山与凤凰山之间，位于西起桂花庄（碧花庄）、东至茅亭（接官亭）一线以南。② 整个外罗城城墙圈开设北门、小西门、西门、南门③和东门共5个城门，不过目前仅存这些地名，具体遗迹相对模糊。城墙圈的东段北自吴着祠以北，南至东门附近的紫金山墓葬区以南；南段西自关帝庙和文昌阁以南的南门，东至东门附近的紫金山墓葬区以南；西段北起河街以北的小西门，南至关帝庙和文昌阁以南的南门；北段东起吴着祠以北，西至河街以北的小西门。其中，内罗城北门贴近外罗城的北门，两门以街道连接，通往北门码头。在整个外罗城城区，传说在正街与五铜街之间曾经飞越左街西段架设有桥梁一座，然而目前尚未被老司城田野考古证实。外罗城五个城门之外的灵溪河边，均不对外架设桥梁沟通对河两岸，仅修建码头方便对河两岸渡船的往来，或者方便城区居民的挑水、

① 见湖南省文物考古研究所、湘西土家族苗族自治州文物局、永顺县文物局编：《永顺老司城》（上册），56页、57页，（打印本），2012。

② （清·道光）《彭氏源流族谱》（一），第79页、80页"彭氏祠堂执照"；另见彭剑秋：《溪州土司八百年》，14页，115页，北京，民族出版社，2001。

③ 目前老司城外罗城的南门码头是民间后来混用了内罗城南门的叫法叫出来的，从外罗城的视角观察它实为外罗城的西门。老司城东门外的那个码头才是外罗城真正的南门码头，因为这里分布的清朝同治末年建造的文昌阁是老司城外罗城的地标，标志着这个地方曾经开设有城门，称为南门。当然，这一判断尚需要老司城考古进一步验证。

洗衣和洗菜。

城墙依然是依山就势而建，墙体不管距离灵溪河岸远近与否，主要选择外形不规则的山石为筑墙材料，并在地势陡峭的地段分层加设护基墙体。以北段城墙为例，就加筑二至三层护基墙，以拱托外罗城城墙的基础。据目前残存的外罗城城墙观察，北段和南段城墙属于单层城墙，以外罗城城区山体的土层为墙芯，类似于前述内罗城建筑平台后面的保坎建造，墙体外侧高 4～12 米，厚 0.5 米左右，个别关键部位还使用油灰进行胶结。

外罗城城区建筑平台后面保坎相对于内罗城的保坎，多选用大河卵石和山石建造，不过墙体总体上矮于内罗城城区的保坎，个别保坎也使用石灰浆或者油灰胶结，上面有不规则的油灰抹面，绝大部分保坎不使用油灰胶结和抹面。通往建筑平台的台阶或者踏步，不很明显。地势平坦处的建筑平台相对宽大方正，地势陡峭处的则相对窄小、形状规则不一。建筑平台上面的花面石柱础和素面石柱础杂然并存，应该是由"改土归流"后迁入的居民取之于内罗城。据目前笔者对老司城外罗城的观察，建筑平台与保坎之间开有明沟，可能是由于后入的居民屡次精耕细作的缘故，这里的墓葬群、文化建筑设施遗存、其他遗迹分布之处，暂时没有发现天井组群。[①] 内罗城地下排水系统通过外罗城城区延伸至灵溪河河岸时，基本不与外罗城城区的建筑平台发生连接。

起到连接内罗城区廊道和外罗城城外官道衔接作用的是外罗城城区的街道。如前所述，老司城外罗城城区有"三横五纵"的 8 条街道布局。这 8 条街道均铺设来自灵溪河滩涂的河卵石，河卵石铺设的甚至纵深至外罗城城区的九条小巷，使整个包括墓葬区、宗教文化区在内的相对独立的功能分区能够与城区其他功能分区如官营手工业区、官营商业区、官族居民区等，能够形成浑然一体的功能匹配。在"三横五纵"或者"八街九巷"的街巷结构中，其街道的纵横聚焦点往往成为城市的节点。如正街与右街，左街聚焦的大西门口、南门口，往往成为外罗城城区的节点。正因为此，在外罗城区街道建设中，为了维护内罗城中土司及其自署职官乃至土司官族出行的威严，同时为了解决内罗城南门、西门至大西门段以及大西门至北门段正街、右街交通拥堵的节点问题，土司时期老司城的城市建设者吸取汉民族政治权力至上的城市文化建设智慧，在这位于内罗城外北侧、西北侧和西侧的"一横一纵"的正街和右街的河卵石街道正中，用大河卵石镶嵌出了一条"中轴线"，规范官民的行走，强化内罗城不断增强的政治延伸功能，进而保持持续发展中的老司城城市体系的基本运转。

（二）老司城外围城市的形制

老司城外罗城北门、小西门、西门、南门和东门之外的区域属于老司城的郊区。

––––––––––––––––

① 参见永顺县人民政府：《老司城遗址申报中国世界文化遗产预备名单文本》，26 页，（打印本），2012。

郊区分布着渔渡街这样的宽大街道以及宽度仅占街道五分之一的官道。沿着灵溪河上自谢圃下至祖师殿的渔渡街和那些官道，以及附近的各类建筑设施，形成了老司城的近郊。近郊之外，则为老司城的远郊，它们共同形成老司，城的外围城市。

1. 老司城近郊遗址的形制

老司城近郊，主要由观音阁、古栈道、菜园坪、渔渡街、马坊口、司城古柳林荫道、送君坪、北门，潭、古栈道（碧花庄对面的"神仙打眼"）、谢圃一线，以及东门、接官亭、南门、松柏古道、祖师殿一线的街道和官道连接而成，它们属于河东城区外罗城之外向东和向北、向东延伸部分以及外罗城之外的河西城区。城郊各建筑单元周围，一般不圈建城墙。现区分为河西城区郊区和河东郊区两部分予以观察。

河西城区和郊区，南起祖师殿以岸的观音阁，北至上河城谢圃。其最南端的观音阁，遗址面积约 1000 平方米，散建有通高二层的重檐歇山顶木楼 1 座、大殿 2 座、玉泉洞建筑和青砖券顶的砖室墓多座，周边没有发现圈建的城墙。① 从观音阁到渔渡街，则要经过古栈道、菜园坪和迎师坪的"迎师亭"。菜园坪是供应老司城内罗城城区和外罗城城区的蔬菜基地，这里除修筑有 100 余座单室、双室、三室长方形券顶墓之外，没有圈建城墙。渔渡街连接狮子口巷和秦姓巷，这里是土司的"鱼市一条街"和粮食、蔬菜的供应市场，是一个在旧城基础上进一步扩建的开放式街市。民间传说这里没有圈建城墙，城区到这里显然只是一条街区。从渔渡街逆灵溪河而上，则先后为喻家堡要塞、八部大神庙、马坊口、司城古柳林荫道、送君坪、北门潭察闸院、监钦湾监狱和碾房。除不明马坊口是否圈建防止马匹走失的城墙之外，会官亭、官用水井、北门潭察闸院、监钦湾监狱和碾房这里基本没有从整体上圈建城墙。老司城考古所指的监钦湾监狱和碾房，在老司城民间称为北门潭察闸院。察闸院占地 12 亩，这里平时驻扎"存营五营"500 人，辖制渔渡街上捕鱼和禁鱼机构，它既可以给渔渡街秦姓等颁发捕鱼售鱼的营业执照，又可以给居住于老司城一带的土民颁发土地、山林和河流使用执照。如前所述，察闸院门口的北门潭，平时泊放两只可载 100 人的官船，另配备 50 条小船，以做练兵或者救急之用。为固定这些官船，土司还请铁匠在谢圃打造 2 个大铁锚和 50 个小铁锚。北门潭察闸院或者监钦湾监狱和碾房背后的锡帽山，距察闸院有长约 1 里的河卵石铺成的官道连接，上面修建哨棚和"烽火台"，平时日夜有人值班，有事则烧烟为信号，这是老司城外围具有重要控制和防御功能的军事工程。② 从监钦湾碾房逆灵溪河到河西城区最北端的"上河城"谢圃，中途仅在碧花庄对面"神仙打眼"的地方修建古栈道一座。除谢圃公署圈建椭圆形的宽 1.5 米、高 1.5 米的城墙、城区河

---

① 参见湖南省文物考古研究所、湘西土家族苗族自治州文物局、永顺县文物局编：《永顺老司城》（上册），131 页、132 页，（打印本），2012。

② 参见向盛福：《土司王朝》，93 页、103 页，呼和浩特，内蒙古人民出版社，2009。

卵石道路分隔成品字形建筑单元外，没有在沿线的其他地方发现另外的城墙。①

外罗城外的河东郊区，南起观音阁对岸的祖师殿，北至碧花庄。不过它们因为老司城外罗城城墙圈的阻隔，而致使其中间出现空间分割上的断层。其外罗城东门、南门外的南段为河东城区南郊，北门外的北段为河东城区北郊。在河东城区南郊，其南端为祖师殿和玉皇阁建筑组群。这里自西向东一字排开，还相对完好地保留着明代建筑祖师殿、皇经台、过亭和玉皇阁，其中，祖师殿为面阔5间和进深7间的重檐歇山顶木构建筑，皇经台为面阔三间、进深一间的三檐歇山顶木构建筑，玉皇阁为通高三层的木楼。在祖师殿和玉皇阁建筑组群周围没有发现城墙圈，不过，在距祖师殿东100米处的龙洞台地上，发现有面积约2000平方米的建筑遗址，据老司城考古推测可能为祖师殿建筑组群的原址。② 从祖师殿建筑组群到老司城外罗城南门和东门一线则为松柏古道，松柏古道的宽度仅占灵溪河对面的渔渡街的三分之一，'为灵溪河高岸极少铺设河卵石的河谷小道，中途还在古道里坎凹进部分修筑土地堂一座，并且修建有杨士庙。从松柏古道到外罗城城墙南段一线，其西有南门码头，③ 东则为河卵石官道连接的太平山麓的接官亭。从河东城区南郊进入河东城区北郊，从陆路须要穿过东门，经紫金街、内罗城南门口、半坡街、吴着祠和灵溪河拐角处的"二号钓鱼台"，来到有河卵石道路与内罗城宫殿区贯通的河东城区北郊的碧花庄。据老司城考古，"二号钓鱼台"位于内罗城宫殿区与碧花庄之间的灵溪河拐角处突出部分的河坎上，有100米长的河卵石铺就的道路与内罗城宫殿区相连，遗址木构建筑总面积为21平方米，建筑基座用山石和河卵石砌成，上面一度铺设地砖，其中的三面用油灰抹面，具有较好的军事瞭望功能。④ 从"二号钓鱼台"前行700米，即为碧花山。在碧花山的山腰修建有土司庄园碧花庄。碧花庄的城墙圈呈方形，城区面积约1万平方米，其中有一段用山石和河卵石砌成的用油灰勾缝抹面的残墙长约80米，墙体高近2米、厚0.6米。碧花庄遗址与西侧的灵溪河河滩之间，有宽约5米的河卵石道路相通，整个遗址南侧筑有大量砖石墓。⑤ 从碧花庄像谢圃公署一样建造城墙圈这一点观察，碧花庄应为土司行署之一，只是囿于方志、土司宦谱和族谱等文字史料的局限，不知是哪一个土司时代所建造的行

---

① 参见湖南省文物考古研究所、湘西土家族苗族自治州文物局、永顺县文物局编：《永顺老司城》（上册），142～143页，（打印本），2012；永顺县人民政府：《老司城遗址申报中国世界文化遗产预备名单文本》，103页，（打印本），2012。

② 即前述东门外码头。

③ 参见湖南省文物考古研究所、湘西土家族苗族自治州文物局、永顺县文物局编：《永顺老司城》（上册），142～143页，（打印本），2012；永顺县人民政府：《老司城遗址申报中国世界文化遗产预备名单文本》，140页，（打印本），2012。

④ 在方志中，碧花庄被称为桂花庄。可见，此处庄园原来桂花树很多。

⑤ 参见湖南省文物考古研究所、湘西土家族苗族自治州文物局、永顺县文物局编：《永顺老司城》（上册），142～143页，（打印本），2012；永顺县人民政府：《老司城遗址申报中国世界文化遗产预备名单文本》，142页，（打印本），2012。

署罢了。河东城区从碧花庄逆灵溪河而上，可达谢圃公署的河对岸，目前这段长约1000米距离内，中间没有发现明显的土司建筑遗址。

2. 老司城远郊遗址的形制

明朝时期是永顺土司的鼎盛时期，其势力范围东至施溶溪，南抵西水，西及洗车河，北临澧水。然而，这里所谓的老司城远郊遗址，是指分布于上自谢圃下至祖师殿的灵溪河河谷的近郊遗址之外，东至石堤镇、羊峰乡一线的城乡结合部，南至抚志乡、西米乡一线的牛路河流域，西至灵溪镇、连峒乡等猛峒河流域的猛峒别墅一带，北至颗砂乡、吊井岩乡等灵溪河上游的颗砂别墅和壶窝行署一带的区域。为了便于表述，笔者把老司城的远郊分别称之为东郊、南郊、西郊和北郊。

东郊是永顺土司的东大门。这里贴近流官区，是流官区的稻米流人永顺土司区的重要孔道，物质交流十分繁盛。正因为这个地方是一个相对敏感的地区，因而，永顺土司很少在这一带设置行署，而且流官在这里也建立了严密的军事防御体系。从老司城到石堤西、润街、永定卫大庸所的官道体系附近，属于永顺土司留下的遗址有新庄要塞、九官城、牌楼城、闾街采石场、闾街官衙、龙爪关和纸蓬关等；流官政府也在这一线设置了羊峰卫城、永定卫城和九溪卫城。据湘西土家族苗族州文物局、永顺县文物局对老司城遗址周边各类防御遗址的调查和吉首大学中国土司历史文化研究中心的田野考察，新庄要塞位于老司城背后太平山顶通往石堤西的官道旁，这里尽管土地平旷，但是老司城东郊出入城区的重要关卡；位于石堤西椰溪河上游的九官城，建有九官衙门；位于椰溪河下游的牌楼城，四周圈以城墙，城中建造条石垒砌的古井，城区地下出土花碧花庄的城墙圈呈方形，城区面积约1万平方米，其中有一段用山石和河卵石砌成的用油灰勾缝抹面的残墙长约80米，墙体高近2米、厚0.6米。碧花庄遗址与西侧的灵溪河河滩之间，有宽约5米的河卵石道路相通，整个遗址南侧筑有大量砖石墓。[①] 从碧花庄像谢圃公署一样建造城墙圈这一点观察，碧花庄应为土司行署之一，只是囿于方志、土司宦谱和族谱等文字史料的局限，不知是哪一个土司时代所建造的行署罢了。河东城区从碧花庄逆灵溪河而上，可达谢圃公署的河对岸，目前这段长约1000米距离内，中间没有发现明显的土司建筑遗址。

2. 老司城远郊遗址的形制

明朝时期是永顺土司的鼎盛时期，其势力范围东至施溶溪，南抵西水，西及洗车河，北临澧水。然而，这里所谓的老司城远郊遗址，是指分布于上自谢圃下至祖师殿的灵溪河河谷的近郊遗址之外，东至石堤镇、羊峰乡一线的城乡结合部，南至抚志乡、西米乡一线的牛路河流域，西至灵溪镇、连峒乡等猛峒河流域的猛峒别墅一带，北至

---

① 参见湖南省文物考古研究所、湘西土家族苗族自治州文物局、永顺县文物局编：《永顺老司城》（上册），142～143页，（打印本），2012；永顺县人民政府：《老司城遗址申报中国世界文化遗产预备名单文本》，142页，（打印本），2012。

颗砂乡、吊井岩乡等灵溪河上游的颗砂别墅和壶窝行署一带的区域。为了便于表述，笔者把老司城的远郊分别称之为东郊、南郊、西郊和北郊。

东郊是永顺土司的东大门。这里贴近流官区，是流官区的稻米流人永顺土司区的重要孔道，物质交流十分繁盛。正因为这个地方是一个相对敏感的地区，因而，永顺土司很少在这一带设置行署，而且流官在这里也建立了严密的军事防御体系。从老司城到石堤西、润衙、永定卫大庸所的官道体系附近，属于永顺土司留下的遗址有新庄要塞、九官城、牌楼城、闰衙采石场、闰衙官衙、龙爪关和纸蓬关等；流官政府也在这一线设置了羊峰卫城、永定卫城和九溪卫城。据湘西土家族苗族州文物局、永顺县文物局对老司城遗址周边各类防御遗址的调查和吉首大学中国土司历史文化研究中心的田野考察，新庄要塞位于老司城背后太平山顶通往石堤西的官道旁，这里尽管土地平旷，但是老司城东郊出入城区的重要关卡；位于石堤西椰溪河上游的九官城，建有九官衙门；位于椰溪河下游的牌楼城，四周圈以城墙，城中建造条石垒砌的古井，城区地下出土花砖建筑构件以及土司铜印、铜扣和铜饰，城门人口处是明代牌楼，牌楼连通河路、永镇桥与长条石古道，[①] 城址周边用青石条砌建的古墓之中出土大量的金器、银耳环以及宋元以来官窑与民窑瓷品等物品。闰衙采石场位于闰衙乡五官村尖山岩场，距老司城20公里，这里山腰的一石砌平台上面，残存大量的与老司城城区石质造型一致的石人、石马、石狮、石羊、石柱础以及墓棺石条等物，应为向老司城提供岩石建材及石制品的重要处所。闰衙采石场附近仍保留"五官坪"、"九官坪"等地名，它们是被老司城考古称为"闰衙官衙"的所在地，[②] 自此东进一点即为位于大庸温塘对岸的澧水河上的麻阳坪古码头。龙爪关和纸蓬关是老司城东郊的重要关隘，据（清乾隆）《永顺县志》记载："龙爪关，此下二条照《土司旧志》补入，距司治东二百里，在青天坪之前，与大庸所后坪杨林为界，前临五源河流，。……纸蓬关，在司治三百里，稻罗洞乞车地。"[③] 它表明两关介于羊峰卫和永定卫大庸所之间，与流官的两卫已成犬牙交错的态势。永顺土司"稻谷多仰永定卫、大庸所两处"，[④] 可能离不开这两关的前后盘查。除两关盘查之外，流官设置的羊峰卫和永定卫还对流官区与土司区交界处的军政秩序稳定发挥了重要作用，尤其是羊峰山[⑤]下的羊峰卫楔入老司城东郊的程度最深。与位于今永顺县石堤西镇羊峰村东门组的羊峰卫跟进呼应的，则为位于今张家界市永定区的永定卫，它又与位于今慈利县江垭镇的九溪卫形呈掎角之势，共同

---

① 永镇桥是一座三拱桥。三拱桥的一侧，建造永镇桥石碑。
② 参见湖南省文物考古研究所、湘西土家族苗族自治州文物工作队、永顺县文物局：《湘西永顺老司城考古发掘报告》。转引自《湖南考古2002》（上），325页，长沙，岳麓书社，2004。
③ （清·乾隆）《永顺县志》卷一，《地舆志·形胜》。
④ （清·乾隆）《永顺府志》卷十，《风俗》。
⑤ 据说土司时期，羊峰山上建有烽火台。

监视甚至阻止永顺土司向澧水流域的势力扩张。

顺灵溪河和牛路河而下，则是老司城的南郊。南郊是永顺土司的南大门，这一带距离西水河道很近，虽然灵溪河下游的牛路河河道不能通航，但它仍然是永顺土司军事防御的重点区域。所以这一区域，土司不建造行署，主要是节剞下面的一州四长官司。分布于老司城南郊的"一州"是指南渭州，"四长官司"是指驴迟峒长官司、惹腊峒长官司、田家峒长官司和麦着黄峒长官。南郊除这些州司治所之外，还有为数众多的城堡和关卡，它们通过老司城经上别些（上寨）、下别些（下寨）至抚志的河西官道以及老司城经龙潭城至羊峰和西米、王村（今芙蓉镇）的河东官道进行连接。这些州司治所和城堡关卡自上而下沿着顺灵溪河、牛路河的空间分布顺序为：一是别些塘。该塘位于今连洞乡别些村，这里属于自右注入老司城区的小河源头，距老司城城区3.5公里，被民间称为别些森林公园，有上别些（上寨）和下别些（下寨）之分。其中上别些松枣附近的山上修筑摆手堂和迁建地母庙，称为"庙堂枯"，该庙堂占地3亩，前后两个天井，后面天井的正殿内安放地母娘娘、王灵官菩萨和雄狮抱钟、大鼓各一，左侧偏殿供奉彭氏先祖灵位，前面天井为摆手堂。[1] 二是椰溪关。该关距老司城城区4公里，依山面水，山为九肇坡山，水为自左注入老司城城区以下之灵溪河的椰溪河。三是驴迟峒长官司治所。该治所位于牛路河边椰溪关与龙潭城之间的大龙洞村，坐落在红土坡宽大的平台上，遗址分布上有石狮等石雕件。四是龙潭城。该城位于老司城东南5公里的司城村雅松溪组，这是一座坐西朝东的城市，长260米，宽140米，面积3万余平方米，夯土筑成的城墙圈高2.8米、宽6.5米，墙外是筑墙取土留下的城壕，城区有岩石垒砌油灰抹面的建筑平台，其东南部为墓葬区。[2] 五是西那城堡。该城堡位于西米乡西米村（寨），现有公路通往王村芙蓉镇，城址依红土山丘而建，使用料石建造涵洞、城墙与古井。六是惹腊峒长官司治所。该治所位于与高坪乡相邻的保坪乡境内。七是克比城堡。克比城堡位于今芙蓉镇猛洞河与西水拐弯交汇处的克皮村，与河对岸的列夕古城遥相呼应，城区依红土山建造城墙，城墙圈使用料石筑造。八是芷州城堡。该城堡位于列夕乡芷州村，城区依山而建，使用料石构建多层建筑平台，其中一个平台上残存面阔九间、进深两间的悬山顶木构建筑一座，城区四周的城墙圈，建造于清朝雍正年间大规模"改土归流"之际，据碑文称，主要功用为防匪。九是南渭州治所。该治所位于西水北岸的柏场乡南渭村的董家坪"衙门坪"，城址因西水水位的抬升而没入水下，南渭州治所原有官道通往今列夕乡芷州村和卡坪村。卡坪村坐落于一山间小盆地之中，这里原为土知州旧署，现为南渭州末代土司彭凌高的后裔所居，还保存有通高一层面阔五间的木构房屋的石台基，以及"河山带砺"旧匾和彭凌高的

① 参见向盛福：《土司王朝》，156～158页，呼和浩特，内蒙古人民出版社，2009。
② 参见湖南省文物考古研究所、湘西土家族苗族自治州文物局、永顺县文物局编：《永顺老司城》（上册），149页，（打印本），2012。

墓葬。① 十是岩门冲哨卡。该哨卡位于南渭州治所附近，坐落于岩门冲山腰之上，具有检视过往芷州城堡与南渭州治所之间行人的功能。十一是田家峒长官司治所。该治所目前城址未能完全确定下来，大致位于酉水以南今古丈县断龙乡田家峒村、红石林镇先锋村和白果树村、岩头寨乡才狗寨村一带，需要老司城考古工作者的进一步比较确认。目前老司城考古持治所在断龙乡田家峒村的说法，说在这个地方找到了末代土司田荙臣的墓葬以及长官司署的旧址。但此前笔者几次深入该现场，发现末代土司田荙臣墓未必就是他们所指认的"田炮才"的墓葬，而且，被称之为"官屋场"的长官司署旧址上极少留下前朝的遗迹。十二是麦着黄峒长官司治所。该治所设于酉水以南今古丈县红石林镇列溪村。十三是九龙磴城堡。该城堡位于酉水河岸的一座山上，其对岸即为五代时期"溪州之战"的战场遗址。这里需要指出的是，如果将上述个案置于永顺宣慰司"三州六长官"之中进行比较就不难发现，有 56% 的州司治所和城堡哨卡集中分布于酉水南北两岸一线的老司城南郊。它表明老司城南郊，确实肩负着永顺土司经济文化交流和军事防御的重要使命。

西郊是永顺土司的西大门，它横跨灵溪河和猛洞河中上游的两大水系，自然环境优美。正因为此，从明朝早期开始，永顺土司致仕以后就在此地修建行署修身养性。老司城的西郊，经博射坪、螺丝湾、栗子坳大垭可达猛洞河边上的猛洞坪（西衙步），然后逆猛洞河而上而至浦口、勺哈，② 再翻越山岭进入今龙山境内洗车河支流的西歧、靛房，之后通过洗车河连通洗车以及酉水一线的隆头、比耳、里耶、华塘坝和介于洗车河与酉水之间的洛塔。在博射坪、螺丝湾、栗子坳大垭以及猛洞河边上猛洞坪（西衙步）一线的官道上，永顺土司构筑了金鱼塘要塞、马儿山烽火台和猛峒河别墅（又称猛峒别墅）。在洗车河流域和酉水主干以及介于洗车河和酉水之间的今龙山县境内，永顺土司建造了洛塔吴作厅城堡以及上溪州、白岩洞长官司的治所。这一线的以西和以南基本为湘鄂渝土司的腹心地区，已经没有了中央王朝设置的卫所。要说有崇山卫城一说，那是分布于永顺土司西南边境以外的十里苗地，位于永顺土司邻司保靖宣慰司境内，今花垣县吉卫镇镇政府所在地。具体到这些要塞、烽火台、别墅、治所和卫所的形制，它与老司城东郊"诸卫连珠"式的纵深态势有别。其一是金鱼塘要塞。该要塞坐落于从永顺县城前往老司城第一段爬坡公路的灵溪镇高峰村山顶上，山上有塘名金鱼塘，其水源来自用红岩券顶的上有 5 个方孔的圆口古井。③ 其二是马儿山烽火

---

① 参见湖南省文物考古研究所、湘西土家族苗族自治州文物工作队、永顺县文物局：《湘西永顺老司城考古发掘报告》。转引自《湖南考古 2002》（上），325 页，长沙，岳麓书社，2004。

② 据（清·乾隆）《永顺县志》卷一，《沿革》载："勺哈在县西，离城二十里，为龙山要道。河流中演，人户夹岸而居。林树青葱，楠木棚术多产其内（今已搜尽）。"

③ 参见湖南省文物考古研究所、湘西土家族苗族自治州文物局、永顺县文物局编：《永顺老司城》（上册），148 页，（打印本），2012。

台。该烽火台位于灵溪镇高峰村，为金鱼塘要塞旁边山体的向上突兀部分，具有监视老司城区域和猛洞坪区域军事异动的功能。其三是猛峒河别墅。如前所述，该别墅位于永顺县城城东猛洞坪的西衙步，即今湘西土家族苗族自治州第二民族中学及其前身永顺民族师范学校的校园内，可惜遗址难觅。它是明朝早期的永顺土司在猛洞河流域建造较早的行署，担负着抚慰永顺土司西部领地一州一司的重任。其四是上溪州治所。该治所位于华塘坝之今龙山县三元乡一带，一说位于洗车河流域，一说位于今洛塔乡老寨村，但很难定位其具体遗址。其五是洛塔吴作厅城堡。该城堡位于龙山县洛塔乡老寨村的吴作厅，建造于一个四面为青白绝壁的面积为 2458 亩的山顶上，相传为五代时期吴着冲困没处，有 6 条石砌的宽仅容身的小道可供上下，上山口修筑岩墙与峭壁相连，上开一小门进入城堡区。山顶有响水洞以及深不可测的深水天坑，其城堡区有帅旗堡、吴王堡等山堡，曾出土大铁釜、红铜香炉座和两件铜质狗造型。山顶的帅旗堡为石砌的圆形城堡，城墙圈直径为 100 余米，墙体厚达 1 米。吴王堡位于山顶西北边缘，由 3 个相连的山堡构成，连绵 100 余米，墙体高 10 多米。红铜香炉座和两件铜质狗造型反映了城堡梯玛的宗教生活，城堡择址及建筑造型反映城内居民的军事生活，这从总体上表明了这是一个重视宗教祭祀和军事防御的封闭性城堡。[①] 其六是白岩洞长官司治所。该治所位于今龙山县兴隆街乡烟棚村四组名叫"白岩洞"的地方，坐落在"哈塘堡"小山与一条小河溪之间长 100 余米、宽 60 米左右的坪场之上，地势开阔，农田较多。坪场四周构筑厚 80 厘米的城墙圈，城区有旧墙基和青石板地面，石板运自 30 公里外的扒湖，其中的主体建筑的台基上残存高大的石柱础，其正前方的城墙墙体上开设一个大门，门前有逐级而上的石级台阶，在城墙以外还有 7 座修筑考究的石拱桥和与之相连的卵石道路。[②] 其七是崇山卫城。该卫城有新卫城和老卫城之说，均位于今花垣县吉卫镇，它们属于明清时期军事文化系列。本来，崇山卫与永顺老司城没有直接关联，但作为云贵高原与两湖平原之交卫所城镇的代表，为了把它与老司城东郊的羊峰卫进行比较，故而添列其中。在新老两个卫城之中，老卫城位于花垣县吉卫镇的夜郎坪，其形制：一外有人工挖造的城壕，高达 10 米的土筑城墙，周长 4 公里，平面呈椭圆形，开东西南北和北小门等五个城门，城内划分兵营、衙署区、居民区和墓葬区。新卫城位于吉卫西北郊的吉多坪，高达 4 米的大青石城墙用石灰糯米拌桐油勾缝，城周 1600 米，设东西南和北大门、北小门 5 个城门，每门设城楼 1 座，城内设卡房 6 间。[③] 由于老司城的西郊距离永顺土司分出的另一房土司——保靖土司不远，而且

①　参见湖南省文物考古研究所、湘西土家族苗族自治州文物工作队、永顺县文物局：《湘西永顺老司城考古发掘报告》。转引自《湖南考古 2002》（上），326 页，长沙，岳麓书社，2004。

②　参见湖南省文物考古研究所、湘西土家族苗族自治州文物工作队、永顺县文物局：《湘西永顺老司城考古发掘报告》。转引自《湖南考古 2002》（上），326 页、327 页，长沙，岳麓书社，2004。

③　见成臻铭：《酉水文化的形态与生成机制》，载《怀化学院学报》，2008（4）。

两个土司之间的关系自保靖土司设置以来一直都比较紧张，因而老司城西郊的别墅只好建造于距老司城直线距离仅 10 公里的猛洞坪。不仅如此，永顺土司还在老司城城区与猛洞坪别墅之间筑造要塞和烽火台进行预警与呼应。

北郊是永顺土司的北大门，主要分布于灵溪河的上游地区，有自老司城北去的官道连通谢圃、吊井岩、颗砂、塔卧和万坪，西经万坪附近的盐井进入今龙山的洗车河流域，东经吊井岩附近的麻岔和石堤西进入永顺卫大庸所。这里距离柿溪宣抚司分化出来的上、下峒长官司以及桑植宣慰司很近，不仅自然环境优美，而且水质乃至动植物资源方面均占据优势。加之永顺土司一直以来与上述土司之间保持着睦邻友好关系，所以永顺致仕土司视这一带为修身养性的理想之地，建造行署相对较多。分布于这一带的土司行署除上述近郊的谢圃公署外，还有壶窝行署与颗砂别墅。不仅如此，在谢圃公署、壶窝行署和颗砂别墅三角地带的官道附近还建造了响塘要塞、谢家坡要塞与飞雅阁烽火台。这些要塞、烽火台和行署的空间分布和形制如下：其一，响塘要塞。该要塞位于谢圃背后的一个山包上，周边为空旷的山谷。其二，谢家坡要塞。该要塞位于响塘附近的哲树村。其三，飞雅阁烽火台。该烽火台位于壶窝行署附近。其四，壶窝行署。该行署位于灵溪河上游的吊井乡，又称钓井衙。这里的城区及其附近分布有钓鱼台、长宽各 5 米的方形官井、地下通道、青石砌建的三拱桥、土司衙署、寺庙、河卵石道路、储粮用的岩壁庄、石门槛、石柱、石槽、青石砌成的水井、山麓雕像等组成的花园门和花园坑、土司果园禁果庄、牧牛庄园牛魔庄、石叠庄摆手堂。① 其五，颗砂别墅。如前所言，该行署位于今颗砂乡颗砂村，城区有小河穿过，分布有前街、颗砂别墅（老屋场）础石、后街、土司鱼塘、鹅池、九龙桥、鸭池、热洞、凉洞、蟠桃庵山门、人面狮身像、金壶井、琵琶井等遗迹。可见，灵溪河上游的北郊是除老司城河东城区之外的土司行署和相关防御和预警设施最为集中的区域，从其遗址分布现状来观察，它既有老司城河东城区的传统建筑元素，又注入了诸如桥梁等新的建筑内容，进而显示了人类在特定区域与自然和谐互动过程中形成的风土建筑文化的多元多样性。

总体而言，老司城的形制表现出了多种形态。相对于整个永顺土司区，其本身的形制亦即内罗城和外罗城的形制为环状或者环形放射状的空间形态，外围城市的形制即近郊形制和远郊形制为带状、网格状和星状空间形态。这是一种比较典型的集中式的城市空间形态。放在老司城的山形水系等特定自然环境中进行微观观察，这种城市体态又是比较特别的星座式城市组团，城区布局相对分散。其在灵溪河谷中的具体表现：一是沿山坡等高线形成台阶式群组，使城市空间形态呈现为星座式；二是沿着河谷里流淌的灵溪河，它形成了线形的城区组团。这是一种包括网格状、环形放射状、

---

① 见刘纯玺、刘善福：《土家族故都老司城》，135~150 页，香港，天马出版社，2005。

星状、带状、环状在内的集中式与包括组团式、星座式、城镇组群式在内的分散式有机结合的城市空间形态，反映了人与自然合一并且兼顾政治军事控制和经济文化交流的城市建设智慧。

三、老司城的城市性质与功能

老司城的规模与形制决定了老司城的性质，这里所谓城市性质与功能是指历经几个世纪发展的城市到底已成为该区域的什么中心。老司城作为永顺宣慰司区持续几百年的统治中心这是不容置疑的，关键是这个统治中心具有什么功能，即到底是相对单一的政治中心、军事中心、经济中心、文化中心抑或是四者兼而有之，这就需要进一步探讨。笔者认为，老司城首先是永顺宣慰司的一个军事中心和政治中心，其次才是一个由军事中心和政治中心展拓出来的经济中心和文化中心。老司城作为永顺土司区四大中心的这些事实，在老司城的城市建设中均有明显地反映。

（一）军事与政治的中心

说老司城是永顺宣慰司军事与政治的中心，第一，必须从河东城区内罗城和外罗城之中，第二，从四大行署以及三州六长官司治所之中，第三，从城堡、要塞、关卡、哨卡和烽火台之中，以及三者之间的关联之中，找寻答案。

在河东城区，内罗城城墙圈和外罗城城墙圈是比较醒目的建筑。内罗城是永顺土司的军事与政治指挥中枢，其高达6米、厚达1.2米的"一方一圆"的坚固的城墙圈内，由宫殿区和衙署区两部分组成，具有极为明显的官用功能。宫殿区是土司之家的居所，里面分布大量的瓷器碎片和被土司之家消费之后留下的20余种动物骨头。衙署区是土司及其自署职官的办公和接待场所，里面布点有土司拍板断案的大堂，密谋管区军政大事的筹边堂和接待宾客的迎宾馆等，统称为"钦命都督府"。主要属于保坎建造的高达12米、厚0.5米左右的外罗城城墙圈，较之于内罗城城墙圈总体上显得单薄，但它能将土民和一般的客民阻隔于城区之外，显出城内居民与城外居民身份的不同。内罗城城区地上"三横五纵"的某些地段还标示着"中轴线"的共8条河卵石街道以及与街道相连的9条小巷构成的交通网，地下9条坚固的排水通道构成的排水网，分别通过外罗城的五大城门和筑造在外罗城城体上坚固的地下通道和出水口，与城外灵溪河岸的水陆交通网连通和阻隔开来。不仅如此，而且还采取不建造跨河大桥和仅靠"码头"和"钓鱼台"与河西城区联系的保守办法予以强化，从而使城区各建筑组群的居民具有安全感。在外罗城之外渔渡街一线的老司城河西城区，土司不仅在渔渡街与灵溪河之间设置练兵的校场，在喻家堡要塞驻兵盘查，而且在马坊口圈养马匹，在查闹院驻扎的500名"存城五营"兵士通过院后面山上的哨棚和烽火台监视全城。在老司城河东城区后面的太平山脊，土司，设置新庄要塞检查通往老司城城区官道上的行人。

在老司城的近郊和远郊，永顺土司政府通过四大行署以及三州六长官司，将政令和军事号令发布到 58 旗和 380 峒。在通往它们治所的官道上，土司政府设置了大量的城堡、要塞、关卡、哨卡和烽火台。据（清乾隆）《永顺县志》记载，清朝雍正大规模"改土归流"后很长一段时间，永顺县在原有的土司旧址上仍然设置塘汛。这些塘汛主要有 45 个，它们是永宁塘、金鱼潭塘、别些坡塘、虎视坪塘、勺哈塘、旁湖塘、牛栏溪塘、小井塘、树坪塘、捧夕岭塘、夹树坪塘、惹毛塘、喇集溪塘、王村汛（水汛）、风滩汛（水汛）、博古坡塘、倚窝坪塘、小龙村塘、一碗水塘、田家峒塘、王家炯塘、南渭州塘（水塘）、茅坪塘、水井塘、施溶溪塘（水塘）、桑木滩塘（水塘）、旦武营汛、土蛮塘汛、新寨塘、洗溪塘、山枣溪塘、龙鼎嘴塘、榔溪旧司治汛、洗坝湖汛、岩门塘、颗砂塘、杉木村塘、万民岗塘、西喇塘、李家坪塘、细砂坝塘、贮库坪塘、贺虎塘、龙爪关塘、麻阳坪塘。[①] 尽管这些塘汛不一定是土司时期的城堡、要塞、关卡、哨卡和烽火台名称，但它有助于回归到彭氏土司时期把握当时军事防御的分布格局。另据前述第一章第五节龙京沙等为首的老司城考古专家初步考察，在除老司城河东城区和河西城区之外的今永顺、古丈、保靖、龙山四县总面积 4080 平方公里的范围内，永顺土司建城 6 座，城堡 9 座，要塞 6 处，关卡 17 处，哨卡 11 处，烽火台 9 处，官署 12 座，古村落 29 个，古道 28 条，古渡口、码头 7 个，桥梁 12 座，墓地 103 处。[②] 这些城堡、要塞、关卡、哨卡和烽火台与四大行署以及三州六长官司互为表里，甚至是融为一体。如前述东郊羊峰卫城后面的羊峰山上建造了羊峰山烽火台，西郊距猛峒河别墅不远的官道上不仅构筑金鱼塘要塞，而且设置马儿山烽火台，北郊谢圃后面的官道上建造响塘要塞和谢家坡要塞，壶窝行署附近修建飞雅阁烽火台。

可见，就像老司城河东城区和河西城区附近的街道或者水陆官道上有要塞，附近的山顶或者山脊有哨棚和烽火台一样，老司城的近郊和远郊确切地说是四大行署以及三州六长官司附近，也有类似建造。它通过要塞、关卡、哨卡盘查行人发现异常情况，并通过烽火台迅速传递情况异常的信息，便于老司城内罗城的土司衙署迅速作出决策，并且及时向境内的四大行署、三州六长官司、五十八旗、三百八十峒发布政令和军事号令。值得注意的是，老司城城区附近、壶窝行署附近和猛峒河别墅附近分别密集着能够互为呼应的锡帽山（麦利威山）烽火台、飞雅阁烽火台和马儿山烽火台，它说明这里土司居住的老司城城区和致仕土司居住的四大行署是永顺土司区极其敏感的预警区域。城墙建造、内部封闭性分区和预警防范体系的种种迹象表明，老司城是一座具有军事防御性的城堡，是位于中国地势第二级阶梯脊线上的中南和西南山地的军事城

---

① （清·乾隆）《永顺县志》卷一，《沿革·汛防》。
② 见湘西土家族苗族自治州文物局、永顺县文物局：《永顺老司城遗址周边各类防御遗址调查》，2012。

堡，是充分体现军事防御性能的空间典范之作。彭氏土司政府凭借这座防御性极强的军事城堡，对整个土司区发号施令和对土民实行超强度统治，在内罗城中的休闲娱乐区域纵情享受着政治剥夺带来的物质成果，并且在没有多少后顾之忧的情况下率领能征善战的土兵南征北战，坚决抵御敢于入侵的外来之敌。

（二）经济与文化的中心

老司城位于永顺土司区的东北部，而永顺土司区东至澧水中游和西水下游分别与永定卫大庸所和辰州府沅陵县为邻，南跨西水，西南隔西水与保靖宣慰司为邻，西至西水上游与西阳宣慰司和散毛宣抚司为邻，北临澧水中上游与柿溪宣抚司（上峒司和下峒司）、桑植宣慰司和茅岗安抚司为邻，包括今湘西土家族苗族自治州的永顺县、龙山县和古丈县。在这样的区位条件下，说老司城是永顺宣慰司的经济与文化中心，应主要从老司城河东城区的外罗城、河西城区的渔渡街以及东郊、南郊和西郊方面进行观察。

在老司城河东城区外罗城，如前所言，城内的堂坊堡巷连接河街与正街，五铜巷连接五屯街。这些街巷集中着主要为宫殿区和衙署区服务的永顺宣慰司的官营手工业作坊和商业店铺，属于官营工商业中心。外罗城之外的河西城区，是老司城城市进一步发展之后根据土司城市服务需要而自然延伸的部分，这里的民营手工业和商业极为发达。长 500 米、宽 3.3 米的渔渡街连接秦姓巷，是原龙潭城秦氏专属的"鱼市一条街"，原名"桐油枯"，为土司时代的油码头和粮食、蔬菜的供应市场。与渔渡街连接的狮子口巷附近，菜园坪是陶氏世代为内罗城种植和供应蔬菜的地方。渔渡街、"察闹院"至谢圃一线，分布有监钦湾碾房和铁匠铺等手工业作坊，其加工的成品除供应内罗城外，还在"察闹院"颁照允许下在渔渡街出售。从永定卫大庸所经麻阳坪码头、润衙、龙爪关、石堤西等老司城东部远郊运来的澧水流域的稻谷，通过东门外的南门码头运抵渔渡街。西水流域的河鲜甚至是更远地方的贝类等海鲜，经南郊的两条官道和西郊的官道运抵老司城渔渡街。这样就使老司城通过商业贸易的手段沟通了西水流域和澧水流域物质资源，进而将云贵高原与两湖平原之交的湖广和四川两大行省的农副产品汇集于此，成为商贾云集的"巍巍乎五溪之巨镇，郁郁乎百里之边城"，[①]变成永顺土司区名副其实的经济中心。

彭氏土司最初比较重视宗教文化建设，他们在内罗城和外罗城内外先后兴建了大量的宗教文化建筑物。具体而言，在内罗城内兴建的是彭氏宗祠；在外罗城内，紫金街兴建的是紫金山墓葬群，外罗城南门兴建的是关帝庙与文昌阁，半坡街兴建的是吴着祠；在外罗城外，东门外近郊兴建的是祖师殿（崇圣殿）、玉皇阁（玉极殿）、水府

---

① （民国）《永顺县志》卷七，《建置》，参见萧卓夫：《溪州土司名胜拾萃》，112 页，北京，民族出版社，1997。

阁、观音阁、社令坛等建筑群，北门码头和小西门码头对岸的河西城区兴建的是稷神坛、八部大神庙、福民庙（五谷庙）等建筑群。① 从明朝中期开始，老司城的文化教育设施建设开始得到土司的重视。为了避免远距离西去酉阳宣慰司学和南去辰州府学就学的麻烦，第二十六代宣慰使彭元锦在老司城河东城区的外罗城修建了若云书院，延聘先生教授被文献史料称为土舍、族舍的土司及官族子弟。若云书院位于紫金街的雅草巷，这里通往书院的河卵石道路两旁，沿途建造"世守湖广永顺等处军民宣慰使司宣慰彭公德政碑"、"子孙永享"牌坊等牌坊、功德碑和德政碑建筑物，并且对书院附近的紫金山墓葬群、城隍庙（祠）、关帝庙和文昌阁分别圈建围墙，设门落锁进行隔离，以此来规范土舍与族舍能学与不能学的行为，对他们实施家族政治文化教育上的潜移默化。老司城河东城区和河西城区密集如此众多的宗教文化建筑物和家族政治文化建筑物，这是永顺土司区四大行署、三州六长官司治所以及城堡、要塞、关卡和哨卡无法比拟的，它表明老司城是永顺土司区的文化中心。

总之，老司城作为"五溪之巨镇，百里之边城"，保持了河东城区周长约为2072米、城区面积约为4.44万平方米、城区街道"三横五纵"和"城内三千户，城外八百家"即常住人口为1.9万人的规模，形成了河东城区以城墙"圈层结构"的形式设防，河西城区和四大行署、三州六长官司、五十八旗、三百八十峒以自成"分散单元"的形式设防的形制。它是位于云贵高原与两湖平原之交的方圆百里的由云贵高原及其延伸开来的山地与河谷地区的最大城市，在永顺土司区具有军事中心、政治中心、经济中心和文化中心的性质。

第四节　老司城的风景园林建设

土司时期，彭氏土司对土司政府和土司之家管属区的动植物有不许轻取的规定。据方志记载，"龙山，深林密箐，往日皆土官围场，一草一木不许轻取"。② 正因为此，所以才有前述各种各样的颁发执照的管理行为。类似管理同样会运用于老司城地区，这样就使老司城的风景园林建设别具一格，与众不同。笔者对土司时期永顺土司区的风景园林资料进行了较为全面的检索，发现明朝时期以及"改土归流"完成初期能够真正反映老司城以及其下的四大行署、三州六长官司、五十八旗和三百八十峒风景园林场景的文字史料，就只有（清乾隆）《永顺县志》卷四《艺文志》所载的灵溪十景、

---

① 参见（明·正德）《永顺宣慰司志》卷之二，《祠庙》。
② （明·乾隆）《永顺县志》卷十六，《艺文志》。

颗砂八景和永顺八景。之所以如此，是因为这三个地方曾作为整个永顺土司区的治所暂时地或长期地存在过。尽管"灵溪十景"、"颗砂八景"和"永顺八景"并未刻意反映老司城的风景园林建设过程，但它对于我们回归老司城、壶窝别墅、颗砂别墅和猛洞河别墅等代表性居所的风景园林状况仍有帮助。

一、"灵溪十景"中的风景园林

灵溪十景按上述方志的编录顺序，先后为福石乔木、雅意甘泉、绣屏拱座、玉笋参天、石桥仙渡、翠窟晴岚、羊峰毓秀、龙洞钟灵、椰溪夜月和铜柱秋风，其作者分别为周惠畴、唐寅、周惠畴、张明、顾清、许宽、谭玉衡、安佑、周惠畴、周惠畴，有名有姓，其作品是根据土司旧志补人的。他们均生活于明朝时期，绝大部分为彭氏土司政府的流官，只有个别的像唐寅这样的文士才是老司城的游历者。他们具有唯美主义审美情趣和眼光，将我们带到了当时真实的老司城的风景园林场景之中。

周惠畴《福石乔木》诗："长松矫矫柏森森，交翠亭前匝地荫；一径莓苔青印展，四围风露冷沾襟。摘花送酒春长在，对鹤吟诗暑不侵；乘兴登临吟眺处，数声啼鸟昼沉沉。"[①] 在笔者看来，这是在说外罗城东门外近郊的松柏古道，路上建有"交翠亭"，而"交翠亭"凉风习习，鹤鸟鸣飞，是暑天把酒吟诗的好去处。

唐寅《雅意甘泉》诗："天外浮云即渺茫，山间流水玉辉光；干寻白练悬崖落，一道银河到海长。和月掬来还有影，带花汲去岂无香；随流好人华阳洞，莫向天台问阮郎。"这里是写老司城泽汲湖的洞泉。泽汲湖坐落于凤凰山右侧之太平山半山腰的一个山洞里，其洞泉源源不断地从山洞流出，形同"干寻白练"从太平山的悬崖上落下。看来唐伯虎怀着怀才不遇、心灰意冷的心情来到老司城的时候，不仅在东门外的茅亭（接官亭）品尝到了枧引过来的泽汲湖清亮香甜的洞泉，而且还亲眼看到了当时洞泉的源头，并对之进行生动描述。他所说的"带花汲"、"华阳洞"和"天台"，很可能说的是老司城凤凰山右侧之太平山的泽汲湖以及灵溪河祖师殿以下的龙洞和银板仙人山。

周惠畴《绣屏拱座》诗："堆青叠翠万千重，秀拔庐山五老峰；海上屏开金孔雀，屋西帘卷玉芙蓉。竹间月转筛花影，松径苔深印鹤踪；明说仙都风景异，何由宿地一相从。"绣屏山位于老司城的正西，被民间称为照壁山或笔架山，它是禾作山界的有机组成部分。在诗人的眼里，其秀色堪比庐山的五老峰。这里还似乎透露出另外的信息，即老司城被称为"仙都"，常有成群的白鹤飞翔于有树荫与青苔的灵溪河谷之中，而老司城内的房屋其西侧门窗均使用"卷帘"。

张明《玉笋参天》诗："谁植琅玕在太空，岿然屹立倚崆峒；铁锥倒卓撑银汉，冰

---

① 见（清·乾隆）《永顺县志》卷四，《艺文志·诗歌》，以下各诗均同此注。

柱移来插玉峰。贞固肯教风雨坏,侵凌不许薛苔封;圣朝久托为梁栋,万古擎天永赖功。"玉笋参天即前述之参天玉笋山,它位于老司城正北,即飞霞山或者飞雅角,上面设有烽火台,与彭宗舜建造的壶窝别署交相辉映。作者在这里只是借参天玉笋山的超然挺拔,来歌颂永顺土司为明朝立下的不朽奇功。

顾清《石桥仙渡》诗:"云根一片落前洲,曾是仙人玉斧修;绝岸巧通芳径去,细波长共远山浮。苔文想象空飞鸟,树影参差蟄驾舟;闻道石栏容点笔,凌风我欲试清游。""石桥仙渡"指的是自生桥。自生桥位于灵溪河上游的钓矶岩与老司城遗址之间,上距钓矶岩7公里,下距老司城遗址11.5公里,它横跨灵溪河东西两岸。灵溪河水流出自生桥后,水流平缓,可以行舟。诗人描写了自生桥的天然形势,同时也提及了该河段使用的"舟",即老司城灵溪河目前仍在使用的柳叶舟。

许宽《翠窟晴岚》诗:"苍碧崖前展幕轻,初看略约渐分明;映霞不作朝云态,曛日微含暮霭晴。浓着薜萝青欲滴,浅笼峰嶂翠堪倾;虽然亦是山川气,难会灵氛变化清。""翠窟晴岚"即上述所言之晴岚翠窟山,具体就是指锡帽山(麦利威山)。该山位于老司城北门和桂花庄(碧花庄)的灵溪河对岸,上面建有哨棚和烽火台,在老司城内罗城看得最为清晰。锡帽山在诗人生活的明代,林木茂盛,其"苍碧崖"以翠绿的生态环境和晴天一日之内水气不断变化而名扬永顺土司区内外。

谭玉衡《羊峰毓秀》诗:"垒垒东来拥翠峦,一峰羊肖此中蟠;左慈漫向人间化,苏武偏宜雪里看。风动双尖疑触角,云归六合若为栏;无端淑气钟邦彦,宝藏斯兴尽等闲。""羊峰毓秀"指的是羊峰山。羊峰山位于老司城东部远郊,它向北延伸至澧水,向南延伸至酉水,主峰最高海拔为1437.9米,是永顺县境最高的山。诗人主要是结合历史典故描写羊峰山形似羊头的空间美景。

安佑《龙洞钟灵》诗:"百尺潜蛟石眼深,峥嵘势抵奏泉琴;巨灵似有凌云象,雄抱宁无泽物心。幻说共猜羊兔迹,活源谁识古今音;何当载酒寻游遍,断送诗情仔细吟。""龙洞钟灵"是指龙洞钟灵瀑布,上距老司城遗址2.5公里,下距榔溪河1.5公里。这是一个溶洞,整个灵溪河水穿过溶洞泻出,形声并茂,给人以"凌云象"和"奏泉琴"之感。这样的地方在作者眼中,可不是载酒赋诗的地方。

周惠畴《榔溪夜月》诗:"溪流中里碧溶溶,荇自青青蓼自红;花伴鸥眠沙渚上,云移山人酒杯中。一声长笛风生浦,数着残棋月满空;半点风尘飞不到,赏心人在水晶宫。"榔溪位于羊峰山至龙潭城之间,它从左侧注入灵溪河下游,最后一齐汇入牛路河。这里写明月照碧水场景下的饮酒、吹长笛和下棋的清闲生活。

周惠畴《铜柱秋风》诗:"黄金铸就几千年,胜迹曾闻父老传;眼底千峰皆委地,掌中一柱独擎天。影横西海龙惊蛰,光照南山鹤不眠;碧草白沙相对晚,凉飙两袖袭诗仙。"这里写的铜柱是指溪州铜柱,溪州铜柱传说系用近似黄金的九火铜铸成,它在明朝的时期仍竖立于酉水河谷的铜柱溪边。"一柱擎天"的溪州铜柱在酉水河谷秋天里，在青草和酉水河滩白沙的衬托下显得格外耀眼夺目。

上述人之所以对"绣屏拱座"、"玉参天"和"羊峰毓秀"观察得那么仔细，是因为得益于他们对风水以及火台的经常关注。在人的笔下，老司城这个地方有别样的山形水色，到处是茂林修竹和流泉飞瀑。这里鹤舞灵溪，还荡漾着轻舟，有飞雅角和羊峰山的火，有松柏古道四通八达的古道，有挂着"卷帘"的土司宫殿和土司衙署，有溪州铜柱。交翠亭、茅亭、壶窝别署、若云书院、桂花庄、祖师殿等建筑物在这样的美景中，是既可以饮酒赋诗又可以吹笛下棋的好去处，其乐也融融。老司城与周围的山形水系交相辉映，构成了颇富地域特色的绚丽景观，同时因老司城风景园林构造而为老司城赢得了"仙都"的美誉。

二、"颗砂八景"里的田园风光

颗砂因明朝嘉靖年间致仕宣慰使彭世麒建造颗砂别墅和清朝雍正"改土归流"期间末代土司彭肇槐将之改作"新司城"而著称于世，并进入文人墨客的视野，受到地方官书的重视。"颗砂八景"按照清朝乾隆年间编纂的《永顺县志》的编排顺序，先后为奇峰听声、清野流云、北岭樵歌、东江渔火、竹桥吟晚、松坞綦声、平川雾月、老圃寒香。土司旧志将当时文人墨客题吟八景的诗歌加以收录，使之流传下来。当时题吟八景的诗人，题吟第一、第五、第七景的为王相，题吟第二、第三景的未著作者姓名，题吟第四、第八景的为胡应先，题吟第六景的为潘棠。具体内容如下：

王相《奇峰听声》诗："群峰厌尽此峰高，白丈飞泉百画号；云净满川铺素练，春深万水着青袍。清风千古增雄峙，明月无穷占世豪；潦倒何时一登眈，结庐还可吟离骚。"这里的奇峰是指颗砂别墅一带的绿树掩映的最高峰，每到春天月明的晚上，山上涌出瀑布，声音随风送来，让人在"结庐"而居的土司"世豪"体会到了别样人生。

佚名《清野流云》诗："丰乐亭前禾黍香，登临白画细生凉；高低竹石浮青绿，远近山峦拥翠苍；花坞春深情自适，渔歌日暮醉成狂；溪山元是安邦手，移得蓬莱到此方。"这里的"清野"是指颗砂别墅一带的原野。颗砂别墅的"丰乐亭"，位于山环水抱有花有草的"坞"（小山包）之上，亭前为暮春的禾黍和竹林，周围是翠绿的山峦，颗砂河日暮的渔歌令人陶醉，可以与"蓬莱"仙景比美。

佚名《北岭樵歌》诗："万木森森石迳赊，背崖茅屋两三家；丁丁伐木声相应，呖呖歌云听转嘉。涧外野猿啼古树，天边孤鹰伴残霞；负薪多少南村叟，唱和归来日已斜。"北岭是颗砂别墅正北的山岭，岭背后两三家茅草屋是"南村叟"中途休息的地方。他们虽然起早贪黑为土司行署打柴，但却有唱有和，生活得十分快乐，溪边森林里丁丁伐木声、野猿啼叫声与呖呖难以听懂的伐木者歌声与天边晚霞里的"孤鹰"交织，展现出一派淳朴迷人的田园风光。

　　胡应先《东江渔火》诗："凭栏俯瞰大江东，最爱溪边晚钓翁；饵钓残馋教登叶，藤蓑便不换三公。吴鲈出跃风涛静，楚竹燃烧蜡炬红；我亦有钩斩太直，不知亦可恋鱼丛。"这里的"东江"是指颗砂别墅东边的颗砂河，它有"九曲黄河"之称。每当夜晚，站在行署的转角楼上可以看到许多喜爱夜钓的"晚钓翁"头戴藤笠，身披蓑衣，打着竹火把在东江河上悬饵垂钓，令人称羡。

　　王相《竹桥吟眺》诗："万茵赏当护小桥，偶来登眺兴飘飘；泉香一派流寒玉，山色无端展翠绡。倚栏顿令消俗虑，书空衔不羡时豪；沉吟几度归来晚，戌鼓声中月正高。"这里的"竹桥"是指横跨颗砂河的竹索吊桥，今已不存。该桥架设于翠绿山峦之间，桥下的河水很冷，两旁设有栏索，诗人经常来竹桥吟诗，沉醉于山色之中，忘记自己的身份，甚至听到钟鼓楼戌时（19：00—21：00）的鼓声、看到晚上的月亮才知道自己回来晚了。

　　潘棠《松坞綦声》诗："芙蓉削翠乱峰围，拔地虬龙晚落晖；宏景坐忘风满耳，谢安对局草侵衣。细听剔啄寻三径，笈看纵横任一机；明月下林宜摆手，前溪恐误鹤来归。"这是写颗砂别墅周围山包上拔地凌空的松林里的风景，这里是白鹤歇息的场所，其林间小道中有可供下棋对局、跳摆手的场地。

　　王相《平川霁月》诗："渺渺秋空一片水，寒泉流出自澄澄；亭虚箓碧光涵润，句好流觞与转腾。郁竹覆栏清露重，山松匝涧翠云层。何时把酒频相过，净洗尘襟坐月明。"这里的"平川"是指颗砂别墅所在地的山间盆地。诗人发现秋日里颗砂河的山泉水十分清澈，他们坐在竹林旁边的有护栏的亭子里，即使到夜晚月明升起来了仍诗兴正浓，饮酒赋诗。

　　胡应先《老圃寒香》诗："老圃天成景最奇，苍崖壁立映天池；灵根自得神仙种，皓色其如水玉姿。踪影晴香浑莫敌，玉堂茅舍总相宜；独怜冷落时光里，惟有逋仙是故知。""老圃"可能指的是颗砂别墅的土司鱼塘、鹅池和鸭池等。周边山色倒映在荷花游鱼的池中，与别署"玉堂"和周边的茅舍交相映衬，显得别有一番情趣。

　　基于以上解读，在这些诗中，诗人从不同的视角记录了颗砂别墅的山间盆地，周边山岭的挺拔森林，流泉飞瀑，伐木负薪的"南村叟"，记录了天空中飞翔的"孤鹰"，林中歇息的白鹤和啼叫的野猿，记录了被称为"江"的颗砂河及其日暮的渔歌，喜爱夜钓的"晚钓翁"，跨河的竹索吊桥，记录了"世豪"、"时豪"之家的"玉堂"，以及前有禾黍和竹林的"丰乐亭"，颗砂别墅里的钟鼓楼，还有土民的茅舍或者两三家茅草屋。它使我们看到，致仕土司及其宾客就是在这样的堪与"蓬莱"仙境比美的园林景致中下棋对局，跳摆手，饮酒赋诗，过着与世无争的逍遥自在的田园生活。

三、"永顺八景"里的园林建设

　　"永顺八景"是指永顺府城和永顺县城所在地的"八景"。永顺府县城所在地最初称为猛洞坪，明朝早期的致仕宣慰使彭显英在猛洞坪的"西衙步"营建了猛洞别墅，它是到目前为止发现的永顺土司区有明确史料记载的第一个土司别墅。该土司别墅的存在，使这一带风景园林的观察就变得必要。如前文所言，雍正七年（1729）永顺土司"改土归流"后，新设的永顺府县衙门在颗砂别墅"同城"办公，主持和处理老司城的拆迁和猛洞坪的永顺府县衙门营建工作。之后经过五年的努力，到雍正十一年（1733），一座府县新城在猛洞坪建成，府县衙门才从颗砂别墅迁往新址。当时永顺县首任知县、云南河阳人李瑾，以组诗形式生动地概括了当时的"永顺八景"。① 这永顺八景按方志的编排顺序，先后为玉屏焕彩、文蜂拥秀、榜岫云晴、福岭霞蒸、龙洞朝云、双溪夜月、河港温泉和桥连新市。兹以李瑾的八首诗为视点解读猛洞河别墅的风景园林。

《玉屏焕彩》诗："北峰千叠似鸾停，谁向峰头列玉屏；日丽瑶光间岫翠，雪晴素霭漾天清。五门城郭云中现，万姓讴歌域外听；共庆皇仁开远微，竞挥彩笔纪山灵。"玉屏焕彩指玉屏山，位于猛洞城北。

《文蜂拥秀》诗："新辟高城倚北极，仰看玉笋拥南离；云晴翠岫萦青霭，雨霁连峰挂紫霓。笔势欲凌星汉表，奎章应照凤凰池；地灵有待钟人杰，蔚起文明应在兹。"文蜂拥秀即文笔峰，位于猛洞城南。

《榜岫云晴》诗："笔立西山势若屯，俨如蕊榜挂天门；宵分雾锁峰微见，晨霁云晴翠可扪。石上疑存蝌蚪字，岗头恍见虎龙痕；从兹辟地开文运，锁院题名上帝阍。"榜岫云晴指榜岫山，位于猛洞城西。

《福岭霞蒸》诗："东向巍然福禄山，苍龙腾跃复回环；凌晨霞涌浮银幌，镇日曦月拥翠环。紫气葱茏青汉外，晴光罨霭绿杨湾；夕阳岭下人歌咏，乐国新开任往还。"福岭霞蒸即福禄山，位于猛洞城东。它与老司城之太平山下的三星山仅差一字，很可能指的是老司城的福禄寿三星山。

《龙洞朝云》诗："飞霞山半洞玲珑，洞里何年住老龙；朝吐寸云飘上界，刻施甘雨洒诸峰。雷声过处烟千缕，彩虹飞来翠几重；若得为霖敷下土，九州歌咏遍三农。"龙洞即飞霞山半山腰的龙洞。飞霞山又名飞牙阁，位于今吊井岩乡壶窝别墅附近，上面曾建有烽火台。

《双溪夜月》诗："东西郭外夹溪流，二水溶溶泻碧湫；一派波光摇素练，几重蟾影荡银球。雪翻石屿群鸥静，翠涤烟林古木秋；夜静浮槎吹铁笛，芦花岸似凤麟洲。"双溪位于猛洞城以上的猛洞河段。

《河港温泉》诗："双水溶溶注北河，欣看河港沸温波；谁将玉鼎烧灵宕，常泻金

---

① "永顺八景"在（清·乾隆）《永顺县志》卷四《艺文志》中主要有三批人描写，其中"改土归流"后第一任永顺知县李瑾（1729—1734 年在任）的一组诗作最具代表性。

桨煮石萝。域外华清尘迹少，江间雪乳妙香多；几回浴罢临流坐，把酒呼朋共放歌。"河港温泉是指不二门温泉，位于猛洞城以下的猛洞河段。

《桥连新市》诗："江流叠叠注城东，连筑桥梁曳彩虹；亭榭参差烟雨外，市廛掩映水波中。叟童歌咏千村集，商贾嬉游百货通；忽忆辂车来猛峒，荒田野水望迷朦。"桥连新市是指猛洞城东的双桥，这里开辟有商品交易市场。

彭氏土司时期的猛洞河别墅，是连接老司城与猛洞河流域、龙山洗车河流域的重要中转站。正因为此，这里的集市贸易相对发达。

总之，老司城与颗砂别墅、猛洞河别墅之间在风景园林建设方面具有主次关系，三处除猛洞河别墅及其周边描述相对粗略之外均描述详尽。明朝时期的老司城和颗砂别墅，山形水色各有千秋，其共同点是到处有茂林修竹和流泉飞瀑，白鹤、鹰在这些地方广为分布，某些人迹罕至之地还分布有野猿。灵溪河及其上游支流的青山绿水间，有轻舟，有日暮时分的渔歌，有夜钓的"晚钓翁"，有竹索吊桥。山水之间分布着大量的凉亭，如交翠亭、茅亭、"丰乐亭"等。这些凉亭与城区的钟鼓楼、挂着"卷帘"的宫殿和衙署以及"世豪"、"时豪"之家的"玉堂"相匹配，并与周边土民的茅舍形成鲜明对比，成为土司之家和文人墨客饮酒赋诗、吹笛下棋、跳摆手的理想活动场所。自然山水与人文景观的完美结合，为老司城及其周边的行署赢得了"仙都"的美誉，使文人墨客触景生情，甚至将行署的美景与"蓬莱"仙境联想到了一起。四通八达的官道将一个个自然与人文景观串联起来，形成一幅幅令人流连忘返的自然与人文画卷，具有明显的审美价值。

第五节　老司城与国内外土司城市建设的比较

老司城的城市建设面貌得到初步揭示之后，我们不仅看到了一个真实的老司城，而且也看到了人类在特定山形水系之下的城市建设智慧。然而，老司城在国内外土司城市建设中到底具有什么特点和居于何种地位，这还需要从与国内其他土司城市和国外土司城市的比较中才能得出。在本节中，笔者先试图考察国内外土司城市分布概况，然后以此为基础讨论老司城与国内外土司城市建设的比较问题。

一、国内外土司城市分布概况

这里主要区分国内和国外两部分，分别进行检索。

（一）国内土司城市残存现状

　　元明清时期是我国土司存在的主要历史时期。据龚荫先生的最新统计，今四川、云南、贵州、广西、广东、湖南、湖北、甘肃、青海、西藏、内蒙古、黑龙江、吉林、辽宁等 14 个省区广泛分布着羁縻卫所、卫所、土弁、土屯、宣慰司、宣抚司、安抚司、招讨司、长官司、土府、土州、土县、巡检司、盐课司以及未人流的土司共 110 种 3108 家。① 从龚先生所开列的行政区划来看，国内土司主要分布于我国的中、西部地区。笔者曾对这些地方的土司治所也即土司城市进行考察，发现尽管历经明朝、清朝和民国时期"改土归流"和新中国成立后"民主改革"的政治中心的转移，目前仍有遗址残存。

　　它们之中包括甘肃省的鲁土司衙门（今兰州市永登县连城镇），四川省的沙骂宣抚司利利土目衙署（今凉山州昭觉县大坝乡科且村）、卓克基长官司官寨（今马尔康县卓克基乡西索村）、明正长河西鱼通宁远宣慰司城（今甘孜州康定县）、穆坪董卜韩胡宣慰司城（今雅安市宝兴县），重庆市的石柱宣慰司城（今石柱县），贵州省的播州宣慰司海龙囤城堡（今遵义市汇川区高坪镇海龙囤村）、大屯土司庄园（今毕节市东北 100 公里的大屯乡），云南省的丽江土府城（今丽江市）、左所土千户衙门（今丽江市宁蒗自治县）、叶枝土司衙署（今迪庆自治州维西县叶枝乡叶枝村）、兰州土州内城（今怒江自治州兰坪自治县金顶镇）、兔峨土司衙署（今怒江自治州兰坪县城兔峨街）、六库土司衙署（今怒江自治州泸水县六库乡老六库村）、阿朵土千户衙门（今昭通市巧家县小河乡拖车村）、阿朵土千户衙署（今昭通市巧家县小河乡拖车村）、嶍峨土县衙署（今玉溪市峨山自治县城西土官村）、新兴土州衙署（今玉溪市内）、陇西世族庄园（今玉溪市新平自治县戛洒镇耀南村）、潞江安抚司衙署（今保山市坝湾乡新城农场）、南甸宣抚衙署（今德宏自治州梁河县城关）、芒市安抚司署（今德宏州潞西市）、纳楼茶甸副长官司署（今红河自治州建水县坡头乡回头村）、瓦渣长官司署（今红河州红河县甲寅乡甲寅村）、猛弄土寨衙署（今红河州元阳县攀枝花乡）、安南长官衙署（今红河州蒙自县老寨乡老寨村）、广南府土同知衙署（今文山州广南县县城北街）、阿用土驿丞衙署（今文山自治州广南县杨柳井乡阿用街）、景东军民府城（今普洱市景东县城关镇）、孟连长官司署（今普洱市孟连自治县）、车里宣慰司城（今西双版纳自治州景洪市），广西壮族自治区的南丹土州署（今河池市南丹县城关镇）、那地土州署（今河池市南丹县吾隘镇）、都阳土巡检司衙署（今河池市大化自治县都阳镇镇政府大院内）、忻城土县莫土司衙署（今来宾市忻城县县城中和街）、往甸驿上驿丞岑氏土司庄园（今百色市西林县那劳乡那劳村），湖南省的桑植宣慰司老司城（今张家界市桑植县沙塔坪乡官屋场）、桑植宣慰司旧司城（今桑值县两河口乡旧村）、桑植宣慰司新司城（今桑植县新街乡）、柿溪宣抚司城（今张家界市桑植县廖家村乡）、上峒长官司署（今桑值

①　参见龚荫：《中国土司制度史》（下编 2），1133 页，成都，四川人民出版社，2012。

县上峒街乡）、茅岗安抚司城（今张家界市永定区西南部）、慈利安抚司城（今张家界市慈利县境内），湖北省的唐崖宣慰司城（今恩施自治州咸丰县尖山乡唐崖司村）、容美宣慰司爵府（今恩施州鹤峰县容美镇屏山村二组）、容美宣慰司平山城（今恩施州鹤峰县新庄乡坪山村）。

这些土司城主要分布于云贵高原、青藏高原、阿拉善高原、蒙古高原腹心地区及其周边地区，这里处于云贵高原向两湖平原、珠江三角洲，云贵高原和青高原向四川盆地，处于阿善高原向吐鲁番盆地、天山山脉向哈密盆地过渡带，它包括怒江、澜沧江、金沙江、雅江、大渡河、岷江流经的横断山区，沅水、澧水、乌江及清江流经的武陵山区，红水河、左右江流经的苗岭山区等地。在高原，高原之间，形成几条极为重要的汉文化—少数民族文化互动频繁的民走廊地带。除此之外，我国南方某些多山的岛屿如台湾岛和海南岛也有土司分布，只是司城遗址已湮没无闻。[①]

我国各类土司的司城分布，进一步印证了前述第一章第一节对老司城择址福石郡的看法和第二章第一节对老司城择址福石山的看法，进而可以看出我国土司分布的基本特点：一是远离王朝国家的统治中心，二是分布于高原及其延伸开来的山地与河谷地区以及与这些大陆相邻的岛屿，三是基本适应人类长期分散定居生活。这一基本特点，为我们立足世界和人类观察类似地域的类似政治营建活动打开了视野。

（二）国外土司城市分布状况

在远离王朝国家的统治中心、分布于高原及其延伸开来的山地与河谷地区以及与这些大陆相邻的岛屿和基本适应人类长期分散定居生活的土司政治营建活动的视野之下反观世界五大洲，笔者发现，位于亚洲的青藏高原和云贵高原南部延伸地带的包括中南半岛在内的各国、帕米尔高原国家、伊朗高原国家、德干高原国家和阿拉伯高原国家之中，位于欧洲的中西伯利亚高原国家之中，位于非洲的主要是分布于撒哈拉大沙漠和苏丹草原以南的阿哈加尔高原国家、贾多高原国家、[②] 约鲁巴高原国家、上几内亚高原国家、科尔多瓦高原国家、阿赞德高原国家、埃塞俄比亚高原国家、下几内亚高原国家、隆达高原国家、加丹加高原国家、东非高原国家和南亚高原国家之中，位于美洲的科迪勒拉山系国家，还有北美洲的拉布拉多高原国家以及南美洲的圭亚那高原国家、巴西高原国家、巴拉那高原国家和巴塔哥尼亚高原国家之中，位于大洋洲的西部高原国家之中，还有分布于海洋边缘地带的与上述高原国家相邻的一些多山岛屿国家之中，历史上极有可能具有类似于中国土司城市或者说类似于老司城的政治营建行为。这些地方有些是明朝早期（1368—1505）郑和七次下西洋（1405—1430）一度

---

① 以上参见成臻铭：《清代土司研究——一种政治文化的历史人类学观察》，28～44 页、45 页、46～135 页、136 页、137～227 页，北京，中国社会科学出版社，2008。

② 非洲以上两个高原国家，分布于撒哈拉大沙漠地区。

路过并留下故事的地方。① 当然，这一基于中国土司及其城分布规律的结论，尚需要多视角地全面收集全球各高原、山地、岛屿和河谷政治实体的文字史料、实物史料和口传史料信息，并根据类土司政治实体的特点仔细地分析和排查这些信息的过程中进行艰苦的证实，从而获得科学的结论。鉴于一个世纪以来我国对国外类土司史料缺乏查考的现状，笔者仅以邻近我国的东南亚、南亚和北美洲为例进行初步观察。

东南亚是第二次世界大战以后才出现的一个新的政治地理名称，它包括"半岛国家"和"海岛国家"两部分。所谓"半岛国家"，是指分布于中南半岛的越南、老挝、柬埔寨、泰国和缅甸等五个国家。中南半岛的总面积为206.5万平方公里，位于中国南部，南亚次大陆东部，西临印度洋的孟加拉湾和安达曼海，东临太平洋的南海，南止马六甲海峡。这里多山地和高原，北部为掸邦高原，南部为众多山脉和河谷，地势北高南低，河川主要是从我国青藏高原与云贵高原向南延伸过来的。在中南半岛的土司之中，越南岱依族土司分布于今越南老街省，② 老挝是由我国明朝永乐年间设置的老挝军民宣慰使司（土司城在琅勃拉邦省的琅勃拉邦市）转化而来的，泰国北部的兰那王国（土司城在今泰国清迈府）就是我国明朝设置的八百大甸军民宣慰司，③ 缅甸的掸族土司、克钦族土司和钦族土司分布于缅甸北部以掸邦高原为主的高原、山地和河谷地区。④ 所谓"海岛国家"，则是指分布于马来群岛的马来西亚、新加坡、印度尼西

---

① 郑和下西洋，前后七次，到达的地方有占城国（今越南的中南部）、爪哇国（今印度尼西亚爪哇岛）、三佛齐国（今印度尼西亚的苏门答腊岛巨港）、苏门答腊国（今印度尼西亚苏门答腊岛北部洛克肖马韦）、暹罗国（今泰国）、满刺加国（今马来西亚马六甲）、锡兰山国（今称斯里兰卡）、古里国（今印度半岛西南部喀拉拉邦的科泽科德）、柯枝国（今印度西南部的柯钦）、忽鲁谟斯国（今伊朗东南米纳布）、阿丹国（今也门共和国亚丁）和木骨都束国（今索马里共和国首都摩加迪沙）。参见《郑和下西洋所涉及中外地名解释》，临沂大学资源与环境研究院，网址：http://zy-hj. lyu. edu. cn/s/80/t/427/49/e0/inf018912. htm。

② 岱族土司或岱依族土司在越南称为"况"、"枕"、"广"，是王公的意思；土司与土民的关系称为"郎采"，即领主与农奴的关系。19世纪后期越南沦为法国殖民地后，一些商人购买土司的土地，攫取地方权力，转化为"土豪"，成为新的土司集团，如老街省北河一带的黄氏土司即属此类。参见蓝韶昱：《中国壮族与越南岱族土司制度比较》，见曾艳主编：《土司文化探究——全国土司文化研讨会论文集》，283页、284页、286页、292页，北京，中央民族大学出版社，2010。

③ 兰那王国在我国明朝史料中，称为"八百媳妇国"，它属于泰族土司。参见田禾、周方冶编著：《泰国》，82页、83页，北京，社会科学文献出版社，2005。

④ 掸邦高原因"掸邦"而名，这里的掸族土司（有类于中国傣族土司）由中国明朝的孟养军民宣慰司（今缅甸掸邦孟养特区）、木邦军民宣慰司（今缅甸掸邦兴威特区）、孟定土府（今缅甸掸邦景栋特区）和缅甸军民宣慰司（今缅甸曼德勒省）转化而来。需要说明的是，那些分布于以掸邦高原为中心的缅甸北部高原、山地的掸族土司、克钦族土司和钦族土司在缅甸近现代政治社会里，仍然十分活跃（参见祝湘锋：《山区少数民族与现代缅甸联邦的建立》，21页、39～42页、50～55页、61～65页、97～101页、105～117页、120～121页、124～127页、137～152页、160页，北京，世界图书出版公司，2010）。还要说明的是，这些中南半岛的土司在明朝时期最早的云南通志《景泰云南图经志书》卷6《外夷衙门》之中被划入"外夷"区，与"直隶"区有别，参见陆轫、彭洪俊：《论明朝西南边疆的军管羁縻政区》，见云南师范大学、景东县人民政府：《第二届土司制度与边疆社会国际学术研讨会》（论文集），285～287页，2012年9月。

亚、文莱、菲律宾等五个国家。马来群岛的土司是明朝永乐年间设于世界第六大岛、今印度尼西亚第二大岛苏门答腊岛的旧港宣慰司（土司城在今印度尼西亚南苏门答腊特区的首府巨港）。①

南亚介于东南亚与西亚之间，东有孟加拉湾，南有印度洋，西有阿拉伯海，北有喜马拉雅山脉，是一个相对独立的地理单元，被称为"南亚次大陆"。南亚共有巴基斯坦、印度、尼泊尔、不丹、孟加拉国、斯里兰卡、马尔代夫等 7 个国家和克什米尔 1 个地区，其中印度、巴基斯坦、尼泊尔、不丹和克什米尔地区与中国相邻。南亚土司其实就是指英属印度土司，它是 1885 年第三次缅甸战争发生之后，英国于次年把缅甸地区划为英属印度一个省并设置"边区"进行直接统治的结果。其中的掸邦被分割为几个边区，独立于缅甸本部之外仍实行持续地土司统治。1897 年的中英《续议缅甸条约》，不仅承认了这种分割现状，而且还把与我国云南临沧、保山两地区接壤的果敢县划归英属印度木邦土司管辖。1900 年，掸邦始种罂粟，十年以后遍及境内的包括今果敢、佤邦、莱莫地区在内的萨尔温江两岸的中缅边境地区。第二战世界大战结束后，1946 年果敢脱离英属印度木邦土司，成为直属缅甸的果敢土司（司城先后设于今缅甸掸邦的枭敢特区的老街、新街），时称掸邦第一特区。

在与美国高校的交流中，美国学者曾论及美国印第安人社会存在类似中国的土司政治现象。之后，笔者对美洲印第安人社会资料进行检索。在检索中，笔者发现恩格斯有专书根据摩尔根的研究成果，讨论印第安易洛魁人的氏族、胞族、部落和"永世联盟"问题。恩格斯所讨论的是印第安人前国家时期的社会组织结构。四级社会组织里面的"议事会"，发挥很大的民主议事的功能，它可以在部落全体成员参与的情况下推选和撤换在氏族、胞族和部落内部可以世袭的酋长（平时的首脑）和首领（军事领袖）而无须国家政权的介入。② 这一情形与中国云南车里宣慰司议事庭的做法十分相似，只是车里宣慰司议事庭的议事结果最后要经过宣慰使的批准才能实施，也就是说车里宣慰司议事庭有代表王朝国家的土司政府的介入。③ 这可能是印第安易洛魁人的"议事会"与车里宣慰司的议事庭之间的最大不同。

基于以上观察可以发现，国外土司城主要分布于以掸邦高原为中心的中南半岛国家，马来群岛国家仅有个别土司城分布，英属印度土司只是历史时期的英国殖民当局将缅甸掸邦地区并入之后才临时出现的。除这些地方的土司城之外，亚洲其他区域的土司现象及相关城市以及美洲、非洲、欧洲、大洋洲的土司现象及相关城市尚需艰苦识别。

---

① 首任旧港宣慰使为施进卿。
② 恩格斯：《家庭私有制和国家的起源》，见《马克思恩格斯选集》（第四卷），80～94 页、154～175 页，北京，人民出版社，1972。
③ 参见曹成章：《傣族农奴制和宗教婚姻》，147～148 页，北京，中国社会科学出版社，1986。

二、老司城与国内外土司城市建设的比较

永顺老司城遗址在中外土司城遗址中，无论是选址、建筑布局方面还是规模形制、风景园林方面，都具有自己与众不同的特点。

（一）选址比较

在高原及其延伸出来山岳、河谷地带，依山选址和傍水选点不仅是国内土司城择址的共同点，也是国外土司城择址的共同点。

然而老司城最初择址于与世隔绝的由云贵高原延伸开来的福石山和灵溪河谷，却受到了多种因素的支配。当然，它主要是受到五代时期因建造宗教建筑祖师殿而熟悉老司城一带的自然和社会经济文化的环境，觉得这里属于那种远离地方统治中心的好去处等因素的影响。与此同时，老司城一带在溪州彭氏刺史自身政治、军事和农业经济条件十分薄弱的情况下，恰好又能符合风水卜选、宗法礼制和建筑美学的传统建筑文化要求。正因为此，溪州彭氏刺史就在各种因素的作用之下择址福石山建造老司城。它应为与最初世居于此的原住民或地方势力择址建城不同的地方，大致属于那种熟悉地域实情、符合我国传统营建规范和保存自身实力的择址典范。

（二）建筑布局比较

国内外古代城市建设无外乎三个脉络：一是根据军事布局需要由军事中心逐步发展起来，二是根据政治控制的需要由政治中心逐步发展起来，三是在原有繁荣的工商业基础上由经济中心逐步发展起来。三个脉络反映了古代城市建设的起点。其中，以强大军事力量为后盾的军事中心城市，除军事功能体现方面的设计具有隐秘性外，其建造可以堂而皇之地为之；以全国实力或地方实力为后盾的政治中心城市，其城市从规划设计到大规模建造均有一个公开而张扬的过程；以经济发展为背景的经济中心城市建造仅注重实用，其总体规划布局缺乏军事和政治中心城市的气势。

与一般意义的国内外古代城市建设不同，国内外土司城的建造由于实际上远离王朝国家的军事中心、政治中心和经济中心，因而，其建设的脉络是混同交错的，更多地具有地方风土特质。如西北鲁土司衙门更多地具有北方京师建筑的布局建造风格，西南的卓克基土司官寨更多地具有康巴碉楼的布局建造特色，大屯土司庄园更多地具有近代地主庄园式的精致布局与造型风格，播州海龙囤和容美平山土司城更多地具有雄浑的依山据险的军事堡垒性质的布局建造风格，广西忻城土司衙门更多地具有边远地区经济实力薄弱的官署衙门的布局建造风格，车里宣慰司景洪土司城更多地具有清新而大气的傣族民居的布局建造风格，等等。与上述处于土司上升时期的土司城建造有别，永顺老司城的建筑布局似乎从一开始就显得与众不同。如第一章第一节所言，老司城第一座建筑祖师殿始建于五代十国时期，正式的城市建设开始于北宋和南宋之

交。那时正处于溪州彭氏刺史势力在溪州之战中受挫之后名义上走上高度自治发展道路，然而处处又受到辰州府政治军事和经济多重钳制时期，所以建造老司城属于不得已为之的营建行为，它带有比较明显的走向一个与世隔绝的地域环境之中，远离地方统治中心，摆脱钳制、"暗度陈仓"和秘密建造的色彩。

正因为老司城属于溪州刺史和后来的永顺彭氏土司诸多治所中不得已秘密建造的唯一一个治所，所以它在城市建设的隐秘和防范方面做尽了工作：他们最初在仓促迁来前，建造了与当地的风土建筑可能没有什么两样的宫殿，之后随着政治事务的增多而建造衙署，并尽可能地使它连同宫殿一起极尽精致与纯粹之能事，然后是圈建内罗城和外罗城城墙，并将原有排水系统和街道进行加固和整修，让与宫殿与衙署相关的人员及其家庭世代定居于城内，自给自足地供水，逐步形成我们今天所能看到的老司城河东城区的建筑布局，再之后，随着永顺土司政治、经济、军事、文化事业的发展，服务于老司城的城市建设事业只好向河西城区延伸与展拓，使得这里出现了一系列完整的配套性服务设施。这样一来，用高大的城墙及处罗城城门口的船码头组成的封闭式的河东城区，与不设围墙的仅接受渡船往来的开放式的河西城区就形成了巨大的反差。这种内外有别的老司城城区布局，其实就是为了防范外敌偷袭以及保障河东城区居民生命和财产的安全。

所以，隐秘与防范体现了永顺老司城的建筑布局特点。为了在最初军事力量不足和经济能力有限的情况下实现它的隐秘性目标，它可以做到让外人站在太平山顶发现不了山下河谷之中有一座巨大的土司城市，而且它的城市建设材料和物质并不是舍近求远自外地运来，而是就地取材利用河谷的山石、河卵石和周边的木料进行建造。当然也要看到，老司城的封闭并非是绝对的。它为了打破与世隔绝的局限，尽可能开通四通八达的官道与周边流官政府和土司政府进行经济文化交流。总之，老司城的建筑布局在国内外土司城建设中别具一格，它主要是在隐秘与防范、畅通与阻隔和外形粗犷与内在精致方面将中国地方传统风土建筑风格发展并完善到了极致，属于彰显人类营建智慧的典范之作。

（三）规模与形制比较

国内外的土司城根据土司类型的不同，① 在规模、形制等方面存在着很大差异。

对此，笔者曾做过初步统计，发现抚慰型土司城—政务型土司城、羁縻卫所土司

---

① 我国历史上的土司可以划分为七种类型。自宋代至清代，土司类型的数目处于不断增长之中：宋代出现抚慰型土司和政务型土司，元代新出现僧官型土司，明代新出现羁縻卫所型土司，清代在传统土司转型的基础上新产生札萨克型、土弁型和土屯型土司。从民国时期开始到中华人民共和国成立后的 50 年代中后期，土司类型的数目则处于不断消减之中：民国时期，残存的政务型、羁縻卫所型土司消失；中华人民共和国成立后的 50 年代中后期，残存的抚慰型、僧官型、札萨克型、土弁型和土屯型土司等五类土司消失。这七种土司类型在国外通常出现两种，即抚慰型土司和政务型土司。参见成臻铭：《清代土司研究——一种政治文化的历史人类学观察》，13～14 页，北京，中国社会科学出版社，2008。

城和土弁型土司城的城区面积，大小并不完全一致。这当然与建城时段的长短和土司的品级有关，同时也表明在远离王朝国家统治中心的地带土司城建设不受规制约束。主要土司城类型的面积规模如下：一是抚慰型土司城。唐崖宣慰司城 2900 亩，永顺老司城 2500 亩，车里宣慰司曼听公园 577 亩，施南宣慰司城 7.5 亩；忠建宣抚司衙署 2.5 亩，孟连宣抚衙署 62 亩，南甸宣抚衙署 53 亩；龙潭安抚司（散毛宣抚司之属司）城东西长 400 米、南北宽 300 米，面积 600 亩；东乡五路安抚司（施南宣慰司属司）城长 500 米、宽 200 米，面积 500 亩；忠峒安抚司（忠建宣慰司属司）城长 200 米、宽 100 米，面积 100 亩；纳楼土司衙署（副长官司）14.8 亩；大屯土司庄园 25 亩。二是政务型土司城。丽江木氏土知府署 190 亩左右，广南府土同知侬氏土司衙署 55 亩，忻城土县署 1945 亩，峨山县禄土县署 1.75 亩，兔峨土司（兰州土知州土舍）衙署 4.5 亩，猛弄土寨衙门 40 亩。三是羁縻卫所土司城。连城鲁土司衙署 67.5 亩，麦崩土千户衙门 10 亩，六库土司衙署 17.5 亩，叶枝土把总衙署 50 余亩。四是土弁型土司城。陇西世族庄园（又称哀牢土司府）4.2 亩。①

上述这些主要分布于我国"西南土司带"的土司城，其面积规模的数据随着土司考古学的逐步介入，处于不断地更新与完善之中。据最近两年的统计，抚慰型土司城的规模与形制：云南梁河（南甸）宣抚司署的城区面积为 10625 平方米，孟连宣抚司署城区面积为 12848 平方米；② 湖南永顺宣慰司老司城遗址总面积为 25 平方千米，核心城区面积为 25 万平方米；贵州海龙屯外城的料石城墙圈周长为 5000 余米，城外东西两侧依山就势用料石分别修筑铜柱、铁柱、飞虎、飞龙、飞凤、朝天、万安、西关和后关等 9 关；养马城城墙圈周长为 6000 余米，残墙高 3～6 米，城区分内城与外城两个部分，总面积约 2 平方公里，城外依山势筑造有张家城门、东门、小东门、西门、月儿城门、田家湾城门等 6 座石关隘；杨粲墓占地面积为 64 平方米；湖北唐崖宣慰司城东西长 1200 余米、南北宽 600 余米，城区分外城、内城和宫城三重，呈"三街十八巷三十六院落"分布格局，总面积约为 75 万平方米；容美宣慰司爵府城面积约为 50 万平方米，其中院落有三进，长约 60 米、宽 20 余米，整个遗址分布范围达 44 平方公里。③ 前后两组数据资料，为我们进一步深入观察老司城打下了基础。

老司城遗址总面积为 25 平方千米，核心城区面积为 25 万平方米。它既包括了老司城本身，又包括了老司城近郊和老司城远郊在内的老司城外围城市。如前所言，老司城本身即老司城城区被灵溪河一分为二，分为河东城区和河西城区两部分，其中河东城区为老司城的主城区，圈建了内罗城和外罗城两重城墙，整个宫殿区像一块巨大的

---

① 参见成臻铭：《清代土司研究——一种政治文化的历史人类学观察》，142～143 页，北京，中国社会科学出版社，2008。
② 参见杨帆、万扬、胡长城编著：《云南考古（1979—2009）》，355 页，昆明，云南人民出版社，2010。
③ 参见曾维秀：《〈中华人民共和国申报世界文化遗产〉预备名单提交表格》，2012 年 12 月 22 日。

河卵石奇石，呈由北而南的顺序斜放在衙署区这'座略呈长方形的厚实的托座上，形成内罗城依山就势的"一方一圆"城墙圈景观形制，而外罗城城墙圈又像一只巨大的自北而南卧放的半桶雨靴，将整座凤凰山和将军山的山体圈建其中，介于两山之间的雅草坪就位于太平山系之福禄寿三星山前面的北高南低的凤凰山和将军山之间。这种形制之下的老司城河东城区，其内罗城的周长为716.7米，城区面积为18107.8平方米，外罗城的周长为2072米，城区面积为26304.4平方米，内罗城与外罗城两组城区面积数据相加，则河东城区的面积约为4.44万平方米。这一数据再加上河东城区之外近郊的面积数据，如在太平山与灵溪河之间南北延伸的东郊、北郊和南郊的面积数据，以及以渔渡街为中心的河西城区及其沿灵溪河的南北延伸部分的面积数据，就构成了老司城遗址总面积为25万平方米的数据。核心城区面积再加上老司城远郊的四大行署、三州六长官司、五十八旗和三百八十峒的遗址面积数据，最后得出了老司城遗址总面积为25平方千米的数据。从老司城的这一组最新数据可以看出，老司城的面积规模远远超出了"西南土司带"上各类土司城的规模。话说回来，将老司城与贵州海龙屯、湖北唐崖宣慰司城和容美宣慰司爵府城作一整体比较，就会发现，它城墙圈的周长比不过贵州海龙屯外城，面积和三重城区比不过唐崖宣慰司，面积和遗址分布范围比不过容美宣慰司爵府城。

尽管如此，老司城城市建设仍具有自身超出所有土司城的特点，那就是在模数制的建筑体系之中突出了"精巧"二字：其一，在内罗城，城墙大量使用河卵石结合部分山石进行胶结，中间还用一段类以城墙城区一分为二，每一个排水系统的出口均胶结造在内罗城和外罗城的城墙墙体之中，外罗城之外的河东城区不对外架设桥梁，仅靠收放码头上的渡船保持与河西城区的沟通。这就是使城内的安全程度和坚固程度不亚于料石围建的海龙屯。其二，内罗城从天井到排水系统，外罗城从"八街九巷"到城外的某些地段的官道，均大量使用色彩和大小相近的河卵石镶嵌甚至是胶结，形成各种图案，某些地段用"中轴线"进行强化。这种精巧程度，是仅有"三街十八巷三十六院落"的唐崖宣慰司城和大量使料石的海龙屯难以比拟的，在国内外土司城建设史上极有可能是唯一的。在这讲究精巧的城市建设氛围里，内罗城和外罗城的常住居民为"三千户"约1.5万人，外罗城外的河西城区及河东、河西的近郊居民为"八百家"约4000人。如前所言，这应为河东城区和河西城区及其近郊的常住人口，未包括每到年关时节从老司城远郊涌入老司城两大城区的流动人群。①

_____

① 我国南方土司有每三年一次向中央朝廷朝贡的惯例。永顺宣慰司每到这一年的年关时节，均以土司政府的名义在老司城河西城区喻家堡摆手坪一带举行有三州六长官司五十八旗三百八十峒各村寨参与的盛大的唱摆手歌跳摆手舞庆祝活动。这一场景，被清朝同治年间贡生彭施铎的《福石城》诗记录了下来。诗中写道："福石城中锦作窝，土王宫畔水生波，红灯万盏人千叠，一片缠绵摆手歌。"参见彭勃主编：《溪州古诗选录》，3页，1989年11月铅印本。本处根据永顺县和平乡退休文化干部彭秀磐私人收藏的彭施铎的书稿，对"红灯万点人千叠"的"点"字，作了校正。

（四）风景园林比较

园林是人类加工创造出来的宜居自然环境，它比较强调地域风土建筑与山形水系的和谐搭配。国内外土司城及其近郊、远郊的园林建造，似乎自觉不自觉地遵守了这一规则。这样一来，大凡新老司城所在地就有了反映当地自然与人文景观的所谓的"八景"、"十景"和"十二景"之说。其景观描述，既有山形水色又隐含人们在风土建筑内外进行赋闲活动的内容。前述"灵溪十景"、"颗砂八景"和"永顺八景"如是，国内外土司城及其周边行署也是如此。就国内土司城而言，位于祁连山、大通河、黄土高原沟壑区之间的鲁土司衙门，就有被清末贡生杜其昌吟赞的"石屏叠翠"、"东岭斜辉"、"野寺暮烟"、"笔架晓日"、"孤舟摆渡"、"农耕四野"、"真观神钟"、"雷坛遗像"、"庄严色相"、"显应洞天"、"河滩涣牧"、"路堤杨柳"等"连城十二景"①与衙门的北方风土建筑浑然天成；位于青藏高原与成都盆地之交的卓克基土司官寨，周边山峦河谷的沙石坡地与突兀的碉楼相互映衬；位于云贵高原与两湖平原之交澧水上游河谷地带的桑植宣慰司旧司城，也有与地方民居风格衙署相辉映的"龙山烟雨"、"凤岭朝阳"、"古寺晓钟"、"渡口垂杨"、"官潭映月"、"铁埠晴岚"、"五云齐归"、"夹石流泉"②等八大景观。这些与城市山形水色融为一体的自然人文景观，确实在很大程度上起到了烘托地域环境之美的作用。

然而与那些被文人墨客琢磨出来的看起来有些千篇一律的自然与人文的城市景观不同，老司城的风景园林建设随着研究的深入，似乎在讲究宏观选址与布局、审美与建筑设计等营造观念形态"建筑意匠"方面，更具有自身的地域景观审美特色。这些特色集中地表现在：其一，老司城河东的内罗城和外罗城城区，无论是城区建筑台基和排水系统还是城区的街道和小桥均大量使用河卵石铺设，使之呈现一种清新雅致的具有宫殿与游玩的双重功能的山水园林建造风格。这种风格与老司城河东城区的宫殿和衙署的重檐翘角屋顶相得益彰，完美地体现了永顺彭氏土司对城市建设艺术和河谷题铭艺术的追求。其二，永顺彭氏土司在老司城河东城区之外的官道沿线，以及河西城区一线的近郊，修建了大量的"钓鱼台"和"码头"。从老司城考古的描述来观察，上面还可能建造像交翠亭一样的凉亭。这些凉亭与供休闲用的桂花庄（碧花庄）、会官亭、接官亭等庄园和凉亭一起，构成了老司城近郊别有情趣的山水园林景观系统。其三，在远郊官道沿线、水质较好的河流上游河谷和临近溪河的地方，一些行署、别墅、庄园：凉亭以及别具一格的小桥等建造于此。行署、别墅、庄园的园区内还修建有池塘、桥梁、院苑、寺观、摆手堂，行署周边是土民的茅舍，更远处是村庄、田野、茂

---

① 参见赵备才编著：《古镇连城》，1页、87~93页，2000年铅印本。
② 这里的"夹石"包括夹石界和夹石河两个部分。夹石界位于今桑植县陈家河镇蹇家坡台地的李家村和王家塔村一带，而夹石河则位于蹇家坡台地下面的新街乡、岩屋口乡交界处。其中的夹石流泉，当指分布于两地的山泉水。

林修竹和原始次森林。人们在这样的山水之间把酒赋诗，下棋吹笛，劳动高歌，过着纯朴自在、悠闲恬淡的田园生活。其四，老司城近郊和远郊的灵溪河、猛洞河河谷，河谷翠绿，山水灵动，官道两旁绿树成荫，森林中有歇息的白鹤和啼叫的野猿，河谷有飞翔的白鹤，天空有盘旋的"孤鹰"。

初步梳理了老司城河东城区和近郊、远郊的各种建筑特点之后再进一步进行复原和集中，就会发现老司城还不是一座单一的军事城堡和一个简单的政治经济文化中心，它是一座真实存在的贴近中国地势第二级阶梯脊线上的隐匿于峰丛峡谷之中的山水园林城市，建筑中充分体现了"包容兼蓄"、"天人合一"的实践理性精神。这个在土司时期具有"仙都"美誉和获得"蓬莱"仙境称号的园林城市系统，山、水、城、人达到了和谐统一，属于我国南方云贵高原及其延伸开来的山地与河谷地区那种极为罕见的山水园林城市系统。结合其遗址面积来观察，像这样一座规模巨大而美丽的山水园林城市，不仅在国内而且在国外都具有唯一性，它充分反映了世居于此的人类的生活智慧和生活质量。值得庆幸的是，尽管清朝雍正时期大规模改土归流带来了老司城军事、政治、经济和文化中心地位的迅速丧失，但这种转移为我们留下了一座能完整反映特定历史阶段社会面貌的老司城遗址。相比之下，国外的土司城由于没有经历"改土归流"阶段，国内的绝大多数土司城由于经历了现代城市在原有的基址上多次翻建，因而其历史遗存部分已变得残缺不全，唯一性和完整性均基本丧失，而老司城在国内外诸多土司城遗址中却是一个十分难得的例外。

总之，与国内外土司城市比较，老司城属于那种熟悉地域实情、符合我国传统营建规范和保存自身实力的择址典范，在隐秘与防范、畅通与阻隔和外形粗犷与内在精致方面将中国地方传统风土建筑风格发展并完善到了极致，是彰显人类营建智慧的典范。整个老司城的城市建设突出了"精巧"二字，这是一座真实存在的贴近中国地势第二级阶梯脊线上的隐匿于峰丛峡谷之中的山水园林城市，属于我国南方云贵高原及其延伸开来的山地与河谷地区的极为罕见的山水园林城市系统，展示了人类普遍的追求调谐、精致与安全的观念价值。

小结

本章专门讨论了老司城的选址、建筑布局、规模、形制与性质、风景园林，并将老司城与国内外土司城市建设进行了比较。笔者发现，老司城通过几百年的长期实践，城市建设在选址、防御、规划（道路系统）、绿化、防洪、排水等方面积累了丰富的经验。其选址的福石山地区是适应人类长期分散定居的高原及其延伸开来的凼地与河谷地区，其选址受到了文化的、自然的和社会经济的因素的影响。在多山多水峰丛峡谷之中和亚热带山地暖湿季风气候之下，老司城围绕河谷形成河东、河西两大"组团"的建筑布局，组织了以"四横五纵"的河卵石街道为骨架的九街两口十九巷及互为关联的建筑单元，两大"组团"之下的河东城区和河西城区之间不架设桥梁，依靠码头、官船和民用船只保持畅通，它不仅在河西城区不便绕道通行之处或者地势险要之处遇水架设独立的栈道，而且还开通了四条对外联络的官道网络，配备了驿马等相应的邮驿设施，整个城区即使是高规格的河东城区均不自动供水，仅以钓鱼台和码头方便居民挑水，河东城区的地下泄洪排污设施筑造得异常坚固牢实。它作为"五溪之巨镇，百里之边城"，保持了河东城区周长为2072米、城区面积约为4.44万平方米、城区街道"三横五纵"和"城内三千户，城外八百家"即常住人口为1.9万人的规模，形成了河东城区以城墙"圈层结构"的形式设防，河西城区和四大行署、三州六长官司、五十八旗、三百八十峒以自成"分散单元"的形式设防的形制，成为位于云贵高原与两湖平原之交的方圆百里的由云贵高原及其延伸开来的山地与河谷地区的最大城市，在永顺土司区具有军事中心、政治中心、经济中心和文化中心的性质。在老司城与其行署或别墅之间，山形水色各有千秋，到处是茂林修竹和流泉飞瀑，白鹤、鹰在这些地方广有分布，某些人迹罕至之地还分布有野猿。在青山绿水间，有轻舟，有日暮时分的渔歌，有夜钓的"晚钓翁"，有竹索吊桥，有大量的凉亭。这些景观与城区的钟鼓楼、挂着"卷帘"的宫殿和衙署以及"世豪"、"时豪"之家的"玉堂"相匹配，并与周边土民的茅舍形成鲜明对比，成为土司之家和文人墨客饮酒赋诗、吹笛下棋、跳摆手的理想活动场所，从而也为老司城赢得了"仙都"的美誉和"蓬莱"的名声。与国内外土司城市比较，老司城属于那种熟悉地域实情、符合我国传统营建规范和保存自身实力的择址典范，在隐秘与防范、畅通与阻隔和外形粗犷与内在精致方面将中国地方传统风土建筑风格发展并完善到了极致，是彰显人类营建智慧的风格典范。整个老司城的城市建设突出了"精巧"二字，这是一座真实存在的贴近中国地势第二级阶梯脊线上的隐匿于峰丛峡谷之中的山水园林城市，属于我国南方云贵高原及其延伸开来的山地与河谷地区的极为罕见的山水园林城市系统。由于这种山水园林城市系统在砖石构筑方面明显结合外来民族建筑文化元素，还通过高原及其延伸开来的山地与河谷地区建筑的诠释与实践，原创性地发扬光大了本地依山面水的风土建筑风格，因而它在国内外高原及其延伸开来的山地与河谷地区的山水园林城市建设方面具有独特的技术地位，并由此在翘檐屋顶方面明显对云贵高原与两湖平原之交的包括土家族建筑在内的各民族建筑形成了风格上的巨大影响。

第三章　司城古建筑发展

一、选题缘由

永顺老司城是中国湖南一座著名的土司城市。之所以选择老司城这个题目来做，主要是因为中国政府对文化遗产保护的重视，笔者的土司城情结以及笔者所在的单位吉首大学面对世界文化遗产申报的需要和面对中国土司学界的需要。

（一）中国政府对文化遗产保护的重视

改革开放以后，中国政府逐步重视对文化遗产的保护。1985 年，中国加入《世界遗产公约》，之后又加入联合国教科文组织的《非物质文化遗产保护公约》。在这样的背景下，20 世纪 90 年代中期，湖南省文物考古研究所、湘西土家族苗族自治州文物工作队和永顺县文物局对永顺老司城进行连续考古调查与考古发掘，日益引起海内外各界的关注。1995 年 10—12 月，上述单位对老司城城区进行全面的勘探与测绘；1996 年 9 月，对老司城外围遗址进行调查；1998 年 10 月和 11 月，对老司城宫殿区和墓葬区进行初步地考古发掘。① 之后的 2001 年，老司城被入选为第五批全国重点文物保护单位。

2002 年 5 月，中央美术学院成立了非物质文化遗产研究中心。10 月，召开"中国高等院校首届非物质文化遗产教育教学研讨会"。12 月，中国艺术研究院主办了有文化部、国家民委和联合国教科文组织代表及海内外专家学者 100 余人参加的"人类口头与非物质遗产抢救与保护国际学术研讨会"。在这次大会上，中央民族大学终身教授宋蜀华指出："今天，在世界经济一体化的浪潮中，保护民族文化（包括口头和非物质文化遗产），尤其是人数少的族群的文化是十分紧迫的工作。中国作为世界上屈指可数的文明古国，蕴藏着丰富的口头和非物质文化遗产。其中，少数民族口头和非物质文化遗产更是一个巨大的宝库，值得特别关注。并且，随着社会急剧变革，少数民族口头和非物质文化遗产面临濒危、失传的危机。因而，抢救和保护民族文化遗产，十分重

---

① 参见《湘西永顺老司城发掘报告》，见《湖南考古 2002》（上），305 页，长沙，岳麓书社，2004。

要，十分迫切，是人类共同的任务。"① 与此同时，文化部组织实施"中国民族民间文化遗产保护工程"，中国民间文艺家协会着手进行国家重点文化建设项目"中国民间文化遗产抢救工程"，中国艺术研究院启动"抢救和保护中国人类口头和非物质遗产工程"，并成立申报人类口头和文化遗产办公室。2003 年 2 月 25 日，中央民族大学中国少数民族中心向国家民委提交《关于加强中国少数民族文化申报世界遗产工作的研究报告》，设立"中国少数民族文化遗产保护与立法研究"、"中国少数民族历史文化资源与旅游开发研究"、"中国少数民族濒危语言及口传文学研究"等重大课题，制订近期工作计划，并编辑出版《中国少数民族文化遗产概况》、《民族文化遗产》集刊、《'中国少数民族文化遗产图典》等，组织召开民族文化遗产学术研讨会。11 月 3 日，全国人大颁布《民族民间传统文化保护法（草案）》。截至 2004 年 7 月，中国有 30 处遗产被列入世界遗产名录，其中文化遗产 22 项、自然遗产 4 项、文化和自然遗产 4 项。中国人民大学复印资料《文化研究》开辟"文化遗产保护"专栏，转载相关论文。2006 年、2008 年、2010 年，中国连续三次公布 3 批全国非物质文化遗产名录。

全国的文化遗产保护浪潮，进一步波及处于云贵高原与两湖平原之交的湘西。2010 年 9—12 月，永顺县人民政府为了编制《老司城遗址本体保护维修工程方案》，委托湖南省文物考古研究所对老司城遗址进行第四次考古发掘。这次考古发掘得到了国家文物局的批准和支持。同年 10 月，国家文物局正式将老司城列为第一批国家考古遗址公园。② 2011 年 1 月，"湖南永顺老司城遗址"被列为中国六大考古新发现之一。一时间，全国 100 余家媒体竞相报道"湖南永顺老司城"，老司城由此罩上了"中国南方的'故宫'"、"江南紫禁城"、"中国的马丘比丘"、"东方庞贝古城"等耀眼光环。

（二）个人的土司城情结

古代城市这个题目是笔者潜意识里一直想写的题目。1986 年 5 月，在笔者大学三年级时，特地收存中国古都学会编的《中国古都研究》（浙江人民出版社 1985 年版）一书，试图从中国经济史角度认知中国古都。1987 年 6 月，笔者被分配到湘西民族教师进修学院，头三年受湖南师范大学历史系求学期间形成的中国经济史和西南城市发展史兴趣的影响，一度专注于湘鄂川黔边区经济史探讨。

在湘西民族教师进修学院的头三年，笔者一度从事湘西通史教学，收集和阅读材料时发现湘西的土匪和土司在全国名气很大，资料较为富集。1991 年，根据文史资料和乡土专家的著作，编出《陈渠珍年谱》。这样一来，将视野由区域经济史转向为湘西近代军阀、土匪等区域军事史。进一步深化后发现，尽管这方面的文史资料和档案材料丰富，但相关正史、方志资料不多，于是转向湘西土司研究。1994 年 12 月，笔者撰

---

① 宋蜀华：《从民族学视角论抢救中国少数民族文化艺术遗产在抢救和保护中的地位》。
② 参见杨天波：《中国的马丘比丘——湖南永顺老司城遗址考古发掘调查》，载《中国社会科学报》，2010（2）。

写《湖南元明时期土司考》一文参加湘西民族教育学院举办的青年教师论文竞赛，被评为三等奖，于是负气将文稿投往许多单位和个人喜欢订阅的《民族研究》。三个月后，收到《民族研究》杂志编辑部历史组回信，要求修改，考虑发表。当时因忙于承包第二食堂，拖了半年才斟酌完毕文稿的标题和内容，最后才将稿件寄回编辑部，心中也没作什么指望。1996 年论文发表于《民族研究》第 5 期。随后，还参加了学院科研论文竞赛，该论文被评为文科一等奖。新任院长到校后，在第一次全院教职工大会上讲了五个"想不到"，其中就有一个"想不到"是教育学院竟然有助教能够在《民族研究》上发表文章。受到《民族研究》的鼓励及院方的肯定之后，笔者坚定了土司研究的信心，甚至利用业余时间访师求学，拓展视野。1998 年、2000 年、2002 年，先后得到明清史家商鸿逵先生的弟子李世愉研究员、历史人类学家江应樑先生的弟子杨庭硕研究员和云南史学巨擘方国瑜先生的授业弟子、传统土司制度研究集大成者龚荫教授的无私指导。笔者还清楚地记得，带着一篇论文求教于李世愉先生时，他建议将两个问题分开，在大视野下专门研究小问题，"大中见小"，结果带来了 2001 年、2002 年土司自署职官系列论文《论明清时期的土舍》、《"舍把"辨证》在《民族研究》期刊上的连续发表。在《民族研究》的连续鼓励之下，笔者之后立足湘西、湖广面向西南乃至全国研究土司，逐步认知土司系统的构成、功能与运行状态，并以土司研究为旨趣。

在由中国经济史向区域经济史、区域军阀土匪史向中国土司研究转向的 10 年里，笔者潜意识里一直对古都、古城镇、古村落、古建筑感兴趣。1997 年 7 月，收存尚达翔、张正武的《风水与民宅》（山西人民出版社 1992 年版）一书，开始思索土司城与风水的关系。之后，又大量收存古城镇、古村落、古建筑的著作，期望能够形成相关知识背景。

2000 年 8 月，收存罗哲文等《中国名楼》、《中国名塔》（百花文艺出版社 2000 年版）两书，推知土司城的地面建筑。2001 年 4 月，收存刘金山《古城凤凰》（湖南美术出版社 1992 年版）一书，思考土司城的建筑景观、自然景观与风土人情。2003 年二三月间，先后收存陈志华等《乡土中国·楠溪江中游古村落》（生活·读书·新知三联书店 2002 年版）、卜德清等《中国古代建筑与近现代建筑》（天津大学出版社 2000 年版）、楼庆西《中国古建筑二十讲》（生活·读书·新知三联书店 2001 年版）、丛书《中国文化遗珍·徽州卷》（辽宁人民出版社 2002 年版）、于振山《乡土中国·徽州》（生活·读书·新知三联书店 2002 年版）、罗哲文等《中国名祠》（百花文艺出版社 2002 年版）、吉江虹等《古城镇远的似水年华》（贵州人民出版社 2002 年版），主要以土司城为视点思考一个地域建筑群落乃至全国古代城市建筑的类型、结构与功台旨、建筑的基本做法、建筑的细部特征、风水与古代城镇的关系以及其中发生的故事。

一直到 2011 年 2 月，笔者陆续收存 30 余部有关长城、建筑与风水、地方古城镇及其新面貌、少数民族建筑及其文化、地方城镇与风土建筑、古桥梁、陵寝或陵墓、古代建筑文化、屯堡、地方古镇旅游、区域城镇地理、中华建筑文化、中国城市建设史、中国建筑史、古代都城制度史、古代陵寝制度史、古代营造工官、风水等书籍进行研读，试图破解地面建筑多已消失的土司城诸多谜团。

（三）面对申报世界文化遗产需要

2011 年 11 月，湖南省召开永顺老司城遗址申报世界文化遗产工作会议。在会上，湖南省副省长郭开朗在听取了湘西土家族苗族自治州、省文化厅、文物局的汇报后指出：一要充分认识老司城遗址申报世界文化遗产的重大意义；二要高水平地做好遗址的保护、研究和利用规划；三要继续组织专家对土司时期的政治、文化、风俗进行研究，使土司学或是土家文化学形成一个重要的学科；四要加快对老司城大遗址保护利用规划方案的编制工作；五是州、县也要通过遗址公园的建设同步带动地方发展的文化、旅游产业规划。他"希望省州县共同努力，把老司城建设好，'十二五'期间把它建成国家重要的，在世界上有影响的大遗址，实现湖南省世界文化遗产零的突破"①。该工作会议的召开，标志着永顺老司城遗址申报世界文化遗产乃至今后建立土司学学科已经成为湖南省委、省政府，湘西土家族苗族自治州委、州政府和永顺县委、、县政府的意志，申报世界文化遗产工作必须坚决推动。事实也是这样：12 月 7 日，中国文化遗产研究院颁发《老司城申报〈中国世界文化遗产预备名单〉文件》，以"中国范围内土司城市的主要特点及演进过程研究"、"永顺老司城遗址的历史演进研究"、"土司文化专题研究"、"老司城遗址规划设计的特点研究"、"全国现已发现的土司城市遗迹简述及其保存状况研究"等 5 个方向为研究专题。

在中国文化遗产研究院文件的基础上，2012 年 5 月 11 日，永顺县结合吉首大学土司学专家提供的资料，制订出《老司城文化研究课题》，进而形成"老司城城市建筑布局及功能研究"、"彭氏土司司治研究"、"彭氏土司时期溪州地区的社会经济研究"、"彭氏土司谱系研究"、"古溪州诸蛮区域自治研究"、"土家族历史研究"、"老司城遗址核心价值研究"等 7 个研究课题。之后，永顺县和吉首大学对课题的设计进行了更深入的研究，12 日，制订《老司城历史文化课题研究工作计划》，规定《编制老司城申遗正式文本需要完善的研究内容》，随即增加了"溪州铜柱、红字碑、墓志铭、德政碑等古文字研究"、"土家族古土语研究"、"老司城遗址申遗涉及完整性、真实性、唯一性的突出普遍价值研究"等三个课题；22 日，吉首大学草拟《项目合作协议》；27 日，结合申报世界文化遗产的条款进一步研究设计研究课题。8 月 21 日，吉首大学课题组集体评议各课题负责人提交的写作提纲 09 月 13 日，吉首大学课题组又将各课题负责人修订的提纲提交给永顺县方面听取意见；16 日，组织各负责人对修改意见进行深

---

① 见永顺县申遗办提供的《郭开朗副省长讲话录音记录》，2011（11）。

入讨论；21 日，进一步组织各负责人前往永顺县，在永顺县委常委会议室当面听取永顺县委书记李平的意见，最后形成"基础资料研究"、"历史文献研究"、"其他研究"三个方面的共 9 部专著和 6 个调查报告。

这样一来，永顺老司城课题研究框架基本成型，笔者以前试图破解的土司城谜团就自然而然定位于永顺老司城遗址建筑布局与功能这个焦点之上。然而，要按照申报世界文化遗产的要求，在国际大视野之下进行比较清晰的研究并复原出一座历史文献资料匮乏、消失近两百年、遗址化程度很深的土司城市的建筑布局与功能，具有一定的挑战性。

（四）面对中国土司学界需要

当下的中国，土司研究与土司文化开发已渐成热点。这个热点来自四个方面：一是学界纷纷召开全国性的，甚至是国际性的学术会议研究土司文化。据统计，改革开放后到现在，已经召开了 16 次土司学术会议。全国有 29 所大学培养自己的土司研究博士生和硕士生。许多学术期刊纷纷开辟土司学研究专栏，征集文章。二是就中央层面而言，国家社科基金重大招标项目、一般项目、西部项目，开始大力扶植土司文化研究。就地方层面而言，出现了土司文化保护与开发热。三是文学、艺术界出现了土司文化作品创作热，大量的土司文学作品被创作出来，有的还被拍成电影、电视剧在全国播映。如最近几年，就有《尘埃落定》、《奢香夫人》、《木府风云》这些影视作品面世。之所以会这样，是因为民族传统文化经典令人神往。四是普通民众开始热切关注土司文化，并主动推介当地的土司文化，渴望专家学者考察当地的土司文化，宣传当地的土司文化。

专家学者之所以对土司文化研究感兴趣，不仅是因为土司学是土司研究领域的重要课题，而且土司文化的发掘、保护与开发，提出了诸多学术方面急待解决的实际问题，它需要政府和高校的携手，需要多学科的介入，需要土司专门学的系统建构。正因为如此，召开各种会议，开辟刊物专栏，申报科研课题，建立网站，建立机构，搭建研究平台，培养梯队等，就成了专家学者乐意为之的事情。

老司城作为永顺土司政府所在地，其城市体系是中国 3000 多个土司城的缩影。由于传统土司研究对土司城缺乏应有的关注，土司城的建筑布局与功能研究在中国土司学界还未完全起步，许多专家对土司治所内部结构和功能不甚清楚，即使是土司学者对我国的土司城也只是一知半解，因而研究永顺老司城遗址的建筑布局与功能基本上可谓是空白。因此，笔者只能以老司城为题材，尽可能地借助建筑学的理论写方法或者区域建筑史的理论与方法，对永顺老司城进行初步观察和深描。也就是说，当国家和社会需要土司学界时，不管现有研究条件成不成熟，我们都要勇挑重担，竭尽全力开辟土司学研究新领域以服务国家与社会。这可能是土司学者义不容辞的责任。当然话说回来，正因为研究土司城的条件还未成熟，而土司城研究或者土司衙署研究又是土司学研究的重大主题之一，所以，土司学界对这方面的土司学深入研究有更多的期许，无形之中给我们的研究施加了巨大的压力。到底需要采取何种的学术路径与手段，才能在老司城研究问题上实现与各学科接轨，最终够满足土韧带学界的需要、符合土司学的学术规范。这都是笔者试图明了的问题。

二、老司城遗址建筑研究现状及研究意义

七十余年的永顺土司研究和永顺土司衙署所在地老司城研究，主要是资料重复引用甚至是抄录的多，运用学科理论和方法研究整理的地上和地下资料少。所以，借助建筑学理论和方法或者区域建筑史的理念研究老司城，就具有特殊的意义。

（一）研究现状

老司城遗址建筑研究，截至目前尚没有专著出版。尽管如此，涉及老司城、永顺土司的论文、论著和各种内容的资料集还是不少。

20 世纪 40 年代，发表论文一篇，即吴壮达《永顺老司城今昔》（《湘西民教》1941 年第 8 期）。该论文实际上属于调查报告性质，是目前发表的最早调查永顺土司衙署所在地老司城的田野调查报告。

20 世纪 50 年代，出版著作一部，即谢华《湘西土司辑略》（中华书局 1959 年版）。这部著作首次收集整理了永顺彭氏土司的家族史料和建筑史料。该书第 47、48 页，就是第四章"彭士愁建二十州以下溪州刺史为都誓主后分为永顺保靖二司"的第一部分"下溪州永顺司"，间接地清理了老司城的史料，其内容叙及彭福石宠于绍兴五年（1135）袭职后，将治所从会溪迁于灵溪之福石郡（即今永顺城东南三十里之老司城）；第 51 页，讲述明朝成化十三年（1477）彭显英的故事时，说"是年，显英致仕，营猛洞别墅居之"；第 59 ~ 61 页，叙及清朝康熙年间彭弘海的故事时，讲到了彭弘海"德政碑"对有关"五十八旗、三百八十洞之军民，扶老携幼，蚁集司城"的记载，并记录了碑后的地名与人名，说"其碑今尚在老司城土司宫旧址左侧"；第 63 ~ 70 页的"附一永顺三州"和"附二永属六洞长官司"，谈到了永顺宣慰司所属的三州六长官司的大致方位；第 101 页，即"第六章若干补充资料"，专门摘录了直接服务于老司城的"六旗、伴当七旗、长川旗、散人旗、总管旗"等。该书的史料属于摘抄性质，缺乏具体的考证和论述。

20 世纪 60 年代，发表论文一篇，即《湖南省人民委员会批转省文化局关于永顺县老司城历史文物被破坏的情况和今后工作意见的报告》（《湖南政报》1962 年第 9 期）。从标题和内容看得出来，这篇论文属于专门针对土司衙署遗物管理的工作报告，集中反映了老司城文物的破坏现状。

20 世纪 80 年代，发表论文 11 篇，出版著作 2 部。这 11 篇论文，先后涉及土司

区、土职、土司制度、土司衙署和土司关系等土司学的五大主题。其中，涉及土司区的论文有 3 篇，它们是谢心宁《湘西土司"峒"小考》（《历史知识》1981 年第 2 期）、伍新福《试论"改土归流"前湘西土司地区社会经济——关于"领主经济"论质疑》（《吉首大学学报》1987 年第 1 期）、陈廷亮《改土归流与湘西土家族地区封建地主经济的最终确立》（《吉首大学学报》1987 年第 4 期）；涉及土职的论文有 3 篇，分别为谢心宁《湘西土司》（《吉首大学学报》1982 年第 2 期）、罗维庆《彭氏土司始立之原因》（《湖南民族研究》1985 年第 2 期）、伍新福《湘西地区土司族属初探》（《贵州民族研究》1989 年第 2 期）；涉及土司制度的 3 篇，先后为郑大发《试论湘西土家地区的"改土归流"》（《吉首大学学报》1982 年第 2 期）、伍新福《五溪地区土司制度探源》（《求索》1985 年第 4 期）、石邦彦《清朝湘西少数民族地区的改土归流》（《吉首大学学报》1987 年第 2 期）；涉及土司衙署和土司关系的论文各一篇，分别为向渊泉《湖南永顺出土土司官印》（《文物》1984 年第 7 期）、陈涛的《"改土归流"以来湘西黔东北的民族关系》（《贵州民族研究》1985 年第 1 期）。两部著作，并不是专门研究永顺老司和老司城的，只是相关内容与永顺土司的治理和老司城存在着关联。其中，一部为《湘西土家族（初稿）》（《吉首大学学报》1981 年 11 月）。这是《吉首大学学报》出版的增刊，之中的第 106～108 页，即第六章第四节，简要介绍了如下内容：（1）祖师殿，（2）玉皇阁，（3）彭氏宗祠，（4）土司墓群，（5）雄师报钟，（6）德政石碑，（7）温、凉二洞，（8）翼南牌坊，（9）司城街道等司城古迹。另一部为（民国）石启贵《湘西苗族实地调查报告》（湖南人民出版社 1986 年版）。之所以将此书也列入其中，是因为以前的湘西苗区属于永顺土司和保靖土司管辖的区域，其被记录下来的诸多民族传统文化事象可以与老司城土司文化形成映照。如该书第 83～90 页所记的"山林狩猎"、"渔业"之法，可以对应老司城的猎人旗；第 92～95 页所记的"工匠制作"和第 99～102 页所记的"榨碾碓磨"，可以对应老司城的"旗"；还有第 133～137 页所记"住所构筑"第 149～151 页所记的土葬，第 202 页附录中的土官制度，第 432～434 页竹枝词所记的"寨路"、"居处"、"渔猎"，第 462～472、485、493～502 页所记"椎牛"和土地神，均可以在老司城那里找到历史根据。

20 世纪 90 年代，发表论文 2 篇，出版专著或资料集 6 部。2 篇论文是探讨土职和土司关系的，分别为彭秀海、李文君《溪州土司彭士愁来自江西考》（《中南民族学院学报》1996 年第 2 期）和刘莉、谢心宁《改土归流后的湘西经济与民族关系》（《吉首大学学报》1991 年第 4 期）。

6 部专著或资料集，内容很丰富。《湖南地方志少数民族史料》（上）由湖南省少数民族古籍办公室主编（岳麓书社 1991 年版）。该书属于史料整理性质的，主要是对（清·光绪）《湖南通志》，（清·乾隆）《永顺府志》、《永顺县志》，（清·同治）《永顺县志》，（清·光绪）《龙山县志》、《古丈坪厅志》等方志中的原始材料进行取舍、标点断句，一定程度地讲到了老司城。如（靖·乾隆）《永顺府志》，第 140 页就讲到了彭世麒于明朝正德十三年（1518）请立"表劳"牌坊之事，第 154 页讲到"每家设火床"之事，第 156 页讲到乾隆二十五年（1760）永顺知府张天如在"旧司城"设立讲约所之事，第 164～166 页有雍正十三年（1735）巡道王柔的《保护土司坟墓檄》，第 166～177 页有雍正八年（1730）知府袁承宠《详革土司积弊略》所论及的"火床"之事，第 176 页有"永顺司有日福石郡者，疑蛮人自为郡名。今灵溪福石山，即永顺老司城地也"的记载，第 179 页记载老司城的"旗"，第 180 页记载搏射坪、教场坪，第 181、182 页记老司城衙署、宗祠遭到的火灾、土司坟墓以及田尔根在老司城南门、衙署、西门楼发生的故事，还有土官衙署、吴著祠的建筑状态；（清·乾隆）《永顺县志》，第 189、191 页专门描述老司城拆迁情景，第 194～196 页"坊里"、"市村"专说"旗"、旧司城街名、老司城内城的建筑、新司城衙署，第 197 页记载永顺县建城之事，第 207～212 页记载彭世麒"表劳"牌坊的外形、通往辰州府的道路、八部大王庙的祭祀活动、摆手、火床；（清·光绪）《龙山县志》，第 227 页记白岩洞长官司治所，第 228～231 页记土民的居住习俗如"火床"、摆手、供土司神位等，第 234、236 页记 58 旗、土官建筑、土官围场、摆手、吴著祠。（清·光绪）《古丈坪厅志》，第 289 页记录"豹狗寨之松柏场有土司衙门"、"系人铁索"、"田家峒长官司故署"、"土司庄"、"土司墓"、"千年松"之事，第 331 页记载"永顺各乡土司时为五十八旗"，第 332 页记录永顺同知、督捕同知、永顺知府设置之事。

王承尧、罗午的《土家族土司简史》（中央民族学院出版社 1991 年版）26～35 页，描述了永顺"土司建制沿革及地域分布"，之中的第 29 页简要地梳理了永顺彭氏土司统治中心的迁徙过程。

王承尧、罗午的《土家族土司史录》（岳麓书社 1991 年版）是一本资料集，其中的第 15～27 页抄录了永顺宣慰司彭氏的"建制沿革"，在《湘西土司辑略》基础上发掘出了一些新的材料；第 115、116 页抄录了（民国）《永顺县志》卷二十四有关"旗"的记载，涉及老司城；第 117 页抄录（清·乾隆）《永顺府志》卷十一有关土司外出巡视的威仪；第 277、278 页摘录（清·乾隆）《永顺县志》卷四"风土志"的"转房"、"骨种"、"火床"以及（清·乾隆）《辰州府志》卷十四的"火床"；第 281～284 页专记巫祠祭祀，其中的内容包括"铜鼓祀神"、民间的"土司神位"、"摆手堂"与"摆手"、"傩戏"、土王祠或土王庙（摆手）、各寨设的鬼堂，还专门摘录到了"旧司城祖师殿神像"的内容；第 291、292 页摘录了土司时期民间房屋结构、"火床"、"土官衙署"、"祖师殿"、"猛峒别墅"等内容；第 294 页则记永顺司生态环境和"背崖茅屋两三家"。

湖南省少数民族古籍办公室主编的《湖南地方志少数民族史料（下）》（岳麓书社 1992 年版）属于史料整理性质，主要是对（清·同治）《麻阳县志》、（清·乾隆）

《辰州府志》、（清·光绪）《辰州府乡土志》、（清—乾隆）《泸溪县志》等方志中的原始材料进行摘录、标点和断句。如（清·同治）《麻阳县志》，摘录了边墙、哨所与土司防苗史料；（清·乾隆）《辰州府志》，第135页讲雍正四年（1726）永顺同知的隶属辰州府，第184、185页讲永顺司、保靖司分别"担承"镇苗与竿苗；（清·乾隆）《泸溪县志》，第230页专记"火床"之事。

谢心宁的《湘西探秘》（贵州民族出版社1994年版），这是作者在实地考察的基础上形成的成果，其中的第80页说老司城有30多座庙宇供着向老官人的泥塑雕像，第115~118页专述老司城的始建、老司城有史以来的建筑名目以及利用彭氏宗祠办司城学校的情况、祖师殿的风水格局以及结构和"斗拱"对土家族吊脚楼的影响，第131页论及实行土司制度的缘由是"不平衡"、"各异"，第145~147页专论土司、峒和"八部大王"庙宇，第174页述及"椎牛"习俗。

萧卓夫的《溪州土司名胜拾萃》（民族出版社1997年5月），是一部游记性质的著作，首次系统地介绍了老司城及其卫星城市。该书第4~6页记录王村与九龙厅不远，从王村出发抗倭，设永顺府后设巡检司，湖南巡抚陈宏谋（乾隆二十一年）建议王村到县城铺石板路，设官渡，抚字坪建公馆一所，河道疏浚等情况；第19页记猛洞河上游司河的漂流，距王村20公里；第71~73页记会溪坪治所，迁治福石城以及福石城在明朝时期的繁荣状况，还有土王庙的地理环境；第77~140页专门介绍老司的风景、建筑及相关传说故事，属于比较系统地记述；第141、143页介绍猛洞别墅的准确位置、不二门温泉的最早发现者、观音岩庙的最早修建时间等。

21世纪初是永顺土司和老司城研究成果最为丰富的10年，发表内容有涉及的论文16篇、出版涉及相关内容的著作12部。

16篇论文，不同程度地论及土职、土司区、土司衙署等土司学的三大主题。其中，论及土职的论文4篇，即曹学群《彭士愁的族属及来源新探》（《贵州民族研究》2003年第2期）、向凌《"诰封明故太淑人彭母墓志铭"考析》（《辽宁行政学院学报》2006年第5期）、彭强《湘西女土司白氏夫人》（《老年人》2007年第3期）、成臻铭《湘西土司：八百年的历史烟云》（《民族论坛》2008年第8期）；论及土司区的论文8篇，即成臻铭《改土归流与社区危机——主要以1505—1949年湘西土司区危机事件为例》（《怀化学院学报》2005年第1期）、成臻铭《明清时期湖广土司区的社会阶层与等级——以永顺宣慰司为例的历史人类学观察》（《吉首大学学报》2006年第5期）、成臻铭《"湘西地区文史资料系统收集与整理研究"专案第一期工作进展》（《华南研究资料中心通讯》2006年总43期）、杜成材《湘西土家族苗族地区的改土归流及其社会历史差异》（《吉首大学学报》2007年第3期）、成臻铭《酉水文化的形态与生成机制》（《怀化学院学报》2008年第4期）、龙先琼《政治秩序变动与区域社会生活的变迁——对改土归流前后湘西社会生活演变的历史考察》（《吉首大学学报》2009年第1

期）、瞿州莲《从〈家谱〉看改土归流后土司时期的土著居民家族建构》（《吉首大学学报》2009 年第 2 期）、成臻铭《论清代土司区变动的过程、特点及原因——以土家族区域为例证》（《长江师范学院学报》2009 年第 6 期）；论及土司衙署的论文 4 篇，即湖南省文物考古研究所、湘西土家族苗族自治州文物工作队、永顺县文物局的《湘西永顺老司城考古发掘报告》[《湖南考古 2002》（上），岳麓书社 2004 年版]，龙玲针《湘西百年古城老司城的可持续发展初探》[《华南地区古村古镇保护与发展（广州）研讨会文集》2008 年版]，成臻铭《"以内驭外"：论清代土司城市建筑布局的政治文化倾向——以土家族区域为例证》（《湖北民族学院学报》2009 年第 6 期），尹宁、曹景文《永顺老司城历史文化旅游资源开发研究》（《怀化学院学报》2009 年第 6 期）。

12 部著作，不同程度地关联到了永顺老司城。具体是游俊、李汉林的《湖南少数民族史》（民族出版社 2001 年版）、彭剑秋的《溪州土司八百年》（民族出版社 2001 年版）、彭继宽选编的《湖南土家族社会历史调查资料精选》（岳麓书社 2002 年版）、（民国时期）凌纯声、芮逸夫的《湘西苗族调查报告》（民族出版社 2003 年版）、李康学等《大湘西土司》（民族出版社 2004 年版）、彭剑秋的《土家英雄赞》（天马出版有限公司 2004 年版）、刘纯玺、刘善福的《土家族故都老司城》（香港天马出版社 2005 年版）、彭剑秋的《溪州土司尽风流》（人民日报出版社 2006 年版）、彭剑秋的《溪州土司全传》（人民日报出版社 2008 年 6 月）、向盛福的《土司王朝》（内蒙古人民出版社 2009 年版）、向盛福的《老司城民间故事集》（中国戏剧出版社 2010 年版）。

21 世纪头三年，共发表论文 8 篇，出版著作 1 部。8 篇论文主要涉及土职、土司区和土司关系，值得注意的是有 2 篇为硕士学位论文。在这 8 篇论文之中，涉及土职的 1 篇，即田敏《元明清时期湘西土司的设置与变迁》（《中南民族大学学报》2011 年第 1 期）；涉及土司区的 4 篇，即瞿州莲《改土归流后移民家族的建构及其意义——以湖南永顺县青龙村林氏为例》（《广西民族大学学报》2011 年第 2 期）、龙先琼《改土归流时期的湘西开发及其社会历史变迁》（《吉首大学学报》2011 年第 6 期）、瞿州莲《永顺土司改土归流的"历史真实"——以湘西地区碑刻、地方志为中心的历史人类学考察》（《西南民族大学学报》2011 年第 8 期）、郗玉松《改土归流后湘西土家族婚姻习俗的变迁》《文史博览》2011 年第 9 期）；涉及土司关系的 3 篇，即雷发军《"永保土司"与中央王朝的关系研究》（吉首大学 2011 年硕士学位论文），张凯《明代永顺土兵军事活动研究》（吉首大学 2012 年硕士学位论文），瞿州莲、瞿宏州《从土司通婚看土司之间的关系变化——以湖南永顺老司城碑刻为中心的考察》（《云南师范大学学报》2012 年第 2 期）。一部著作即柴焕波撰文/摄影《永顺老司城——八百年溪州土司的踪迹》（岳麓书社 2013 年版）。

总之，从 1941 年下半年到 2013 年上半年，涉及老司城、永顺土司的论文、论著和各种内容的资料集共有 61 篇（部）。其中有论文共 39 篇，其年代分别是：20 世纪的

40 年代 1 篇，60 年代 1 篇，80 年代 11 篇，90 年代 2 篇；21 世纪初的 16 篇，10 年代头三年 8 篇。有著作共 22 部，年代分别为：50 年代 1 部，80 年代 2 部，90 年代 6 部；21 世纪初的 12 部，10 年代头三年 1 部。这些成果具有以下特点：从发表时期考察，主要发表于 1980 年以后的改革开放时期，该时期共发表 58 篇（部），占发表总数的 95.1%；从学科介入观察，主要有文物考古学、文献学、民族学、文学、历史学、政治学、军事学等学科的介入，这样形成了学术层次迥然有别的资料整理成果和学术研究成果；从资料的引用层次观察，学科视野下深度的首次引用的甚至是第一次发掘资料很少，反而平面的重复引用的甚至是抄录的资料很多；从地上和地下资料的发掘程度观察，不仅发掘出了他人替土司留下的大量资料，而且发掘了土司直接留下来的诸多资料。这就是说，运用建筑学知识体系系统地整理永顺土司区和老司城的地上和地下历史资料，并作区域性的比较研究，至今仍处于荒芜状态。

（二）研究意义

本研究主要人理论和实践两个方面来讨论老司城遗址建筑布局与功能研究的意义。

1. 理论意义

土司衙署是中国土司学研究的五大主题之一，它对土职、土司区、土司关系和土司制度具有重要的历史见证价值，其建筑布局和建筑功能的变化在很大程度上反映了土职、土司区、土司关系和土司制度的变迁。本研究理论意义在于以唯物史观作指导，针对永顺老司城研究的积弊，借助建筑学理论与方法、区域建筑史的理论与方法和比较研究的方法，全面系统地梳理和解读有关永顺老司城的建筑文献资料、土司建筑考古学资料和建筑口述史料，深度描述甚至是复原土司时期老司城的建筑布局，重现其建筑功能，在土司建筑学研究或者土司区域建筑史研究方面拓展新领域，推进前人对土司衙署的理论研究，同时为土司学教学与研究乃至今后可能会出现的土司城局部复建提供相应的建筑史料。

2. 实践意义

老司城是永顺土司衙署所在地，它是人类适应高原、山地、河谷环境政治治理的建筑典范。本课题的实践意义在于以科学发展观作指导，发扬"经世致用"传统，系统总结研究土司时期永顺老司城的建筑规律和建筑布局规律，以及这些土司建筑在"改土归流"之后近三百年深度遗址化过程中文物保护方面所留下的经验教训，主要为老司城申报世界文化遗产提供学术支撑，同时为土司区中心城市的国家"大遗址"保护、非物质文化遗产的保护与传承、原土司地方的经济文化开发和原土司区新农村建设提供决策借鉴。

三、老司城遗址建筑的研究设计与创新之处

（一）研究设计

本研究主要从主要内容、基本思路、研究方法、重点难点和基本观点等五个方面，来探讨老司城遗址建筑研究的设计方案。

1. 老司城遗址建筑研究的主要内容

本课题的主要内容，是指出老司城的遗产价值特征由地面上和地面下哪些建筑及建筑群结构性承载的，这些结构性的建筑及建筑群具有何种体现遗产价值特征的功能。具体分为九个部分：第一部分探讨老司城建筑发展及其遗址化，第二部分讨论老司城遗址的城市建设，第三部分是老司城遗址的统治机构，第一四部讨论老司城遗址的坛庙，第五部分探索老司城遗址的墓葬，第六部分讨论老司城遗址的文化教育建筑，第七部分讨论老司城遗址的道路、桥梁与园林，第八部分探讨老司城遗址木构建筑的详细演变，第九部分为全书总结，揭示出老司城遗址建筑的布局与功能特征。

2. 老司城遗址建筑研究的基本思路和研究方法

（1）基本思路

本研究在土司区域建筑史中，把老司城遗址建筑作为消失的土司城市的个案来研究，主要是依据考古资料、文献资料乃至口述史料区分不同的建筑类型，复原老司城遗址的建筑结构并解读其功能。其主要目标在于运用世界眼光，人类的眼光，在永顺宣慰司区城市群中发掘和研究老司城的遗产价值，主要是围绕完整性、真实性、唯一性三个坐标体系，通过老司城遗址建筑的形式特征，从国内外土司城市比较的角度突出老司城遗址建筑的历史地位，重点发掘和研究老司城建筑的遗产价值，探讨老司城遗址客观存在的土司建筑智慧，凝集其价值主题，从而反映土司建筑文化的突出普遍意义。

（2）研究方法

在民族多元一体格局中，运用世界眼光，人类眼光，站在世界文明和文化的高度，采取历史学、考古学、政治学、民族学、城市学、建筑学、地理学相结合的土司学方法，以及土司政治文化与“时/空/群/事”的分析视野，主要从地下和地上两个层面，在世界范围内已发现的典型土司遗址基础上发掘和研究老司城遗址建筑的布局与功能，进行层次定位、对比，进行老司城遗址建筑的细部描述和整体把握，发掘和研究老司城遗址建筑里所承载的人类建筑智慧，找准老司城的遗产价值定位，找到老司城遗址建筑最具代表、最重要的优势所在，以突出它的“时/空/群/群”代表性及其珍稀性。在国内，主要是与“西南土司带”中的诸土司城进行比较，在国外，主要与中南半岛的土司城进行对比。

3. 老司城遗址建筑研究的重点难点

（1）重点

主要是围绕创造性价值、传播影响价值、历史见证价值、风格典型价值、人地关系价值、精神关联价值和景观审美价值等突出的普遍价值，以及完整性、真实性、唯一性三个坐标体系，发掘和研究老司城建筑所承载的遗产价值，主要是客观探讨遗址上的世界普遍价值，找到其价值主题（核心价值）。

（2）难点

既要面对申报世界文化遗产又要将研究成果公开出版面对学术界，这本是一个两难的选择。与此同时，具体用于实现写作计划的时间又十分仓促，所以还不只是一个两难的选择。

即使不在很短的时间内，就建筑理论层面而言，自然也要受到资料局限的影响。老司城土司考古资料，说它丰富充其量只能说是相对的。还有土司文献史料的相对缺乏。土司文献史料之所以如此缺乏，主要是因为受"蛮汉分治"格局影响，流官来此地考察和旅游者来此地游历受到局限，因而受到专门记载的文献史料不多。加之财政系统不同，奏折上奏系统不同，所以留下来可供查阅的土司文献史料自然就少了。正因为此，在短时间内要将一座文献史料记载不多、考古发掘还远远没有完成、民间口述史资料收集和整理才刚刚起步的土司"大遗址"的建筑系统而完整地呈现出来，其研究难度可想而知。

问题与对策：在乡土专家"天马行空"式的想象性著作中，收集的民间文献、口述史、官方资料、考古资料相对丰富，现在最大的问题是如何取长补短，分辨信息，进行科学整合，得出老司城遗址建筑布局及功能研究的结论，并以文字的形式呈现出来。还有，是要能找到资料与国内外土司遗址进行比较研究。策略：主要以官方文献资料和考古资料为依据，还有自己的田野考察为依据，再结合乡土专家的著作进行。

4. 老司城遗址建筑研究的基本观点

（1）老司城的核心价值在于其土司文化

包括土司制度在内的土司文化则是一种独具山地地域民族特色的传统文化，这是一种跨统治民族文化与被统治民族文化的多元文化，是传统文化、民族文化、乡土文化、家族文化、政治文化和军事文化等多元文化的统一体，是一种具有多元性、原生性、本土性、政治性、军事性、多样性特点的民族传统文化，它既是一种政治文化又是一种社会文化，是一种经过八百年酿制的伦理型政治文化，[1] 该文化在民族传统文化中堪称经典。作为土司时期生活于亚热带峰丛峡谷地带的山地民族的传统文化经典的缩影，以及正在消失的土司社会和土司文明的缩影，老司城建筑是土司多元政治文化

① 参见成臻铭：《论土司与土司学》，载《青海民族研究》，2010（1）。

和军事文化并存的产物，具有十分明显的"文武兼有"特征。

（2）老司城遗址建筑具有突出的普遍价值

根据联合国教科文组织、保护世界文化与自然遗产的政府间委员会于 2008 年 1 月制定的《实施〈保护世界文化与自然遗产公约〉的操作指南》之"Ⅱ.《世界遗产名录》D、E"规定，所谓突出的普遍价值主要是指创造性价值、传播影响价值、历史见证价值、风格典型价值、人地关系价值、精神关联价值和景观审美价值，而老司城遗址建筑在上述七个方面均有体现：

其一，是老司城遗址建筑的创造性价值。创造性价值对老司城遗址建筑而言主要指该土司建筑所承载的人类智慧，这种智慧主要聚焦于其生存智慧、城市管理与政治智慧和宜居环境的营建智慧。

土司城建筑依山势布局，有"前殿后寝"式、"象天设都"式、"下殿上寝"军事堡垒式、"庄园"式等四种类型。而老司城建筑则依据山形水貌，对"象天设都"式进行了再创造，从而形成"左殿右寝"式。这是由右边的锡帽山便于观察内罗城的动向决定的，构建了土司城在军事活动中累积而成的极具防御性的空间。所以，考察这座城市的防御体系，会发现内罗城近靠锡帽山，而锡帽山顶设置烽火台与军垒等，与环城山脊的其他军事建筑融为一体。这是一种生存智慧。

老司城区的地上有内、外两重城墙。其中内罗城修建宫殿、衙署，城门口各自建造高大的城楼；环城铺设卵石路面，并且中间镶嵌一条"轴线"进行强化，连通外罗城的右半部分。而外罗城左半部分的紫金山、雅草坪一带，其陵墓有上享堂、下享堂之别，封土堆与墓室结构多有规格上的差异。这些均反映了土司时期城市管理的智慧和政治智慧。

内罗城外宫墙后面的卵石道路，与山下具有泄洪功能的下水道相连；内罗城内木构建筑院落的坪场，用卵石铺设精致的纹饰和图案；宫殿区建造贮藏窖穴、地下取暖设施和地下排水沟系统；衙署区用砖石构筑坚固的密室。整个城区，依山势修筑大量的建筑台基。这些均反映了山地民族适应天地自然、营造宜居环境的智慧。

其二，是老司城遗址建筑的传播影响价值。老司城的地上建筑及地下建筑，随着永顺土司南征北战，逐渐被云贵高原及其周边地区的山地民族所认知，并对这里的乡土建筑及其群落形成影响，尤其是对屋架（二柱四、三柱二、三柱四、三柱六、四柱六、五柱八、六柱八、七柱八、七柱十一）、屋身与屋顶形成影响。

其三，是老司城遗址建筑的历史见证价值。老司城为溪州彭氏土官、永顺彭氏土司的司治所在地，它始建于五代天福二年（910），停建于清朝雍正五年（1727），共有 27 代、35 位土官土司在此施政。该遗址各个建筑构件，见证了土司制度的兴亡，见证了人类在亚热带山区经历的从土官制到土司制这一重要历史阶段，见证了土司时期多民族文化在这一区域的交流与交融。

其四，是老司城遗址建筑的风格典型价值。土司是元明清时期在少数民族中委任的朝廷命官以及中央王朝在少数民族地区设置的地方政府。老司城遗址，曾经就是这些土司职官和土司衙署集体活动的场所。整座城市隐秘在峰丛峡谷中，仅有官道、司河与外界相通，不容易被发现（站在后山的太平山顶，很难发现眼前就有一座规模巨大的土司城市）。城市四周的山脊上，修筑军事防御设施；城区两重城墙内外，组织"存城五营"土兵日夜守卫。这是一座明清时期土司组织职官和土民建造的、分布于亚热带峰丛峡谷中隐秘的军事城堡。

其五，是老司城遗址建筑的人地关系价值。在隐秘的峰丛峡谷里，老司城遗址建筑依山面水，砂环水抱，拥有总面积 3.75 万亩、城区面积 375 亩的宏大规模。彭氏各代土司，利用南方山区特有的石、土、砖、"水泥"（棉花、桐油、石灰）、楠木、马桑树、枫树等建筑材料，在山地空间筑建台基，结合山地建筑技术手段和民族特有的建造形式，在衙署区、宫殿区、墓葬区、道路上，镶刻了诸多匠心独具的纹饰、图案，建成了老司城。它反映了人类与自然和谐互动的地域特色，体现了山地民族对图案艺术的追求。

其六，是老司城遗址建筑的精神关联价值。老司城遗址建筑，既有道教、佛教的，又有多元多样的宗法性宗教的。残存的祖师殿、玉皇阁等建筑，承载了诸多人与天、地自然和谐互动的建筑与风水的故事。与八部大王庙、土王祠等坛庙关联的祖先崇拜仪式、记载与口述史，通过独特的教化仪式传承至今。

其七，是老司城遗址建筑的景观审美价值。老司城建筑选址上的山形水貌和独特的砖石、卵石构造，构成了颇富山地地域特色的景观，具有明显的审美价值。它展示的土司建筑文化景观，反映出中国南方山地农耕文化独特的景观审美传统，对 10—18 世纪云贵高原与两湖平原之交的建筑文化景观产生了显著的影响。

基于上述的价值考察会发现：老司城是一座隐藏于亚热带峰丛和风光山水之中的、富有山水灵气的、隐秘的、防御严谨的、规模宏大的、匠心独具的、精致的、功能齐全的军事城堡，这座承载近千年土官、土司文化的军事城堡确实具有突出的价值。

（3）老司遗址建筑的"三性"十分明显

按照前述"Ⅱ.《世界遗产名录》D、E"规定，所谓"三性"是指完整性、真实性和唯一性。老司遗址建筑在这方面也有独特表现：

一是老司城遗址建筑的完整性。不可否认，受社会历史变迁、乡村居民自然居住等因素影响，老司城地上的木构建筑仅有残在—砖石等建筑构件出现一定程度的错位，上享堂土司陵墓群有盗掘现象，下享堂的墓碑有残损现象，城区卵石道路两旁的一功德碑、表劳牌坊有毁损现象。但是，遗址地上的建筑台基、地下建筑体系保存完整，被毁损的砖石建筑、主体结构及雕刻、图案和纹饰尚存。这作为遗址，算是完整的。比较而言，湖北唐崖土司遗址、容美土司遗址和贵州海龙屯土司遗址，地上木构建筑荡然无存，而且遗址上的金石碑刻及摩崖石刻，因为"改土归流"时期大规模的军事冲突多被销毁。"西南土司带"上面的甘肃鲁土司衙门、四川卓克基土司官寨、贵州大屯土司庄园、云南丽江土司府、南甸土司府以及广西忻城土司衙门，由于受城镇化影响，现代复建良多，因而无法完整展示其地下的建筑系统。

二是老司城遗址建筑的真实性。受当下历史文化旅游浪潮的冲击，老司城遗址的建筑，除南门码头到祖师殿的道路、祖师殿下面司河至祖师殿一小段道路出现类似护墙、石栏杆和风雨楼式地毁建外，城区其他建筑，没有人为新建痕迹，仅文昌阁迁建于衙署区（这个可按记载迁回原处）。总体观察，老司城遗址是一个没有经过多少异动的，而且是延续 800 年未变的、真实的土司文化建筑遗址。它的遗址化过程，另外还承载了山地民族社会变迁的诸多信息。相比较，其他土司衙门经过大规模复建后，虽外形壮观、内部陈设丰富，但已面目全非，失去了完整的历史见证价值。

三是老司城遗址建筑的唯一性。由于土司文化是人类社会发展进程中独具地域民族特色的传统文化经典，因而老司城遗址作为一座正在消失的、隐藏于亚热带峰丛和风光山水之中的、隐秘的、防御严谨的、规模宏大的、匠心独具的、精致的、功能齐全的土司军事城堡，作为"左殿右寝"的土司建筑文化代表，连同中国建筑史上"活化石"——祖师殿的"斗拱"一起，在世界范围内是唯一的。

（二）创新之处

1. 学术理论的创新

本研究主要运用人类学，审视位于中国地形第二级阶梯与第三级阶梯之交的、隐秘于亚热带峰丛峡谷中的老司城遗址建筑，并对其城市建设格局、建筑类型、建筑体系及其细部特征进行深入的挖掘与解读，在土司学的五大主题之下①创建土司衙署及其所在城市的研究理论。

2. 研究方法的创新

本研究首次在民族多元一体格局中，站在世界文明和文化的高度，采取历史学、考古学、政治学、民族学、城市学、建筑学、地理学相结合的土司学方法，主要从地下和地上两个层面，在世界范围内已发现的典型土司遗址基础上发掘和研究老司城遗址建筑的布局与功能，进行土司考古学和土司史料学的层次定位、对比，进行老司城遗址建筑的细部描述和整体把握，发掘和研究老司城遗址建筑里所承载的人类建筑智慧，找准老司城的遗产价值定位，找到老司城遗址建筑最准确、最重要的优势所在。

3. 文献资料的创新

本研究首次聚焦永顺彭氏土司，围绕土职、土司区、土司衙署、土司关系和土

① 土司学是近年来创建的一门新兴专门学科，它是在一个多世纪土司制度研究基础上形成的。其研究对象是土司，其研究主题是土职、土司区、土司衙署、土司关系和土司制度。目前正逐步形成土司学、土司志、土司文学、土司考古学、土司文献史料学等多个分支。

制度，系统收集、整理国内外的老司城的文献史料，并结合有关老司城的土司考古学资料对这些土司文献资料进行分门别类的专门研究。主要是区分基础资料、历史文献及其他资料，以老司城遗址的民族、文化与语言，建筑布局及功能，周边土家村落人类学调查，遗址及其周边地质学与地貌学调查，核心区域景观生态学研究，核心价值，永顺彭氏土司司治，溪州地区社会经济，彭氏土司谱系，土司制度与彭氏土司历史文献资料整理，遗址及周边地区文字遗存信息整理，民间记忆，遗址与国内外同类遗址比较，"改土归流"后老司城遗址保存现状，彭氏土司在中国土司制度中的突出地位和贡献等问题为研究内容，进行多视角的资料整理研究。

第一节　羁縻时期老司城建筑的兴起

根据民间文献和官方文献，彭氏入五溪开始于五代十国时期。这一时期被我国土司学界称为"羁縻时期"。老司城的初始建筑应该从羁縻时期开始，然而有关永顺老司城的建筑，羁縻时期很少见于文献记载或者民间口述史。参照，《永顺宣慰司历代稽勋录》和《永顺宣慰使司历代稽勋传》[①]，按照土司学界公认的分期方法，可以肯定的是，老司城建筑的兴起至少经历了五代十国时期和宋元时期两个阶段。两个时期中，结合地方文献可以观察得到的是溪州彭氏的建筑选址，在老司城祖师殿与会溪坪之间，经历了从祖师殿、九龙磴[②]、保山寨、龙潭城、会溪坪到老司城的变化，具有明显的沿着西水河谷及其支系灵溪河谷向北迁移的趋势。

一、五代十国时期老司城郊区的建筑

五代十国时期，在溪州地区经历了彭瑊、彭士愁两个时代。两个时代中，尽管在老司城建筑史中建造了祖师殿，但溪州刺史的治所却不一定在老司城。现分述之：

（一）彭瑊时代的建筑

关于彭氏入五溪以及与溪州地方势力吴着冲角逐的史实，（万历）《永顺宣慰司历代稽勋录》和（道光）《永顺宣慰使司历代稽勋传》不见记载，（清·乾隆）《永顺府志》、（清·嘉庆）《龙山县志》却有所记载。

（清·乾隆）《永顺府志》卷十二称：

---

① 参见（清·道光）《彭氏派流族谱》（一）：35~64页、105~134页。
② 一说为九龙厅，系仿楚国马氏九龙殿之名而建。

相传老蛮头目吴着冲，今龙山之本城里、洗罗里、辰旗里、董补里、洛塔里、他砂里，皆其世土。因吴着冲延江西吉水县彭氏助理，彭氏以私思结人心，日渐强盛，至彭城遂谋逐吴着。吴着败走猛峒，城复率众击之，吴着冲复逃匿洛塔山。时有漫水司土官之弟向伯林归城，城令伯林合攻吴着。吴着冲又遁入洛塔吾山，困毙其处。其山最高险，周围石壁，中通一径，非扳援不能至。上有坪，有池，池水清碧，以人迹不到，池鱼皆生绿毛。吴着冲毙后，城以洛塔之地酬向氏，余土归于城。后吴着为崇，城以建祠祀。今永顺旧司城，犹有吴着祠，土人争焉。又云：惹巴冲者，吴着冲结义兄弟。今龙山明溪里、五寨里、坡脚里、捞车里、二梭里、三甲里、四甲里，皆其世土、后亦为彭城所并。传闻尽词，亦未可必无其事，故备载于此。①

《龙山县志》卷六称：

其先有老蛮头吴着冲，今邑之本城洗罗、辰旗、董补、洛塔、他砂诸里皆其世土，因延江西吉水县彭氏助理，彭氏以私思结人心，日渐强盛，至彭城，谋逐着冲，着冲败走猛峒，城复率众击之，遂匿洛塔山。时有漫水司（今隶湖北来凤县）土官之弟向伯林，骨肉不和，归城，城令伯林攻吴着冲，着冲困毙于洛塔山石洞，城以洛塔之地酬向氏，余土归城。……又有惹巴冲者，与吴着冲结为兄弟，今邑之明溪、五寨、坡脚、捞车、二梭、三甲、四甲诸里皆其世土、后亦为城所并。城于梁开平间归顺，命为溪州刺史，子彦唏（一名士愁）为靖边都指挥使，守溪州刺史。②

从上述（清·乾隆）《永顺府志》、（清·嘉庆）《龙山县志》看来，有关彭城"谋逐着冲"韵记载，取之于民间传说。这则传说言及了"老蛮头吴着冲"的势力范围以及"延江西吉水县彭氏"担任助理的故事，一而且提及了"彭吴之战"中经过的猛峒、洛塔山等地名。尽管乡土专家记载的史实有时间、空间、群体、事件之错位，需要考古证实，不可全信，但在有关老司城遗址的土司考古学没有全面深入的情况下，所涉及的这些战争地名信息对于大致把握老蛮头吴着冲的治所还是有一定帮助的。

"彭吴之战"在清朝乾隆时期永顺府、嘉庆时期龙山县的方志、民间传说与永顺县的民间传说之间，似乎存在着很大的差异。永顺县的民间传说：

酉水一线的溪州，分为上溪州、中溪州和下溪州，其各以今龙山县、永顺县和古丈县为统治中心。吴着冲（829—907）十六岁时拥有"老蛮头"称号后，与上溪州惹巴冲结为兄弟，获得了上溪州洗罗、辰溪、董补、洛塔、他沙诸里。他六十岁时喜获一女，名叫吴秀英。

---

① （清。乾隆）《永顺府志》卷十二，《杂记》。转引自湖南省少数民族古籍办公室主编：《湖南地方志少数民族史料》（上），177 页，长沙，岳麓书社，1991。
② 转引自谢华：《湘西土司辑略》，11 页，北京，中华书局，1959。

　　唐昭宣帝天祐二年（905），吴秀英十六岁了，琴棋书画与歌舞样样精通。吴着冲为她在境内大选十八至二十岁的男子为女婿，美其名曰轮流"扇风"，秀英中意者招为上门女婿，不中意者则杀死后抛入"万人坑"，所以使得境内有适龄男子的家庭惶恐难以终日。吴着冲公开选婿的消息传到楚国统治中心长沙后，一个征讨溪州、消灭吴着冲的计划随之产生。楚王组建一个由二十岁左右俊男组成的三十余人规模的"戏班子"，责成辰州刺史彭瑊负责办理此事。彭瑊派彭彦晞（士愁）、彭彦昭兄弟，带足三年多的银两，率领戏班子相机而动。一切准备妥当后，戏班子在农历八月十五从长沙出发，经洞庭湖而入沅江、酉水，一遇村落、城市就免费招待人看戏与吃喝。冬月十几，戏班子抵达王村（今永顺县芙蓉镇）。他们在王村，之后又取道小龙村、高坪、西米、铜瓦来到朗溪河，晚上演戏，白天则观察吴王动态及其兵力部署情况。冬月二十八日，戏班子在距朗溪河两华里的龙潭城驻扎下来。龙潭城在当地称为"弄塔"，距老司城10华里路程。戏班子来到龙潭城后，等待吴着冲请戏班子进老司城演戏的机会，一驻就是四个多月。这期间，他们晚上演戏，让年关充满节日气氛；白天则进一步了解当地风土民情，学习土语，刺探军情，熟悉地理环境。同时还利用收购当地秦氏捕来的河鱼招待客人的机会形成人脉资源。借助人脉资源，戏班子在龙潭城背后两里的灵溪河边一个名叫"龙门沟"的地方修筑哨卡，并且组织两条渡船和几十条小船停靠于此。"龙门沟"是一条宽3米、深200米的峡谷，有一条被称为"押送妻"的小溪通往龙潭城背后大山深处，自此爬10华里山路可达山顶的"押送妻"山寨。这是一个退守自如的地方，戏班子用卵石和石灰浆在此筑起了高3丈、厚5尺的卡门，以便紧急情况下脱身之用。其实，戏班子来龙潭城演戏的消息早就传到老司城，年关的时候吴着冲也曾传戏班子进城演戏。由于应婚和脱身准备迟迟未能做好，因而彭氏兄弟率领的戏班子未敢贸然前行。

　　建好卡门、备好船只后，天祐三年（906）农历四月中旬一天清晨，彭彦晞、彭彦昭一行六人从龙门沟来到押送妻山寨，因为这天是押送妻山寨的俊后生秦乖儿去老司城为吴秀英"扇风"的日子。他们赶到秦家时，发现秦氏父母正在为半年内"老蛮头"杀掉100多个应婚者担心独子乖儿的安危而犯愁悲戚。于是，彭彦晞亮明自己的"戏子"身份，表示愿意顶替，并进一步了解了秦家人口、亲戚朋友姓名等家庭关系，以备不测。为图个吉利，彭彦晞改"押送妻"为"雅颂溪"，一行六人从雅颂溪出发，花两个时辰经望乡台、千子湾、小河、送君坪、马房口，来到"老蛮头"吴着冲的住所吴来坪。到达吴来坪后，托名"秦乖儿"的彭彦晞（士愁）获准面见秀英小姐，其余五人在外等候。结果一相就中，"秦乖儿"被招为"老蛮头"的女婿，随即择日完婚。这一年，吴秀英十七岁。完婚后，彭彦昭等五人被安排为宫中杂役，戏班子其余人仍驻扎龙潭城等待时机。六月，彭彦晞（士愁）称为岳父培训兵员，在老司城正街西头建造大木屋，创建"艺堂"，由彭彦昭任教谕，招收十六至十八岁的适龄青年为学员学文习武。由于艺堂办出成效，七月中旬，彭彦昭也被安排协管宫中事务。两个月后，彭彦唏（士愁）、彭彦昭兄弟被擢升为老蛮头的助理，主持内外事务，彭彦唏（士愁）还协管老蛮头军务。借此机会，兄弟二人以为老蛮头建造别墅的名义组织一批人马，在上溪州洛塔山界修筑关卡。十月"小阳春"节的这一天，彭彦唏（士愁）携吴秀英来到灵溪河西岸八补湾沟口的，"万人坑"旁边，现场说服妻子参与灭吴，最后，夫妻商量第二年十月十八日，乘祝寿例行给父亲送寿鞋之机，预先做一双鞋码小一点的、鞋底倒插着用毒药鸳煮沸的绣花针的布鞋，让老蛮头穿鞋时受伤中毒。灭吴日期确定之后，彭氏各方面均积极准备。

后梁开平元年（907）八月初九，彭彦唏（士愁）、彭彦昭兄弟策划八月十五这天在草坝坪摆设"擂台"，公开选拔武将。八月十五，原驻龙潭城的"戏班子"乘机移入草坝坪。十月初，楚王马殷授彭城为溪州刺史，兼任辰州刺史，彭城调动万余人马向辰州、酉水流域集中。十月十八日，老蛮头寿辰这天，老司城凤凰山老蛮头住所客人云集。彭彦唏（士愁）夫妻为老蛮头献上寿鞋。老蛮头不知有诈，使劲穿上，当场针刺中毒。老蛮头的部下随即发现今天情况特别异常，急率四千精兵护送老蛮头及其亲信和数十万两白银逃往官渡、灵溪河上游方向。已赶到老司城的彭城，以彭彦唏、彭彦昭为正副先锋，率三千精兵进行追击。彭氏先头部队在灵溪上游的洛塔坪、"鹭鸶洞"①一带追上吴着冲的队伍，双方展开激战，致使老蛮头落水，被迫取道自生桥、树筒坳，于夜幕时分逃至猛洞坪（今永顺县城）。谁知当日亥时，彭氏先头部队也追至猛洞坪，老蛮头队伍被迫连夜逃往龙山方向的伴湖坪，在此安营扎寨，并将大批金银埋藏于这里右路高山后来被称为"银子洞"的一绝壁下的山洞里。十九日，老蛮头的义弟惹巴冲率三千精兵赶到伴湖坪附近的大山，他与老蛮头一道对抗彭氏大军，结果经过四天的激战，双方死伤甚众，吴、惹残部两千余人逃往上溪州方向，大将"田好汉"也被迫隐居于南渭州的米泽河，战争给伴湖坪附近留下的是官邸沟、营山、杀人坪、万人坑、吴撤守山、银子洞等六处遗迹。二十二日，吴、惹残部逃至上溪州，一路经农车、新寨、汝池河（位于猛洞河上游）和塔泥湖，扩充兵员至四千余人。二十八日，彭氏大军从农车出发，经打猎铺、八井追至马驻岭、百五坡（又名百五山）、汝池街、塔泥湖、印家山，将吴、惹蛮军团团围住，致使蛮军隐藏于塔泥湖一带的深山密林之中。十二月初，吴着冲、惹巴冲从塔泥湖西北角突出重围，潜入洛塔山界的老蛮头别墅。十二月上旬，彭氏大军与从漫水前来的向伯林部一起，联合进剿洛塔山界，吴着冲在山洞中被彭彦唏（士愁）刺死，惹巴冲困死于洞中。七十八岁的吴着冲被刺死的这一年，吴秀英才十八岁。战后，除洛塔山界赠送给向伯林外，老蛮头吴着冲和

---

① 之后，鹭鸶洞更名为落水洞。

惹巴冲的领地全归彭氏所有。①

类似的记载，在民国十九年（1930）《永顺县志》也有所反映："吴王厅，县东北八十里外塔卧保，四面陡绝，仅一线路可通，山顶平坦，有似厅堂。相传五代时老蛮头吴着僭称王号，尝屯兵于此，故又称吴王屯山。今遗址尚存。清诸生杨立程《登吴王屯山》诗：峭壁千寻拔地起，孤高直入云霄里，吴王大业存几何，惟余山下碧流水……彭家廿州今何在？矧此区区之幺膺，凭吊兴亡千古事，临风慷慨发悲歌。"② 这则史料表明，在清末民初时期的民间传说中，吴王屯山（距司城25公里）因老蛮头吴着在山顶修筑吴王厅而得名，它在一定程度上反映了老蛮头吴着冲的军事势力曾经扩充至今天的老司城周边地区。

（二）彭士愁时代的建筑

彭士愁（873—946）是梁太祖开平戊辰年（908）继任溪州刺史的。明朝万历年间的永顺宣慰司《历代稽勋录》这样载录彭士愁："梁太祖开平戊辰元年（908），朝议为溪州刺史。

彭士愁继任溪州刺史后，崇信道教，开始建造祖师殿。不过，清朝乾隆二十八年（1763）的《永顺府志》、乾隆五十八年（1793）的《永顺县志》和同治十二年（1873）的《永顺县志》对此均无反映，而是民国十九年（1930）的《永顺县志》对此却有较为明确的记载。该志是这样记载祖师殿的建造年代的："祖师殿，在旧司城。晋天福二年（937）建，正殿柱四，大数围。上架木枋处，无斧凿痕，真神工也。相传为公输子显关所建。"③ 对于祖师殿系"公输子显关所建"，老司城民间小调至今有三个传唱版本进行传唱。第一版本是："一唱祖师庙，鲁班来建造。楠木柱，马桑料，横梁千柱都搁到。千百年，未偏倒，神仙手艺巧。"④ 第二个版本是："司城祖师庙，鲁班来修造。楠木柱来马桑料，万把名标。"⑤ 第三个版本是："四唱披发祖师庙，鲁班所造。楠木柱，马桑树，横梁千柱千搁到。咿儿哟咿儿，哟，仙机真奇妙，哟，嗬也！"⑥

方志与老司城民间小调均指向老司城祖师殿的建造技艺，不得不使人追溯鲁班或者与木匠祖师爷鲁班相关联的建筑专书。据古建筑保护专家研究，明朝中期以后的《鲁班经》是流传至今、影响最大的一部民间木工行业的专书，该书在删削《鲁班营造

① 参见向盛福：《土司王朝》，23～45页，呼和浩特，内蒙古人民出版社，2008；《土司王朝》，23～45页，呼和浩特，内蒙古人民出版社，2009；《老司城民间故事集》，81～99页，北京，中国戏剧出版社，2010。
② （民国）《永顺县志》卷三，《地理志·山名》。
③ （民国）《永顺县志》卷六，《地理》引《唐志·杂记》。
④ 萧卓夫：《溪州土司名胜拾萃》，83页，北京，民族出版社，1997。
⑤ 刘纯玺、刘善福：《土家族故都老司城》，71页，香港，天马出版社，2005。
⑥ 向盛福：《老司城民'间故事集》，198页，北京，中国戏剧出版社，2010。

《正式》一书的基础上形成。关于这一点，刘敦桢在民国时期对《鲁班营造正式》进行校订，① 其结论是《鲁班营造正式》比《鲁班经》版本更早，内容涉及房舍、楼阁、钟楼、宝塔、畜厩等建筑，而《鲁班经》仅保留《鲁班营造正式》之中有关营建行规、手续、仪式和制度等内容，更多的是摘抄了其选择、符咒、选吉日、定门尺等部分，它在一定程度上反映了风水观念在当时已经普遍影响民众日常生活，并且指导和规范人们的建筑行为。②

综合以上各说，笔者比较赞同《中国文物地图集·湖南分册》的祖师殿系"明嘉靖三十三年重修"的说法。因为传唱至今的老司城有关祖师殿的民间小调，应最早起始于明朝中期或者晚期。由于《鲁班经》主要流传于今天的安徽、江苏、浙江、福建、广东一带，因而嘉靖三十三年（1554）的这次重修应该是聘请这些地方的外来工匠所为。

彭士愁继任溪州刺史之后，大肆扩张，势力范围多达 20 个州，覆盖湘黔渝边区 14 个县。之后，他于后晋天福四年（939）发动溪州之战，次年战败后即与楚国在会溪坪（今古丈县罗依溪镇茶叶村）竖立溪州铜柱，走上自治的发展道路。关于溪州之战和竖立溪州铜柱的经过，《十国春秋》有着详细的记载：

秋八月，黔南巡内、溪州刺史彭士愁引锦、溪州蛮万余人寇辰、澧二州，焚掠镇戍。遣使乞师于蜀，蜀主以道远不许。九月辛未，王命左静江指挥使刘勍、决胜指挥使廖匡齐帅衡山兵五千讨之。十一月……刘勍等进攻溪州，彭士愁兵败，弃州走保山寨，石崖四绝，勍为梯栈上图之，廖匡齐战死。……天福五年春正月，刘勍进攻彭士愁寨，火箭焚之，士愁帅麾下逃入溪、锦深山。乙未，遣其子师暠（应作杲）率诸蛮纳溪、锦、奖三州印请降。二月，敕班师还长沙，王徙溪州于便地，表士愁为溪州刺史。……王素称马援苗裔，效伏波将军故事，以铜五千斤铸柱，立之溪州，柱高丈二尺，入地六尺。命学士李宏皋铭之，勒誓状于上。③

对于这一则记载，不能忽视的是有"弃州走保山寨，石崖四绝，勍为梯栈上图之，这么一条记载。从这条记录中，可以看出"州"与"保山寨"之间的退守关系。如果左静江指挥使刘勍、决胜指挥使廖匡齐进攻的方向是澧水流域，则这里的"州"治所就很可能为老司城；如果进攻方向是辰州、酉水流域，则"州"治所就肯定不为老司城。之所以如此，是因为从描述上考察，"保山寨"地势相当险要，需要借助"梯栈"等军事器械才能攻克，不像是老司城一带的地势。当然，有人结合溪州铜柱铭文和民

① 刘敦桢：《钞本〈鲁班营造正式〉校阅记》，载《中国营造学社汇刊》，1937 年第 6 卷第 4 期。
② 参见张映莹、乔云飞、李海英：《中国古代营造类工官》，264 页，北京，文物出版社，2011。
③ 参见《十国春秋·楚二·文昭王世家》。转引自谢华：《湘西土司辑略》，17～18 页，北京，中华书局，1959。

间传说对"保山寨"进行了空间定位，认为它是位于距王村（今永顺县芙蓉镇）10 余公里的九龙厅山寨，说那里是彭士愁战败后固守的砦堡。其理由也很简单，就是后晋天福四年发生的溪州之战在王村附近。①不过，从城市与墓葬群的关联关系来考察，第二代溪州刺史彭彦晞（士愁）去世后葬于彭家湾。这个彭家湾当位于立溪州铜柱的会溪附近，而这一周边地区很可能就是彭士愁时代溪州的"州"治所所在地。所以说，尽管在彭士愁时代建造了老司城祖师殿，但溪州的治所极有可能不在老司城，而在会溪坪、彭家湾和九龙厅山寨之间。

二、一元时期的老司城建筑

宋元时期，溪州地区的刺史治所处于频繁地建造与迁徙之中。与这些刺史治所建造与迁徙有关的，有彭允林、彭师晏、彭师宝和彭福石冲。经历了四个刺史的建造与迁徙，治所最终选定在老司城。

（一）彭允林时期的建筑

彭允林（926—995）是宋太祖乾德元年（963）任知溪州②、开宝四年（971）继任溪州刺史之位的。他在知溪州任内，于老司城东南 10 里的灵溪河南岸的弄塔村，建造了龙潭城。这在方志和田野考古中，均得到证实。

（雍正）《永顺县志》载：龙潭城在云霭山下，其地又名弄塔，宋建隆四年（963）土司彭允林治所，遗址尚存。城直径约二里，半圆形台地，前后皆悬崖峭壁，后山麓有墓葬。

（乾隆）《永顺县志》载：龙潭有二，一在灵溪下流，一在云霭山下，又名弄答。土司旧志载，宋季土司彭允林建治于此，遗址尚存。……案永顺司宗谱载，彭氏祖宗多葬弄塔村，当即此地。③

根据湖南省文物考古研究、湘西土家族苗族自治州文物局和永顺县文物局的考古资料，龙潭城位于灵溪河向南折拐处东北侧的第二台地和第三台地上，城址坐西朝东，长约 260 米，宽约 140 米，面积 3 万多平方米。城墙以夯土筑成，土质板结，分为十余层，残高约 2.8 米，宽约 6.5 米。城墙外围有明显的取土筑墙而形成的城壕。城内堆积分为五层，第二、三层为明清时期文化层，分布有大量的青花瓷片和少量的白瓷片；第四层为宋元时期的文化层，分布有大量的白瓷片和少量的青瓷片、酱色瓷片和釉陶片；第五层为商周文化层，分布有夹砂陶片。过去当地人在遗址上开地时，发现由卵石砌成、油灰抹面的墙基，以及城址东南部的古墓群。墓地陪葬品有金银器。城址以

① 萧卓夫：《溪州土司名胜拾萃》，4 页，北京，民族出版社，1997。
② 见《宋史·诸蛮传》；谢华：《湘西土司辑略》，34 页，北京，中华书局，1959。
③ （清·乾隆）《永顺县志》卷一，《地舆志·山川》。

北的竹长坪悬崖上还有一山洞，被传说为吴王晒甲处，传说与吴着冲的军事活动有关。①

从上述地方文献资料和田野考证资料考察，龙潭城遗址早在商周时期就有人居住，之后长期荒废，直到北宋时期才被彭允林建造为知溪州的治所，作为一座有人居住的城市一直延续到元明清时期。

（二）彭师晏时期的建筑

彭师晏（1067—1094年在位）是宋英宗治平四年（1067）即位的。他即位之后，于北宋神宗熙宁九年（1076），修筑下溪州城。史载：

> 九年，师晏常持向背，湖北提刑李平招纳之，师晏往会章惇，报请以誓下州各地归版籍，惇以事闻，诏褒之，遂筑下溪州城，并置砦于茶滩南岸，赐新城名会溪，新砦名黔安，戍以兵，隶辰州，出租赋如汉民。（谱，宋传）②

> 溪州刺史彭师晏以誓下州各地归版图，帝嘉之，遂"筑下溪州城，并置砦于茶滩南岸，赐新城名会溪，新砦名黔安，戍以兵，隶辰州，出租赋如汉民"。③

从上述两则史料观察，北宋神宗熙宁九年（1076）所筑的会溪城，系誓下溪州的中心城市，隶属于辰州管辖，居民被迫改变溪州铜柱的约定，要像内地一样向国家上缴租税，旁边还修筑有黔安砦驻兵守卫。这两座北宋时期的城市位于今天的古丈县罗依溪镇茶叶村，距上游王村的水程有十余里，因酉水河凤滩水库的修建而沉于水下，无法进行考古发掘。

（三）彭师宝和彭福石宠时代的建筑

彭师宝（1065—1132）是宋哲宗元祐六年（1089）承袭溪州刺史之位的，在任41年，执政时期处于北宋与南宋之交。然而，可能是因为老司城位于福石山麓的缘故，有关老司城早期城市迁建史的年代追溯到了彭福石宠。

彭福石宠（1113—1193）于南宋高宗绍兴五年（1135）继任溪州刺史之位。继位后，他感到辰州约束得太紧，追缴太急，遂将刺史治所从会溪坪迁于灵溪河谷、福石山下的福石城。据永顺地方志记载，福石城是福石郡的郡城，也就是今天的老司城。经过此次迁治，老司城成为溪州刺史和永顺土司永久的治所。对于彭福石宠迁治的史实，无论是文献史料还是民间传说，均为评论性反映。

---

① 这个"吴王晒甲处"在方志中称为茄丽土。据（清·乾隆）《永顺县志》卷一，《地舆志·山川》记载："茄丽土，此下照《土司旧志》补入，在司治东南十里灵溪河南岸，悬岩绝壁，有一石洞，洞门高敞，相传古之土蛮长吴着送曾于此晒铠甲，至今横木尚存，有欲攀援而上者，将近洞中尺许，雷电忽作，风雨大至，惶惧而返。"

② 谢华：《湘西土司辑略》，45～46页，北京，中华书局，1959。

③ 《宋史·西南溪峒诸蛮上》。

文献史料是这样评论此次迁治的：

按永顺司有曰福石郡者，疑蛮人自为郡名。今灵溪、福石山，即永顺老司城地也。①

自筑下溪州城于会溪以来，誓下州常受辰州约束，甚感不便，福石宠袭任后，迁其治于灵溪之福石郡（即今永顺城东南三十里之老司城）。郡以福石山（今名华盖山）得名，置于何时，无考。新治依山而筑，万峰环拱，灵溪及其支流前后萦绕，天然城池，为永顺司数百年小朝廷的首都。（谱，永顺县志张文琴纂，以下简称张志）②

两则史料，反映了彭福石宠迁治老司城的史实及其原因，并且说明福石城最初是以福石山命名的。然而笔者考察（万历）《永顺宣慰司历代稽勋录》和（道光）《永顺宣慰使司历代稽勋传》③的相关记载后发现，两个土司官方文本均无有关彭福石宠迁治老司城的具体记载。所以这两则史料所提供的史实，应该是后来的史料编纂者根据彭福石宠的名字结合老司城有福石山这个事实予以确定的。

民间传说则进一步说明了土王迁治老司城的原因：

土王的都城本来设在会溪坪，地处酉水河边，船只开来开去都很方便，后来为什么迁到老司城这个山角里来了呢？这都是向老官人讲大话坏了事。

土王在湖南八蛮之地称王称霸，朝廷里也没有真正管他，每隔三年给朝廷进一次贡，送上几张虎皮、几桶蜂蜜、几捆撩竹叶、几只锦鸡野鸡算了不起了。皇帝老儿，还要回赐一些。有一年，土王派向老官人到皇帝那里进贡，这向老官人帮土王打江山，出了好多主意，是个有功之臣，现在老了，喝了几口酒爱吹大话。在酒席上，皇帝问向老官人："上湖南的八蛮之地，是怎样一个地方？"向老官人笑着答道："这八蛮之地么，上八府，下八府，八八六十四府，府府有能人，能文又能武。"皇帝听了微微一怔说："你们溪洞蛮子住的地方，处处是溪，处处是洞，有能人也是空的。"向老官人接着说："你莫小看我们的洞哩，上八洞，下八洞，八八六十四洞，洞洞有珍宝，洞洞有龙凤哩。"听向老官人这样一吹，皇帝有些动心了，又问："你们那里有土坪没有？"向老官人连说："有呀，有呀，上八坪，下八坪，八八六十四坪，坪坪藏珍宝，坪坪埋金银。"这下皇帝信以为真了，心想你八蛮之地，那样富庶，遍地都是珍宝、金银，这还了得，这还能让你土王独占吗？于是，皇帝一心要占领这块宝地，他暗下毒酒把向老官人毒死，一面派了几万兵马向八蛮之地奔杀而来。

---

① （清·乾隆）《永顺府志》卷十二，《杂记》。转引自湖南省少数民族古籍办公室主编：《湖南地方志少数民族史料》（上），176 页，长沙，岳麓书社，1991。
② 谢华：《湘西土司辑略》，42～43 页，北京，中华书局，1959。
③ 参见（清·道光）《彭氏派流族谱》（一），35～64、105～134 页。

当时，土王的都城设在会溪坪。客兵沿酉水而上，包围了会溪坪。会溪坪无险可守，眼看城池就要攻破，土王奋起抵抗，他和十八个兄弟都被杀死。客兵攻破城池，杀进土王宫中，不分男女老少见了就杀。看来，土王一家要遭到斩尽杀绝的大难。这个时候，土王有个老姑娘在雪花洞修炼已经两百多年了，她掐指一算：土王一家遭大难了，但土王后代该还有五百多年的天下，子孙不该灭绝。老姑娘摇身一变，变成一个讨米的老婆婆，混进土王宫里，把土王一个未满周岁的儿子，统在自己的衣袖里，救了出来。这时八蛮之地已被皇帝占领，下圣旨到处追查土王的后代。老姑娘救出了未满周岁的小儿，把他隐藏在没有人居住的灵溪河边，这就是今天的老司城。那时，灵溪河两岸都是不见天日的大森林，山高、水急、谷深，人迹罕至。老姑娘把小土王隐藏在这里，给他教练武艺。一转眼就是一十八年，这小土王已是一个英俊的青年了。老姑娘算定该是小土王出世的时候了，她不知从哪里捉来一只大公鸡，叫小土王骑在公鸡背上。这公鸡有三尺多高，身披五色羽毛，头上有红艳艳的凤冠子，一展翅飞到司城后面的天马山上，站在山顶，喔喔地叫了三声。这喔喔的叫声，传遍了八蛮之地，人们听到鸡叫，不知怎的想起了土王，想起了这十八年受客兵的蹂躏之苦。大家磨刀的磨刀，练箭的练箭，准备冲杀出去，恢复土王的江山。那雄鸡又高叫三声，好像吹响了牛角号，各地的土家族人都向客兵冲杀过去。那些客兵以为土王的后代已经杀绝了，天下太平，毫无准备，不上三天，客兵死的死，伤的伤，逃的逃，这八蛮之地又成了土王的天下。各路的土家族人追寻鸡啼的地方，来到灵溪河，来到老司城。看到这里山环水绕，地势险要，真是一代人王居住之地，于是大家向小王建议，就把都城建在这里。小王答应了，随后，就在这里修金銮宝殿，修道路，修街道，正式给这座城取个名字叫福石城。以后子孙承袭，一直传了五百多年。

老姑娘救了小土王，恢复了土王的天下，土王封她为正神叫"莎帕泥"。莎帕泥是专门为土家族看守小伢儿的女神。哪家生了个小伢儿，用红纸剪个莎帕泥的神像，贴在碗柜上，上面还扎一把小纸伞插着，早晚敬她，求她保佑，一直敬到伢儿满七岁为止。向老官人因为讲大话，闯下大祸，自己的命送掉了，几乎把土王的江山也送掉了。他死了以后，变成一只小鸟，歇在树枝上，整天喊："莫讲大话！""莫讲大话！"告诫后代人，再莫学他那样讲大话了。[1]

从这个民间传说看来，土王迁治老司城与"向老官人讲大话"、暴露地方"财富"而引发战争冲突有关。在"皇帝"贪欲之下，老司城最初是供隐居、"恢复土王天下"用的，大规模建城也是从"复地"之后开始的。这里所讲的那个小土王，讲的极有可能就是彭师宝或者彭福石宠。"宠"就是"冲"，在土家族语言里就是"王"的意思。"福石宠"，就是"福石王"。

---

[1]　萧卓夫：《溪州土司名胜拾萃》，124～126页，北京，民族出版社，1997。

既然上述文献史料只是评论性的，而民间传说又只能作为思考问题的线索，那么，从墓葬群与城市的关联关系上考察刺史迁治老司城的史实，就变得十分必要了。现依据土司宦谱（万历）《永顺宣慰司历代稽勋录》和（道光）《永顺宣慰使司历代稽勋传》，对溪州刺史和永顺土司的墓葬群予以检索，以便对刺史城、土司城形成空间定位：

第二代刺史彭彦唏（士愁），葬彭家湾；

第三代刺史彭师裕，葬会溪；

第四代刺史彭允林，葬弄塔村；

第五、第六代刺史彭允殊、彭文勇，葬地不详；

第七代刺史彭儒猛，葬会溪；

第八代刺史彭仕义，葬弄塔村；

第九代刺史彭师晏，葬地不详。

上述第四代刺史彭允林修建龙潭城，第九代刺史彭师晏修筑会溪城，该方面的史实是清楚的，所以这几代刺史葬地选择在对应的城市附近是可以理解的。对于彭师晏的"葬地不详"，我们也可以做出要么在龙潭城，要么在会溪城的基本判断。

第十、第十一、第十二代刺史彭师宝、彭福石宠、彭安国，葬补亚村；

第十三、第十四代刺史彭思万、彭胜祖，葬八桶湖；①

第十五、第十六、第十七、第十八、第十九、第二十、第二十一、第二十二、第二十三、第二十六、第二十七代宣慰使彭万潜、彭天宝、彭源、彭仲、彭世雄、彭显英、彭世麒、彭明辅、彭宗舜、彭元锦、彭廷机，葬雅草坪；第二十四、第二十五代宣慰使彭翼南、彭永年，葬聚龙湖（洗坝湖），迁葬雅草坪；

第二十八代宣慰使彭洪澍，葬纳溪洞宁福山；

第二十九代宣慰使彭肇桓，葬塔卧；

第三十、第三十一代宣慰使彭肇相、彭廷椿，葬寿德山。

当然历史是不能假设的。如果假设彭福石宠迁治老司城属实的话，那么除第二十九宣慰使彭肇桓葬于塔卧之外，第十代至第三十二代刺史和宣慰使应该葬在老司城这座城区内或者附近的补亚村、八桶湖、雅草坪、纳溪洞宁福山、寿德山。从补亚村墓葬群与城市的关联关系看来，假设中的首先迁治老司城的还应该是彭师宝（1065—1132）。当然，上述补亚村、八桶湖、雅草坪、聚龙湖（洗坝湖）、纳溪洞宁福山、塔卧、寿德山墓葬群的空间坐标的定位，需要土司考古学的进展进行验证。不过，目前

① 元仁宗延祐七年（1320），忠襄公彭胜祖由溪洲刺史升授为永顺安抚使，从此正式开始了永顺土司的历史。

老司城的土司考古学进展是，在老司城这座土司城市的城区及其附近，发现了紫荆山墓地（老司城东南郊）、禁山墓地（紫荆山墓地东南部周家湾安置区的太平山腰）、莲花座墓地（老司城西北约 1 里的莲花座山坡上）、象鼻山墓地（老司城西北约 1 里的象鼻山山坡上）、八桶湖墓地（莲花座墓地西南大约 4 里处的山坡上）、新基包墓地（老司城宫殿区北 2 里的响塘坪对面、灵溪河东岸的六代包山坡上）、义渡田墓地（老司城村小河口义渡田的坎上）、亲缘山墓地（老司城村喻家包组）、菜园坪墓地（老司城村喻家包组）、何家寨墓地（老司城村上河组）、千子湾墓地（老司城村喻家包组）、祖师殿后山墓地（老司城东南祖师殿后山）、长田墓地（老司城村喻家包组）、王家坡墓地（吊井乡毛坪村一组的山坡上）、摆腊墓地（老司城村喻家包组）、新基湾墓地（老司城村上河组何家寨东部）等 17 个墓葬群，但是墓主的身份还未能与土司宦谱所记载的葬地勾连起来。这还只能算是老司城城区及其附近的墓葬普查，考古学深度上尚存在着很大的不足。尤其需要指出的是，不找到补亚村墓葬群，则文献史料和民间传说所建构的老司城这座土司城市的早期建城史将始终缺乏令人信服的时空坐标。①

第三十二代以后至第三十四代，宣慰使的葬地要么选择在远离老司城的地方，要么就不详。

第三十二代宣慰使彭泓海，葬洗坝湖（今湖南省永顺县石堤西镇"北颅"）；

第三十三代宣慰使彭肇槐，葬今江西省吉安市；

第三十四代宣慰使彭景燧，葬地不详。

另外，位居第十九代至第二十代之间的彭碹，葬雅草坪；位居第二十一至第二十二代之间的彭世麟和第二十二代到第二十代之间的彭宗汉，葬地不详。

可见，老司城早期的建城史应与溪州刺史彭师宝和彭福石宠直接有关。尽管彭福石宠作为福石郡之"王"择址福石郡具有望文生义的成分，尚需要土司考古学的进一步证实，但不管怎样，老司城择址福石郡的主要原因还是被突显出来，即它试图远离王朝国家的统治中心。

第二节　土司时期老司城建筑的发展

土司时期，老司城建筑发展经历了元朝末年明朝早期（1368—1505）、明朝中期（1506—1620）、明朝晚期（1621—1644）、清朝前期的南明时期（1645—1662）五个阶

---

① 目前老司城考古工作者已有人推定，补亚村极有可能就是老司城河西的莲花座。

段，业已成为永顺土司区的政治、经济、文化和军事中心城市。这座永顺土司的中心城市，由于文献记载相对匮乏，因而需要借重土司考古学资料补充文献记载的不足，从而完成对老司城遗址建筑的断代工作。

一、考古工作者眼中老司城建筑的发展

经过近20年的土司考古学发掘，在考古工作者眼中，土司时期老司城遗址上的主体建筑起始于元朝晚期、明朝早期，大规模建造于明朝中期、晚期，基本结束于清朝前期。现以内罗城遗址建筑、外罗城遗址建筑为视点，进行考察。

（一）内罗城遗址建筑断代

实地考察老司城遗址，会发现这里的内罗城城墙保存相对完好，城内的田地里有建筑台基、石级，残存的建筑下面有各种款式的石柱础，城内的泥土中混杂着数量不少的陶瓷片、瓦片。对这些建筑构件逐一进行考古学考察，就能初步明了老司城内罗城的建筑时代。根据永顺方面提供的考古资料，笔者在研究中发现老司城遗址建筑，元朝末年和清朝前期的极少，它主体上是明朝早期（1368—1505）、明朝中期（1506—1620）和明朝晚期（1621—1644）的。具体而言：

一是宫殿区的南城墙。其墙芯、墙垫层、瓷片以及城墙下面地层堆积的第一层是明代早期的，而地层堆积下面的第二至八层地层，则分布有早于明代、不晚于元朝晚期的白瓷、青瓷、影青瓷、花纹砖和筒瓦。这表明宫殿区元朝晚期以前有土司居住，其宫墙建于明朝早期。

二是宫殿区和衙署区的主体建筑。一号台基是宫殿区最大的主体建筑的台基，处于以大西门为中轴线自下而上的第四平台中部偏南的位置，台基石级的整体结构、位置及所处的地层，均属于明代早期。现散见于土王祠、摆手楼、小学旧址和许多民居之中的石柱础，初步统计总数达二百多个，它主要来自内罗城，属于明代建筑构件。可见，宫殿区和衙署区的主体建筑，始建于明朝早期，持续修建于整个明朝。

三是宫殿区的陶瓷片。在宫墙墙基下原始地面和青砂泥筑垫土之间，发现明朝洪武年间景德镇民窑的青花瓷片和本地的瓦片。那些散见于宫殿区的瓷片，少量存在的是题款为"永乐年制"、"宣德年制"的瓷片，以及明代早期题款为"宣慰使司佳器"的景德镇民窑的黄釉瓷，大量存在的是题款为"大明成化年制"、"成化年造"的瓷片和嘉靖、万历年间仿制的题款为"大明成化年造"、"大明嘉靖年造"、"大明宣德年造"、"成化年制（造）"的瓷片，还有题款为"丙辰年"、"世恩记"、"太号"、"月山记"、"万福攸同"、"厨房记"、"宝号"、"水徐云春"、"乙丑年记"、"丹崖记"的明末清初时期的瓷片，极少数存在的是题款为"雍正年造"的瓷片。同时混杂在这些瓷片之中的，是产自于本地民间的大量釉陶片。不难看出，宫殿区在明朝早期、中期、

明末清初和清朝雍正大规模"改土归流"前期，均使用陶瓷器；其中，明朝早期用量较小，明朝中期、晚期和清朝前期的南明时期的用量较大；它不仅直接反映了永顺土司大规模餐饮聚会活动的相对频繁，而且也间接反映了内罗城的建筑主要形成于这一不同的历史时期。

四是宫殿区的石砚台。在宫殿区发现的石砚台，底部刻有"崇祯甲申年二月初一日造"的字样。它至少反映土司、土舍读书学习的那幢建筑不会晚建于明朝崇祯十七年（1644）。

（二）外罗城遗址建筑的断代

考察老司城遗址上的外罗城，其建筑群由卵石铺成的街道以及土地庙、吴着庙、低矮的城墙等建筑构成。

首先是街道。从老司城遗址的街道内发掘出的元朝晚期至明朝初期以及明朝早期景德镇龙泉窑的青瓷证实，老司城由卵石铺成的街道成形很早。综合分析也是这样：由于宫殿区城墙和主体建筑集中建造于明代早期，因而，老司城大部分街道也修建于明代早期，少部分应不晚于元朝晚期修建。

其次是右街上的土地庙。它早期为明代土司所建，后来在清代中晚期经过了两次重修。

再次是吴着庙。它始建于明代，后又多次重修，到 20 世纪 60 年代被毁。

可见，外罗城建筑群给我们所透出的考古信息是，它们均建于明朝，有的甚至是明朝早期和元朝晚期。

综上所述，土司时期老司城城区的建筑，初建于元朝末年，大规模建造于明朝早期、中期和晚期，清朝前期的南明时期已接近尾声，仅有一定程度的在原址基础上的复建。

二、文献记载中的老司城建筑

从明朝开始，有关老司城遗址的建筑，开始在当时有了明确的文字史料记载。

（一）明朝早期的老司城建筑

明朝早期（1368—1505），有关土司生前参与老司城建筑的史料十分稀少。笔者到目前为止发现，仅仅只有两件生前修建猛洞别墅、死后其妻修桥铺路的土司建筑史事，涉及宣慰使彭显英（1439—1490）。

一是营建猛洞别墅。"猛峒别墅在城东西衙步，明宣慰使彭显英建。显英于成化十年（1476）致仕，营此别墅，优游林泉，日与文人诗士唱和其中"；[①] "成化丙午二十

---

① （民国）《永顺县志。地理志》卷六引《明·永顺司宗谱》。

二年（1488），公以疾乞休于朝，营治猛洞河别墅，优游林下，日与文人、诗士倡和岁月"；①"是年，显英致仕，营猛洞剧墅居之"。②

二是榔溪桥。"榔溪桥，在县东南一百里。榔溪可考《土司旧志》云：彭显英妻彭氏建，久圮。"③

前一条的三处史料显示，彭显英（1439—1490）营建猛洞别墅的记载来自宦谱或者族谱，是他在成化十年（1476）致仕以后于成化二十二年（1488）修造的。这座别墅还没有建于老司城，而是建造于今天的永顺县城湘西土家族苗族自治州第二民族中学校园内，当时称为"西衙步"的地方。

（二）明朝中晚期的老司城建筑

到了明朝中期（1506—1620），永顺土司生前参与老司城建筑的记载逐渐增多，他们是彭世麒、彭明辅、彭宗舜、彭翼南和彭元锦。不过，这里需要指出的，彭元锦是一个纵横明朝中期和明朝晚期（1621—1644）的土司。

1. 彭世麒与彭世麟时期

彭世麒（1477—1532）时代是永顺土司辉煌的时代。他在长年征战之余，喜欢游玩，擅长书法，留下大量的金石碑刻或摩崖石刻作品。弘治年间（1488—1505），他在今永顺县麻岔乡上官村留下两幅摩崖石刻。一幅是"思垒同诸亲友游口，此细话改口，夕旦"。④ 另一幅是弘治十二年仲夏与酉阳宣抚使冉西坡游玩时写的，"弘治己未岁仲夏（1499），余邀同世亲冉西坡游此，得鱼甚多。其日，游者从者千余，俱乐醉而归。思垒记"。⑤ 正德元年（1506），"客家"官员围惠畴在为宣慰使彭世麒的长房"清房"、淑人向凤英书写的墓志铭中，间接地提到了彭世麒，说："永顺宣慰使彭侯天祥，尝以文墨通予。……侯性好书画，集之者充栋，向皆能保藏之。侯治颗砂别墅，向指画，多合意。"⑥ 正德三年（1508），彭世麒与其外嫁到酉阳宣抚司的妹妹泛舟夕铺（今永顺县麻岔乡上河村），留下摩崖石刻。刻石记载，"正德三年，余与嫁酉司妹同游。时水泛，故记"。⑦ 据《历代稽勋录》和《历代稽勋传》记载，正德十五年（1520），彭世麒在老司城立"表劳"碑坊，"上刻'玉音'，敕赐并'表劳'二字"，⑧还建成了颗砂别墅（位于永顺县颗砂乡颗砂村），"延聘永定卫樊使君公子樊珍，朝夕

---

① 见（万历）永顺宣慰司《历代稽勋录》。
② 谢华：《湘西土司辑略》，51 页，北京，中华书局，1959。
③ （清·乾隆）《永顺县志》卷一，《建置志。津梁》。
④ 《摩崖石刻》（一），吉首大学中国土司历史文化研究中心拓片，2005。
⑤ 弘治十二年《摩崖，石刻》（二），吉首大学中国土司历史文化研究中心拓片，2005。
⑥ 正德元年《昭毅将军思垒彭侯故室淑人向氏墓志铭》，吉首大学中国土司历史文化研究中心拓片，2005。
⑦ 正德三年《摩崖石刻》（三），吉首大学中国土司历史文化研究中心拓片，2005；湖南省文物考古研究所、湖南省考古学会编：《湖南考古 2002》（上），324 页，长沙，岳麓书社，2004。
⑧ 《历代稽勋传》。转引自彭剑秋：《溪州土司八百年》，65 页，北京，民族出版社，2001。

讨论，修志崇礼……甚哉，又能建立祠祀，壮修社学"。① 方志中所记："颗砂桥，此下照《土司旧志》补人，在颗砂土司行署前，长三丈，洞二丈高，三皆巨石，所累《土司旧志》云：彭世麒建，今圮。"② 这一则信息中的"颗砂桥"，也应建于这一段时间。正德十六年（1521），他来到距颗砂别墅三里的爽岩洞，在洞口右边的石壁上题款并写下了两首诗。其题款是："爽岩洞。正德十六年（1521），思垒书。督工管带头目向求宁，带管造添福，石匠熊明。"第一首诗写的是："古洞爽开处，藏春别有天，百壶酬胜赏，一笑了尘缘。二川彭飞。"第二首是："偶与仙人游，邀我洞中宿，夜久月明孤，风吹岩下竹。小崖湖静。正德十六年思斋书。"梁厚能分析彭飞、湖静的书法后认为，两诗应分别为这两个人书丹。③ 这期间，他还在松云潭写有"东江渔火"，在猛洞河东岸的高立山山腰间还题写"观猎台都宣慰使思垒捕猎游此山记云"，在今老司城村"神仙打眼"一带留下"碧花潭正德年来，与诸士大夫乘舟游乐之勤，因名勒碧花庄。思垒书"，在今上河村洛塔坪留下"余思垒暇时，常侍老母同眷属游景，因醮起以记之"等摩崖石刻，书法作品遍及灵溪河河谷。嘉靖二年（1523）秋天，他在当时的"内颗砂"钟灵山西崖的古道旁边留下"钟灵山摩崖石刻"（位于龙寨乡把竹河村钟灵山西崖的古道旁边）："奉敕钦升湖广都指挥使，仍致仕龙虎将军，上护军，永顺等处军民宣慰使司前宣慰使彭思垒率众于此地收粟一万秤，以备赈济。同弟彭世麟，姻亲彭世俊，一男彭明臣，十男彭明信，十一男彭明时，十二男彭明道，把总张虎、彭鸣，总管田春、彭永程，把目彭尚勇、彭荣、乔永福、向英、田华、林凰鸣、郑高、史祥、南木余、兀刺送、加俾、白土俾、张文魁、张文定，医士王仲和、万雨九，管工添福、添寿，造字匠熊秀，综理砍山收粟舍人彭九龄，舍目彭如送、彭尚仁。嘉靖二年秋仲月吉旦。"④ 嘉靖八年（1529）夏，他陪同朝廷官员，在永顺县灵溪镇上河村的洛塔坪的河谷中，留下"嘉靖乙卯季夏，子口内阁大学士徐门下锦衣金垂川、吕松泉、庠士杜太行携宗族等，同游于此。美"。⑤ 的摩崖石刻。嘉靖十年岁次辛卯（1531）三月初五日庚寅，他与信士彭士俊，把总向晟、张虎、彭九龄、向永寿、汪斌，管家严谨、彭远、彭志高，头目田鹗、田九口、田大用、上同，致仕宣慰使彭明辅，现任宣慰使彭宗舜，官舍彭明伦、彭明义、彭明德，经历司信官徐林一道，心怀道日、皇图、法轮、帝道等"四重深恩"，集资铸造"洪钟一口"（即"雄狮抱钟"），"入于本司马浦

---

① 见（明·万历）永顺宣慰司《历代稽勋录》。
② （清·乾隆）《永顺县志》卷一，《建置志·津梁》。
③ 参见梁厚能：《书法湘西》，64～66 页，长沙，湖南人民出版社，2011。
④ 湖南省文物考古研究所、湖南省考古学会编：《湖南考古 2002》（上），325 页，长沙，岳麓书社，2004。
⑤ 柴焕波：《从王村到老司城——永顺彭氏土司的历史踪迹》，见湖南省文物考古研究所网页，网址：http：//www.hnkgs.com/show news astx? id＝438。

圣殿"（老司城祖师殿）。该钟为铁钟，钟面划分四个方格铸刻文字。① 嘉靖十一年（1532），仁房夫人彭德英去世，其墓志铭提及"太老夫人孀居时，悲慕俞节。夫人彭氏劝思垒东创莞庄，西创摆以庄"的故事。② 这里的"太老夫人"是指彭世麒和彭世麟的母亲。彭世麒在母亲健在时，修筑了莞庄、摆以庄两座庄房。从上述彭世麒的事迹可知，颗砂别墅至少建于明朝正德元年至正德十五年（1506—1520）之间，祠祀、社学以及老司城"表劳"碑坊立于正德十五年，碧花庄建于正德年间，马浦圣殿（老司城祖师殿）的"雄狮抱钟"铸造于嘉靖十年（1531）春天，莞庄、摆以庄修建于嘉靖十一年（1532）以前。

彭世麟为宣慰使彭世麒最为信任的胞弟，曾担任土司代办。"（明·正德）十一年（1516），彭世麟致仕，恬退之余，常怀养恩之恩，为母求寿，因于颗砂别墅之东建修佛阁一座，名曰'蟠桃庵'，施铜命匠，铸造观音一尊，并合堂圣像，花瓶一对，一时金容灿烂，佛座生辉。此地有茂林修竹，蔚然深秀，清流激湍，映带左右。又有候伯风水古树四株，干霄蔽日，至今犹存。天然佛界，清静宜人，宜乎孝感天心，鳌星焕彩允矣……十六年（1521），更铸香炉一鼎、铜钟一口，以酬神恩，永为侍奉，并祈兄年永久，侄爵显荣。"③ 这就是说，彭世麟未担任土司代办之后，于正德十一年在颗砂别墅东面修建了蟠桃庵，并且、添置了铜观音、花瓶等，正德十六年还铸造香炉、铜钟各一。

2. 彭明辅时代

彭明辅（1495—1567）是永顺宣慰司众多宣慰使中较为长寿的一个，活了72岁，他很早就致仕退休了，先后由长子彭宗汉、次子彭宗舜、长孙彭翼云和次孙彭翼南顶替宣慰使职位。有关彭明辅对老司城建筑贡献的记载：

一是他在明武宗正德年间（1506—1521）修建了五显祠。五显祠在民间称为五谷庙，用于祭祀五谷神。方志对其建筑年代是这样记载的："五显寺，在司治圣英殿后，正德间建以祀五显灵官"；④ "五显祠在司治圣英殿殿后，武宗正德间彭明辅建，以祀五显灵官"。⑤

二是他"即至晚年，修建谢圃公署，退居林下"⑥。这里的"晚年"，是指他第二

① 参见嘉靖十年岁次辛卯《祖师殿大钟铸文》，吉首大学中国土司历史文化研究中心拓片，2005。
② 参见嘉靖十一年《彭世麒仁房夫人墓志铭》，吉首大学中国土司历史文化研究中心拓片，2005。
③ 《历代稽勋传》。转引自彭剑秋：《溪州土司八百年》，66页，北京，民族出版社，2001。关于这一史实，（民国）《永顺县志》卷八《建置志·祠庙》是这样记载的："蟠桃庵在颗砂，彭世麟建。世麟为母求寿，因于颗砂别墅之东，建修佛阁一座，名曰蟠桃庵。其大士一尊并阁堂圣像，均系铜铸（永顺司宗谱、府志误作彭永年建）。"
④ （清·乾隆）《永顺县志》卷三，《祀典志》。
⑤ （民国）《永顺县志》卷八，《建置志·祠庙》。
⑥ （清。万历）永顺宣慰司《历代稽勋录》。

个儿子彭宗舜于嘉靖二十三年（1544）五月去世后，次孙彭翼南年幼、直到嘉靖三十三年（1554）即任及以后这一段时间。这里的谢圃公署在民间简称"夕圃"，位于永顺老司城河上游的上河村。彭明辅应该是在明朝嘉靖二十三年至三十三年（1544—1554）之间，修建了谢圃公署。

3. 彭宗舜时代

彭宗舜（1512—1554）是嘉靖六年（1527）即任宣慰使之位的。他即位后，嘉靖十年（1531）参与老司城"雄狮抱钟"的集资铸造，嘉靖十五年（1536）在老司城雅草坪立《昭勋碑》。① 之后，在老司城雅草坪立了一块《世镇湖广永顺等处军民宣慰使司宣慰使口彭公德政碑》，首开老司城立德政碑之风，② 并在今永顺县吊井岩乡的司河沿岸修建壶窝别墅。文献是这样记载彭宗舜修建壶窝别墅的情况："先是，修筑壶窝别墅，恬退一隅，猎狩搜田游乐自娱，是故公能推广仁爱，以及下民。"③ 从《历代稽勋录》的记载来看，这里的"先是"，当指嘉靖二十二年（1543）。也就是说壶窝别墅约修建于嘉靖六年至嘉靖二十二年（1527—1543）之间。事实也是如此。彭宗舜征战之余，经常率其家属来到距壶窝别墅不远的"松云潭"（今永顺县颗砂乡政府沿颗砂河下行三华里的灵溪河交汇处）休闲，并在石壁上留下文字："自戊子（1528）来，每岁间游乐。乙未（1535）以来，岁无闲月。丙午（1546）以来，同庆祖寿，宗舜并男宣慰翼南、福梅、福瑞诸姬，重游于此，因此记之。庚戌岁（1550）冬，宗舜自书。"这方于嘉靖二十九年（1550）冬留下的摩崖石刻，记录了嘉靖七年至嘉靖二十九年（1528—1550）之间彭宗舜的足迹。④ 可见，彭宗舜时代留下来的建筑物，有嘉靖十年老司城的"雄狮抱钟"、嘉靖十五年的《昭勋碑》以及之后的《世镇湖广永顺等处军民宣慰使司宣慰使口彭公德政碑》和嘉靖七年至嘉靖二十九年（1528—1550）之间的壶窝别墅。

4. 彭翼南时代

彭翼南（1536—1567）是嘉靖三十三年（1554）即任的，当年他18岁，在任14年。他继位当年即重修祖师殿，⑤ 以后参与的抗倭战争赢得了"东南战功第一"的美誉，并且与中央王朝保持着良好的互动关系，因而成为永顺宣慰司中生前死后均备受关注的土司。

对于彭翼南生前在任时建筑上的贡献，乡土专家多有整理。彭剑秋的整理结果是：

---

① 参见萧卓夫编：《溪州名胜拾萃》，95、96页，北京，民族出版社，1997。
② 参见《中翁彭公德政碑》，吉首大学中国土司历史文化研究中心拓片，2005。
③ （万历）永顺宣慰司《历代稽勋录》。
④ 永顺土司在松云潭还有建筑物。据（清·乾隆）《永顺县志》卷一《地舆志·山川》记载："松云潭，此下照《土司旧志》补入，在土司治西北三十里，有亭名醒心亭，有屋曰安寿山房，其岸西石壁刻松云潭三字，右石壁勤泉汇渔入井年月，即颗砂八景之一。"
⑤ 参见国家文物局主编：《中国文物地图集·湖南分册》，长沙，湖南地图出版社，1999。

布政使牌坊立于今永顺县石堤西的西坝湖，雕刻精美，牌坊上刻有"永顺县等处军民宣慰彭翼南立"的字样，今尚存。① 向盛福根据《老司城·向氏族谱》和《老司城·魏氏族谱》的记载整理结果是：嘉靖四十一年（1562）起三年内，彭翼南重修了祖师殿，新修了祖师殿前殿、玉皇楼，修缮了玉皇阁、观音阁、城隍庙，另新修了关帝宫，关帝宫占地 380 平方米。② 对于这些问题，笔者专门查阅了有关永顺地方的文献资料，发现彭翼南生前在任时对于老司城的建筑贡献，主要是建造了布政使坊、崇圣殿、观音阁铜像，去世三百多年后也就是中国抗日战争时期（1937—1945），其后嗣为他竖立了纪念牌坊和纪念楼。有关彭翼南生前在任时对于老司城的建筑贡献，民国时期的《永顺县志》是这样记载的："崇圣殿在玉极殿右，以祀玄帝（李氏县志）。崇圣殿在司城东南，后有玉极殿，二像系铜铸，土司彭翼南建（府志）"，"观音阁在司治南三里，以祀观音大士，其山名石佛（李氏县志）。大士像系铜铸，土司彭翼南建（府志）"；③ "布政使坊在内龙保西坝湖，明嘉靖中为进阶昭毅将军、布政使、永顺等处军民宣慰使司彭翼南立"。④ 这表明，乡土专家所指出的彭翼南生前建造了布政使牌坊和崇圣殿、观音阁铜像是属实的。

彭翼南去世后，隆庆二年（1568），吏部尚书徐阶在《皇明诰封昭毅将军授云南右布政使湖广永顺宣慰彭侯墓志铭》中，按"六德"（勤、义、礼、和、孝、忠）标准评价了彭翼南的一生，其中有涉及彭翼南尚武从文的事迹的："侯为儿时，性颖敏，举动不凡；及少长，务学不倦，喜诵诗评史，延巨儒为师友，资如东廓、念奄、则远、宗之、道林、华峰，皆及门受学，刊阳明《遵海诸集》以思贤，修司志、家谱诸书以传后，他如当路群贤曾侍侧者，罔不师法之，故多闻见，而不富学识，非敏而勤者乎？席祖父丰盈场，强盛而不侮邻，封不钤民庶。凡送迎，出予必裕，故士夫工贾胥得其欢心。军中饷犒，靡不分给，故士卒用命而所过不扰。广积布粟以赈饥寒，大施财木以修学梵，自备资粮采进大木，助建朝殿，直拟万金。至于自奉饮馔，未尝兼味，衣服不着锦绮，仪从惟尚简朴。尝获贼中美姬，督臣以充赏，侯即沉之江，其不心骄贵而迩声色。每如此，非富而义者乎？"⑤ 从这则资料可以发现，彭翼南之所以具有立德、立功、立言的建筑行为，是与人自小的学识修养有关。

5. 彭元锦时代

彭元锦（1572—1632）是万历十五年（1587）即任的。他即位的当年，就在颗砂

---

① 参见彭剑秋：《溪州土司八百年》，108 页，北京，民族出版社，2001。

② 参见向盛福：《土司王朝》，120 页，呼和浩特，内蒙古人民出版社，2008。

③ （民国）《永顺县志》卷八，《建置志·祠庙》。

④ （民国）《永顺县志》卷十，《建置志·坊墓》。

⑤ 隆庆二年《彭翼南墓志铭》，吉首大学中国土司历史文化研究中心拓片，2005；另参见向盛福：《土司王朝》，238～241 页，呼和浩特，内蒙古人民出版社，2009。

别墅附近的松云潭留下了"松云潭。万历丁亥年（十五年，1587）岁游于此"的摩崖石刻。他在位45年，纵跨明朝中期和明朝晚期两个时期，终年60岁。他在一生中为老司城城区的建筑贡献最大，主要是在雅草坪（有的称为福石坪）一带建造了牌坊、神武祠（将军山祠、圣英殿）、彭氏宗祠和若云书院。

一是牌坊。彭元锦生活的时代，雅草坪（福石坪）建造两座牌坊，一座是石牌坊，另一座是砖牌坊。据考古发掘证实，两座牌坊位于若云书院入口处，下有卵石古道通向书院。关于这两座牌坊，方志是这样记载的："石牌坊在旧司城东门外，明万历十三年宣慰使彭永年建，上刻子孙永享四字。又近有砖牌坊一座，乃永年墓前坊也，其子袭宣慰元锦立。"① 然而检索史料，明万历十三年（1585）的这座"子孙永享"的石牌坊对应的宣慰使不是彭永年（1558—1582）。因为他早在万历十年（1582）就去世了。彭永年去世的这一年，其儿子彭元锦才刚好10岁，所以也不可能是彭元锦所建。这座牌坊，应为永顺宣慰使的夫人或者是族舍建造，是夫人与族舍集体合议的结果。民间相传"子孙永享"四字系彭翼南手书，当为讹传。再就是"子孙永享"石牌坊附近的彭元锦建造的砖牌坊，早已被毁，不见踪迹。

二是神武祠。在后来的方志记载中，神武祠被分记为将军山祠、圣英殿。它是这样记载的："将军山祠，宣慰彭元锦建，以祠关帝（李氏县志）"；"圣英殿在司治雅草坪，前其山名迥龙，亦祠关帝，元锦建（李氏志）。关帝及昭烈帝、张桓侯像俱系铜铸，雍正中迎其像供于东门外庙后"② 这两座建筑，实为一座建筑，因同祀关帝，而被民间统称为关帝庙或关帝宫。事实上，关帝庙上一口万历丁亥年（1587）铜钟上面的铭文，就证实了这一点。铜钟铭文的内容是这样写的，"考之志曰：钟，西方之声，以象厥成，谁功大者？其钟大，垂者为钟，仰者为鼎。万历丁亥（1587），予掌篆之次岁也，梦帝锡予以大刀红马，予即刻象，立殿于将军山顶，书其额曰'神武祠'。又蒙神节降护持：酉之役，三战三捷；播之役，捷音屡奏；保之役，十一战十一胜。且旦夕赐佑，魑魅魍魉，莫施阴谋。予蚤无子，又蒙赐之上，题其殿为圣英宝殿，乃命工范铜铸钟鼎，悬于庙，用彰神武，而为之铭：洪惟圣常，惟心天日。默佑于予，魍魉无济。镇我边廷，时和岁利。亿万斯年，彭氏永祀。"③ 这则钟鼎铭文，实际上就讲将军山顶的祠庙就是"神武祠"，因为这座关帝庙的大匾就是这三个字，而这座庙的大殿才称为"圣英宝殿"。所以说将军山祠和圣英殿，只是存在或指整座建筑，或指这座建筑大殿这样的指向上差异，它根本上是同一座建筑，即老司城民间所传的"关帝庙"。对于将军山，方志是这样描述的："将军山，此下据《土司旧志》补入，在福石山之

---

① （民国）《永顺县志》卷十，《建置志·坊墓》。
② （民国）《永顺县志》卷八，《建置志·祠庙》。
③ （民国）《永顺县志，艺文志·金石篇》；另见彭剑秋：《溪州土司八百年》，100页，北京，民族出版社，2001。

右，四山围绕，若将军立其上，彭元锦建祠于顶以祀关帝，又建江湖廊庙、公署及若云书院于坪。"① 从民间传说以及目前的考古发掘来看，将军山这一带确实是指雅草坪。彭元锦不仅在此建造了神武祠，而且建造了江湖廊庙、雅草坪公署、若云书院。

三是彭氏宗祠。关于彭氏宗祠初建、复建与受重视程度，方志作如下记载："彭氏宗祠在司治，万历十九年（1591）宣慰彭元锦建（李氏县志）。有序载金石：清顺治四年（1647）被兵焚毁，九年（1652）重修（永顺司宗谱云：丁亥冬，王、马二贼犯境，焚毁衙署，延及宗庙，神主悉成灰烬，辛卯冬，又遭高、李之乱，于壬辰年方得重修）。民国八年（1919），知事曾镜心献匾一方，题曰'永言保之'，悬挂祠中。"② 对于彭元锦在任时修建彭氏宗祠的初衷，"皇明万历十九年岁次辛未仲春"撰写的《永顺宣慰使司彭氏祠堂碑》铭文是这样描述的："今彭侯两怀握篆莅疆土，诸废俱兴，今祀祠未合春露秋霜之候，何以妥列祖之英灵，假有庙而伸孝思也。爱集众义，期终先志，庙貌一新得奉列象祀焉。而显考怀北亦象木合祀，用识孝思于不匮，其他祭田祭器，伏腊奉祀，悉定如制。祠成百执事宗党咸来观礼，佥谓此堂先使君志之，彭侯成之也。"③ 可见彭元锦在宣慰使任内，要大行忠孝之道。

四是若云书院。据史料记载，"若云书院在旧司城福石坪，明土司彭元锦建（宣慰司志）。"④ 福石坪位于福石山下，因福石山而得名，今称为雅草坪。据方志记载："福石山（内龙保），县东三十里，与禄、寿、德并在旧司治后。万山环拱，天然城郭，为土司数百年治所。右曰紫禁山，为宫人丛葬处；治前三里曰八桶湖，其祖宗多葬于此。案：辰州府志载永顺司有福石郡，大抵以此山得名。又宣慰司志：福石山在司治后，禄德山在左，寿德山在右。李志：福石山在城东三十里，后即华盖山。王志驳之曰：福禄寿仍三座名山，查前县李创修志书，合福、禄、寿为一山，又谓后即华盖，恐考查未精。至一统志，误作在县东南三十里，不足为据。今武昌亚新地学社，更名为三星山。"尽管这则史料讲的是老司城遗址周边山名的演变，但据此可以断定福石坪的方位就是今天的雅草坪。而且考古材料证实，若云书院就建在紫禁山下的雅草坪。

在彭元锦一生中，他为老司城建造了牌坊、神武祠（将军山祠、圣英殿）、彭氏宗祠和若云书院，以实际行动弘扬忠孝文化，而且引领土舍、族舍等不断地提升文化品位。然而，他是一个风流的土司，个人的生活作风问题被当时的文人作为一种猎奇故事传播开来。这个故事说："湖广永顺宣慰使彭元锦者，淫恶多狡计，遍遣把目渔色于外。偶一二土酋把目至京，遇溧阳监生冯泰运，与之往来，冯故富家，以歌舞六博荡尽，正无聊赖，诡云有所识名妓，可罗致以献，把目大喜，邀与俱至永顺。初亦礼为

① （清·乾隆）《永顺县志》卷一，《地舆志·山川》。
② （民国）《永顺县志》卷八，《建置志·祠庙》。
③ 萧卓夫编：《溪州名胜拾萃》，95、96 页，北京，民族出版社，1997。
④ （民国）《永顺县志》卷二十一，《学校志·书院》。

上客，其言渐不验，遂縻留之不遣，托以训子授馆谷，畀夷婢四人侍之。虚拘者数年，冯虽强羁，忧挠无计。偶有邻洞土司，本系世仇，久不相报，忽拥精骑袭之彭以无备，大败奔北，依其属长官栖托。冯得乘间逸走，弃其二婢，仅以二人出虎穴，既又弃去，仅留一孕者与俱。间关至都下，孕者自云姓申，本贵州思南府婺川县人，世为仕族。同胞兄名承文，曾登辛卯乡试，今已在宦途。其女初为杨应龙入婺川掳人播，继彭元锦奉制府调遣征杨，又从播得之，久在永顺，习知元锦诸罪状，道之娓娓，冯亦不甚信也。"[1] 这个故事固然反映了彭元锦的生性风流，但也可在一定程度上看出明朝中晚期的土司在全国活动的范围之广和与当时的文人墨客交往层次之深。

第三节　老司城建筑的火灾与复建

清朝前期（1645—1662），南明势力控制着云贵高原及其周边地区。当时，由于湘西土司区处于清、南明两大势力的交界线上，因而成为各种势力军事角逐的场所，进而殃及老司城的建筑。

一、顺治四年老司城的火灾

当南明势力与清朝势力角逐湘西的时候，永顺土司正是彭弘澍担任宣慰使。彭弘澍（1619—1661）是13岁即任宣慰使之位的，在任29年，也就是持续到了南明政权灭亡。彭弘澍继任后，永顺土司境内还算安定，他曾在内塔卧冷水建造龙凤寺，传播宗教文化。据方志记载："龙凤寺在内塔卧冷水，明末土司彭弘澍建。清康熙三十八年、乾隆二十四年迭经重修，民国七年改修。"[2] 然而继位十余年后，随着外来势力频繁出入湘西土司区，带给永顺土司治所老司城的是顺治四年（1647，）决定它由盛转衰的一场火灾。

关于顺治四年老司城发生的火灾及其背景，宦族、族谱、清人笔记、方志均有记载，老司城考古发掘和民间传说均有一定程度的反映，其中宦族和族谱记载尤多。据宦族、族谱记载：

永历元年（1647）……冬，王、马、袁、刘诸贼溃，卒分道进攻本司，连营二百

①　（明）沈德符撰：《万历野获篇》卷三十，《土司篇—永顺彭宣慰》，763～764页，北京，中华书局，2004。

②　（民国）《永顺县志》卷八，《建置志·祠庙》。

余里，进劲兵驱之境外。顺治四年，天朝宁南大将军、恭顺王临辰州，本司遣员解献舆图册籍归命投诚，寻蒙本藩两颁令谕嘉赏，有倡投诚仍候题报、以酬尔功等谕。①

《永顺司宗图》云：丁亥（1647）冬，马王二贼犯境，焚毁衙署，延及宗祠，神主悉成灰烬。②

永历元年（1647），三奉敕谕，晋阶宫保，恩荫长男。丁亥（1647），王、马、袁、刘溃卒分道采攻司治，连营二百余里，星罗棋布，彭弘澍集劲旅之境外。顺治四年（1647），恭顺五临辰，遣员归命，蒙谕："该司既知顺逆，官还原职，民复归耕，仍候疏题，以酬尔功。"③

是年（顺治四年，1647）九月，王永成、马进忠（左良玉溃军）为清军所迫，窜至辰城，四乡粮草又尽，进踞永顺，图攻保靖，逼近保靖司巴勇地方。朝柱四路堵截，令其子鼎率兵进击，王等退扎永顺西古村、安布子营七处。十二月二十九日，又引马骑数千，于永顺南渭州渡河进攻保靖，朝柱令其子鼎率舍把彭养锐、彭象震等药弩千余，从后路抄出一，劫其主管，放火焚烧，王、马大败，奔山投崖死者无数，余众退走。（谱）④

从上述记载考察，发生于顺治四年（1647）、永历元年（1647）冬天老司城的这场火灾，是在清军追击左良玉溃军王永成、马进忠部，永顺土司、保靖土司参与堵击，王、马二部给养严重匮乏的情况下发生的。这场大火，导致老司城内罗城的衙署被焚毁，导致原来位于宫殿区与衙署区交界处西部的彭氏宗祠的大殿及里面的神主被烧成灰烬。

清人吴伟业《绥寇纪略》记载，顺治四年十二月，左良玉溃军王永成、马进忠被清军所逼，率余部数千人人川，从辰州上溪州途经永顺司南渭州、保靖司交界处时，遭到南渭州和保靖土司兵的阻击，王、马由此派人火烧了都督府彭氏的老司城。⑤

另据民国时期的方志记载，"彭氏宗祠在司治……有序载金石：清顺治四年被兵焚毁……永顺司宗谱云：丁亥（1647）冬，王、马二贼犯境，焚毁衙署，延及宗庙，神主悉成灰烬。"⑥ 看来这则记载与清朝乾隆时期的永顺府志没有多少差异，可能转引自乾隆时期的方志。

除宦族、族谱、清人笔记、方志外，老司城的考古发掘和民间传说也大致证实了

① （明·万历）永顺宣慰司《历代稽勋录》。
② （清·乾隆）《永顺府志》卷十二，《杂记》；转见湖南省少数民族古籍办公室主编：《湖南地方志少数民族史料》（上），181 页，长沙，岳麓书社，1991。
③ （清·道光）《永顺土司稽勋传》，转见彭剑秋：《溪州土司八百年》，70 ~ 71 页，北京，民族出版社，2001。
④ 谢华：《湘西土司辑略》，85 页，北京，中华书局，1959。
⑤ （清）吴伟业撰、李学颖点校：《绥寇纪略》，上海，上海古籍出版社，1992。
⑥ （民国）《永顺县志》卷八，《建置志·祠庙》。

这场火灾。据老司城考古证实，老司城正街的房基有火烧的痕迹，不过他们初步推断为晚清时期的火灾。他们描述道，正街房基用石头干砌垒成，墙基呈长方形，临街面较规整，使用不同的条石，主要是红砂岩，后墙和间隔墙主要用不成形的石块，房基为三开间，东侧未进一步发掘，西侧破坏较严重，西部和北部有近现代的垒石保坎墙，右间房内有一柱础，房址地面出现大面积红烧土，填土中有较厚的灰烬和炭粒，有陶片、青花瓷片，其中有"丙辰年造"青花瓷题款，此外还有麻将牌一枚，根据地层分析，房基破坏了大西门的石台阶，从出土物推断，此房基约为晚清时期，可能毁于大火。① 对于老司城的这场火灾，老司城民间传说似乎描述得更为生动具体，是说顺治四年腊月初的夜晚，几十名入川溃军化装成商人，秘密潜入司城正街宫殿区左侧放火，随之正街、河街、中街、御街变成一片火海，并延及一大片街土司宫殿，幸好有驻扎在察闹院的永顺土司"存城五营"的500名兵士携老司城外罗城内外的百姓赶来扑救，才使彭氏宗祠以东的部分建筑物得于幸免。②

二、顺治九年老司城建筑的复建

司城大火发生后，老司城内罗城和外罗城满目疮痍，要大规模修复已经延续七百余年的老司城建筑物是一件很不容易的事。当彭弘澍举永顺土司区之力准备木料修复老司城时，顺治八年（1651）又发生战乱，这样修复工作延迟至战乱平息后的顺治九年（1652）进行。

笔者在多次深入老司城进行田野考察的过程中，不止一次地听到当地乡土专家有关老司城遭受两次火灾的说法，事后也阅读了他们提供的材料，发现"老司城两次遭火灾"之说缺乏史实依据。主要是除顺治四年的那场大火外，无论是族谱、宦族还是方志对另外一场火场没有丝毫反映。有乡土专家称：康熙十九年（1680）老司城发生第二次火灾。笔者根据他们提供的资料进行观察，发现这次火灾与第一次火灾的着火点是一模一样的，只是放火的角色有点变化。这应为民间记忆有误的结果，是传说过程中将雍正四年的这场火灾当成第一次火灾、将雍正八年的这次战乱当成第二次火灾的结果。

对于顺治八年的战乱，永顺土司区的族谱、宦族和方志均有记载。它们是这样记载的："（顺治）八年（1651）内，高、李、郝党盘居内境，公开兵冲杀，消遁"；③

① 见湖南省文物考古研究所、湘西土家族苗族自治州文物局、永顺县文物局编：《永顺老司城》（上册），106 页，2011 年 5 月铅印本。
② 参见向盛福：《土司王朝》，149~150 页，呼和浩特，内蒙古人民出版社，2009。
③ （明·万历）永顺宣慰司：《历代稽勋录》。

"《永顺司宗图》云：辛卯（1651）之冬，又遭高、李之乱"；① "奈何辛卯（1651）十月，高、李、郝党盘踞内境，彭弘澍坚劲冲杀，各营宵遁。未几伪王僭号，据滇、黔，遣镇袭辰沅白端珠求彭弘澍捐帑竭产，以填溪壑。当斯之时，非公之疾风劲草，八百余年带砺河山不为丘墟者几希矣"；② "彭氏宗祠在司治……永顺司宗谱云：辛卯（1651）冬，又遭高、李之乱"；③ "（顺治）八年（1651），李自成余部高必正、李赤心等进踞永顺、保靖境，弘澍以兵逐之。（谱）"④ 上述五则史料提供出的信息综合是：顺治八年，"夔东十三家"之中的高必正、李赤心、郝永忠（摇旗）等进踞永顺土司区和保靖土司区境内，给两大土司带来巨大的安全隐患，所以彭弘澍组织土兵背水一战，将这一股残余势力逐出境外。彭弘澍如果不这样做的话，其后果是"八百余年带砺河山不为丘墟者几希矣"。这表明，由于彭弘澍率部坚决抵抗，高必正、李赤心、郝永忠（摇旗）等势力的战火并未殃及老司城城区。

赶走外来的乱军之后，彭弘澍于顺治九年（1652）马上着手老司城建筑的复建工作。永顺方志引土司的宦谱，将复建所能选择的这一时间记载得十分清楚："《永顺司宗图》云：丁亥（1647）冬，马王二贼犯境，焚毁衙署，延及宗祠，神主悉成灰烬，辛卯（1651）之冬，又遭高李之乱，于壬辰年（1652）方得重建"；⑤ "彭氏宗祠在司治……有序载金石：清顺治四年（1647）被兵焚毁，九年（1652）重修永顺司宗谱云：丁亥（1647）冬，王、马二贼犯境，焚毁衙署，延及宗庙，神主悉成灰烬，辛卯（1651）冬，又遭高、李之乱，于壬辰年（1652）方得重修。民国八年（1919），知事曾镜心献匾一方，题曰'永言保之'，悬挂祠中"。⑥ 方志中的这两则材料虽然均取之于宦谱，但反映出来的时间线索却十分珍贵。从这两则信息中可以看出，彭弘澍准备复建的木料至少花了四年时间，他是顺治九年（1652）动工复建老司城的，而且一定是当年就把老司城复建完了，复建的过程可能持续到顺治十八年（1661）他在任上去世为止。

彭弘澍这一次长时段大规模地复建老司城内罗城的建筑物，建筑材料存在严重不足。这可以从彭氏宗祠观察得到。根据文献记载再结合田野考察、民间传说和考古资料，笔者发现目前所看到的彭氏宗祠建筑是清朝初年重建的，且已经发生空间位移。

① （清·乾隆）《永顺府志》卷十二，《杂记》；转见湖南省少数民族古籍办公室主编：《湖南地方志少数民族史料》（上），181页，长沙，岳麓书社，1991。
② （清·道光）《永顺土司稽勋传》，转见彭剑秋：《溪州土司八百年》，70~71页，北京，民族出版社，2001。
③ （民国）《永顺县志》卷八，《建置志·祠庙》。
④ 谢华：《湘西土司辑略》，57页，北京，中华书局，1959。
⑤ （清·乾隆）《永顺府志》卷十二，《杂记》。转见湖南省少数民族古籍办公室主编：《湖南地方志少数民族史料》（上），181页，长沙，岳麓书社，1991。
⑥ （民国）《永顺县志》卷八，《建置志·祠庙》。

复建后的彭氏宗祠又称土王祠，位于衙署区，而明朝的彭氏宗祠位于宫殿区的左侧，它有西南门和明沟上面封闭的砖石拱桥与衙署区相通。据考古证实，其后殿是采用明代建筑的旧材料重修的，地面的一些红条石取自宫殿区的旧基，建筑的其他单元为晚近建筑，大殿的泥塑都是后来重塑出来的，建筑大门两侧的大石鼓和"宣慰彭弘海德政碑"是 20 世纪 80 年代造田时从宫殿区遗址上搬移过来的。连彭氏历代土司很珍惜的彭氏宗祠都只能是这样复建，可见彭弘澍当时面临的建筑材料确实十分奇缺。

彭弘澍以后的永顺土司，包括推行"德政"的彭泓海（1685—1711 年在位）以及为其父专门立了一座"德政碑"的彭肇槐（1711—1727 年在位）在内，对老司城的建筑基本上没有什么作为。据彭肇槐于康熙五十二年（1713）二月立的《钦命世镇湖广永顺等处军民宣慰使司宣慰使、都督府致仕恩爵主爷中涵德政碑》考察，彭泓海的所谓"德政"实际上只是采取了一些政治上的改革措施，旨在恢复整个永顺土司区的元气。而后来的事实表明，彭肇槐除为其父立了一座"德政碑"外，其对老司城建筑的影响主要就是出卖老司城内罗城的宅基地。

第四章　老老司城的历史与文化

第一节　永顺老司城及其内部建筑的历史考察

永顺老司城位于永顺县城东南约 19.5 千米灵溪河畔北岸的太平山麓，如今是灵溪镇司城村所在地。永顺老司城是土家族土司统治八百余年的历史古都遗址，被称作"土家族露天历史博物馆"。永顺老司城是土司统治时期酉水流域土家族的政治、经济、文化和军事中心，在其鼎盛时期，永顺土司曾管辖二十州的范围，故老司城内有"城内三千户，城外八百家"的繁荣景象，"福石城中锦作窝，土王宫畔水生波。红灯万盏人千迭，一片缠绵摆手歌"。清朝土家诗人彭施铎，曾用这样的诗句形象描绘老司城的繁华。老司城在历史上也的确有"巍巍乎五溪之巨镇，郁郁乎百里之边城"的美誉。

一、水顺老司城的历史考察

1. 从山坡到会溪坪，从会溪坪到龙潭城

五代梁开平四年（910），彭瑊归楚，被封为溪州刺史，彭氏在溪州"以恩结人心"，为诸蛮所拥戴，世有溪州之地。到第二代彭士愁时，势力大增，"昆弟强力，多积聚，故能诱动诸蛮皆归之"。天福四年（939）挑起溪州之战，"溪州刺史彭士愁率锦、奖诸蛮攻澧州，希范遣刘勍、刘全明等以步卒五千击之，士愁大败。勍等攻溪州，士愁走奖州，遣其子师暠率诸蛮酋降于"[1]。

溪州战后，彭士愁在军事上受挫，但在政治上大获收益，与马殷立铜柱盟誓，彭士愁愿"归顺王化，永事明廷"，楚以彭士愁接受其统治地位为条件，而确立了彭氏的统治地位。彭士愁死后，其长子彭师裕为永顺土司的始祖，次子彭师杲为保靖土司

---

① 《新五代史》之《楚世家·第六》。

始祖。

"初，北江蛮酋最大者曰彭氏，世有溪州，州有三，曰上、中、下溪，又有龙赐、天赐、忠顺、保静、感化、永顺州六，懿、安、远、新、给、富、来、宁、南、顺、高州十一，总二十州，皆置刺史。而以下溪州刺史兼都誓主，十九州皆隶焉，谓之誓下。"①

下溪州的刺史兼都誓主，管辖其余十九州。下溪州的所在地，就是在今天的会溪坪。这是溪州《铜柱记》中提到的"乃迁州城，下于平岸"，就是指彭氏将位于山坡上的州城，迁移到平地。"王师既平湖湘，知溪州彭允林、前溪州刺史田洪赟等列状求内属。乙丑，以允林为溪州刺史，洪赟为万州刺史。"②

乾德元年（癸亥，963），师裕长子彭允林袭任溪州刺史，治所迁至龙潭城（今麻岔乡弄塔），辖地无变动。

溪州正式修筑城墙始于彭师晏，"自是，仕義岁奉职贡。然黠骜，数盗边，即辰州界白马崖下喏溪聚众据守，朝廷数招谕，令归侵地，不听。熙宁三年，为其子师彩所弑。师彩专为暴虐，其兄师晏攻杀之，并诛其党，纳誓表于朝，并上仕義平生鞍马、器服，仍归喏溪地，乃命师晏袭州事。五年，复以马皮、白峒地来献。诏进为下溪州刺史，赐母妻封邑"③。

彭师晏袭州事后，宋王朝下令修筑溪州城。

2. 从龙潭城到老司城

据清代乾隆《永顺县志》记载，土司彭福石宠（也做彭福石，彭福石冲）在南宋绍兴五年（1135）袭职后，常感誓下州受辰州约束，于是将治所从龙潭城迁至灵溪之福石郡，因此老司城又名福石城，现在老司城的后山称为福石山。

为什么彭福石宠要将都城迁到老司城？会溪坪所在地处于西水干流，交通四通八达，应该是一块有利于土司统治并且发展经济、文化的宝地，而老司城交通闭塞，四面环山，仅有水路和外界保持联系。彭福石宠迁都的一个主要原因就是老司城背靠太平山，山脚下灵溪如带，绿水环绕，四周群山耸立，如万马奔腾。尤其令人称奇的是，四周诸山均朝向老司城，被风水大师称为"万马归朝"的宝地，这很可能是彭福石宠看中老司城的一个重要原因，另外一个重要原因极有可能如《永顺县志》所载，是出于安全性的考虑，老司城地处偏僻，群山环抱，只有一条水路与外界相通，因此易守难攻。

另外一个问题是关于老司城的修建时间，老司城究竟修建于何时？"老司城又名福

① （元）脱脱等：《宋史·蛮夷一·西南溪峒诸蛮·上》。
② （宋）李焘：《续资治通鉴长编》，卷四，乾德元年（癸亥，963）。
③ （元）脱脱等：《宋史·蛮夷一·西南溪峒诸蛮。上》。

石城，是彭士愁于912—923年历时11年建成的。"① 城内的一些出名的建筑物也印证了老司城在彭福石宠迁都（1135）之前就已经开始修建，如老司城祖师殿始建于后晋天福二年（937）。《唐志·杂记》载："祖师殿，在旧司城。晋天福二年建，正殿柱四，木数围。上架木枋处，无斧凿痕，真神工也。相传为公输子显灵所建。"可见，彭福石宠选择搬迁老司城时城内的很多设施均已经修造完毕。在当时的条件下，城内的建筑应该是历时久远才修造成功的，也不可能在1135年一年修好。那么，当初土司修建老司城是为了以后的迁都吗？从老司城开始修建到迁都的两百余年时间里，老司城的职能是什么？这些问题在现有的史料中还没有明确的记载，只能等下一步考古发掘的新发现来解释这一点。

还有一个问题就是老司城及其内部建筑的修建使用了大量的石材、木材，修建老司城是一项庞大的工程，要耗费巨资，那么在这农业并不发达，生产相对落后的地区，永顺土司修建老司城的资金来源于何处？湘西当时的农业生产水平低下，还处在刀耕火种的阶段，乾隆版《永顺县志》载，当地"山多田少，刀耕火种"。农产品主要是小米，"稻谷多仰给永定卫大庸所"②。

永顺土司的财富来源，主要应该是来自纳贡时中央王朝的回赐、山区大木的开采以及四处征战的土兵。明代土司"纳贡"和明王朝"回赐"的次数大大超过了宋元时期，这些政治活动促进了中央王朝与土司的联系，同时又有着巨大的经济利益。如永乐二年（1404）规定："给赏差来到京土官第男头目人等，各照衙门品级高下为差：三品四品钞一百锭，彩缎三表里；五品钞八十锭，彩缎三表里；六品七品钞六十锭，彩缎二表里，八品九品钞五十锭，彩缎一表里；杂职衙门并头目人等自进马匹方和钞四十锭，彩缎一表里。"如未按时进京朝贡或超过规定朝贡期到京者，赏赐要适量减少，"凡到京过期者减半给赏，后或全赏，弘治三年（1490）以后，正月内到（按规定应在当年12月内到）者亦全赏，二月半到者减半"③。

总之，朝贡赏赐都较丰富，目的在于招徕各民族的来朝。在《宋史》中也有记录表明朝贡与回赐对于土司的重要性，土司如果有罪，朝廷给予的处罚竟然是禁止朝贡，"仕羲有子师宝，景中知忠顺州。庆历四年，以罪绝其奉贡。盖自咸平以来，始听二十州纳贡，岁有常赐，蛮人以为利，有罪则绝之。其后，师宝数自诉，请知上溪州。皇祐二年，始从其请，朝贡如故"④。

由上可见朝贡中的回赐对于土司经济的重要性。土司财政收入的另外一个重要来源应该是武陵山区的木材，湘西地处武陵山区，木材资源丰富，特别盛产建造宫殿、

---

① 杨天波：《中国社会科学报》，第149期第2版。
② 乾隆《永顺县志》，卷十，《风土志》，乾隆十年（1745）。
③ （清）张廷玉等：《明史》，卷310。
④ （元）脱脱等：《宋史。蛮夷一·西南溪峒诸蛮·上》。

巨室的珍贵楠木，宋代有这样的记载，"蛮地多楠，有极大者刳以为船"。一根大楠木就可以造成独木船。①

明代几次大规模的皇室建造和维修，对楠木的需求激增。同时，民间的需求也不断增长，"自成化来，在京风俗奢靡，官民之家，多起弟宅，木植价贵"②。明代皇家采办的经费巨大，仅嘉靖二十六年（1547），在湖广行省的采办费用就高达339万余两白银。③ 而明代最重要的采木区就是在永顺土司所在的武陵山区。除此之外，永顺土司的财政还有一个来源就是土司带领土兵四处征战的军费，土司之所以积极带领土兵征战，一方面，由于要服从中央王朝的命令，与中央王朝保持良性的互动；另一方面，土司积极带兵出征，很重要的原因还是经济原因，如"睢湖广土兵，于四斗五升之外，又多索一倍，每斗折银五分，该银二钱五分。若兵一万，每月该银二千五百两。湖广上年调土兵三万六千名，每月该银九千两，自进山至散兵，共十五个月，共该一十三万五千两。是于行粮每名四斗五升之外，又无故多费此一十三万五千两以与土官也"④。随着土司带领土兵四处征战，大量的白银源源不断地流人土司统治区。

3. 从老司城到新司城

历史上，永顺土司统治地区没有大的战乱，社会经济也有了一定程度的发展，处在深山中的老司城已经不能适应社会发展的需要。明末的土司王彭世麒在老司城北约20千米灵溪河上游的颗砂，修建了新的王宫，名曰"行宫"。"（公）在任十六载，并致仕以来，所向克捷，茂著多功，疏请乞休，建修颗砂行署。"⑤ "彭世麒为什么不继续享受他父亲在猛峒河的园林，而在另一地点重新建设，这个除掉解释为内颗砂地方也有林泉之胜，和由于喜新厌故的心理所驱使外，似乎还未发现更重要的理由。"⑥

其实，在颗砂修建新王宫，很重要的一个原因是因为老司城处于大山深处，交通不便。在颗砂修建的新王宫也是一派王气，有衙署，有宝殿，有凉热二洞，有红白二莲池，在颗砂附近，还有专门为土司王养花、种果、钓鱼的庄园和场地。现在其境内的"禁果庄""花园村"名称就是来源于此。雍正二年（1724）彭肇槐在颗砂正式修建衙署，把治所从老司城迁到颗砂，颗砂被称为"新司城"。与之相对应的处在大山深处的旧衙署所在地被称为"老司城"。雍正五年（1727），彭肇槐率领三州六长官司归流献土，就是在颗砂新司城的衙署，改土归流后，雍正七年（1729），永顺府和永顺县的治所就是在颗砂的新司城，直到雍正十一年（1733），在猛洞河边修建了新城后，永

---

① （宋）朱辅：《溪蛮丛笑》，"独木船"条，文渊阁四库全书本，66页。
② 马文生：《禁伐边山林以资保障事》，见《端肃奏议》，卷7，文渊阁四库全书版，136页。
③ （清）张廷玉等：《明史》，卷82，《食货志》，1996页。
④ 张岳：《论湖贵苗情并征剿时宜疏》，见《小山类稿》，卷四，《奏议》，56页。
⑤ 刘文澜：《永顺宣慰使司历代稽勋转》，见《彭氏源流考》，卷一，1995。
⑥ 吴壮达：《老司城今昔》，见《湘西文史资料》第六辑，1986年9月，131页。

顺府和永顺县的治所才由颗砂迁往猛洞坪今天的县城所在地。

改土归流以后，老司城中的彭姓有的迁往颗砂，有的迁到太平山坡的村庄，其下辖的三州六峒也随之销声匿迹，老司城从此废弃。

二、老司城的内部建筑

老司城的面积并不大，其遗址及周边区域仅有十余平方千米，城内有东西南北四个城门，在方圆近三平方千米的地方，据传有八街九巷二口。①

现存其名的有正街、河街、五铜街、紫金街、左街、右街、鱼肚街等，街道纵横相通，宽丈余，其中正街、右街保存完好。街巷全部用红褐色鹅卵石嵌砌路面，构成圆形、三角形、菱形和八卦等图案，整齐匀称，古朴雅致，颇具民族特色。当年不少商人把盐铁运到老司城来换取土家的特产——药材、兽皮等，从古城遗址看，"城内店铺颇多"。五铜街就是买卖铜铁的分区，鱼肚街是老司城的鱼市。

沿着老司城的街道，其内部的建筑可以分为办公区、生活区、宗教祭祀区、墓葬区几个组成部分，从目前留存的祖师殿、彭氏宗祠、土司德政碑、土司地宫、古墓群等遗址的断壁残垣间，依然可以感受到昔日土司王城的雄浑大气。

1. 土司祖师殿

土司的祖师殿位手老司城城南约 2 千米处的太平山南麓，祖师殿始建于后晋天福二年（937），重建于明代，祖师殿全部为木结构，上下三层，采用土家族吊脚接飞檐，正殿柱粗大，上架木枋处没有斧凿的痕迹，相传是鲁班显灵所建。此殿占地 580 多平方米，正殿面阔五间，进深四间，重檐歇山顶，长 17.5 米，宽 13 米，高 20 米，用 34 根大楠木柱支撑屋顶。殿宇斗拱雄浑古朴，梁架结构具有民族特色。殿中心的刷金柱前，砌有大佛坛一座，上有木龛，供奉"祖师"神像。还有"雄狮报钟"一口，高 1.5 米，直径 1 米，系明代嘉靖十年（1531）铸造。祖师殿初为道教官，后因佛教兴盛，也为佛教所用，在祖师殿定期举办宗教活动、祭祀仪式，成为发动民众，加强社会凝聚力的一种手段。1959 年，老司城祖师殿被列为湖南省重点文物保护单位。1981 年，在老司城里土司衙署遗址发掘出溪州土司官印——"永顺等处军民宣慰使司印"一颗。铜质，正方形，印文系朱文，一半篆刻"永顺等处军民宣慰使司印"，一半刻着内容相同的满文；背面刻有"礼部造，康熙十九年二月，康字五千二百十六号"。这颗土司官印在湘西土家族苗族自治州首次出土，为研究土家族历史提供了实物证据。

2. 彭氏宗祠

---

① 也有说是九街十八巷二口，见向盛福：《土司王朝》，呼和浩特，内蒙古人民出版社，封底，手绘图，2008。

万历十九年（1591），第24代土司彭元锦在他袭宣慰使之职后的第四年，创建了彭氏宗祠。① 彭氏祠堂位于司城中心，在新修的老司城公署的中央，从宗祠大门直到正街有一条200多米长的道，要经过四个台和五段石阶梯三十余个石级，逐步高升显出一种威严的气派。《永顺宣慰使司彭氏祠堂碑》载："爰集众议，期终先志，庙貌一新，得奉列像祀焉。而显考怀北亦像木合祀，用识孝思于不匮。其他祭田祭器，伏腊奉祀，悉如定制。"②

祠内供十八代土司的牌位，有精美的木雕像，各具神态，栩栩如生，由此祠堂也被当地人称为"土王祠"，宗祠内还收藏了历代土司制定的三纲五常法谱。祠堂门口有一对石鼓，每只至少重五千斤以上，相传是土家族古代英雄从离此百多里的五官坪一只一只提到司城来的。祠堂前还有三棵古老的桂花树，据说是土司时代栽植的，现在这些桂花树依然葱茏，每当八月桂花盛开时节，司城处处桂花飘香。在彭氏宗祠的前面，有一块空地，名曰"摆手堂"，其侧有"摆手堂"的木结构建筑。

3. 摆手堂

摆手堂是土家族用于祭祀祖先和跳摆手舞的"廊场"。在土家语中成为"舍把措"，是土家人进行舍把活动的地方，当年的土家人聚集到老司城朝拜土司、从事摆手活动的盛况，可以通过一首竹枝词见证其繁华："福石城中锦作窝，土王宫畔水生波。红灯万盏人千迭，一片缠绵摆手歌。"摆手歌活动时的参与者多达数万人，是土家族民族的史诗，以讲述人类起源、民族迁徙、英雄事迹为主要内容。

摆手舞是土家族代表性的民族舞，土家语称其为"舍巴日"，流行于永顺土司和保靖土司的辖地。关于摆手舞的文献记载散见于清代地方志与碑文中，"各寨有摆手堂，每岁正月初三至初五六夜，鸣锣击鼓，男女聚集，摇摆发喊，名曰摆手"③。

清代土家族举人唐仁汇有竹枝词描述当年土民"摆手"的情景："千秋铜柱壮边陲，旧姓相沿十八司。相约新年同摆手，春风先到土王祠。"摆手舞作为土家族的一项传统民族活动项目，一直保留下来，即使改土归流后200多年，这项活动依然延续。"土司祠，阖县皆有，以祀历代土司，俗曰土王庙。每逢正旦后元宵前，鸣锣击鼓，舞蹈长歌，名曰摆手。"④

清咸丰年间陈秉钧在永顺任知县时，在《题土王词》一诗中描述了"五代兵残铜柱冷，百蛮风古洞民多，而今野庙年年赛，里巷犹传摆手歌"的情景。这说明摆手歌舞作为"古风"在土家族聚居地区仍继续流传。

---

① 谢华：《湘西土司辑略》，52～54页，北京，中华书局，1959。
② 《永顺宣慰使司彭氏祠堂碑》，文林郎知四川重庆府江津县事武陵洞街陈一能天全甫撰，皇明万历十九年岁次辛未仲春吉旦，此碑藏于永顺老司城。
③ 《永顺县志》，卷四，《风土志》，乾隆五十八年手抄本。
④ 民国《永顺县志》，卷八，《建置志》。

4. "子孙永享"石牌坊

"子孙永享"石牌坊位于老司城城南紫金山和若云书院的雅草坪，横梁上刻有一尺见方的"子孙永享"四个大字。"第遇征战，辄荷戈前驱，国家赖以挞伐，故永保兵号虓雄。"① 明代：永顺土司奉调率土司兵参加战斗三十余次。嘉靖年间倭患蔓延，永顺土兵踊跃赴调。嘉靖三十四年（1555），永顺土司彭翼南率土兵三千，致仕宣慰使彭明辅率土兵两千，以及保靖土司彭荩臣，容美土司田九霄等，协同广西狼兵奋勇作战，于集胜墩之战斩倭三百余名。同年五月，彭翼南同保靖彭荩臣率土兵与广西狼兵三面合击，于王江泾毙倭寇一千九百余名，倭寇溺死者甚众。永、保土兵立下了赫赫战功，被誉为"东南战功第一"。

永顺老司城作为历史上永顺土司王朝的故都，在民族历史的长河中书写了一段华丽的篇章。老司城及其内部的建筑是中国民族建筑史中的瑰宝，在漫长的历史发展过程中，吸收外来文化的同时，更多地结合自身的地域情况和民族文化传统，形成了土家族独特的建筑特点。如今的老司城已经变成了荒郊野坡，追溯历史，它依然是昔日溪州土家族的政治、经济、文化和军事中心。老司城遗址留存的古代建筑，都是一段历史的见证，是湘西土家族民族历史的"露天陈列"。今天，我们透过老司城的断壁残垣，依然能够感受到土家族的辉煌和历史的沧桑。

第二节　永顺老司城的文化考察

老司城时期是指从彭福石宠（也做彭福石，彭福石冲）在南宋绍兴五年（1135）将治所从龙潭城迁至灵溪之福石郡老司城，到清雍正二年（1724）彭肇槐在颗砂正式修建衙署，把治所从老司城迁到颗砂为止，在近六百年时间里，老司城一直是永顺土司的王城。

一、汉文化在老司城的传播

封建的中央王朝对土司加强政治统治的同时，也对各土司采取措施，实施文化控制，在土司控制区推行汉文化。洪武二十八年（1395），明太祖朱元璋就命令各土司"皆立汉学"，明孝宗在弘治十四年（1501）下令："土司、土官子弟，凡要承袭的必

---

① （清）张廷玉等：《明史·湖广司志》。

须入学，不入学者，不准承袭。"① 中央王朝推行这些措施的目的是从文化上对土司进行控制，迫使土司接受儒家思想为主的汉文化，从而进行文化同化。这些措施的推行在客观上有利于土司和土官提高文化水平，使土家族的统治者中出现了一批文化水平非常高的人。在这些强制措施的推行下，很多土司、土官和他们的子弟被送往附近的州县就近求学，永顺土司彭明辅于明武宗正德年间求学于辰州。彭元锦和彭象乾从小就求学于酉阳，被认为"儒学有才名"，彭元锦任土司后，在永顺老司城设立了若云书院，"将军山，在福石山之右，四山围绕，若将军独立其上，彭元锦建祠于顶以祀关帝，又建江湖、廊庙、公署及若云书院于坪"②。若云书院设立后，永顺土司和土官及其子弟均要在若云书院学习，成绩合格者方能承袭职位。若云书院的兴建，有利于永顺土司接受汉文化的影响。

随着文化水平的提高，土司的著述也日益增多，其中，永顺土司彭世麒在明正德年间写成《永顺宣慰司志》，书中记述了永顺土司的世职和永顺地区的山川景物及民风民俗等，为后世研究土家族提供了极其宝贵的参考史料，"是最早记载湘西少数民族历史的文字资料。官制门叙土司之建置、辖地、所设官员；祠庙、公廨门反映土司之规模；洞寨门罗列蛮洞寨三百八十余个，言及自然环境、耕作方式；旗甲、粮赋门概述军事与经济的治理方法。有关三知州、六长官的记载中，一一分叙了南渭州、上溪州、施溶州、驴迟洞、腊惹洞、麦着黄洞、施溶洞、田家洞、白崖洞的沿革、形胜及名姓土官世袭；记向、田、黄、江、张五姓各至十代左右，而自彭万金到彭宗国的彭姓土司知州则沿袭十七代，俱名姓确凿，是考证土官制度及研究少数民族人物的珍贵原始文献"③。书中记载有土家族生活习俗：（土家族）"男女垂髻，短衣跣足，以布勒额，喜斑斓色服。""妇女喜垂耳圈，两耳之轮各赘至十。饰项圈手圈足圈以示富。"

彭世麒的儿子彭明道，字月楼，不爱名利，隐居白竹山，著有《逃世逸史》一书。④

二、老司城民间文化

土司统治时期，土司和土官及其子弟享有受教育的权利，土司对其统治的土民，采用愚民政策，规定土民不准读书，"违者罪至族"。土家族有土家语言，却没有土家文字，丰富的民间文化通过世世代代口耳相传沿袭下来。

1. 信仰文化

---

① 同治《酉阳直隶州总志》，卷十九。
② 乾隆《永顺县志》，卷一，乾隆五十八年（1793）。
③ 李静：《永顺宣慰司志》，http://www.library.hn.cn/tszy/dfwx/hndfz/200911/t20091116_3726.htm.
④ 民国《永顺县志》，卷三十三。

老司城时期的土家族信奉多神，没有固定的宗教信仰。因大多神明与祖先有关，土家族人认为是"祖先"处处关照子孙，是最好的神，因此对祖先十分崇拜，称之为祖先神。祖先崇拜来源于人们对鬼魂的崇拜，相信人死去灵魂不会消亡。祖先崇拜也是有一定的范围，并不是所有去世的祖先都崇拜，祭祀时，只有对本族内著有功绩的祖先才能作为固定的永久的祭祀对象。老司城土家族的祖先崇拜主要有"八部大王"崇拜和土王崇拜。

在永顺老司城建有八部大神庙，是年节盛会群众祭祀和游乐的地方。八部大神指八个兄弟，他们分别是八个部落的首领，都有土家语名字。八个部落的首领是：熬潮河舍、西梯佬、西河佬、里都、苏都、那乌米、拢此也所也冲、接也会也那飞列也。"从这些名字看来，既无规律可循，又无具体表达的意义（至少可以说现在还未弄清它们的具体意义）。听读起来，很不流畅。但有一点可以肯定，八部大王的八个人名均是用土家语命名的。八部大王时代是茹毛饮血的原始时代，能有这样的人称符号也是很了不起的。"① 据保靖县拔茅乡首八峒八部大王庙庙碑记载："首八峒，历汉、晋、六朝、唐、五代、宋、元、明，为楚南上游……故讳八部者，盖以成镇八峒，一峒为一部落……"（石碑现存于湘西州博物馆）八蛮，其实就是当时散布在流域附近的八个蛮人部族—《八部大王庙碑》所载的"八峒，一峒为一部落"中管辖的八峒土蛮群落的居民。永顺县弄塔《王氏族谱》中记载其远祖的名字是墨着冲："其先避秦奔楚至溪州，古为黔中地，因避秦乱南来，先人蛮地，立基于王村（今永顺县王村）结草为庐，羁栖于此，夫坐镇即久，乃得习蛮人风俗，解其语言，探其巢穴，于蛮驯者抚恤之，冥顽者诛戮之，然后征八蛮，平九荒，定五溪。"而源自《王氏族谱》中的对联，也可证明八蛮的存在。联语道："守斯土，抚斯土，斯土黎民感恩戴德同歌摆手；封八蛮，佑八蛮，八蛮疆地风调雨顺共庆丰年。"这八个弟兄是土家族先民中的八个部落酋长，曾在土家族先民的长途迁徙中做过贡献，他们带领族人为湘西地区的开拓和保卫家园、抵御外来侵略等方面功勋卓著，故受到后世土家族的敬奉。

土王神崇拜是对去世的土司王灵魂的崇拜。在老司城土家人的信仰中，土王神是指老司城土司的最高统治者。老司城时期的土家族一直存在土司和土官制度，彭氏土司是老司城土家族的首领，世代为王，集老司城的政治、经济、文化、军事、宗教大权于一身，由于土司的世袭制，老司城的统治权一直控制在彭氏手中。彭氏土司王是统治老司城的土皇帝，有功于国，有德于民，在民众中树立了非常高的威望。《宋史·蛮夷传》中载："初，北江蛮酋最大者曰彭氏，世有溪州，州有三，曰上、中、下溪，又有龙赐、天赐、忠顺、保静、感化、永顺州六，懿、安、远、新、给、富、来、宁、

---

① 张伟权：《土家族人名结构的历史文化内涵》，载《湖南文理学院学报》（社会科学版），2007（3）。

南、顺、高州十一，总二十州，皆置刺史。而以下溪州刺史兼都誓主，十九州皆隶焉，谓之誓下。州将承袭，都誓主率群酋合议，子孙若弟、侄、亲党之当立者，具州名移辰州为保证，申钤辖司以闻，乃赐敕告、印符，受命者隔江北望拜谢。州有押案副使及校吏，听自补置。"由于土司王生前地位显赫，生前被封为王，去世后仍被土家族的百姓祭祀，称为"土王神"。民国《永顺县志》载："土王祠，阖县皆有，以祭历代土司，俗称土王庙。每岁正旦后、元宵前，土司后裔或土民鸣锣击鼓，舞蹈长歌，名曰摆手。"每到过年之后，老司城的土家族即鸣锣击鼓，举行隆重的集体祭祀和歌舞娱乐活动。在摆手舞开始之前要祭土王，摆手人员要先绕土王祠一周，举行祭祀仪式。老司城的土王神以彭土司著称，指溪州刺史彭士愁（老司城的土家族称"彭公爵主"），其左右丞相被称为"向老官人"和"田好汉"。土王庙里供奉彭公爵主、向老官人、田好汉三尊偶像，向老官人本名叫向宗彦，是土王彭士愁的文官，与彭士愁同供于土王庙里，站在土王左侧，手执大印。田好汉是土王彭士愁的武将，作战勇猛，屡立战功，与彭士愁同供土王庙里，站在土王右侧，手执大刀。正月初一至十五及八月十五，老司城的土家族寨祭祀土王。

在土家族地区有不少带有白虎二字的地名，这是土家族宗教的反映，被称为白虎信仰。永顺、龙山、来凤等地传说白虎有两种，一种叫过堂白虎，一种叫坐堂白虎。过堂白虎，破门而人，凶恶无比，是要"赶"的；坐堂白虎，坐镇厅堂，威风凛凛，是要"敬"的。土家先民以善于射猎著称，而每次打猎前都要祭祀猎神。传说她生前擅长狩猎，死后成为猎神，受敬供以保佑土民多获猎物并防止野兽害人。她的神位设在房屋外的右侧，用三块砖合成。敬她时，猎人必须衣着整齐，将所获野物供祭。土家族还崇拜"山神土地"和"家先土地"，"山神土地"主管坡上五谷，"家先土地"主管家禽家畜等。

2. 节日文化

老司城的节日文化和节庆礼仪丰富多彩，体现了土家族悠久的历史文化和丰富的民族想象力。老司城的节日文化中有典型意义的是过赶年（也有一种说法是过土家年，不是过赶年）和舍巴日。

过赶年是土家族最隆重、最有特色的传统节日。土家族过赶年的历史悠久，是土家人一年里最隆重的节日。土家族过年，有过小年和大年之分。小年过的是腊月二十三；大年要比汉族提前一天，即月大是腊月二十九，月小是腊月二十八。据清《永顺府志》风俗条载："土民每岁十二月二十八日夜祀祖，亦曰祭鬼。"传说中土家族过赶年的来历非常多，其中有一种说法是明朝初年，倭寇大举侵犯我国东南沿海一带，烧杀抢掠，无恶不作。明朝官军已无力征剿。明宪宗皇帝御批湘西土家兵火速前往东南沿海抗倭。圣旨到时，恰是大年二十九日。按理，应于三十日正式开拔前线。土家族人想留子弟兵过了年再去。若此，则有违圣旨，按罪重处。土家族有威望的老年人临时决定，提前一天过年（即过赶年），让子弟兵过了年再去打仗。后来，土家族子弟兵在前线奋勇杀敌，皇帝亲赐"东南第一战功"御匾。土家族人为了纪念自己的子弟兵英勇战功，从此永远保留过赶年的习惯。土家族过赶年不但在时间上有其独特之处，而年事活动也丰富多彩，持续时间也长。过赶年的主要内容有"做团馓""打粑粑""插柏梅""贴门神""贴纸""守岁抢年""吃团年饭"等。吃"团年饭"很有讲究，一定要蒸甑子饭和蒸肉、煮合菜。甑子下层蒸的是小米或米粉子裹的坨子肉。饭一定要蒸多，要从过年那天一直吃到正月十五。

舍巴日是土家族祭祀祖先的盛大祭祀仪典。舍巴日为土家语，其中"舍把"为"摆手"的意思，"日"为"做"的意思。舍巴日即开展摆手活动的意思。舍巴日分别在正月、三月三、六月六或每年的社日举行。在正月举行舍巴日最多。舍巴日由梯玛或族长主持，以村寨或姓氏为单位，由若干村寨联合举办。舍巴日的常规仪式由祭祀土王、跳摆手舞和唱摆手歌、表演毛古斯三部分组成。祭祀以八部大神、彭公爵主、向老官人、田好汉为主。一般来说，舍巴日分三天进行，也有按五天进的。舍巴日仪式过程总的来说包括请祖先、敬祖先、跳摆手舞、唱摆手歌、演毛古斯五大部分。其中迎请祖先包括扫堂、封净、迎神、接驾、安位、闯堂、绞旗等；摆手舞包括单摆、双摆、回旋摆、侧身摆、沉臀摆、颠摆、抢手摆、悠摆等十几种动作；摆手歌由梯玛领唱，包括巫歌和民歌两部分。巫歌有请神、迎神、敬神、送神、祈神、扫堂、倒坛等乐歌。毛古斯表演是舍把的主要表演，表演内容丰富。表演时演员身扎稻草、棕叶、棕片，装扮成身上长毛的人，模拟实姐、宋捉、砍火畲、抢亲、吃糁子、摘果子、抖狗蚤、示雄、抖押等土家祖先的模拟原始生产、生活的情节。毛古斯的具体仪程为讲迁徙、敬神、扫堂、烧山、掀卡子、唱挖土锣鼓歌、撒种、收割、对歌、盘歌、打猎、敬梅山、抢亲、读书等。

3. 老司城民间艺术文化

老司城的土家族民间艺术文化丰富，其民间传统艺术表现形式有舞蹈摆手舞、毛古斯及民族歌曲哭嫁歌等。

老司城的土家族舞蹈以摆手舞为主。"福石城中锦作窝，土王宫畔水生波。红灯万点人千迭，一片缠绵摆手歌。"这是清代诗人彭施铎对老司城盛大的摆手舞场景的动感描述，当年老司城摆手舞的盛况可见一斑。土家族摆手舞是最具土家族民族特色、最能反映土家族古老风俗的民间舞蹈，主要流传于湖南湘西永顺老司城等地。土家族摆手舞集歌、舞、乐、剧于一体，表现开天辟地、人类繁衍、民族迁徙、狩猎农耕等广泛而丰富的历史和社会生活内容。土家族摆手舞舞姿大方粗犷，有单摆、双摆、回旋摆、边摆边跳等动作。舞蹈场地一般在坪坝上，舞蹈分为大摆手和小摆手。除表现祭祀活动以外，摆手舞也表现土家族的农业生产活动。摆手舞的舞蹈动作简洁，通常是同边手脚同时起舞，并不讲究舞蹈动作的优雅，这与摆手舞表达生产活动相关，居住于山区的土家族农民，他们在生产活动中往往手脚并用，肩挑背扛，在日常生活中也是爬坡上坎，土家人将这些活动都反映在摆手舞中。土家族摆手舞对研究土家族历史、迁徙、宗教、生产、生活、民俗、爱情等都有十分重要的价值，摆手舞生动再现了土家族农耕生活的全过程，反映了土家族人民热爱劳动、不畏艰险、热爱生活的乐观主义精神，是了解和研究土家文化的重要材料。

毛斯舞是老司城土家族的舞蹈，历史时期，它曾遭到统治者的禁止，今天，土家族又将这一舞蹈搬进了现实生活。毛古斯舞表演时，一群身披草衣，头扎草辫，讲着晦涩难懂的土语的土家族群众，动作粗犷豪放、刚劲激昂，极具原始风情。毛古斯舞起源于土家族祭祀仪式中的专用舞蹈，是土家族一种古老的舞蹈形式，主要流布在湘西的永顺县、龙山县等县市，永顺老司城是主要的流布地。历代土司王在每年六月初六重大祭祀活动中必跳毛古斯，老司城村民结稻草为衣服，再现土家先民渔猎、农耕等场景，用以祭祀祖先创业功德，祈求保佑五谷丰登、人畜兴旺。毛古斯舞表演大多与跳摆手舞穿插进行，有时在一定场合单独表演。毛古斯舞动作特点别具一格，表演者屈膝，浑身抖动，全身茅草唰唰作响，头上五条大辫子左右不停摆动，表演中碎步进退，左右跳摆，摇头抖肩。"打露水""扫进扫出""围猎""获猎庆胜"等内容，可根据表演动作清楚地分辨出来。毛古斯舞最突出的特色在于服饰的风格，表演者身穿草衣树皮，古朴大方，极具原始风情。毛古斯舞作为一种古老和独具特色的艺术形式，还为土家族舞蹈来源的研究提供较可靠的线索。毛古斯舞不仅对研究土家族最初的生活形态、生活方式有着十分重要的价值，其表演形态中所保留的自然崇拜、图腾崇拜、祖神崇拜等信息符号，是土家人贡献给人类的一笔弥足珍贵的文化遗产。

土家族的哭嫁歌，很早以前就广泛流行于老司城地区，"哭嫁歌"有"哭父母""哭姐妹""哭哥嫂""哭叔伯""哭媒人""哭戴花""哭梳头""哭辞爹离娘""哭辞祖宗""哭上轿"，等等，老司城的土家姑娘的结婚喜庆之日，是用哭声开始的，新娘在结婚前一个月就开始哭，老司城的土家人还把是否会唱哭嫁歌作为衡量一个女子才德的标准。哭嫁是土家族独具特色的婚俗活动之一，哭嫁歌作为这种婚俗的核心内容，贯穿于整个活动始终，不仅反映了土家族青年男女的恋爱婚姻现象，还全面反映了土家族政治、经济和人文状况。老司城作为古溪州的文化、经济、政治中心，哭嫁活动相当盛行，一直沿袭至今。

第五章　老司城遗址的文化传承价值体现

老司城，作为中国南方少数民族地区最具典型特征的古文化遗存，体现了丰富、多元的文化价值，是宝贵的不可再生的文化资源，更是土家族社会和文化发展的历史见证。作为土家族文化实体存在的老司城遗址，文化传承应当如遗址保护，应是相辅相成，且缺一不可的，否则，必然不能将老司城遗址的价值内涵从深邃的历史演进中挖掘出，并展现给世人。在土家族传统民族文化与中华传统文化的交叉格局下，老司城遗址这一结合点正体现其独具人文价值的文化传承意义，无论是从遗址建筑本身去品读土家族的生态文化，还是从老司城演变历史中窥探中华民族的治乱兴衰，都可以找寻和谐统一的文化价值根源。

第一节　土家族的自然观

一、何为自然观

自然观就是人们对自然界的总的看法，是世界观的组成部分。大体包括人们关于自然界的存在形式、演化规律、结构以及人与自然的关系等方面的根本看法。

人类从自然界动物群中"提升"出来以后，作为社会的人，为了生存和发展，必然要和自然界发生一定的联系。人类历史发展的过程表明，认识和改造自然的斗争，迫使人们思考着这样一些问题：自然界的整体形象如何？它是怎样形成现在的这种状态？它有变化吗？如果有的话，将会变成什么样子？变化的终极原因是什么？有没有规律可循？等等。对这些问题，不同的人们提出了不同的看法和观点，这就是自然观。自然观是由生产实践和科学发展的水平决定的，每个时代的人们都按照他们那个时代的生产实践和自然科学的水平来描绘自然界的图景。不同的人有不同的自然观，不同时期的人类自然观也不相同。人类自然观的历史演进大体经历了五个层次，即原始的自然观、古代朴素的自然观、中世纪宗教神学的自然观、近代形而上学的自然观和辩证唯物主义的自然观。

人类在不同文明阶段对人与自然关系的认识最终都可以追溯到对"自然是什么"问题的解决。历史时期的土家族民众对"自然是什么"的理解正体现在其原始的自然观上。原始的自然观是以宗教的形式表现出来，所以又叫原始宗教的自然观。古人一方面认识到自然界是客观存在的，人要适应它，另一方面对许多自然现象不能解释，日月星辰、风雨雷电、生老病死等都使他们迷惑不解，甚至恐惧敬畏，于是产生了原始的宗教——企图用各种各样的神来解释自然，也希望通过对神的敬奉得到神的庇护。原始宗教的自然观既是自然知识不足的表现，也是自然知识的补充，其主要表现为万物有灵论、自然崇拜、图腾崇拜、灵魂崇拜、祖先崇拜和巫术。

二、土家族的自然观

土家族民众对自然的看法，由于受历史时期其生产实践和科学认识水平的影响，逐渐形成了具有文化传统、社会形态、地域环境等特点的自然观，并与土家族宗教活动方式构成了具有民族特点思维意识形态。本节所述的自然观主要是指土家族在古代社会时期所逐渐形成的并持续深刻影响着土家族民众生产生活的自然观。

（一）万物有灵论

土家族的自然观，肇始于原始社会。土家族民族史诗《摆手舞》和土老司经文《梯玛歌》中作了表述。"万物有灵论"认为：宇宙间的物质，无论生物、无生物，乃至自然现象，均有灵；不同物种其灵性是不同的；同一物种中的不同个体其灵性能量的大小也是不同的；万物会根据人类个体的善恶或护佑或惩罚；人类有灾或有愿，祈求于万物中的任何一物，只要心诚，则灵验。"万物有灵论"于形成后世的诸多民俗产生了较大的影响，且沿袭至今。如今，在土家族聚居的村寨，过"赶年"；"谢树"，即给果树喂肉和饭；有病喝"神水"；有的还兴敬树神、洞神、山神、龙神、滩河……以求其护佑、消灾、了愿。这些习俗有自然崇拜的遗迹，也包含着若干迷信的成分。

（二）自然崇拜

自然崇拜是古代社会时期一种普遍的自然观体现，是原始人类最初的一种认为自然物和自然力具有生命、意志以及伟大能力的信念。在土家族原始社会时期，由于生产力水平极端低下和知识的极端贫乏，人们几乎完全处于自然界和自然力量的支配下，各种自然物和自然力量，如山、石、土地、太阳以及风、雨、雷、电、洪水等，时刻都给人们幸福和苦难，甚至死亡。对于这些自然力量，原始的土家族民众既不能理解，也无法克服和防止。这样，久而久之，便在人们的头脑中产生了一种对自然世界的神秘和恐惧思想，他们为了生存和生活，总是要尽可能地去认识自然，了解自然，于是原始的土家族人们就按照自己的活动和认识来理解自然界和各种现象，把人的意志添加在自然界的事物和现象上，把各种自然事物和现象都看成是有意识的活动，认为统治和支配着人的自然力都是由某种神秘的不可知的力量主宰着，它们可按照自己的意愿给人类带来幸福和灾难。

土家族崇拜自然界众多的自然物和自然现象，把各种自然物和各种自然现象当作神灵和是由神灵主宰的。在这些崇拜对象中，土地、山石、火、雨水是他们主要崇拜的对象。

1. 土地神崇拜

土地神是土家族信奉的地方保护神。祭祀土地神是希望土地神保佑五谷丰登和六畜兴旺。土家族敬奉的土地神是一个庞大的家族，分为山木土地、桥梁、土地、田园土地、长生土地、青苗土地、官寨土地、地府土地等。种庄稼信奉青苗土地，这种土地职司农业丰歉；长生土地职司保佑家人之安；桥梁土地职司人过河平安；当坊土地职司保佑人畜兴旺及全寨吉安，等等。不仅有土地公公，还存土地婆婆，土家族认为他们都是人的"化身"，都有七情六欲，并且都赋予姓氏。相传土地公公肖天子娶了两个妻子，一个姓柳，一个姓李，柳婆婆所生四个儿子都得道成仙，李婆婆生五个儿子均未成仙，只好个个封为土地，专管农事。敬奉土地神在土家族聚居区十分普遍，许多土家族地区每隔一里半里就建有一座土地庙，庙宽不足三尺，仅能容纳放置土地夫妻神像，土地庙前常年香火不断。在日常生活及节庆之中，也常常有歌颂土地神的内容，如在"薅草锣鼓"中要唱土地神的传说，春节打新春土地，新房落成打财神土地，寿诞之期打寿星土地，结婚、治病也要作打土地表演，以感谢月河老人架鹊桥或驱邪赶跑阴魂。年节祭祀为土家族逢年过节祭祀土地神之习俗。初一、十五、四月初七或十七、五月初四、腊月除夕前一日等，都为祭祀日，都要敬土地神，以酒肉、香纸、鸡血祭祀。"生凭土养，死凭土葬"这一俗语流传于青江沿岸，意为土家人一生一世依赖土地，对土地的眷恋是土家族人敬奉土地神且代代传承的精神来源。

2. 猎神及山石神崇拜

土家族敬奉猎神，崇拜梅山神。土家族多居于山区，狩猎是其生产生活中必不可少的内容，猎神崇拜之风也自然有沿袭。土家族人崇拜梅山神，梅山神是女猎神。相传古时有一位有名的女猎手，叫梅山姑娘，擅长打猎，每次出去狩猎必获很多猎物，后来在一次她与猛虎搏斗中，老虎被打死了，她也倒在老虎旁边牺牲了。由于她以打猎著称，能降伏百兽，后人将她尊奉为猎神，每当狩猎时、出猎前和获猎后都要敬奉梅山神。祭祀方法，用几块石板或几片瓦，竖座小屋，压上纸钱，摆上奉祀之物，祭祀之人悄悄念咒语，不准打赤膊，不准讲戏侮之言。祭祀了梅山神，才能捕到猎物，否则不仅难以捕到，相反会出事故。每次捕获猎物后，又要祭梅山神，并取其野兽头脚敬之或扯下兽毛粘于猎具，以示对猎神的崇拜。

也有地方敬奉猎神张五郎，如在湖北鹤峰、五峰、长阳和湖南石门、慈利、桑植等县土家族多信奉该神祇。相传张五郎也是狩猎高手，死后被敬奉为猎神。土家人进山打猎前一般得先向张五郎问卦，如准进山，就带上张五郎偶像以示易猎物。这一猎俗在新中国成立之后已不流行，但张五郎木雕像在山区的土家人家里仍有保存。

石神崇拜也是土家族大自然崇拜的一大内容，土家人视形状怪异的山岩、石头为神石。"人们认为一奇必有灵，因而把奇异岩，系由三块石头形成的三角形岩石，是人们崇拜和祭祀的神灵。又如官和乡的观音岩，山顶上草木不生，独有一亭亭玉立的石柱，它的前面有一株青翠墨绿的万年松，远望好像观音与净瓶杨树样，被人们称为观音岩而顶礼膜拜。"① 土家族人认为，不同的石神具有不同功能，有护安石、求子石等。护安石（岩）主要为保佑幼儿之灵石，也有护外出者保平安之功能。求子神石为中年无子人家前往祭祀，此类神石其形如男根或是女阴，求子者在此烧香许愿。

3. 火、雨及水崇拜

土家族先人对自然现象的崇拜遗风至今大多保存。土家族各家各户都信奉火神。在土家族聚居的地区，每家都有火塘，火塘禁忌较多，触犯禁忌，便认为是对祖先神灵的亵渎。家中有火，表示香火不断。每年腊月三十日夜，家家火塘旺燃，全家人围坐火塘守岁，直到半夜才寝。土家族视火神为土家人家业兴旺的象征，也寓意着求火神保佑、趋吉避凶之愿望。土家族还崇拜烧畲女神，常称火畲神婆，专司刀耕火种的放火烧畲，人们祭此火畲神婆求农耕丰收。此外，土家族还供奉灶神。相传农历腊月二十三是灶神上天之日，而腊月三十日则是灶神下界之日。这两天晚上各家必须把灶屋打扫干净，灶、锅里点上清油灯，并用清茶泡一碗团馓，放一挂鞭炮，对灶神表示欢迎。

在农业生产中雨情起着重要作用，雨水与人们的生产生活利益密切相关，故土家族世代有雨神崇拜。土家人也称雨神为龙神，认为龙神是降雨和生水之神，由此出现很多关于龙王的神话，这与汉文化有着密切的联系，但也有本民族的特色。湘西龙山县土家族的龙神与树神合二为一，称"婆婆树"为龙神的化身。"天旱时，群众求雨……控树或拖树。如咱乃（果）、坡脚、靛房等乡的群众就到靛房乡桥底下挖一根柳树，据说这柳树是龙王的化身，现深埋地底，挖见了就会下雨。里耶地区的人就到河里拖一笓深陷泥沼的所谓'婆婆树'，拖几下就会下雨。"②

土家族也敬奉水神。凡是土家山寨，皆有水井。相传，井水长流不断，是有水神居住在井里。人从生到死，都受井水哺育，吮吸水神乳汁。所以逢年过节，须祭祀水神，以求得水神的保佑，洗去风尘疾病，长寿百年。

---

① 贵州省志民族志编委会：《民族志资料汇编（土家族卷）》，154～155 页，贵阳，贵州民族出版社，1985。

② 湖南省湘西土家族访问团：《湖南龙山县土家族几个情况的调查报告》（内部资料），1957。

(三) 图腾崇拜

土家族由巴人、乌蛮等融合而成，因而历史上曾有过许多种图腾崇拜。巴人崇拜白虎，乌蛮崇拜黑虎，因巴人势力强，曾统治湘鄂渝黔边区大部分地区，故白虎图腾崇拜在整个土家族中有着巨大影响力。一个民族的图腾崇拜，常常与本民族的部族、氏族来源的传说结合在一起。大多数学者认为土家族的白虎图腾源于古代巴人的廪君神话，历史上土家族有"白虎复夷"、"白虎之后"等族称。据《后汉书·南蛮西南夷列传》载：

巴郡南郡蛮本有五姓：巴氏、樊氏、覃氏、相氏、郑氏。皆出于武落钟离山。其山有赤、黑二穴，巴氏之子生于赤穴，四姓之子皆生黑穴。未有君长，俱事鬼神，乃共掷剑于石穴，约能中者，奉以为君。巴氏子务相乃独中之，众皆叹。又令各乘土船，约能浮者，当以为君。余姓皆沉，唯务相独浮。因共立之，是为廪君。乃乘土船，从夷水至盐阳。盐水有神女，谓廪君曰："此地广大，鱼盐所出，愿留共居"。廪君不许。盐神暮辄来取宿，旦即化为虫，与诸虫群飞，掩蔽日光，天地晦冥。积十余日，廪君伺其便，因射杀之，天乃开明。廪君于是君乎夷城，四姓皆臣之。廪君死，魂魄世为白虎。巴氏以虎饮人血，遂以人祠焉。

类似记载亦见于《水经注·夷水》、《世本》、《晋书》等文献史籍中，这些史料有关记载都说明廪君是巴人部落联盟的创始人，具有超强的能力和智慧，廪君死后成为巴人族神。由于廪君活动区域在清水江夷水流域即今湖北一带，白虎崇拜在清江流域传承下来，并以传说形式在土家族居住地区遗存至今。

土家族的白虎图腾崇拜事象包含两大内容，一为"人虎互化"。土家族先民巴人将白虎视为本部族的祖先，视自己为白虎的子孙，认为人与白虎作为生命体，可以互相转化。二为"以人祀虎"的精神寄托，认为白虎若得饮人血，将强大无比ｊ为本部族的生存繁衍提供神力。关于"人虎互化"的传说记载描写，自秦汉至唐宋较为丰富。"江汉之间有璝人，其先廪君之苗裔也，能化为虎。"① 血祭是原始宗教自然观中的重要组成部分，图腾崇拜中需要用牺牲来表达对神灵的虔诚。在所有的牺牲中，人是最受神灵欢迎的，是最高的祭献品。土家族白虎图腾崇拜中以人祀虎的仪式虽然在以后的发展中有了演化，先为"歼头血祭"或还相公愿，即在巫师额头上开一血口，后改为椎牛取牛头还原，但土家族先人祭祀习俗自古有之，且延续之清末。"一百多年前，龙坪田姓土家还给白虎神举行过人祭，还人愿。"② 如记载："杀人祭祀之奸，湖北最盛，其鬼名曰'棱睁神'。"③ "湖南之俗，好事妖神，杀人以祭之，凡得儒生为上，祀

---

① （晋）干宝：《搜神记》，卷十二。
② 胡炳章：《土家族文化精神》，100 页，北京，民族出版社，1999。
③ （宋）洪迈：《夷坚三志》，卷九。

僧次之，余人为下。"① 湘西土家族的白虎崇拜以"坐堂白虎"为神虎。每户都要有一个白虎坐堂，家家都要设坛祭祀"神虎"。酉阳、秀山等地土家族人，自古就在堂屋后墙的中间放一凳子作为白虎坐堂的神位，来凤土家族是在神龛上供坐堂白虎。长阳、巴东、建始、五峰的土家人，在跳舞祭祀时，有白虎家神之唱段。在土家族看来，白虎还有邪恶神——过堂白虎，因而也就有了"赶白虎"、"射白虎"等仪式。有学者认为"赶白虎"习俗与乌蛮古俗有关。土家族由多个古老民族融汇而成，其中也包含乌蛮的一部。"乌蛮亦崇虎，其先民为'虎方'之族，然乌蛮后裔之一的彝族至今却以黑虎为图腾而贱白虎，并有驱白虎之习俗。湘西北土家人亦有驱赶白虎的信仰习俗。……土家人这种驱赶白虎之俗很可能是其先民之一的乌蛮古俗的一种继承。"② 民间谚语："白虎当过堂，天灾必有祸。"龙山土家族传说，过堂白虎生前原是土王的小妾，遭到抛弃后投水自尽，并化成白虎，到处杀土司后裔的小孩，或专招 12 岁以下小孩的魂。后演化成白虎作祟的结果，因而又有了秋后赶白虎求子习俗。"赶白虎"的仪式，在湘西、黔东北尤为突出，一直保留到新中国成立前。鄂西也有"赶白虎"之俗，小孩生病，必驱白虎以治。湘西杨、田二姓土家族，把惊蛰这天定为射虎日，即射过堂白虎，家家户户用石灰在木楼堂屋中画弓箭避邪。

"图腾崇拜实际上是自然崇拜或动植物崇拜与鬼神崇拜（祖先崇拜）互相结合的一种崇拜形式。"③ 因此，土家族的白虎图腾崇拜又蕴含着祖先崇拜的情感内容，如果说廪君化作白虎作为土家族的图腾的话，廪君作为向王天子受土家族的崇拜则属于祖先崇拜。"向王天子"是廪君的俗称，向王天子既是巴人后代土家族的始祖神，又是有着白虎图腾观念的半人半神图腾的神灵。但是，图腾崇拜中所体现的祖先观念是一种自然崇拜的范畴，这和作为鬼魂崇拜的形式上发展起来的祖先崇拜不同。④ 前者讲求某种物类，而后者针对某一个人的灵魂。白虎崇拜与白帝天王崇拜之间有密切联系，土家族的白虎图腾崇拜中，白虎神形象逐渐脱离群体，化为单一的超然的白帝天王，使白虎图腾崇拜达到了顶峰。

土家族除白虎崇拜外，一些地方还有鹰图腾崇拜，与个别姓氏来源有关，如谭姓来源于鹰祖先的传说在湖北巴东、长阳等地尤甚。相传远古时期，因部族战争，余氏部落仅剩下一个叫余香香的姑娘，只身逃往山洞，幸遇一神鹰搭救，将她背往八坪山，并与她一同开荒种地。后余姑娘梦见两只小鹰闯入怀中而受孕，生一男一女，因其临潭所生，以潭为姓，后改为姓谭。余姑娘去世后，儿女互为夫妻，衍生后代，有了八

---

① （宋）彭乘：《墨客挥犀》，卷三。
② 胡炳章：《土家族文化精神》，24 页，北京，民族出版社，1999。
③ 朱天顺：《原始宗教》，56~57 页，上海，上海人民出版社，1987。
④ 朱天顺：《中国古代宗教初探》，206 页，上海，上海人民出版社，1982。

坪山谭姓土家族，并以鹰为自己的祖先。① 另有传说，余姑娘逃难到山洞，遇一鹰飞到她怀里，将她驮到地上一起生活，次年生下儿子，儿子又生下八子从女，互相婚配，繁衍了以后的谭氏家族。

（四）祖先崇拜

祖先崇拜是鬼灵崇拜与民族观念结合的产物，是在鬼灵崇拜的基础上形成的。它强调祖灵与信众之间的血缘联系，并相信祖先神灵对其子孙有保护和惩戒的功能。在古代社会，除有氏族、部落的共同祖先崇拜外，还有家庭中的祖先崇拜。在人类发展的历史过程中，各民族、部落中形成了以传说为主的远祖崇拜和以血缘关系为基础的近祖崇拜。土家族的祖先崇拜源于鬼灵崇拜，不仅注重族源传说中的人物，也注重血缘联系。土家族的祖先崇拜体系非常庞杂，主要包括部族祖先神、土王和家祖三类。

1. 部族祖先神崇拜

土家族的部族祖先神主要有"八部大王"、"社巴神"、"向老官人和田好汉"、"大二三神"、"向王天子"等。

八部大王，又名八部大神，是酉水流域土家族普遍尊奉的英雄祖先神祇，其中以湘西地区永顺、龙山、保靖等县的祭祀尤甚。相传八部大王是湘西土家族八个部落首领，他们带领族人开拓湘西地区，为保卫家园、抵御异族入侵建立了功勋，因而受后人世代敬奉。永顺老司城、龙山马蹄寨、保靖水坝洞等地建有八部大神庙，又称"八部庙"。每年春节后，庙前举行盛大祭奠和"摆手"活动，以祭祀八部大王。酉阳、秀山等川东地区从前也有八部大神庙，仅尚存"八部大王神位"残碑。② 祭祀八部大神的宗活动规模庞大，称为"大摆手"。

社巴神是湘西古丈一带土家族人信奉的祖先神，相传为社巴为部落大酋长，死后被人们奉为本族祖先神，封为社巴神。祭祀社巴神时，一般在"社场"举行。社场有社巴庙，庙中供有神像，庙前有神树。祭祀仪式主要为跳舞欢歌，并有祭神行为：包括杀猪、烧香、放鞭炮、鸣枪、丢扫把、椿猪儿、打锣鼓等。③

向老官人、田好汉也是土家族崇拜的祖先神。相传两人为土王彭士愁的文官和武将。一个足智多谋，一个英勇善战，都有功业。因此，在土王庙中，一个站在土王的左侧，一个立在土王的右侧，受后人供奉与祭拜。

大二三神也普遍为土家族所信奉，流传于湖北五峰、鹤峰及湖南桑植、永定、石门等地。民间流传大二三神时田姓氏族中三大英雄，帮助女娲补天有功，后人建庙立像，世代供奉。虽为田氏祖神，但已为整个土家族奉为祖先之神，故桑植、鹤峰、五峰等地土家族地区均有"三神庙"。

---

① 胡炳章：《土家族文化精神》，97 页，北京，民族出版社，1999。
② 李绍明：《川东酉水土家族》，259 页，成都，成都出版社，1993。
③ 胡炳章：《土家族文化精神》，109 页，北京，民族出版社，1999。

向王天子、廪君、白帝天子这个三种祖先崇拜具有同质性，皆指一人。向王天子崇拜主要流行于桑植、大庸、长阳、巴东、恩施等地。作为部族祖先崇拜的向王天子崇拜，是白虎崇拜图腾崇拜的一种衍化，有些地方的白帝天王崇拜同样源自白虎图腾崇拜，与廪君祖先都具有同质性的文化内涵，"向王天子在高尖手下，庙供廪君神像。按廪君为巴人主者，有功于民，故言施南、归、巴、长阳等地尸而祝之"①。据记载，在鄂西巴东、五峰、长阳等地，在古代均立有向王之庙。清江流域土家族在"每年六月六舟楫排筏全部停航依港，虔诚纪念向王天子开拓清江之功"②。

2. 土王崇拜

土王崇拜是对已故土王或土司王灵魂的崇拜。土家族地区在历史上长期存在着土官、土司制度，土司为土家族首领。土王在世时，人们慑于他的统治权威而尊土王，土王死后，认为他的灵魂仍然存在，虽已化为神灵，仍和在世时一样要管土民的事情，因此，仍被奉为神而被土民祭祀，称为土王神。土王崇拜在湘黔毗邻地区承袭流传，最早流传于湘西和黔东北土家族地区，后发展到土家族居住的其他地区。土家族在不同地区的土王崇拜对象有所差异，各地百姓都有自己崇拜的土王。湘西一带主要奉祀彭公爵主；黔东北一带奉祀冉、杨、田三姓土王；鄂西来凤、咸丰奉祀覃、田、向三姓土王。

土家族人崇拜土王、土司，土王庙遍及各村寨。"土司祠，阖县皆有，以祀历代土司，俗称土王庙。"③ 每年春节过后，举行祭祀并跳摆手舞，民众称这种活动为"小摆手"。

3. 家祖崇拜

家族崇拜，土家人俗称"敬家先"，是对本宗族、本家庭祖先神灵的祭祀，其祭祀对象主要是近五代的祖先。土家族的家族崇拜形成较晚，始于"改土归流"后，随着汉文化影响的不断加深，才逐步形成一种祭祀习俗，土家族地区也渐兴修宗祠、供家先之风，盖过长期以来土王庙祭祀之俗。"土司时……并不供祀祖先。"④

（五）巫术

巫术是指人们幻想以特定的语言和动作来影响或控制客观对象的种种行为。通晓巫术法事之人为巫师，他们是神灵鬼怪与凡人的沟通者，能请神驱鬼、治病救人，在当地社会威信甚高。自古以来，土家族地区巫术法事极为盛行，"尚淫祀，重鬼神"，主持巫术法事活动的巫师，土家人称之为"梯玛"，按土家语译，"梯"意为"敬神"，"玛"意为"人"，即"敬神的人"。按汉语方言则被称之为"土老师"或"土老司"，又被称为端公。梯玛既是祭神祀祖、赶鬼驱邪、招魂治病、还原求雨等宗教活动的主

---

① 乾隆《长阳县志》。
② 杨建新编：《中国土家族习俗》，229 页，北京，中国文史出版社，1991。
③ 民国《永顺县志》。
④ 民国《永顺县志·地理志》。

持者，也在农耕渔猎、婚丧生育、卜居迁徙、节庆歌舞等生产生活中扮演着重要角色。

举行法事活动时，梯玛有特殊的法衣法器。常见的是梯玛头戴凤冠，身披法衣，外系八幅罗裙。凤冠又称"五佛冠"，用硬纸制成，下端平整，上端呈五瓣莲花状，莲花瓣上绘有神像。法衣用大红布缝制，黄布镶边，胸前绣有太极八卦图，左肩写有"千千天兵"，右肩写有"万万神将"，下摆开钗，衣袖不长。八幅罗裙系在法衣之外，用赤、橙、黄、绿、青、蓝、紫、白八种颜色的八幅布料拼缝而成。做法事时，梯玛手持八宝铜铃，吹牛角，挥司刀，唱神歌，跳巫舞，行动癫狂，如痴如醉。这种神秘的表演，使人对其能通鬼神而笃信不疑。

梯玛举行法事活动，主要有"服司妥"、"杰洛番案"、占卜等。"服司妥"，土家族语记音，意为还愿，俗称"做土菩萨"或"还神愿"，旨在酬神、谢神、为人消灾除病和赐予子嗣。还愿活动时间一般从农历八月十五开始（开天门），到十月十五（关天门）结束，一般以户为单位请梯玛主持操办。"杰洛番案"，土家语记音，意为解邪，主要是赶鬼驱邪，规模较还愿小。凡遇事不顺，精神恍惚，久病不愈等，土家人会认为是"中邪"、"失魂"，需请梯玛来作法解邪。通常只请一个梯玛执事，不杀牛不办席，一般是杀只羊作为祭品，形式也灵活，不受时间地点限制。占卜，用来预测吉凶祸福，了解鬼怪意愿，便于驱邪，逢凶化吉。凡遇出行、建房、生育、疾病、婚姻等人生、社会大事，都要请巫师进行占卜。

自然观，既然是人类对自然的看法，那么在处理人类与自然的关系这个问题上，必然导致有什么样的自然观就有什么样的处理方式。是无休止地向自然索取，还是与自然平等共生的和谐统一，答案完全取决于这个民族的生态智慧。于是，土家族人的自然观造就了其生态文化的价值取向，反之，生态文化的价值取向又深化了土家族人对自然的崇敬。

自然崇拜也好，图腾崇拜也罢，都可以清晰地看到土家族人对动植物乃至整个自然界、整个生态系统的敬畏之心，并以这样的认识去融入到大自然的生存规律中。用今人的话语表达，我们称之为和谐统一，这就是土家族自然观所带给我们的文化意义。

第二节 老司城的空间地理特征

一、地理信息概况

（一）基本情况

永顺老司城，位于湖南省永顺县城东约19.5公里的灵溪河畔，地属永顺县麻岔乡司城村，是南宋绍兴五年（1135）至清雍正七年（1729）年间，永顺彭氏土司司治的政治、经济、军事、文化中心。

从地理上，老司城处于云贵高原东侧、武陵山西北与鄂西山地交界处，武陵山脉中段的黑山山脉。该山脉呈东北—西南走向，山体坡度大于30°。遗址所在山区地质上属于碳酸岩溶蚀构造山原山地，中低山类型，其岩石组成以碳酸盐岩和砂页岩为主，山上覆盖杉木、马尾松、油茶、阔叶林等，该地区属中亚热带山地湿润气候，四季分明，热量较足，雨量充沛，水热同步，温暖湿润；夏无酷暑，冬少严寒，垂直差异悬殊，立体气候特征明显。由于老司城遗址周围多为中低山地貌，会产生山地辐射逆温的作用，故而在晴朗的夜间，气温会随着海拔高度增加而有一定上升，最低气温出现在山脚或山谷，最高气温常出现在山腰。山体越大，逆温越强，最大增温可达7.6℃，形成一层天然暖带，南坡强于北坡，山顶气温低于山腰，高于山脚。[①]

遗址中心地理位置为东经109°58′10.32″，北纬28°19′01″，所在海拔高度为199～295米，地形上属于高山峡谷地带，由永顺县北部发源的灵溪河流经老司城中心遗址处，并在该处折返转弯，向南注入酉水。城区所在的台地大致呈南北走向，面积约4万平方米，灵溪河在遗址的西北部曲折流过，遗址主要集中分布在河流的东侧，西侧仅有一条临江的旧街与若干建筑遗迹。老司城以秀美的自然山水为依托，以中心城址为核心，外围遗址顺灵溪河自上而下沿河两岸分布，建筑分布突显地形险峻的地理特征。

（二）地质情况

地质方面，老司城区位于新华夏系武陵山二级隆起带的中段，遗址区及其周边构造较简单，中心遗址灵溪河两岸附近岩层构造以单斜构造为常见。

岩土层方面，老司城及其周边的主要的岩土层有地表土壤层、素填土层、残坡积黏性土层（即岩砂土）、冲洪积砂卵石层、白云质灰岩、白云岩等。

土壤方面，老司城遗址区及周边山地土壤多为红黄壤、黄壤和黄棕壤，且土壤层比较薄，偏碱性的石灰土分布也较为广泛。总体而言，土壤情况保持良好。

（三）水文情况

老司城遗址区及其周边一带主要河（溪）流有灵溪河、雅松溪和罗子湾溪。灵溪河是一条古老的河流，沿河处处皆景，两岸植被繁盛，森林茂密、群落古老。其属牛路河一级支流、猛洞河二级支流，属山区性河流，具暴涨暴落特性。老司城遗址区灵溪河河段宽20～40米，灵溪河枯水季节水量较小，不能直接通航，是全年有水河流。雅松溪为灵溪河一级支流，发源于灵溪镇的禾作村一带，遗址区河段宽度在8～10米，常年有水。罗子湾溪，发源于遗址区西侧的山区，流程约3公里，为季节性溪流，该

---

① 永顺县志编纂委员会编：《永顺县志》，78页，长沙，湖南人民出版社，1995。

溪水主要用于沿途农田灌溉。

有关地下水的情况，根据该区域水文地质资料，该地区的地下水主要随地形坡度变化接受大气降水、河水补给，水量和水位时有变化。

（四）植被情况

老司城遗址及其周边地区气候舒适，生态环境良好，植被生长茂密，种类繁多，层次分明。主要植被类型有：柏木林、常绿阔叶林、灌草丛、橘园、农作物植被。有一、二级保护树种如红豆杉等重点野生保护植物十余种，古树百余株。目前，已挂牌保护树有102株，有柏木、黄连木、枫香、金弹子、杨柳、枫杨、楠木、桂花等，其中以上百年的柏木为主。

（五）地貌景观情况

永顺县地处云贵高原东侧与鄂西山地交界之处，武陵山脉中段，境内层峦叠嶂，溪谷纵横，流水侵蚀地貌和岩溶地貌同时发育，山高谷深。老司城遗址及周边地区的岩体主要是碳酸盐岩类，受水流侵蚀、风化剥蚀作用，形成了连绵不绝的中低山、丘陵地貌景观。加之老司城遗址保护区地处亚热带山地湿润气候区，降水充沛，加剧了原有谷地中流水的下切侵蚀和溶蚀，造成冲沟、河谷地貌的发育，冲沟内地形相对平坦，坡度相对较小，如老司城中心遗址主要分布在冲沟地形处。灵溪河自北向南，在老司城中心遗址坐落处左转弯，弯度近乎直角，左岸流水较缓，较之右岸侵蚀冲刷作用较小，河滩有大量卵石，左岸阶地地形坡度较缓，利于人工建筑建设和人类生产生活。

经过多次构造运动、流水侵蚀切割和风化等作用，岩层、土壤演替，长时间的植被发育，老司城遗址及其周边最终形成如今崇山峻岭、古木参天、溪水灵动的地貌景观。

二、空间布局情况

通常对老司城这一概念的界定，不仅包含老司城这一城池，还包含分布在永顺灵溪河畔的众多土司建筑和历史遗迹，统称老司城遗址区。

老司城背靠太平山，面对绣屏山和翠屏峰，灵溪河逶迤而过，被崇山峻岭环抱，具有丰富的层次感和深度感。灵溪河水婉转曲折，两侧忽而悬崖峭壁忽而平缓宽阔，空间张弛有序。

目前老司城整个遗址是由中心城址、老司城山水及外围遗迹三部分构成。老司城遗址总面积25平方公里，遗址核心区面积0.25平方公里，① 地表上保留了大量的城墙

① 参见唐庆、鲁选龙：《让民族瑰宝老司城闪耀世界》，载《团结报》，2011年12月19日第1版。

和建筑遗迹。现存的历史遗迹有：宫殿遗址、祖师殿、玉皇阁、皇经台、土王祠、摆手堂、古墓葬、古街道、古城墙、"子孙永享"牌坊、德政碑、钓鱼台、演兵场、城市排水系统等古迹和 109 座历代土司及贵族墓葬。

老司城城内有东、西、南、北四座城门，相传老司城内曾有八街九巷，街巷密布、纵横相通，街道全由红褐色的鹅卵石嵌砌路面，构成三角形、菱形等几何图案，整齐匀称，颇具民族特色。"现尚存有正街、右街、左街、五屯街、金街、鱼肚街"①，其中以正街、右街保存最好。隔河相望的绣屏山顶布有烽火台。城区，灵溪河贯穿其中，黑山山脉环绕其外。因此，老司城的功能区依托地势成线状分布，彼此分散且相隔距离较远。中心遗址区内建筑依山形地貌分布着宫殿区、衙署区、居住区、土司墓葬区（紫金山、雅草坪）等，城区外分布有宗教祭祀区、苑墅区、军事训练区（搏射坪、谢圃）、贵族及平民墓葬区（莲花座、象鼻山）等功能区，城市分区明确，城市功能齐全。

宫殿区位于城区北部，当地俗称"金銮殿"，东北高、西南低，形状略呈椭圆形。城墙遗迹尚存，多以岩块、大卵石垒砌。宫殿区内建筑依山而建，自下而上形成四到五层阶梯状平台，每一平台上都分布一定数量的建筑遗迹。宫殿区主体建筑位于宫殿区大西门中轴线上，沿大西门内侧平台向东，自下而上形成四层阶梯状平台，直达宫墙顶端。区内共有四个门，大西门为正门，其余四门分别位于西北角、西南角、东南角。大西门向西略偏南，正面连接右街卵石古道，直通河街。门道由卵石砌成的路面、红石条砌成的台阶组成。门道原用红砂岩条石叠砌的石阶组成，自下而上曲折相连。现条石大部分已被取走，仅残存局部遗迹。

衙署区位于宫殿区南侧，其东、南、西墙保存较为完好，一般残高 1～2 米。衙署区西门基址至今仍残存于地面之上，门宽 314 米，以条石作石阶，下通正街。

老司城南部是土司时期的宗教祭祀区，也是土司辖区广大民众的宗教活动中心。据考古勘探并结合地方志，可以确认的寺庙有祖师殿、观音阁、五谷祠、关帝庙、将军山寺、八部大神庙等。各种不同类型的寺庙，定期举行的宗教活动、祭祀仪式，成为聚集民众、加强社会凝结力的一种手段。

紫金山墓葬区位于老司城东南部的紫金山山坡与山脚，是明代永顺土司的家族墓地。整个墓地依山势修筑，东以紫金山腰柏树林为界，西至紫金山山脚。整个陵园的地表由封土、拜台、"八字"山墙、花带缠腰过道、南北神道及石像生、照壁等遗迹组成。

沿着灵溪河上溯，在老司城的背后，平冈低阜间分布着众多的土司庄园、别墅、钓鱼台等设施，是土司时期的苑墅区。

① 柴焕波：《湘西古文化钩沉》，224 页，长沙，岳麓书社，2007。

老司城遗址及其周边地区地貌形态主要为侵蚀中低山、丘陵和冲沟地貌，河道深切，地形破碎，一般标高500～800米，相对高差400～600米，坡度一般大于30°，遗址区中心区的高程基本在280～360米之间。正是在这样地理环境下，从而造成了老司城建筑空间布局上所呈现的独特之处。宫殿区、紫金山墓区和若云书院等主要遗址位于坡度相对平缓的丘坡上，并经人工整治为台阶状平台。衙署区及正街一带属于平台坡脚地带。从建筑遗址来看，宫殿区和衙署区内的房屋看似依山而建，西北略高，东南略低，但依自然山势筑成多层平台，从山脚到山腰，台基一层一层地呈梯状分布，形成了4～5层重叠的建筑平台，表现出多层台的布局风格。

老司城虽然处于用地受限的封闭山区，地势崎岖不平，其遗址遗迹却完美融入层峦叠嶂之中，使得山、水与城相互联系、相互依存，在征服和利用自然，获取自身发展的同时也体现了尊重自然、保护自然的理念，实现人与自然的和谐共存。

三、空间地理特征

老司城遗址整体选址于河谷地带，中心城址背靠福石山，城前的灵溪河自东北向西南环城流过，四面环山，总体上呈现"青山环碧水、司城嵌其中"的空间特征。其从整体上呈现出"点状分布，线状联系"的布局特点，遗址点基本沿灵溪河这条主线呈点状分布。老司城整体空间格局呈带状，其倚仗四面环山的地形优势，形成了"以山为城，以水为池"，具有高度军事防御性的城市格局，又融合了武陵山地特有的山水景观风貌，形成了老司城遗址独特的景观特征。

因此，从永顺老司城的地理位置和建筑分布情况来看，老司城体现了依山傍水和森林环绕这两个空间地理特征。

（一）依山傍水

老司城，四周群山环绕，以山为城，以水为池。中心城址背依高耸的太平山。太平山下有三座相依的小山，分别叫福山、禄山和寿山，统称三星山，含太平盛世、三星高照之意。主体建筑宫殿区建在福山山麓，可以眺望前后左右的山岭，山山相邻，层层叠嶂，有万马归朝之势。城区背靠福石山，面朝绣屏山绝壁，左侧围高峻的太平山顶，右侧有称为螺丝湾的诸峰与崎岖的山道，形成十分坚固的天然屏障。另外，右侧有司城古渡口与外界相通，由于土司禁止开挖沟渠，以为如此会挖断土司家族的龙脉，所以仅有两条水渠引入老司城，一条从泽汲湖小洞引入正街，一条从白岩湾引入鱼肚街。[①]

老司城建筑不仅靠山面河，还沿着灵溪河线状联系。例如，祖师殿位于老司城东

---

① 成臻铭：《清代土司研究》，137页，北京，中国社会科学出版社，2008。

南约 1 公里的灵溪东岸的玄武山下二级台地上，面对灵溪河，海拔 258.2 米。祖师殿区主要包括祖师殿、皇经台、玉皇阁，并依山势从下至上排列分布，可以通过数百级台阶沿山体下达灵溪河，气势雄伟而壮观。

综上所述，从军事防御、风水泰否、生活便利和局临气势等因素考虑，土司司城的建造必然是既离不开山，也离不开水的。不过，土司司城的建筑选址，首先考虑的因素是安全，多是依山据险，居高临下，顺山势而建，换言之，它们首先凸现了保全身家性命的建筑理念，至于在建筑上所体现的封建等级权威和风水讲究则是次要考虑的问题。老司城之所以会选择在一个万山环拱，偏僻、贫瘠的山区，原因就在于其军事防御的目的。因此，自然地形构成了坚固的防御，环绕着城址，又有一系列险峻的军事关隘和防御设施，以是城池固若金汤。

（二）森林环绕

按传统的易经风水之论，大凡有"生气"的地方，一般是"避风向阳、气候宜人、山水相印、绿树成荫、鸟语花香"的地方。因土司司城所在之地由于依山傍水，且司城周围之地都是严禁开采破坏的，所以土司司城的周边生态环境保护得非常好，具有了上述所述的特征。老司城，建于群山环绕的山间台地，周围山麓密布着众多树木，加之气候条件适宜，树木植被很茂密，形成绿树掩映下的土司城池。

住者人之本，人者以宅为家。俗谚云："地善即苗壮，宅吉即人荣。"土家族人在选定房基时，都会"卜宅"，即请梯玛按照"宅以形势为骨体，以泉水为血脉，以土地为皮肉，以草木为毛发，以屋舍为衣服，以门户为衬带，若得如斯是俨雅，乃为上吉"为原则选定地基。从老司城的空间地理特征来看，结合其他地区的土司城址的情况，土司城址的选定突出了几个共性，即讲究有山有水、有高有低、有"左青龙、右白虎、前朱雀、后玄武"四像。以传统的风水理论为参考，土司城选址的地理观念属于讲究对称均衡的"四神砂"结构，其依从自然地形缘山而建、布局高低错落有致，向世人展现土司王权的高贵威严，给土司领地的土民们以敬畏感。总之，老司城的地理位置和空间布局突显了土家族人的本土知识和生态智慧，构成了一幅人居环境与自然生态和谐的山水画。

第三节　老司城遗址的生态文化价值

生态文化，是生态人类学的一个重要概念。所谓生态文化，实质上就是一个民族在适应、利用和改造环境及其被环境所改造的过程中，在文化与自然互动关系的发展过程中所积累和形成的知识和经验，这些知识和经验就蕴含和表现在这个民族的宇宙观、生产方式、生活方式、社会组织、宗教信仰和风俗习惯等之中。①

简言之，生态文化是各民族为适应特定的生态环境而创造的生态智慧和生态知识。如果文化是一个民族对所处的自然环境和社会环境的适应性体系，那么生态文化就是一个民族对生活于其中的自然环境的适应性体系。生态文化是一种让人与自然、人与人处于和谐和可持续发展的文化形态，它通过内在机理的方式制约着人们的政治、经济、文化等活动，从而对整个社会的发展产生重要影响，进而促进人类的生存方式、思维方式、生产方式和消费方式的转变。可以说，生态文化是一种价值观，是当人类在遭遇了环境问题压迫后所做出的新的文化选择，人类通过生态文化来解决人与自然的冲突和矛盾。

一、土家族的生态文化内涵②

土家族长期聚居于湘、鄂、渝、黔四省市毗连山区，是一个典型的内陆山地民族。在长时期的历史演进中，土家族及其先民在人与自然的博弈中积累并创造了内涵丰富的生态智慧和生态知识，形成了独具特色的土家族生态文化观念，这一生态文化观念的直接体现就是和谐利用自然、积极保护自然、适度改造自然的本土生态知识。这样的本土生态知识贯穿于土家族人的生产生活的每一个细节，并在土家族及其先民制定的乡规民约、习俗禁忌和民族习惯法等手段下有效保护和适当调适，进而创造出富有民族特色、内涵丰富的生态文化。

（一）和谐利用自然

土家族为了族群的生存和发展，在与大自然不断互动的过程中，渐渐形成了依靠自然、利用自然、尊重自然、与自然相生相谐、互利共处的生态观念。其中，对废弃稻草的处置利用和吊脚楼建筑等，就是土家人和谐利用自然的最明显体现。举一个例子来说明，土家族是一个从事坡地耕种的山地稻作民族，稻田就是关系到土家族生存和发展的关键物质基础之一。因此，土家族及其先民就格外关注有关水稻的生产、生活活动，其中，对废弃稻草的处理和再利用就是一个明显例子。据史书记载，土家族有烧畬的习俗，即"烧火粪"，就是在冬季或者开春时节，把稻田里的杂草以及稻草晒干，然后再烧毁在田里，以充当肥料。这种烧畬行为不仅有利于稻草灰对稻田土壤品质改善，而且还可以除去杂草等废弃物，有利于来年水稻的生长和丰收。此外，土家人将废弃稻草用来盖草房、做草绳、草鞋等。这是土家生态文化体系中最低层次的一

---

① 有关"生态文化"这一学术概念的内涵是什么，目前学术界并没有一个统一的认识和理解，大致有两大类观点。限于本文的内容要求，笔者选取了学者郭家骥的观点。

② 生态文化内涵，其核心是人与自然关系问题，强调的是在人类的活动中尊重生态规律，认识到人与自然息息相关，生死与共，从而建立一种和谐的合作关系。

种生态观念，也是土家先民对自然进行初步认识和改造的体现。

（二）积极保护自然

土家族及其先民在充分利用自然的历史过程中，逐渐意识到无限制地从自然攫取、无节制地利用自然资源，就会造成自然资源的匮乏，进而破坏生态系统的平衡，威胁到族群自身的生存和发展。因此，根据千百年来积累下来的生态经验，土家族就制定了一系列约定俗成的民族习惯法和乡规民约，以保护自然环境，维护生态平衡。其中，《封山禁林公约》的制定和土家族对井水的重点保护就最具典型性，充分展示了土家族强烈的保护自然环境的生态意识。

作为一个山地民族，土家族人爱林如宝，他们说树木是吃露水长大的天财地宝。在长期的社会生产、生活过程中，土家族人逐步形成了一套保护和管理山区森林的民间公约。在武陵土家族聚居区，流传着"山清水秀，地方兴旺，山穷水尽，地方衰败"的谚语，因此，土家族就特别重视对居住地周围山林的保护。在土家族地区，自古以来，就制定、执行了《封山禁林公约》用以约束村民，以加强对森林管理和保护。例如，公约规定：

"凡属条款中规定的封山区域，均立有禁碑，标明四周界限，周围树上捆好草标，或贴上涂有血的白纸，以示此山已被封禁。封禁期限，多为永久性的，以利于对整体生态系统的保护，也有十年、二十年、三十年、四十年不等的。凡属封山地段内，自宣布被封之日起，公推大公无私、不徇私情、执法不苟的管山员，以负责巡山看林的任务。所定条款有：封山区内区禁止放牧牛羊、禁止拾柴割草、禁止防火烧山、禁止铲土积肥、禁止砍伐一竹一木等等，把封山汦封成真正的禁区，在三五年内就蔚然成林，以保持青山常青，森林永森。在所定约规中，对于防护林、古庙林、风景林、祖坟林以及路边、房屋四周、风雨桥头、井边、凉亭边的大树小树，都有专门的条款保护。"[1]

同时，对违者处罚也较为严厉：

"管山员在执行巡山时，若发现在禁区里放牧、背柴者，或偷砍捆有草标的树枝树干，或偷砍经济林木时，不管是谁，当场抓住，并报告村寨主持人，按照条款进行处理。轻者鸣锣认错，重者罚款、罚粮、罚栽树、罚修路等。"[2]

土家族人通过严格执行《封山禁林公约》，最终形成一种强烈的爱林护林的生态意识，这在一定程度上也体现了土家人在尊重自然、利用自然的同时，懂得了善待自然和保护自然，以维持自然界的生态平衡，促进人与自然界的和谐统一。

---

[1]　田荆贵：《中国土家族习俗》，247页，北京，中国文史出版社，1991。
[2]　田荆贵：《中国土家族习俗》，247页；北京，中国文史出版社，1991。

对水井卫生的保护，不仅是土家人与生活环境相适应的互动选择，也是土家人民族感情的自然流露。有学者曾这样概括土家族居住的地理环境："其一，山是土家族聚居地的主要特点之一，……其二，土家族聚居地的四省边区属内陆地区在全国少数民族地区都比较可见。"①

作为一个大山中居住的稻作民族，水不仅是社会生产的重要自然资源，而且更是重要的生活资料。因此，鉴于武陵山区人口的不断增长与水资源的相对匮乏，土家族人就格外重视对井水的保护。故而，土家族人的水井多村前屋后或交通要道处砌成，水井的周围用石头砌坎，做成一个小财屋的样子。为了保护水井的卫生，在水井流水处另外修建有洗菜的水池和洗衣的水池，不能相互混淆。不准下井舀水，不能将手伸进井水中洗手，不能在井内洗菜洗衣，不准在水井附近修厕所、牛栏、猪圈等。水井定期掏泥，多为村中老人自发完成。逢年过节，要敬井神，在水井四周插上香，烧香祭祀。②

可见，土家族对水井卫生的重视和保护，不仅是土家人在恶劣生活环境下所做出的必然选择，而且也体现了他们对有限自然资源的珍视。

此外，土家族众多的族源神话和乡规民约，都深刻体现了土家族保护自然界动植物资源的生态意识。在土家族族源神话中，《虎儿娃》就折射了土家族"人虎合一"的生态意识，《水杉树的传说》则蕴涵了土家族"树人合一"的生态意识。③ 不管是"人虎合一"，还是"树人合一"，都体现了土家人认识到了自身与动植物之间的密切关系，进而逐渐深化善待动植物、保护生态环境的和谐观念。因此，土家族习惯法规定：不准在公共场合和大路上乱丢死老鼠、死蛇等动物的尸体和乱抛破瓷、碎瓦、石头等；不准在溪河里随便用药毒鱼；不准打蛇食蛇肉；不准在村寨周围打鸟，特别不准打阳雀、布谷鸟、啄木鸟、猫头鹰等；逢六忌杀猪，腊月二十六忌杀年猪，否则今后养猪不利；清明和立夏禁用耕牛，用了牛会生病等。而这些事都是没有经过大家商议的，也没写成文字、石碑，但却为大家遵守，没有人违反。④

由此，土家族认为，保护动植物也就是在保护他们自身。只有平等友好地处理人与自然、人与人的关系，才能创建和谐共处的生态环境，才能促进民族的兴盛与繁荣。

总之，土家族保护自然、追求和谐环境的生态观念，是土家人在认识和改造世界的历史过程中所形成的一种较高层次的生态观念，在一定程度上约束和规范了土家人在利用和改造自然的行为，对维护土家族地区生态平衡起到了重要作用。

---

① 周兴茂：《土家学概论》，146 页，贵阳，贵州民族出版社，2004。
② 冉春桃、蓝寿荣：《土家族习惯法研究》，北京，民族出版社，2003。
③ 冉红芳：《土家族生态文化的内涵及其当代调适》，载《湖北民族学院学报》（哲社版），2007（5）。
④ 冉春桃、蓝寿荣：《土家族习惯法研究》，56 页，北京，民族出版社，2003。

（三）适度改造自然

土家族及其先民在利用和保护自然的过程中发现，人类不仅适当利用和保护自然，而且还可以根据当地特殊的自然条件和地理特征，在尊重自然规律的前提下发挥人的主观能动性，适度地去改造自然、利用自然为人类服务。

武陵山区山大、山深，随着人口的增多，人地矛盾日益突出。因此，在特殊的历史环境下，土家族人就充分利用多山、大山的地理环境，开发梯田，用以弥补农业用地之不足。清乾隆时期《龙山县志》云："土民善种，寒星散地、田边地角、篱边沟侧、悬崖隙土，亦必广种荞、麦、苞谷、草烟、粟、菽、蔬菜、瓜果之类，寸土不使闲，惜土如金也。"土家族爱惜土地，努力改变土地的现状，使土地发挥更大的经济效益。他们把开垦出来的偏坡，改成层层梯田，为避免山水冲垮土坎，冲走肥泥，他们利用冬闲，捡来小石头，用石头将土坎砌起来。日积月累，代代辛劳，在土家族耕种的山地里，处处可见这种层层石头砌成的梯田。梯田一般都是沿水量较大的天然水沟修建而成，这样做是便于较好地保护山地的自然形态，避免了因开凿新的沟渠而造成水土流失。梯田一般都是沿大水源沟渠均衡分布，以便使水资源得到充分的利用，减少了水资源的浪费。据计算，梯田也颇有规模，最大的梯田有一千亩左右，梯田均衡地分布在一条叫中沟的水沟两侧，背靠约三丈来高的悬崖。为满足大面积梯田的灌溉，当地土家族人在利用已有的天然沟渠的基础上，还特别开凿了一个人工沟渠。此外，在成片的梯田之间，落都人往往还会留下一条人工林带间隔起来，用以防止梯田的开发不当造成的水土流失。可见，落都土家社区的梯田开发与梯田布局的壮举，正是当地土家族人发挥主观积极性，能动地适度改造自然的最好体现。

土家人在各自所处的特殊环境中，通过对自然环境的适度改造，实现了与自然的友好和谐，维护了生态平衡。这就是土家族生态文化中适度改造自然的生态思想，也是土家先民在认识和改造世界的历史过程中形成的一种对人与自然关系的总结与归纳。

二、老司城遗址生态文化曲价值体现

老司城功能分区齐全、基础设施完善，其建造充分注童人与自然和谐统一，充分展现了土家族生态文化中很注重人与自然和谐统一的核心价值。

第一，老司城地区山多平地少，为了满足大规模的城市建设和土民的生活居住要求，土家族在长期的探索积累后总结出了独具民族特色的生态智慧，即木构半干栏式建筑——吊脚楼。

吊脚楼建筑是土家族大和谐利用盲然资源的最明显体现，这种建筑挣脱了二维平面发展的局限性，扩大了建筑发展的空间，极大地减少了开挖土方量，大大节约了宝贵的土地资源。土家族及其先民聚居的武陵山区沟壑纵横，河流众多，气候湿润，自然条件非常恶劣。因此，土家先民为了适应武陵山区恶劣的自然地理环境，经过长期的调适与互动，就逐渐选择了吊脚楼来作为民居建筑。从选址上看，吊脚楼建筑多依山傍水，这样不仅适应了山地环境的陡峭不平，而且用木柱来支撑房屋也极为安全稳固，同时也有利于保护家庭财产与防备野兽的袭击。从取材上看，武陵山中土、木、石等天然材料甚为丰富，因此，土木架构的吊脚楼建筑就充分体现了土家人"因地制宜、就地取材、因材设计、就料施工"的伟大蟹慧。再从居住环境来看，土家人往往喜欢在自家吊脚楼房屋周围栽种绿树、竹林、芭蕉等植物，这样不仅可以弥补建房时砍伐树木所造成的破坏，而且还可以美化居住环境。土家族吊脚楼是根据山地环境复杂多变的特点，合理规划，就地取材，顺势而建，而且吊脚楼建筑还与周围自然环境相互交融，浑然一体。可以说，吊脚楼建筑反映出了土家先民在自然界面前，逐渐形成了一种顺应自然、适应自然、充分利用自然资源为自己生活服务的和谐利用自然的生态观念。

另外，老司城中心城址内的重要建筑的轴线依据山形地貌而定，因此，建筑无固定朝向，基本都沿等线起伏进退，建筑群呈散点自由布局，是典型的结合地形的顺势构成。① 灵溪河的东西两边都有建筑簇拥，建筑的大门为气口，灵溪河及其周边道路环曲而至，建筑即可得气，有利于空气流通，有益于身体健康，从而达到人与自然和谐统一。

第二，老司城中心遗址整体布置于河谷两岸，注重人与自然的和谐共处，巧妙地结合自然地理条件建立了功能齐全、基础设施完善的城市体系，是世界上不多见的古堡式民族文化古城，是研究我国少数民族城市建设的活化石。老司城中心遗址的选址易守难攻，利用面朝灵溪河、四面环山的地形优势，结合自然条件设立相应的军事设施，形成了以山为城、以水为池的防御性质的城市格局，这样既能有效地防御其他土司的军事侵扰，也能远离中原，避开流官区的政治辐射。各功能分区依据地势高低合理布局，主体建筑依山就势高低错落，八街九巷穿插分布遗址区内，为居民的出行、交流提供了便利；蜿蜒而过的灵溪河为老司城与外界的联系提供了载体，且两岸峰奇石巧，洞府玲珑，一步一景，形成天、地、人和谐统一的司治景观。

第三，老司城处于用地紧张的封闭山区，山多地少，其在数百年的发展过程中以"自然为本"改造山体，以求最大限度地利用珍贵的土地资源、合理地改造自然，是封闭山区中充分利用自然资源、成功开发山地的鲜明实例。吊脚楼的建筑形式挣脱二维平面的发展空间，极大地减少了土方开挖量，节约用地；建筑顺山势自由分布，遵从自然；排水、供暖设施科学合理地埋设于地下，不但满足了老司城人民日常生活的需要，更在用地紧凑的条件下拓展了老司城的多维发展空间；灵溪河石刻题铭、古栈道

---

① 龙玲：《湘西百年古城老司城的可持续发展初探》，载《华中建筑》，2009（3）。

等的建造都选取在天然崖壁上，这种建造方法能最小限度地改造自然，并最大限度地提高土地利用率。利用灵溪河满足老司城生活饮用、农田灌溉、手工业发展的日常需要；适度开发周边丰富的森林资源，向朝廷进贡珍贵楠木维持司治稳定；街道建筑材料就地取材，所有这些无一不体现土司"崇尚自然"、合理改造自然的思想，较好地保护了老司城的自然环境，真正体现了一种生态的平衡、人与自然的和谐共存。

第四，老司城周围崇山峻岭，层叠绵延，是"万马归朝"、"龙凤呈祥"之地。按照土家族人与自然和谐平等共生的生态文化，住宅地址的选取均在通风、有清水、向阳之处，山清水秀、鸟语花香，好环境才怡人。按照土家族习俗建造的房屋，一般都站得高，看得远，通风向阳，用柴用水方便，加上人工植树造林，逐步形成绿树成荫、鸟语花香的良好环境。

老司城中心遗址的选址有山有水，环境宜人。古城瓦屋，鳞次栉比，四周苍翠的青山，将紧连成片的古城紧紧环抱，依托三山而建的古城，与大自然形成了有机而完整的统一。更难能可贵的是该遗址景观在持续的建造过程中丝毫未影响自然美景，山、水、城自成一体，既有以自然山水为基础的生态环境美，也有以土家文化为主题的历史文化美，还有以地方特色为依托的民俗行为美，真正体现了人与自然和谐统一。

总之，老司城在建造过程中合理利用地形、山体，提高土地等资源利用率。利用自然山水景观与梯级堡坎等外部改造活动的有机结合，达到了美观与实用的统一，是人类巧妙利用自然环境的见证，体现了自然与文化紧密结合、人与自然的和谐共处，极具多元立体展示价值，即使在现代文明的今天，也如同一颗璀璨的明珠，熠熠生辉，具有独特的借鉴与观赏价值。

如今，老司城遗址所呈现给世人的不仅是曾经的土司王城辉煌与山清水秀下的繁荣美景，更多的启示我们当下的是一种昨日兴盛背后的思考，这一思考紧紧地将大家的眼光注视在土家族的民族文化理念之上，这便是敬畏自然的民族认识与平共生的文化情感。土家族世代沿袭的生态文化观念，通过一个古城遗址活生生地呈现在世人的面前，这既展现了土家族人的生态经验和生态智慧，又向当今社会有关人与自然的问题提供了一个解思路。顺着这一关注继思考，我们会发现土家族的民族心理和文化意识，这也是当下我们要发掘老司城遗址潜在文化价值的原因，并以此为突破口继续深化对土家族文化传承与保护的研究工作。

第六章　土家族的历史现状与制度演变

雍正四年（1726），一场旨在"在一时须尽服其心，计百年须常慑其胆，然后可绥靖一方，永远宁贴"的"改土归流"，在西南地区迅猛展开。云贵总督鄂尔泰在清世宗的强力支持下，以数十万军力为后盾，奉行"计擒为上策，兵剿为下策；令自投献为上策，勒令投献为下策"的计谋，采取"以用兵为前锋治其标，以根本改制治其本"的手段，摧枯拉朽，步步紧逼。高压之下，云贵、四川、湖广等省土司被迫交出了世袭印信，改土归流，无奈地离开其世居领地，权归中央。自五代晋天福五年（940）起即确立了统治地位，历后晋、后汉、后周、宋、元、明数朝，世代承袭达八百余年之久而不衰的永顺彭氏土司，在这席卷西南大地的"政改"风暴中亦未能幸免。雍正六年（1728），末代土司彭肇槐"自愿纳土"交出了权柄，清廷授其参将之职，世袭拖沙喇哈番（即外所千总或云骑尉的满语称呼）爵位，赐银一万两，在"请归江西祖籍"的名义下，迁徙安置于江西吉水，永顺土司王朝轰然倒塌。千百年来岁月长河的流逝，彭氏土司已杳杳无踪，但承载着千古之谜的老司城却依然屹立。

一

老司城位于湖南省永顺县城以东 19.5 千米处，其中心区位置为北纬 28°59′54.75″，东经 109°58′10.32″。遗产区面积 627 公顷，缓冲区面积 1035 公顷，共 1662 公顷。行政区划原属永顺县麻岔乡，今属永顺县灵溪镇司城村，计有上河、司城、博射坪、联合等四个村民小组，共 395 户 1595 人。主要居住于周家湾、左街、鱼肚街、博射坪等四个居民区内。

南宋绍兴五年（1135），彭氏第 11 任刺史袭职后，鉴于其爷、父辈彭仕羲、彭师晏等与宋朝的冲突，深感位于溪州与辰州交界处的治所会溪坪，虽处于酉水主河道之旁，具有交通快捷之便利，但与宋为镇压彭仕羲而新筑的明溪寨仅是凤滩滩头与滩尾之距，极易受宋朝的牵制与约束，因而在酉水河的支流猛洞河上游灵溪河畔的福石山下择址重建新城。新城枕山临水，气势雄伟，建设极有特色：宫殿群位于合称为"三星山"的福石、禄德、寿德之下，称为"三星拱聚"。其后，高大雄伟的太平山、玉笋山、轿顶山、绣屏山、将军山、麦坝山、金花山、天马山、狮子山、美女山、仙人山、贺虎山、玄武山、九肇坡山、送答茄山等，连绵成屏捍卫都城，称为"万马归朝"。宫殿之下，灵溪河由东北—西南—东南流向围绕新城形成一个大拐弯，河宽 20～40 米，长度约为 17.5 千米，天然形成一条护城河，具有"以山为障，以水为池"的军事防御功能。城有东、西、南、北四个城门，内有正街、新街、河街、五铜街、紫金街、左街、右街（御街）、鱼肚街、半坡街等。各街又被众多小巷相连，仅仅今天所统计的巷名就有：南门巷、半坡巷、五铜巷、马房口巷、雅草巷、杨士庙巷、朱家堡巷、周家湾巷、城隍庙巷、张家巷、润家湾巷、午门巷、堂坊堡巷、王家巷、西门巷、陈家湾乡、秦家巷、狮子口巷等。还有狮子口、马蝗口两个重要津口等，总称为九街十八巷二口，依山傍水规模宏大。《永顺县志》赞曰："凭山作障，即水为池，石堆曰马，岩隐青狮；焕雀屏于玑瑶，饰鸳瓦于琉璃；云烘霞殿，雾锁丹墀；袅袅陈宫之景，遥遥楚馆之思。况以观音阁敞，关圣宫成，殿列祖师之号，观撑玉极之名；燠台目暖，凉涧风清；钟鼓分橐橐，石鼓之铿锵；肃苍官于左右，森青士兮纵横；巍巍乎五溪之巨镇，郁郁乎百里之边城。"集军事、政治功能为一体，史称为"楚南雄镇"。

新治所因山而得名福石城，修建新城的这任刺史也因城而得名彭福石宠（或彭福石冲），"宠"是土家语"王"或"首领"的记音，"福石宠"即"福石王"之意。新城让彭福石宠之名永载史册，而本名竟然无人知晓了，家谱中都无奈地记载曰："忠朴公，讳字无考，俗呼为福石宠。"人因城而得名并铭于青史，表现出了土家人对筑城者的尊重与纪念。这因城名而得人名，或因人名而得城名的史迹，堪与马其顿帝国亚历山大大帝始建于公元前 332 年的亚历山大城、俄国彼得大帝始建于 1703 年的圣彼得堡相媲美。而后者建城时已晚于老司城 568 年，其历史也仅仅 310 年。比建于 1135 年的老司城晚了 568 年，其城市历史不及迄今已 878 年老司城历史的一半。作为大都城的亚历山大城、圣彼得堡早已享誉世界，这是近年来才发掘现世、藏于深山外人鲜知的老司城难以比拟的，但老司城的历史价值却毫不逊色，越来越得到相关研究领域学者的重视。2001 年，老司城被列为第 5 批全国重点文物保护单位；2010 年老司城被列为第一批国家考古遗址公园；2010 年 12 月 21 日，《中国社会科学报》在第一至第四版面上，以三个整版作了全面报道，誉之为"中国的马丘比丘"、"南方的故宫"。但印加统治者帕查库蒂于 1440 年左右所建的马丘比丘比老司城晚了近 300 年。而故宫从明成祖朱棣永乐四年（1406）开始营建起计算，其历史也仅 607 年，比老司城晚了 270 余年。

老司城并非是其原始地名，是因永顺宣慰司都城长期设于此，土家人世代相沿袭的俗称。老司城的"老"，亦不是其原地名的组成部分，今行政区划的法定名称"司城村"足以证明。将"老"加于"司城"地名之前，并非是形容它的沧桑、叹息它的衰亡，而是一份思绪的追忆、一份心底的留存。在土家族的意识里，"老"不仅仅具有

"年长尊者"、"时代久远"等意思，还包含有"根之所在"的含义。在土家山寨中，"老寨"与"新寨"、"上寨"与"下寨"、"大寨"与"小寨"是最为常见互为关联的地名，这互为关联的村寨均为同族同姓，而且后者均是从前者分居出去的，家族中的最长者也是居住在"老寨"、"上寨"或"大寨"之中，这些村寨自然成为家族的权力中心，获得了他寨的尊重。老司城的"老"显然也是源出于此。

作为政治中心，老司城并不是彭氏土司司治最著名的唯一处所。在彭氏土司八百余年的统治期间内，因战争的胁迫与经济发展的需求，政治中心曾多次迁徙，现今能确定地址的有四五处之多。最早的治所可能在九龙蹬，这是在五代晋天福四年（640）溪州之战时，彭士愁死守的一处山寨，后被马楚国将领刘勃放火焚毁；最广泛见于史志所载的则是"溪州之战"后，彭士愁任二十州"都誓主"，确立了统治地位"乃迁州城，下于平岸"，的会溪坪，因是"溪州铜柱"竖立之处，会溪坪得以名扬青史；最后的司治是因"三藩之乱"时，彭氏土司接受了吴三桂封号，加入了反清行列。后虽再降于清，但害怕清廷的整肃，为求自保将司治迁往更远离酉水交通要道的颗砂。不论是最早、最有名、最后的司治均不是"福石城"，但获得"老司城"称誉的却单单是福石城，尤其是在周边土司因司治的迁徙，留下了"老司城""旧司城""新司城"等诸多地名的比照下，永顺土司仅留下至今唯一的"司城"名，更彰显出它在土家族人民心中其他地方难以分享的神圣地位。"老司城"之名传递的是土家族对其祖辈们开创的辉煌历史难以割舍的思念，表述的是土家族对心中圣殿的尊敬。寄托着土家族对建于南宋绍兴五年（1135），止于清雍正二年（1724），近600年间立都于此，"城内三千户，城外八百家"土司王城不舍的感情。

二

老司城是土家族历史记忆的实景再现。历史记忆是民族传承的载体，也称集体记忆。一般来说，历史记忆呈现两种形态：一个是间接的被历史记录的记忆，另一个是直接的自己经历的记忆。前者是常识性的族群认可，后者则掺杂了个人心理或感情。因此，历史记忆中的历史与记忆之间，既相互依存，又相对排斥。相互依存使历史得以延续，相互排斥则使历史受到修正。法国著名社会学家莫里斯·哈布瓦赫在其代表作《论集体记忆》中认为：历史是一个建构的过程，是由人把它写出来的，而当下的人写过去的历史，这实际上不是简单的复原。今天我们所读到的种种著作而看到的历史，是书写的产物，或者是讲述的产物，都不能说就是当年实际那样一段存在的历史。无论是书写或者是讲述，都是一种建构，是在今天的基础上重新进行的建构。而历史的"重新建构"依靠的就是历史记忆。但历史作为记忆的产物也好，作为记忆本身也好，都是权力和治理的产物，简单来说，决定什么被记住或者什么被遗忘的是权力。

　　然而，面对着老司城，权力却无法决定土家族的历史记忆，它不是"由人把它写出来的"。不管是记忆的产物或是记忆本身，老司城就是在那里等着我们去发掘的一种客观存在、一种遗迹、一种存留。除了历史遗迹以外，没有任何事物或事件能成为我们历史记忆的第一手的直接印象，只有通过这些历史的直观，我们才能把握真实的历史——过去和现在。见证了沧海桑田的老司城，历经风雪的摧残、战乱的毁灭，巍峨宫殿变成了重重废墟，但土家人都小心翼翼地保存着这份历史记忆。无论是改土归流的无奈，抑或是清王朝的覆灭；无论是民国的乱世，抑或是新中国的成立。斗转星移，政权更替。虽有枯藤荆棘的覆盖，老树灌木的掩遮，但后人依然按老司城原始布局而居，没有在其之上加以只砖片瓦。宫殿、苑墅、街道、墓葬等格局旧貌依然如故，虽有岁月损毁，但无人为改观。

　　老司城周边的村落、地名大多也与司城相联系：距离老司城7.5千米处当年土司的行宫"官道别墅"，今天仍然称为"官屋场"；城外3千米处当年土司的练兵场"博射坪"，今天成为司城村一个村民小组的组名；而内罗城、外罗城、正街、上街、背街等当年福石城内九街十八巷名称，虽然已没了城、街的踪影，依然成为今天称"城"无城、称"街"无街的名不符实的小地名；当年土司游乐的花园早已不在，但"花园坪""花园门"名称仍存；周边的椰溪关、金鱼关、飞霞关、团堡关、天眼关、卡坪等地名，不由人不联想到烽火连天的情景。而民间小调的传唱："一唱金銮殿，内罗城里面，前有玉屏拱书案，后有福禄寿三山，十八代，世袭传，江山八百年。二唱关帝宫，整鼓配铜钟，赤兔马，追长风，保土王，代代隆，代代出英雄。三唱祖师殿，鲁班下凡造，楠木柱，马桑料，横梁千柱都搁到，手段真巧妙。四唱玉皇厅，厅上供皇经，龙虎山上有真经，土王请到老司城，风调雨也顺，万民沾皇恩。"更使人立于遗址之前，仿佛看到了当年的实景。

　　土家族对老司城的历史记忆不是书写，而是在大地上的铭刻，是在心灵之间的世代传承。这份让时光凝固让岁月静止的历史记忆，诚如哈布瓦赫在《论集体记忆》中所言："既是一种物质客体、物质现实，比如一尊塑像、一座纪念碑、空间中的一个地点，又是一种象征符号，或某种具有精神含义的东西、某种附着于并被强加在这种物质现实之上的为群体共享的东西。"

三

　　老司城是土家族民族认同的聚集。同一民族的人之间，存在着一种以自己的生活经验而体会到的，对其自然及文化倾向性的认可与共识的族属亲近感和文化认同感，即所谓的民族认同。"认同"原本属于哲学范畴，后又在心理学研究中受到关注，如今"认同"一词的使用几乎成了社会科学领域的专利。一般认为，民族认同是后天形成，并在民族互动基础上发展而成的，从未与外族接触过的人是不会在头脑中形成民族认同。认同不仅仅是对自身所属民族心理上的趋同，而且包括对"他族"的区分，是以族群或种族为基础，用以区别我群与他群，是同他族、他群交往过程中对内的异中求同、对外的同中求异的过程。民族认同是一个客观存在的心理，其内涵十分丰富，它不仅仅是民族成员个体对自己族属的认知、选择和情感归属与依附，也是同族成员相似性的认知和情感接纳，并形成"同族"的集体观念，还是本族成员对他族的差异和民族边界的觉察和主观认定。中央民族大学柏喜贵教授认为："民族认同应包括三种内涵：第一，民族认同是民族成员个体对自己族属的认知、选择和情感归属与依附，一旦获得认知，并进行族属的选择，这一个体便自觉、不自觉地将民族记忆、文化、价值观等进行内化与维持；第二，对同族成员的相似性的认知和情感接纳，并形成'同族'的集体观念；第三，对民族差异乃至民族边界的觉察和主观认定。三种内涵实际上是一个过程的三个方面。个体归属感获得的同时便拥有了对民族集体的认知，对民族集体认知的同时即划分了己族与他族的边界。"

老司城"同族成员相似性的认知和情感接纳，并形成'同族'的集体观念"，在一年一度的"摆手调年"中表现得最为典型。不论土司统治时期，还是封建官府治理时期，老司城每年正月的"摆手调年"风雨无阻："新春摆手闹年华，尽是当年老土家，问到村人为何事，大家报赛土王爷。""彭公祠畔赛神瑶，火树银花照眼姣；侬识踏歌郎识曲，今宵相约闹元宵。"摆手之日，"梯玛"（土巫师）会唱"迁徙歌"，讲述人类的起源与土家、苗家、汉家的形成；土家人会用"毛古斯"表演，展示人类的繁衍与迁徙；会用"摆手舞"再现十二月农活，传授农业技术；每当摆手之日，周边村寨土家人均会相邀前往，规模盛况空前："福石城中锦作窝，土王宫畔水生波，红灯万点人千迭，一片缠绵摆手歌。""山叠绣屏屏尾拖，滩悬石鼓鼓音和，土王宫里人如海，婉转缠绵摆手歌。"当彭氏土司迁徙外省后，庞大而繁多的老司城建筑无人维护，逐渐荒废。但土家人在竹枝词中却仍怀念着老司城当年的繁华盛景："灵溪水畔古城墙，剑插群峰万马昂，十八土司都护府，一千年里夥颐王。""溪州曾记古州名，福石犹留旧郡城。灵溪溪头花虽谢，望夫石畔月长明。""野藤花漫土王祠，旧姓相沿十八司，除却彭家都誓主，向田覃冉互雄雌。"

民族认同显现出区别于其他民族的属性，彰显了民族本身独有的、与他族不同的特征。这种认同通常是一个民族在与自然、外界的长期接触和生存斗争中，在与外来民族交往过程中逐渐形成的，并铭刻在每一个民族成员潜意识中而自然流露出的惯常的思维方式，表达的是民族成员对本民族内部事务的记忆与反省，以及自我建构的情感。民族就是以这种认同为标志，连接各成员为一体的形成过程。正因为"老司城"在土家人心中永存并世代传承的地位，在民族、区域历史记忆出现断层的同时，它的存在再次重构、替代并强化了区域性历史记忆。当20世纪50年代民族识别之时，永顺县二十余岁的年轻姑娘田心桃作为苗族代表，参加少数民族观礼团进京参加国庆典礼。在中央领导接见观礼团代表时，她大胆地表明：我不是苗族，我是毕兹卡，是土家，从而拉开了土家族识别的帷幕，土家族成为了我国 55 个少数民族之一，成为中华民族大家庭中的一员。老司城所在地的年轻姑娘，在国家盛典上以"民族成员个体对自己族属的认知、选择和情感归属""进行族属的选择"，并"对民族集体认知的同时即划分了己族与他族的边界"。这正是民族认同内涵的具体体现。

四

老司城是土家族民族文化的凝结。文化是民族的重要特征，是民族生命力、凝聚力和创造力的重要源泉。民族文化是指居住在一定地域内的某个民族的祖辈所创造并为该民族世世代代所继承发展、具有鲜明特色、悠久历史、博大内涵、传统优良的文化，是一个民族在其历史进程中创造和发展起来的具有本民族特点的各种思想及观念形态的总体表征。她包含着物质文化和精神文化两个方面，体现着该民族历史发展的水平。一个民族特有的文化在民族互动中维持着本民族的主体性地位，对民族认同具有重要意义，正是文化上的巨大差异从而引导人们区分"我族"和"他族"。在长期的历史发展过程中，我国各民族创造了各具特色、丰富多彩的民族文化。各民族文化相互影响、相互交融，增强了中华文化的生命力和创造力，各民族都为中华文化的发展进步做出了自己的贡献，不断丰富和发展着中华文化的内涵，提高了中华民族的文化认同感和向心力。老司城是个真实存在延续近千年的历史文化实体遗存，它不仅仅是一个时代的象征，也是一个民族逐渐形成的见证。尽管数百年来老司城繁华褪尽，但土家族文化一直在此得以保存和传承。

在老司城所修、详细记载着永顺土司世系传袭的家谱，可说是我国少数民族中最为奇特的谱书之一，其人名的记载是标准的"土汉合流"。既有姓名俱全的汉名，也有褒贬善恶的谥号，最奇的是还有至今尚难尽释其意的土家语记音的土名。在明代洪都（今江西南昌）人刘继先为报彭氏之恩而修纂的《历代稽勋录》的记载中，今天的我们知道了彭氏土司的奠基者、生活于一千多年前的彭士愁，土名叫"墨帖送"。其后来的继任者彭允林土名"麦即把"、彭儒猛土名"夫送"、彭仕羲土名"福送"、彭师晏土名"惹帖送"、彭师宝土名"惹帖恶"、彭安国土名"打恶送忠"等。至于"彭始主俾""彭惹即送""彭慨主俾""向达迪""向尔莫踵""向麦帖送""田麦依送""向麦和送""向麦答送""彭药哈俾""彭南木杵""彭莫古送""彭大虫可宜"等汉姓加上土名的大小土司人名，不仅见于家谱，还见载于方志史书。刘继先是汉人，将土司祖辈们的土名记载下来，应是得到时任永顺宣慰使彭元锦的同意甚至是彭元锦主动要求这样做的。也许在彭元锦看来，留下土名仅仅是为了承袭先辈们的习俗，知其根之所在，并非有保存本族文化的意向，当然也不可能具有这种思想。但这无意之作却为今人保存了一定数量的土家族古代语言，还为今人了解土家族姓名的演化提供了极为宝贵的原始资料。

明朝正德年间，宣慰使彭世麒编纂了《永顺宣慰司志》，原书虽然已经佚失，但现在还残存有卷二的清代抄本，记述了永顺土司建置、辖地、所设官员及辖境内山川、风物、民俗等内容。其中有南渭州、上溪州、施溶州、驴迟洞、腊惹洞、麦着黄洞、施溶洞、田家洞、白崖洞等三州六长官的沿革、形胜及向、田、黄、江、张等五姓土官姓名及世袭；玉极殿、崇圣殿、水府阁、观音阁、城隍祠、福民庙、八部庙、伏波庙、吴着祠等祠庙的方位及供奉；绳武堂、纯忠堂、筹边堂、都督府、寿禄堂、永镇楼、奉先堂、迎宾馆等公廨房屋；城外周边五十六旗旗名、与福石、宝瓶、纳溪、西古、贺山、瑠峨等三百八十蛮洞寨村及"多者百家、五七十家，少者二三十家、五七家为村为寨"的村寨规模。《永顺宣慰司志》是土家族第一部地方志，成为后世修志的范本，是研究土家族政治、经济、风俗、地理及老司城建设基本面貌的珍贵古籍。

在老司城周边，遗留有大量的人文古迹。城北约500米处的灵溪北岸，在古栈道方孔之间，刻有"碧花潭"三字；其西侧有"正德年来与诸士夫乘舟游乐之因名口碧花庄思垒书""弘治口口之口余与云巢口先生口结乐游记云"两处阴刻题铭。石刻中"思垒"是宣慰使彭世麒的名号；在谢铺公署临灵溪的山崖丈余高处，有题刻"正德三年余与嫁西司妹同游时水泛故记"，记载了嫁给酉阳土司的彭世麒之妹返家探亲期间，兄妹同游的事迹；其北约50米对岸，题刻"思垒与诸亲友游此细话改人名"；再北约150米西岸崖壁下有题刻"余思垒暇时常侍老母同眷属游景，因酺起以记之"；再北约1千米，西岸下有题刻："弘治已末岁仲夏余游同世亲冉西坡游此得鱼甚多其日从者千余俱乐醉而归思垒记"；该石刻南侧有"嘉靖乙丑季夏予口内阁大学士徐门下锦衣金垂川吕松泉庠士杜太行携宗族等同游于此，美"。嘉靖乙丑为嘉靖四十四年（1565），时为土司彭翼南在任时期。沿河再上至今吊井乡毛坪村自生桥组向家田坎下，一旱洞的东面石壁上有约2平方米面积的阴刻楷体大字"石桥仙渡"及"弘治十年重阳""宣慰使思齐"两行小字。这些石刻记下了土司们闲暇生活的真实情景。

自改土归流以来，因封建王朝长期的刻意汉化影响，以及近现代为适应社会发展、经济发展的需要，汉语已逐渐取代了土家语，作为一种社会交流工具，土家语仅局限于交通不便的深山僻野乡村中，属于濒危的少数民族语种。但在老司城，土家语却在地名中得以永久保存。在老司城方圆数百里之内，分布着大大小小数百个土家族村庄，密集程度非常高。这是因为周边的村庄大多是由原来为老司城服务的"旗"演化而来，如担任土司衙署守卫的"戍"旗、专侍土司狩猎役使的"猎"旗、制造金银首饰与器皿的"镶"旗、专事碾米的"米房"旗、为婚丧、节庆等红白喜事役使的"吹鼓手六旗"、随时听从土司差遣的"伴档七旗"、管理散处土司宗族的"福"字旗以及各司其职的散人旗、长川旗、总管旗等。众多村庄的拱卫，使老司城虽深居山间，地处偏僻却并不闭塞，保持了与外界的联系。这些村庄大多拥有土语地名，最典型的是老司城所在地的麻岔乡名。"麻岔"即为土家族语"麦岔"的谐音，即"开天"的意思，意指土家族发源于此。周边地名如"牙拉湖""通达湖""送答茄山""麦利威山""树木咱山""涅些码头""羊叉枯"等用汉语读来拗口，用土家语念流畅且能解释出完整意思的地名村村皆有。据不完全统计，在永顺县327个村中，村级土家语地名就有500个。高坪、羊峰、抚志、两岔等乡镇，村级土家语地名占全乡村级地名的60%以上。如以自然村计算，土家语地名的比例更高。如对山乡有34个自然村，其中以土家语命名的地名的就有29处，占全乡自然村数的85%。德国著名语言学家威廉·冯·洪堡特在其《论人类语言结构的差异及其对人类精神发展的影响》中指出："一个民族无论如何不能舍弃的，那就是它的语言。因为语言是一个民族所必需的'呼吸'，是它的灵魂之所在。通过一种语言，一个群体才得以凝聚成民族，一个民族的特性只有在其语言中才能完整地铸刻下来，所以，要想了解一个民族的特性，若不从语言人手势必会徒劳无功。"斯大林的民族定义四要素中，语言居于第一位。老司城将本民族语言以"地名"的形式镌刻于大地，成为研究土司时期土家族民族史的重要资料之一。正是语言的留存，成为确认"土家"为少数民族的铁证。

老司城是研究中国土司制度、复原土司社会结构的原始物证，是中国城市建设尤其是边疆少数民族城市建设不可多得的罕有实例。它汇聚了一个民族的政治、经济、军事、文化，见证了土家民族的形成，构架了数个朝代治国方法的精神实质。至今留存下来依山就势的庞大遗址，城市分区明确，城市功能齐全的设计构思，其真实性和完整性是山地民族现存城市遗址中不多见的实物案例，是山地民族城市建设的典范和奇迹。老司城不仅是湘、鄂、渝、黔四省市土家族地区规模最大、保存最为完整的土司城遗址，而且相比较于我国其他各族土司遗址而言，用首屈一指来形容是当之无愧的。她是土家人心中的圣殿。

第一节　土家族的族称及起源

一、土家族族称的演变

族称是历史上各民族共同体对自己独特的称呼，这种自称与该共同体所处的地理环境、政治、经济、历史、生活习俗等方面有着直接的关系。因此，研究民族的族称对于研究民族起源有一定的启示。

土家族对本民族的称呼有两种，即汉语所谓的"土家"和土家语所谓的"毕兹卡"（也称为"密兹卡""毕机卡""贝基卡""贝锦卡"等），现较为流行的观点认为"毕兹卡"就是土家。因为土家语称呼外来的汉人为"巴卡"（也称为"帕卡"），意思为"客人"，称呼苗族为"辟卡"（也称为"白卡"），意思为"邻近的人"，既然有客人和邻近的人，就应该有与之对应的本地人々因而"毕兹卡"即"本地人"，"本地人"即土家。

土家族历史悠久，源远流长。在历史文献资料中，不同时期对土家族有不同的称谓。从大量的历史文献资料中可以看出土家族与古代巴人的渊源。"巴"字出现较早，在甲骨文中就有"巴方"的记录，说明"巴"是一个古老的族类。在先秦的史籍中，如《春秋左氏传》《山海经》中均有对巴人活动的记载。在这些文献中，"巴"既作为族名也作为地名出现，这些都说明了巴人早已活动于我国的历史舞台。

秦汉时期，史料典籍中对巴人的称谓有多种，有以地域命名的，如"武陵蛮""武溪蛮""溇中蛮""澧中蛮""零阳蛮"等；有以族属命名的，如"廪君蛮"等；有以作战时所用武器命名的，如"板楯蛮"等。秦朝称巴蜀之民为南夷，秦灭巴后，在原巴人居住的地区设置巴郡、南郡、黔中郡。汉改黔中郡为武陵郡。因此，史书对这一带的少数民族称为"巴郡、南郡蛮""武陵蛮"等。

三国时期，武陵蛮也被称为"五溪蛮"，关于五溪，史籍中有不同的说法，东汉、魏、晋、南北朝时期对今湖南沅陵县以西沅江五条支流的总称。五溪的说法不一，但五溪中的酉溪和辰溪无疑是土家族先民的居住区。在"武溪蛮"中，既有土家族的先民也包括了苗、瑶、侗等族的先民。

唐宋时期的土家族先民被称为"溪州蛮""彭水蛮""施州蛮""辰州蛮""石门蛮""夔州蛮""高州蛮""信州蛮"等。宋代的史籍中又把居住在沅江流域的少数民族通称为"南北江诸蛮"。西水之北是土家族先民的重要活动地区，被称为"北江蛮"，在宋代的史书中出现了这一地区区别于其他族类的"土兵""土人""土丁"等名称，这些以"土"为标志的称谓，应该是专指土家族，是为了区别于比邻而居的苗、瑶、侗等族而出现的。

从元代开始，直至清初，土家族地区普遍建立了土司制度，在这一时期的史和地方志史料中，均出现了大量的"土兵"、"土人"、"土丁"、"土蛮"等以"土"命名的称谓。

"土家"作为族称的出现，是与汉人大量迁入有关。清代改土归流后，汉族移民大量地进入土家族地区，过去的土汉对称逐渐衍变为"土""客"对称，在《永顺府志》中对于"土""客"专门下了定义——"前朝入籍者为土，在本朝入籍者为客"。① 前

---

① （清）张天如：《永顺府志》卷五，刻本，清同治十二年（1873）。

朝指的是明朝，明朝和明朝之前进入该地区的都被称为"土"，清朝进入该地区的为"客"。清代各州府县志对"土""客"的称呼均有记载，如同治《恩施县志》记载："邑民有本户，本户皆前代土著，客户则乾隆设府后贸迁而来者。"①

《咸丰县志》亦载："今就本县氏族列之，大指分土家、客家二种，土家者土司之裔……客家者自明以来或宦或商，寄籍斯土而子孙蕃衍为邑望族也。"②《桑植县志》的记载则划分得更加详细："县民最杂糅，由慈拨归者曰民籍，旧土司治者曰土籍，旧卫所辖者曰军籍，苗曰苗籍，自外县迁移来者曰客籍，籍有五，民则土四之，客六之。"③ 这些府县志的记载，均反映了改土归流之后，汉族移民大量进入土家族地区，因而出现了土家与客家的对称。

民国时期，国民党政府宣称中国是一个单一民族的国家，将我国各少数民族都视为汉族的分支。土家族的居民中多数会讲汉语，因而将土家族居民视为汉人，从而土家族人民的民族成分更加模糊，为日后的民族识别制造了障碍。新中国成立后，经过多次调查取证，1957 年 1 月，中央统战部发文，确认土家族为单一的民族，正式将族称定为土家族。④

二、土家族的起源

土家族是我国民族大家庭中的一个成员，其族源问题时至今日仍未有定论，之所以产生了众说纷纭的局面，主要原因是对族源这一学术术语的理解不同所导致。黄柏权先生指出："在讨论土家族族源问题的时候，不少人把'源'和'流'混为一谈，于是出现了一些混乱，给研究蒙上了一层迷雾。从民族产生发展的规律看，世界上没有纯而又纯的民族，各民族其产生发展的历史过程中都或多或少地融入了其他民族，但任何民族都有自己的源头，也有发展进程中的支流。"⑤

"其实，我们已经注意到了在过去的土家族族源问题的讨论中之所以出现一些分歧，主要是因为混淆了两个概念的区别，一是混淆了族源与文化渊源；二是混淆了民族与血缘关系。"⑥ 1871 年，泰勒给文化下的定义中指出："文化，就其在民族志中的广义而论，是个复合的整体，它包含知识、信仰、艺术、道德、法律、习俗和个人作

① 多寿、罗凌汉：《恩施县志》刻本，清同治七年（1868）。
② 《咸丰县志》卷十一，刊本，民国三年（1914）。
③ 《桑植县志》卷二，乾隆二十九年（1764）。
④ 田荆贵：《确认土家为单一民族的时间问题》，载《民族研究》，1989（3）。
⑤ 黄柏权：《土家族族源研究综论》，载《贵州民族研究》，1999（6）。
⑥ 瞿州莲、瞿宏洲、郭静：《土家族族源问题的新思考》，见苏晓云主编：《社会转型与土家族社会文化发展》，74 页，北京，民族出版社，2012。

为社会成员所必需的其他能力及习惯。"① 因而，"文化是人类为维系各个具体的社会集团（这里是指民族）的生存与发展，经由该集团所有在世代延续中以渐次积累和约定俗成的方式建立起来，并由后天而加以延续与丰富的一个相对稳定而又独立完整的社会规范总和"。"民族是靠文化维系着的人们聚合体，或称人们共同体。"②

由此可见，每个民族的文化都是由众多的民族文化因子所构成，因而我们在说民族文化渊源的时候主要是指文化构成要素（文化因子）在历史上的最早起点，它不涉及作为文化载体的民族本身，也就是说文化渊源是就文化的组成部分而言，它不涉及文化整体面貌。但是，族源不同，它是就民族这个文化维系的载体即人们的共同体而言，因而族源应该是指该民族文化的完整形成为起点。"因此，在族源研究中，就只能是对该民族的文化因子的文化整体进行溯源，否则，单就某些文化因子的历史进行追溯，在族源认定上是没有实际价值的。譬如，侗族、傣族与土家族都有干栏式建筑，能否就认为他们都有同一族源呢？如果这样就会得出众族同源的结论。"③

还应该注意的一个问题是民族与氏族、部落的区别。民族和氏族、部落的本质不同，在于氏族和部落是以血缘为纽带的人们共同体，而民族是以地域为纽带的非血缘的人们共同体。当然，我们讲民族是非血缘共同体，主要是相对氏族、部落的血缘关系特点而言的。有的民族长期生活在一个闭塞区域，很少与外民族通婚，此种情形似乎属于血缘关系之列。民族不是以血缘为纽带结成的人们共同体，在由部落发展为民族时，早已冲破了氏族部落的小圈子，而容纳了不同部落甚至不同种族的人们。这和氏族、部落的血缘集团是有根本区别的。因而民族不是简单的血缘相承，以血缘去追踪族源是没有意义的。像土家族的"江西迁来说"就存在这样的问题。关于族源的确定问题，杨庭硕、罗康隆教授认为："'族源'对一个民族来说，应该是具体而完整的实体。这是因为民族是文化的聚合体，民族的形成就应当以该族相应的文化形成为起点。要确认文献中某个人们共同体是今天某个民族的族源，一定得在汉文献资料中，或少数民族自己历史资料中，全面界定该人们共同体的整体文化面貌，只有当界定的结果与今天相应的某个民族的文化整体面貌相似或相近，而且又有连贯的历史记载足以判定两者之间有文化前后直线承袭关系时，才能认定该共同体为这个民族的族源。"④

土家族族源研究中之所以出现众说纷纭的局面，主要是众学者对土家族进行研究时，从不同的视角看待族源问题而得出的结论，有的是以语言为标准，有的主张从社

---

① E. B. Tylor, The Origins of Culture, p. 1, Harper and Brothers Publishers, New York, 1958.
② 杨庭硕、罗康隆：《民族。文化与生境》，2、3页，贵阳，贵州人民出版社，1992。
③ 瞿州莲、瞿宏洲、郭静：《土家族族源问题的新思考》，见苏晓云主编：《社会转型与土家族社会文化发展》，74页，北京，民族出版社，2012。
④ 杨庭硕、罗康隆：《西南与中原》，90页，昆明，云南教育出版社，1992。

会形态入手，有的以地域为标准，还有的主张文化的标准，即从某个文化因子的角度对族源进行论证，而没有对这些文化因子所依托的文化整体进行全面的界定。因此研究土家族源，就得从寻找土家族民族文化确立的起点上下功夫，即该文化的起点如果在地域分布、经济生活、语言、习俗、知识与技能、信仰与道德等基本要素与当今土家族大致相同，我们才能说它是土家族的族源，否则它只能算作土家族的流而不是源。

由于历史资料的缺乏并且记载不一，有关土家族的族源研究出现了众说纷纭的局面，各种观点都有一定的道理，也都存在一些缺陷。

"江西迁来说"：持这种观点的学者主要依据土家族中有一部分居民的远祖来自江西的汉族移民，就认定土家族的来源于江西，这种观点曲解了民族的源与流的系。根据湘西地区的考古发现，在这批江西民进入土家族地区之前，早就有人生活定居了，这批汉族的移民进入土家族地区后，被"土家化"而成为土家族的，因此，从整个土家族发展的历史来看，他们应该是土家族发展壮大过程中的一个来源，而不能将这些进入土家族地区的汉族人民视为土家族的族源。在分析土家族的族源时必须严格区分源与流的关系，土家族的发展过程中融入了大量的其他民族成分，这些民族成分只能是土家族的流，而不能将其作为土家族的族源。由此可知，从江西迁来的彭氏，只能是土家族发展过程中的重要流，而不能定位为土家族的族源。

"氐羌说"：羌这个族名在商代就已经出现，但当时汉族文献典籍中的羌族指的是古羌族。历史上因时代、地域的不同，羌人又被称之为"姜""羌""氐羌""羌戎""西羌"等。姜姓始祖为炎帝，其最初分布于中国西部地区，活动中心在今陕西渭水上游，与黄帝族邻。活动情况看，商代羌之疆域广大，大致据有今甘肃省大部和陕西西部、山西南部及河南西北一带，是商王朝"四邦方"之一。至汉晋以后，氐羌逐渐分流，成为介于华、羌之间的又一民族。在后来的历史发展中，古羌族逐渐分化成我国西南地区众多的少数民族，如羌族、藏族、彝族、哈尼族、白族、纳西族、傈僳族、景颇族、怒族、德昂族、拉祜族等。这些民族都可以说自己的民族就是古羌族，这样一来就混淆了古代民族和现代民族的差异，出现了众多民族同一个族源的结果，从而无法去辨清每一个民族具体形成的时间及形成时的文化面貌，这样的讨论因之而失去了意义。

"乌蛮说"：根据《中国历史大辞典》的解释，乌蛮为古族群名，来源于秦汉西南夷中的叟、昆明。三国、两晋至唐，主要分布在今云南、四川南部、贵州西部。其中有以州（今四川凉山彝族自治州）勿邓部落为首的各部，滇东爨氏统治下的乌蛮各部，洱海周围的"六诏"；洱海以北的磨些、施蛮、顺蛮，戎州（今四川宜宾）附近的"昆明十四姓"等。分别从事农业、畜牧，或半农半牧。唐贞观二十三年（649），其首领之一细奴逻建立大蒙国，置首府于巍山（今属云南），后为南诏主体民族。元明时大部分称为黑爨或罗罗，为形成近代彝族的主要成分，其中，磨些的大部分形成近代的纳西族，施蛮、顺蛮中的一部分为近代傈僳族的先民。① 土家族与彝族在文化上有着许多渊源，但有文化渊源关系不等于可以互为族源。我国有几十个汉藏语系的民族都有文化的渊源关系，但都有不同的族源。我们不能依据文化渊源的关系就断定土家族族源是乌蛮。

其他的一些关于土家族起源的说法如"濮人说""蛮蜑说""东夷说""毕方、兹方说""僰人说"等都有一定的道理，也都存在一些问题，以上有关土家族起源诸说也都有继续研讨的价值。

关于土家族来源问题，因史料缺乏且记载不一，出现了众说纷纭的局面，至今尚未有定论。根据历史文献资料记录和考古发现以及社会调查的资料，我们认为：土家族的来源是以史前时期就定居在湘鄂西一带的土著居民为主体，经历了商周、秦汉、魏晋南北朝到隋唐的千余年，逐渐融合了迁入该地区的巴人、濮人、蛮蜑、楚人、乌蛮等古代少数民族的一部分，在唐宋年间形成了一个以武陵山区为共同地域、以土家语为主体并吸收了其他民族的词汇最后形成的土家族语言为共同语言，同时在互相交往的过程中形成了共同的经济生活和风俗习惯的民族共同体——土家族。

"远古时代居住在湘西土地上的土著居民究竟如何称呼呢？我们认为应该是'八蛮'。"② 八蛮是我国古代南蛮群集团中的一古老部族，秦以前一直生息于酉水流域，与巴国南部毗邻。因其有八个部落（八个峒）而得名，八个部落的首领是熬潮河舍、西梯佬、西河佬、里都、苏都、那乌米、拢此也所也冲、接也会也那飞列也。"从这些名字看来，既无规律可循，又无具体表达的意义（至少可以说现在还未弄清它们的具体意义）。听读起来，很不流畅。但有一点可以肯定，八部大王的八个人名均是用土家语命名的。八部大王时代是茹毛饮血的原始时代，能有这样的人称符号也是很了不起的。"③ 据保靖县拔茅乡首八峒八部大王庙庙碑记载："首八峒，历汉、晋、六朝、唐、五代、宋、元、明，为楚南上游……故讳八部者，盖以成镇八峒，一峒为一部落……"（石碑现存于湘西州博物馆）八蛮，其实就是当时散布在流域附近的八个蛮人部族—《八部大王庙碑》所载的"八峒，一峒为一部落"中管辖的八峒土蛮群落的居民。永顺县弄塔《王氏族谱》中记载其远祖的名字是墨着冲："其先避秦奔楚至溪州，古为黔中地，因避秦乱南来，先入蛮地，立基于王村（今永顺县王村）结草为庐，羁栖于此，夫坐镇即久，乃得习蛮人风俗，解其语言，探其巢穴，于蛮驯者抚恤之，冥顽者诛戮之，然后征八蛮，平九荒，定五溪。"而源自《王氏族谱》中的对联，也可证明八蛮的存在。联语道："守斯土，抚斯土，斯土黎民感恩戴德同歌摆手；封八蛮，佑八蛮，八

---

① 郑天挺、吴泽、杨志玖主编：《中国历史大辞典·上卷》，538 页，上海，上海辞书出版社，2000。

② 游俊、李汉林：《湖南少数民族史》，37 页，北京，民族出版社，2001。

③ 张伟权：《土家族人名结构的历史文化内涵》，载《湖南文理学院学报》（社会科学版），2007 (3)。

蛮疆地风调雨顺共庆丰年。"证明了五代以前八蛮客观存在的历史真实。

大量巴人进入湘西地区，应该是在战国时期。据《十道志》等史籍记载，公元前316 年"楚子灭巴，巴子兄弟五人，流入黔中，汉有天下，名曰西、辰、巫、武、沅等五溪；各为一溪之长，号五溪蛮"。灭巴的不是楚国，应为秦国；"公元前316 年，乘巴、蜀交战之机，秦惠文王遣张仪、司马错率军伐灭两国。秦这次灭巴与先前楚克巴不同，巴祀已绝，楚人克巴后则是在巴地扶植了一个巴王傀儡政权来统治巴人，祀不绝则国不灭，这大概就是《史记》、《资治通鉴》等史书只记秦灭巴而未提楚克巴的原因所在"。①

楚国、秦国灭掉巴国之后，一部分巴人迁入并定居在武陵山区，与当地的土著居民不断融合。不可否认的一点是，巴人的进入对土家族地区的文化产生了非常重要的影响。

从言仰来看：土家族的白虎信仰与巴人的信仰一脉相承，巴人也崇拜虎。新中国成立前后，在今土家族居住地及其邻近地区，发现了大量以虎饰为主要特征的巴人文化遗物，其中有巴人的军乐虎纽于。宋洪迈的《容斋随笔》记载："淳熙十四年，澧州慈利县周叔王墓旁五里山摧，盖古冢也，其中藏器物甚多。予甥余宰是邑，得一，高一尺三寸，上径长九寸五分，阔八寸，下口长径五寸八分，阔五寸，虎钮高一寸二分，阔寸一分，并尾长五寸五分，重十三斤。绍熙三年，予仲子签书峡州判官，于长杨县（今长阳县）又得其一，甚大，高二尺，上径长一尺六分，阔一尺四寸二分，下口长径九寸五分，阔八寸，虎钮高二寸五分，足阔三寸四分，并尾长一尺，重三十五斤。皆虎也。予家蓄古彝器百种，此遂为之冠。"② 新中国成立后，长阳县武落山下、清江南岸西上几千米处出土1 件完整的虎錞。五峰、巴东、建始、恩施、利川等县出土虎10 余件。龙山、保靖、花垣、泸溪、慈利、石门等县发现錞于27 件，其中虎纽錞于22 件，蛇纽与马纽各2 件。纽不明者1 件。③ 且有巴文化典型特征的虎纽錞于，集中出土于湘鄂渝黔边地区，正是巴人定居和活动的历史见证。

从风俗习惯来看：土家族与巴人有着明显的承袭关系。土家族在历史上同时有过敬白虎和赶白虎的信仰，因为他们的先人认为有两种白虎神，一种是"坐堂白虎"，它是好神，每户都得有白虎堂，敬它求其保佑；另一种是"过堂白虎"，它是恶神，如它跑到哪户过了堂，就得请土老师去其家赶过堂白虎。这两种截然相反的白虎神，都与定居于此的巴人崇虎的原始信仰有关。巴人的某些文化和风俗习惯长期延续，历久不衰，直至新中国成立时土家族保存的跳丧、摆手、竹枝词，以及重祠祀、敬鬼神等文化和风俗，都与巴人有着承袭的关系。

---

① 朱萍：《楚灭巴，秦灭巴？——巴楚历史关系再认识》，载《中国三峡建设》，2006（2）。
② （宋）洪迈：《容斋随笔》，北京，燕山出版社，2008。
③ 熊传新：《湘西土家族遗物与巴人的关系》，载《西南师范学院学报》，1980（4）。

从地名来看，土家族地区仍保留有不少有关"巴"的地名。如"巴公山""巴公冢""巴公河"等。长阳、巴东都傍巴山筑城，施南府卫城南二里有"巴公溪者，相传郡南有巴公，昔有巴国大栅王世葬于此，或呼为巴公山也"。① 现在，恩施地区仍有巴西坝、巴勇、巴息，长阳县有巴山河、巴王沱、巴业山等古地名。巴人语言虽早已消失，但从个别词汇中还是有线索可寻的。夔峡地区汉代有大量巴人居住，扬雄少时曾在此地度过，他作《方言》中说："虎，陈、魏、宋、楚之间，或谓之'李父'；江、淮、南楚之间，谓之'李耳'。"今土家语中称虎为"李"，称公虎为"李爸"，母虎为"李你嘎"。把"李爸"记为"李父"，"李你嘎"记为"李母"。鹤峰州的"李虎坡"应是巴语与汉语的混合地名。

从姓氏来看，古代巴人中的晖、覃、相、田等大姓仍是土家族的大姓。从西汉末到清朝初期，活动在湘鄂渝黔边地区而被称为"蛮"或"夷"的田、向、覃、冉、彭等氏首领，一直绵延不断，见于各代史册。这些姓氏的首领在历史上虽然出现的时间先后不同，势力消长时有变化，但是，他们始终在这一地区繁衍生息，经过长期的发展成为强宗大姓。田、向、覃、冉、彭等姓氏正是现今土家族中人口众多的主要姓氏。这不是偶然的巧合，而是历史发展的必然结果。②

第二节　土家族的发展

一、廪君的传说与巴人的早期活动

巴王族源出廪君，此说影响较大。廪君史迹最早见于《世本》，此书已亡佚，刘宋范晔《后汉书，巴郡南郡蛮传》引有一段文字，李贤注谓"并见《世本》"。《后汉书·巴郡南郡蛮传》记载：

巴郡南郡蛮，本有五姓：巴氏、樊氏、晖氏，相氏，郑氏。皆出于武落钟离山。其山有赤黑二穴，巴氏之子生于赤穴，四姓之子皆生黑穴。未有君长，俱事鬼神，乃共掷剑于石穴，约能中者，奉以为君。巴氏子务相乃独中之，众皆叹。又令各乘土船，约能浮者，当以为君。余姓悉沉，唯务相独浮。因共立之，是为廪君。乃乘土船，从

---

① 道光《施南府志》，卷二十九。
② 参见土家族简史编写组、土家族简史修订本编写组：《土家族简史》，23～25页，北京，民族出版社，2009。

· 194 ·

夷水至盐阳。盐水有神女，谓廪君曰："此地广大，鱼盐所出，愿留共居。"廪君不许。盐神暮辄来取宿，旦即化为虫，与诸虫群飞，掩蔽日光，天地晦冥。积十余日，廪君伺其便，因射杀之，天乃开明。廪君于是君乎夷城，四姓皆臣之。廪君死，魂魄世为白虎。巴氏以虎饮人血，遂以人祠焉。①

这个带有神话色彩的传说，反映了古代巴人的起源、迁徙和原始社会氏族公社时期的历史。廪君的族属，《后汉书·巴郡南郡蛮传》注引《世本》曰："廪君之先，故出巫诞也。"巫诞，巫为地名，诞为族名，即是巫地之夷。诞，别本或作蜒、蜑、蛋，许慎的《说文解字》解释"蛋"为"南方夷也"。泛称多为"夷""蛮"，专称多指滨水的居民。蜒人在秦汉以后屡见于史册，常与猿、夷、寅、蛮等族杂居，有自己的"邑侯君长"。"巫"是以地名族，楚巫郡的郡治"在夔东一百里"，在汉代为"巫县"，主要指三峡周边地区，南抵清江流域和武陵部分地区。

廪君的传说反映了巴人所经历的原始氏族公社时期的社会情况。虽然这些传说带有神话色彩，但是通过这些传说还是能反映巴人所经历过的漫长原始氏族公社的历史。从上述传说看，土家族的先民巴人的首领廪君是一位"贤君"，是巴氏子务相，为古代巴族最早的首领。"廪君蛮"发源于武落钟离山，即今长阳县境内。据《水经》记载：夷水"东南过佷山县南"，郦道元说："夷水即佷山清江也。"汉置佷山县，隶属武陵郡。东汉属荆州南郡。"隋改为长阳，以溪水为名，隋属荆州。武德四年，置睦州，领长阳、巴山二县。"②"武（五）落山中一名难留山，在（长阳）县西北七十八里，本廪君所出也。"③ 这些记载说明巴人早期的活动区域在湖北长阳县一带。

"巴氏之子生于赤穴，四姓之子皆生黑穴"，说明当时巴人经历了穴居生活。经过漫长的历史发展，到了廪君时代，已进入父系氏族阶段。巴氏、樊氏、晖氏、相氏、郑氏是逐渐繁衍而成的五个氏族。他们还没有首领，于是以掷剑和乘土船的原始民主形式，推举"能中者"和"能浮者"为氏族的酋长。于是最有本领的巴务相受到其他四个氏族的拥戴，共立为氏族或部落首领，号称"廪君"，这样由五个氏族联合起来的氏族联盟或部落联盟形成。

这个联盟形成后，开始迁徙，迁徙方向为"乘土船""从夷水至盐阳"。《水经注》载："夷水，即佷山清江也。水色清照十丈，分沙石。蜀人见其澄清，因名清江也，昔廪君浮土舟于夷水，据捍关而王巴。"④ 盐阳，史书上不见其名，唯北周置盐水县，故城在今恩施县治东 20 千米，唐废置。恩施县的清江曾名盐水，唐李贤注《后汉书》说："施州清江县水，一名盐水。"盐阳可能在盐水之阳，即清江北岸，今恩施县境

---

① （南朝宋）范晔：《后汉书》，卷八十六，《南蛮西南夷列传》，2840 页，中华书局点校，1991。
② （后晋）刘昫等：《旧唐书》，地理志，卷二。
③ （北宋）乐史：《太平寰宇记》，卷一百四十七。
④ （北魏）郦道元：《水经注》，卷三十七，上海，上海人民出版社，1984。

（有人认为，盐阳在长阳县的白虎城）。从廪君时代巴族能达到的生产力水平来看，"廪君蛮"已经有了弓箭，能射杀"盐神"，会制作标枪或剑等投掷的武器，能击中目标，能制造"土船"，能浮于夷水，还表现了对穴居生活的厌恶及对定居生活的向往和追求。

廪君率领五部行至盐水，与居住该地以"虫"为图腾崇拜、处于母系氏族的盐神发生冲突。廪君和盐神斗争的传说，虽带有某些神话色彩，但它曲折地反映了巴人在其漫长的发展中，曾经历过父系氏族战胜母系氏族的历史过程。

廪君战胜盐神后，占据了"鱼盐所出"的广大地区，在今天湖北长阳香炉山一带建立了都城——夷城。夷城名不见史载，可能在夷水，即清江沿岸立城。"廪君于是君乎夷城，四姓皆臣之。"这里所指的"君"与"臣"，还很难说有国家产生后的"君臣"含义，从整个传说的内容看，"君"与"臣"反映了氏族联盟或部落联盟的关系。"君"系指氏族联盟或部落联盟首领，"臣"指氏族酋长。因此，这个时代的巴人尚处于原始社会的氏族联盟或部落联盟阶段。"廪君死，魂魄世为白虎。"于是，白虎就成为巴人的崇拜神，并以"人祠祭祀"。廪君是巴氏之子，说明了在廪君之前，"巴"早已经诞生，廪君并不代表巴人的起源。廪君的传说之所以广泛流传，是因为廪君通过竞赛赢得了首领的称号后，带领整个部落，完成了迁徙，拓展了巴人生存的空间，建立了自己的都城。

巴的记录最早见于殷墟甲骨文，可见夏商时期就有巴国的存在。殷墟出土的甲骨文有五片关于"巴方"（方国）的记载，其中一片记载了商王武丁时期，妇好伐巴方的事迹，说明武丁以前就有巴族的存在。巴人建立的原始部落性质的方国——巴方，由于其势力逐渐强大，对中央王朝的统治构成了威胁，因此有商攻伐巴方的战争。

武王伐纣，巴人参加了这场战争，并以"勇锐"之师著称而载入史册。《华阳国志·巴志》中记载："周武王伐纣，实得巴蜀之师，著乎勇锐，歌舞以凌殷人，前徒倒戈，故世称之曰，武王伐纣，前歌后舞也。"[①] 巴人之所以积极参加这场周武王伐纣的战争，主要原因是此前商伐巴方的战争。巴人在伐纣的战争中非常勇敢，"实得巴蜀之师，著乎勇锐"说明了巴人在这场战争中的重要作用。

武王灭掉商纣建周，大量分封诸侯，"武王既克殷，以其宗姬封于巴，爵之以子"[②]。封亲族姬姓于巴，名巴子国。商周之际，巴人的活动主要在江汉之间。《左传》昭公九年也说是"及武王克商……巴、濮、楚、邓、吾南土也"，[③] 可以看出，巴人所活动的区域距离殷不远，否则不可能参加武王伐纣的战争。此后，巴人与中原保持有一定的联系。巴人参加周王的诸侯集会，并贡献方物。《逸周书·王会篇》载："巴人

---

① （晋）常璩、刘琳校注：《华阳国志》，21 页，成都，巴蜀书社，1984。
② （晋）常璩、刘琳校注：《华阳国志》21 页，成都，巴蜀书社，1984。
③ 《左传·昭公九年》，上海，上海人民出版社，1977。

以比翼鸟。"在以后的文献中称鄂西、渝东一带为巴子国，常璩在《华阳国志·巴志》中说："巴子时虽都江州，或治垫江，或治平都，后治阆中。其先王陵墓多在枳，其畜牧在沮，今东突硖下畜沮是也。……故巴亦有三硖。"① 可见当时巴人以渝东、鄂西为主要活动区域。

春秋战国时期，各诸侯国称霸争雄，社会动荡不已，以渝东、鄂西为主要活动区域的巴人势力，消长变化较大。春秋初，楚仅地方千里（战国盛时六千里），巴楚为邻，数相攻伐。

鲁庄公十八年（公元前676），楚要巴伐申，引起巴人的震动。巴人开始强大起来，不仅不应邀出兵伐申，反而派军攻打楚的附庸国"权"，一直打到城门，楚尹游水逃命，巴继续向楚都郢挺进。鲁庄公十九年（公元前675）春，楚国在津（今枝江）设防，巴师的攻势逐渐被遏制下去。② 巴楚虽曾和好了一段时间，但彼此势力稍有增强时，又互相争斗起来。

鲁文公十六年（公元前611），"楚人、秦人、巴人灭庸"。巴人灭庸之后，获得庸人和古鱼国（今奉节、巫山一带）部分地方，再次打开渝东与鄂西相通的夔峡大门，势力更加强大。巴国强盛时期，曾与蜀国、秦国、楚国结盟，战国时期，巴还与楚国通婚。通过长期的战争，巴国既获得了大量领土，由于邻国结盟，巴国几乎达到了"七国称王，巴亦称王"的地步。

据《华阳国志·巴志》所载，巴国最终为秦所灭，"周显王时，（楚）（巴）国衰弱。秦惠文王与巴、蜀为好。蜀王弟苴私亲于巴。巴蜀世战争。周慎王五年，蜀王伐苴（侯），苴侯奔巴。巴为求救于秦。秦惠文王遣张仪、司马错救苴、巴。遂伐蜀，灭之。仪贪巴、苴之富，因取巴，执王以归。置巴、蜀及汉中郡。分其地为（四十）一县。仪城江州。司马错自巴涪水，取楚商于地为黔中郡"③。

二、羁縻郡（州）县时期的土家族社会

"羁縻政策"是自秦朝建立郡县制起到宋、元交替时期前，中央王朝笼络少数民族而实行的一种地方统治政策。通过这种政策，处理中央与地方少数民族聚居区的关系，以维系中央集权制度的统治。所谓羁縻，就是用军事和政治的压力加以控制，辅以经济和物质利益抚慰，即在少数民族地区设立特殊的行政单位，保持或基本保持少数民族原有的社会组织形式和管理机构，承认其酋长、首领在本民族和本地区中的政治统治地位，任用少数民族地方首领为地方官吏，除在政治上隶属于中央王朝、经济上有

① （晋）常璩：《华阳国志》，卷一，成都，四川人民出版社，1985。
② 《左传·庄公十八年》《左传·庄公十九年》，上海，上海人民出版社，1977。
③ （晋）常璩：《华阳国志·巴志》，3页，山东，齐鲁书社，2010。

朝贡的义务外，其余一切事务均由少数民族首领自己管理。

就湘鄂西的土家族地区而言，该政策起源于战国时期秦灭巴之后。"及秦惠王并巴中，以巴氏为蛮夷君长，世尚秦女，其民爵比不更，有罪得以爵除。其君长岁出赋二千一十六钱，三岁一出义赋千八百钱。其民户出布八丈二尺、鸡羽三十。汉兴，南郡太守靳强请一依秦时故事。"秦昭王与巴人盟誓，"秦犯夷，罚黄龙一双；夷犯秦，输清酒一钟"①。秦统一天下仍以"巴氏为蛮夷君长"，统领旧地。汉高祖时，"酉、辰、巫、武、沅等五溪"之地，巴氏五兄弟"各为一溪之长"。《史记·律书》记载："高祖有天下，三边外畔；大国之王虽称蕃辅，臣节未尽。会高祖厌苦军事，亦有萧、张之谋，故偃武一休息，羁縻不备。"经历隋朝至唐代，羁縻发展成为制度，正式推行。唐武德二年闰二月（619），唐高祖专此下诏："画野分疆，山川限其内外，遐荒绝域，刑政殊于函夏。是以昔王御宇，怀柔远人，义在羁縻，无取臣属，朕应宝图，抚临四极，悦近来远，追革前弊，要荒蕃服，宜与和亲。"② 自此，确立了"不柔远人，义在羁縻"的民族政策，使在"遐荒绝域、刑政殊于函夏"的羁縻府州制度得以推行。

五代十国时期，封建割据激烈，少数民族地区各土著首领在羁縻州的基础上，乘中原各国相互征战之机，亦相互攻伐，以大并小，以强吞弱。一些强宗大姓扩张势力，逐渐脱离中央王朝的控制，成为地域性封闭的独立小王国。

宋朝统一全国之后，顺应了五代时期形成的这种情势，使羁縻政策更加完善，"树其酋长，使自镇抚，始终以蛮夷遇之"，③ 并进一步笼络少数民族首领，对"其有力者，还更赐以疆土"。羁縻政策成为宋王朝统治土家族地区的一项极为重要的政策。

1. 秦至隋时的土家族社会

公元前221年，秦灭六国，在中国第一次建立起统一的中央集权的封建王朝。为实现对土家族地区的直接管理，秦在土家族地区设巴郡、南郡和黔中郡三个郡，把巴、楚和巫郡一部分地区并入南郡和黔中郡，分而治之。以郡县制度实现对土家族地区的直接管理。早在公元前277年，蜀守张若伐楚，"取巫郡及江南为黔中郡"。巫即楚国的巫郡，江南则指楚都郢、枝江一带的长江以南地区。从地域范围看，秦朝时期的黔中郡包括现在湖南省大部分、渝东、鄂西、黔东及桂粤的部分地区。黔中郡的中心辖区便是沅水中下游一带，这里的土著居民当时被称为"南蛮、南郡蛮"，与巴郡土著居民合称"巴郡、南郡蛮"。④ 西汉初，中央王朝将秦朝时所设的黔中郡更名为"武陵郡"，并在武陵郡和南郡之下设立许多县，在武陵郡境内设迁陵县（今保靖、秀山等地），酉阳县（今永顺、龙山、黔江、西阳等地），零阳县（今龙山、永顺、慈利等

---

① （南朝宋）范晔：《后汉书》，卷八十六，《南蛮西南夷列传》。

② （宋）王钦若等编修：《册府元龟》，卷一百七十，《帝王部·来远》。

③ （元）脱脱等：《宋史》，卷四百九十三，《蛮夷传一》。

④ 参见石亚洲：《土家族军事史研究》，33页，北京，民族出版社，2003。

地），充县（今桑植、永定、来凤、宣恩等地），沅陵县（今永顺、泸溪等地），佷山县（今长阳、五峰等地）；南郡设巫县（今巴东、建始、恩施等地）。东汉继西汉之制，建制没有变动。两汉时期的武陵郡包括今天的湖南省湘西土家族苗族自治州、常德市、怀化市和张家界市，以及重庆市南部，贵州省东部和湖北省恩施土家族苗族自治州的一部分。

两汉王朝延续了秦朝在地方政治制度方面的探索，最终建立了比较完善的地方行政二级制——郡县制。"两汉王朝把郡县制度延伸到土家族地区，以羁縻郡县制作为处理土家族地方政权与中央政权的一种制度安排及政权结构上的一种对策选择，实现了以郡县制对土家族地区的直接的政治统治和以羁縻制对土家族地区的间接的管理相结合的统治目的与治理手段的有机统一，从而为后世提供了一个处理民族关系的制度范式及制度框架。"[①] 在古汉语中，羁字原意为马络头；縻字原意为牛靷。羁縻，喻牵制联系之意，借以形容天子与边疆四裔之关系，羁縻不绝。"羁"和"縻"连用于政治术语，始于西汉武帝时。当时汉朝在西南少数民族地区设置了郡县，但限于各少数民族内部的具体情况，委派前往的汉族太守、县令对各少数民族不能进行直接的统治，于是就对这些少数民族首领加以利用。先后封了滇王、夜郎王、哀牢王、邛毅王、句町侯、漏卧侯、破虏旁邑侯、大汉都尉等，使其仍按原来自己民族内部的方式，管理自己原来统治的地方和人民，隶属于汉王朝。这些接受了汉王朝封号的少数民族首领就成了汉王朝在少数民族地区的"土官土吏"。这种利用少数民族首领进行统治的制度，汉朝称之为"羁縻"，意思是只要像抓住马笼头和牛缰绳一样抓紧这些"土官土吏"，广大少数民族地区就不会摆脱汉王朝的统治。

三国两晋南北朝时期，中原地区混战，封建王朝长期处于分裂动荡不安的状态，中央王朝对土家族地区的统治有所减弱，统治者以金银赏赐、封官许爵等手段争取土家族地区的内附，以维持土家族地区的安定局面。时机成熟之后，再对土家族地区实行直接管理。

从秦到隋，各封建王朝虽在土家族地区设置郡县，委派官吏，但是封建王朝对土家族地区的控制比较松弛，时断时续。再加上战争颇为频繁，社会长期动荡不定，土家族内部势力消长变化较大，活动范围时大时小，因此，尚处于不太稳定的状态。

巴郡、南郡和黔中郡境内的土家族居住地区，属于山区丘陵地带，雨量充沛，河流纵横，物产丰富，适宜农作物的生长。长期以来，土家族在这里披荆斩棘，辛勤开垦，在肥沃平坦之处种植水稻，在山区丘陵地带种植杂粮，使这些地区逐步得到开发。土家族早已开始种植水稻，《汉书·地理志》在描述楚境的生产情况时说："或火耕水耨，民食鱼稻，以渔猎山伐为业，果蓏蠃蛤，食物常足。"南郡、武陵郡生产状况与之

---

① 宋仕平：《土家族传统制度与文化研究》，5 页，北京，民族出版社，2005。

相类似。巴郡境内的江州（今重庆境），在汉代"有稻田，出御米"。《汉书·武帝纪》记载："元鼎二年（公元前115）曾运输巴蜀之粟，致江陵。"说明了当时这一区域粮食还是比较充足的。种植粮食作物已经非常普遍，但耕作方法十分原始，刀耕火种仍是主要的耕作方式。当地农业长期停滞在较为原始的粗放阶段，生产力较低。《华阳国志·巴志》对此也有记载："其地东至鱼腹（今四川奉节），西至棘道（今四川宜宾），北接汉中，南及黔涪（今彭水）。土植五谷，牲具六畜、桑蚕、苎、麻、鱼、盐、铜、铁、丹、漆、茶、蜜、灵龟、巨犀、山鸡、白雉、黄润鲜粉皆纳贡之。其果实之珍者树有荔枝、蔓有辛药（jǔ）、园有芳、香茗。"可见，这一地区的农副产品非常丰富。

巴人除从事农业生产外，还善于纺织，所织的布匹被称为"寅布"。许慎在《说文解字》中称："幏，南郡蛮夷布也。""寅，南蛮赋也。"幏即寅布，很明显，巴人纺织寅布，主要是向封建王朝纳赋。据《后汉书·南蛮传》记载：秦朝时，对廪君蛮"及秦惠王并巴中，以巴氏为蛮夷君长，世尚秦女，其民爵比不更，有罪得以爵除。其君长岁出赋二千一十六钱，三岁一出义赋千八百钱。其民户出幏布八丈二尺，鸡羽三十镞。汉兴，南郡太守靳强请一依秦时故事"[1]。西汉初年，巴人因伐秦有功，免罗、朴、督、鄂、度、夕、龚等七姓巴人首领的租赋，其他人仍要交赋，每年成年人缴纳贡布一匹，未成年人缴纳贡布二丈，缴纳赋税的人被称为"寅人"。所谓"幏"就是南郡蛮夷的寅布。"幏""鸡羽"都是土贡。除了缴纳定额的赋税布之外，各级官吏经常敲诈勒索，激起了"蛮人"的反抗斗争。从秦至汉，封建中央王朝令巴人以布交纳赋税，足见其手工纺织已比较发达。

2. 唐宋时期土家族的社会

618年，隋炀帝死，李渊建立唐朝，定都长安。唐朝初年，国力强盛，边疆各民族纷纷内附。唐太宗改变了过去统治者"贵中华而贱夷狄"的观念，对少数民族"爱之如一"。"杂侧荆、楚、巴、黔、巫中"的彭水蛮先后归服于唐。从此，对于这些归服的土家族首领，唐朝令其治理其地，在邻近中原的腹地，正式建立羁縻州县制度。从贞观到开元的一百多年中，唐朝共设置了856个羁縻州府。唐代对湘鄂渝黔边土家族地区实行羁縻政策，利用土家族首领治理其地。经历隋朝至唐代，羁縻发展成为制度，正式推行。唐武德二年（619），唐高祖专此下诏："画野分疆，山川限其内外，遐荒绝域，刑政殊于函夏。是以昔王御宇，怀柔远人，义在羁縻，无取臣属……朕只应宝图，抚临四极，悦近来远，追革前弊，要荒蕃服，宜与和亲。"[2] 自此，确立了"怀柔远人，义在羁縻"的民族政策。唐太宗贞观四年（630），设置黔州都督府，之后又设置荆州都督府、夔州都督府，隶属于江南道，管理今天湘鄂渝黔四省市边区的羁縻诸州

---

① （南朝宋）范晔：《后汉书》，卷八十六，《南蛮西南夷列传》。
② 《册府元龟》，卷一百七十，《帝王部·来远》。

和经制诸州。① 唐玄宗开元二十一年（733），朝廷又增设黔中道，为全国十五道之一。唐玄宗开元二十六年（738），黔中道设置采访处置使，后又增置黔中道五溪诸州经略使，专门处理羁縻州的民族事务。② 唐王朝在土家族地区设置了十二个州，即归州、峡州、忠州、夔州、澧州、郎州、施州、黔州、溪州、思州、辰州、锦州，加强中央对土家族地区的统治。

唐朝末年，政局动荡，各种社会矛盾激化。唐王朝势力衰弱，地方势力乘机兴起。到五代十国时期，唐末以来的封建割据情况更加严重，相互间的争夺攻伐愈趋激烈，湘鄂渝黔边土家族地区战争延绵，累年不休。唐昭宗乾符六年（879）马殷为潭州刺史，经过几年的开疆拓土，马殷占据了湘南、湘北和湘中的广大地区。后梁建立后，马殷归顺，被封为楚王。马殷为了武力统一湖南，对湘西的"蛮酋"施以怀柔政策，劝其归顺。开平四年（910），辰州蛮酋宋邺发兵反对马殷的开疆拓土，马殷多次派兵攻打，相持近两年，宋邺始归服于楚。"澧州向环、辰州宋邺、溆州昌师益等率溪峒诸蛮皆附于殷。"③ 马楚政权以宋邺为辰州刺史，以昌师益为溆州刺史，建立了羁縻州，由此可见，马楚政权仍袭唐制，对少数民族地区推行羁縻政策。彭玕、彭瑊兄弟从江西来湖南投奔马殷，很快成为马楚政权的核心势力。彭瑊到湖南后，积极发展自己的势力，据《龙山县志》记载："土人家乘称，其先有老蛮头吴着冲，今邑之本城、洗罗、辰旗、懂补、洛塔、他沙皆其世土。因延江西吉水县彭氏助理，彭氏以私恩结人心，日渐强盛，至彭瑊，谋逐着冲。着冲败走猛峒，复率众击之，遂匿洛塔山。时有漫水司土官之弟向伯林，骨肉不和，归瑊。令伯林合攻吴着冲，着冲困毙洛塔山石洞，以洛塔之地酬向氏，余土归瑊。后着冲为祟，土人时相惊呼，惧，建祠祀之。今永顺县旧司城有吴着冲祠，土人犹争赛焉。又有惹巴冲者，与吴着冲结为兄弟，今邑之明溪、五寨、坡脚、捞车、二梭、三甲、四甲诸里皆其世土，后亦为所并。于梁开平年间归顺，命为溪州刺史，子彦（即彭士愁）为靖边都指挥使。"④ 这样，原来以江西吉州为根据地，拥有较大势力的彭氏在湘西逐渐发展强大起来。938 年，彭瑊去世，彭士愁继位。彭士愁继位后，勤于政事，注意发展农业生产，又团结各部，得到了溪州诸蛮的拥护，势力雄厚，不断扩大辖区。后来兼有上、中、下溪州以及保靖、永顺、龙赐、天赐、锦、奖、懿、远、安、新、洽、南、富、宁、来、顺、高、忠顺、感化等20 余州（在今湖南永顺、龙山、保靖、古丈、溆浦、辰溪、芷江，湖北来凤、宣恩，重庆酉阳、秀山一带），建立起了一个强大的割据政权。他效法唐制，在溪州之下设立大乡、三亭两县，县下设团保，命官置吏。虽仍受羁縻，实际已俨然一封建小王国。

---

① 《新唐书·地理志》。
② 《新唐书·地理志》。
③ （宋）欧阳修撰：《新五代史》，卷六十六。
④ 光绪《龙山县志》，卷六，《土司考》。

彭氏势力强大，不断与楚争雄，给楚国马氏的统治造成很大威胁。他多次派军进入楚境，掠夺丁口，夺取商旅财货。而楚王马希范即位后常对溪州等地加强管理，征收苛捐杂税和差役，引起彭士愁的不满。双方的矛盾已经不可调和，战争不可避免。

后晋高祖天福四年（939）秋，彭士愁亲自率领锦、奖、溪三州诸蛮上万人，进攻楚国的辰、澧州。九月，楚王派刘勍、廖匡齐领五千人反击，土家族历史上著名的溪州之战爆发，十一月，一彭士愁败退溪州，楚军追至溪州，彭士愁撤出溪州州城，退据山寨，依靠四面悬崖绝壁天险，抵抗楚兵，廖匡齐沿梯上攻，山寨内箭如雨下，楚兵被击退，廖匡齐战死。不久，刘勍再次进攻，并截断彭士愁的水源、粮道，一天趁着大风，楚军用火箭射入山寨，寨内的草屋和防栅全被烧毁，士兵死伤过重。彭士愁率兵乘夜冲下山，向锦、奖州的深山撤退。

天福五年（940）正月，彭士愁派其次子彭师杲率诸蛮酋长田洪赟、覃行方、向存祜、罗君富携锦、奖、溪州印信、地图，向楚国请降。双方谈判后，缔结盟约，在永顺会溪坪铸立溪州铜柱，彭士愁与楚划江而治，酉水之南归楚，酉水之北归彭士愁。并且和约还规定：楚国军民不能随意进入溪州；彭士愁属下的部落酋长如有冒犯楚国的，只能由彭士愁惩罚，楚国不能发军讨伐；楚国不能在彭士愁的辖区内征兵；彭士愁辖区的官吏由彭士愁任免；等等。

溪州铜柱高 4 米，重 2500 公斤；柱身为中空八面体，原柱内用马氏统治时期所铸的铁钱填实。柱上刻有"复溪州铜柱记"，共 2000 多字，楷书，字体秀丽，是南楚王马希范与土司彭士愁罢兵盟誓的条约，今存放在湖南省永顺县王村（今芙蓉镇）。当时，马希范令其天策府学士李皋作记，将"天福之盟"的内容与颂赋、誓词等刻诸其上。总体看"天福之盟"的主要内容包括：第一，楚承认彭士愁对溪州的统治权。彭士愁仍为溪州刺史，其政权机构原班人马不动。此外，彭士愁对参加盟约的田、覃、龚、向、朱五姓诸州有统治权。第二，彭氏的溪州及五姓诸州归顺楚王，将辖区领土纳入楚国版图。诸州首领受朝命，为王臣，不得反叛，不得肆意扰乱边境汉民的生产生活。第三，五溪诸州享有更大的自治权力：（1）五溪诸州有一定的司法权。若五姓主首、州县职掌有罪，由本都（指彭士愁）"申上科罚"，楚王不得动辄兴兵讨伐。（2）财政自主权，赋税征收、使用归各州管理。楚王也不另向各州征收租税、征派徭役。（3）允许诸州保留军队，保卫本土安全，楚王不得抽调远戍他乡。

从上述盟约的主要内容看，虽然彭士愁军事上失利，扩大疆域的企图受挫而臣服于楚政权，但在政治、军事、经济上均获得了较大利益，盟约的条款明显有利于彭士愁，不仅为其统一酉水流域，建立传世八百余年的统治奠定了基础，而且使酉水流域的社会秩序在较长的时间里保持了相对稳定，客观上有利于生产的发展和社会秩序的稳定，符合当时各族人民的利益。总之，彭士愁统一五溪地区，对这一地区的社会秩序在较长的时间内保持相对的稳定是有贡献的。后周太祖显德三年（956），彭士愁死后，其长子彭师裕袭静边都誓主，下溪州刺史职。

宋初，湘鄂渝黔边的土家族首领先后归服宋朝。宋王朝为了加强对土家族地区的控制，在荆湖路澧州澧阳郡设立石门、慈利等县；在归州巴东郡设立巴东等县；在峡州设立长阳、巴山等县；在辰州卢溪郡设立沅陵、泸溪等县；在夔州路之下，设立黔州黔中郡，辖彭水、黔江等县；在施州清江郡设立清江、建始两县。此外，在土家族聚居区，荆湖路设三十八个羁縻州（主要集中于沅江以北），夔州路设四十九个羁縻州，并于今来凤县设散毛宣抚司，巴东郡设巴东安抚司，忠州南宾县设石柱安抚司。

宋代对土家族继续推行羁縻政策，"树其酋长，使自镇抚，始终蛮夷适之"，利用其首领进行统治。宋朝时，将沅陵县以西，西水西北地区称为北江，沅江上游及其支流称为南江。"北江蛮酋"主要是指土家族地区。据《宋史·西南溪峒诸蛮》载："初，北江蛮酋最大者曰彭氏，世有溪州，州有三，曰上、中、下溪，又有龙赐、天赐、忠顺、保静、感化、永顺州六，懿、安、远、新、给、富、来、宁、南、顺、高州十一，总二十州，皆置刺史。而以下溪州刺史兼都誓主，十九州皆隶焉，谓之誓下。州将承袭，都誓主率群酋合议，子孙若弟、侄、亲党之当立者，具州名移辰州为保证，申钤辖司以闻，乃赐敕告、印符，受命者隔江北望拜谢。州有押案副使及校吏，听自补置。"[1] 宋初，先后任彭师裕之长子彭允林为溪州刺史，以田洪为毗邻峡区的万州刺史，田景迁为珍州（今宣恩境）刺史。他们官职的任命、升降、调换，都必须经过宋王朝认可，并且可以世袭。羁縻州的刺史除有权管辖其地外，还有权在州内设押案副使和校吏，是所谓"听自补置"。羁縻州的土官效忠朝廷的，还可以得到升迁，富州（今来凤、宣恩）刺史向通汉因献图有功，宋真宗就封他为检校太傅。宋仁宗认为彭儒猛忠于朝廷，特别把他原封的检校尚书右仆射升迁为左仆射，又封其子彭仕端做国子祭酒。对有功的羁縻州刺史，用"赐以疆土"的办法加以笼络。

羁縻州刺史在各自管辖的领地内，除拥有任命下属官吏，统治土民的政治权力外，还拥有自己的武装——土兵。土兵是一种寓兵于农的组织，平时务农，战时出征。宋朝往往利用土兵消灭异己势力，或者利用土兵解决本族内部的争端。宋真宗咸平三至五年（1000—1002）间，当益州发生"军乱"，宋廷怕乱军沿大江而下，通过峡区，波及江南，曾征调施州、高州、黔州、溪州的土兵防守三峡。当时，施州地区生蛮掠夺汉口四百余人，宋派高州义军务头角田承进率土兵与官军联合作战，打败生蛮，并在施州界立尖木砦。到宋仁宗时，在荆湖路的辰、澧、荆南、归、峡等州土家族杂散地区设立土丁弓弩手或刀箭手，从该地的土家族或其他少数民族中选拔，拨给一定数量的土地。平时耕种，不上缴赋税和其他徭役，就地参加军事训练，轮番在边砦守戍。辰、澧、沅等州的弓弩手以一万三千户为常额，刘琦曾请宋廷在荆湖北路包括归、峡、

---

① （元）脱脱等：《宋史·蛮夷一》，列传第二百五十二。

荆南等地设"效用"兵六千。宋代土兵弓弩手的设置，为以后明代设的守御千户、百户所起了先导作用。

羁縻州刺史之间，往往以自己的武装力量互相攻杀，抢占领地，掠夺丁口，扩大自己的辖区和力量。宋太祖乾德二年（964），溪、叙、奖等州封建主集团之间互相攻劫，发生过武装冲突。朝廷派官员前往诏谕，使他们停止冲突。宋真宗大中祥符元年（1008），夔州路辖区内的五团蛮攻打高州（今宣恩境内），转运使打算用施州附近的暗利砦（今利川境内）兵去制止，宋真宗"以蛮夷自相攻，不许发兵"，要他们自己去解决。大中祥符三年（1010），慈利土著之间互相仇杀，发生械斗，澧州知州刘仁霸打算派兵去制止，宋真宗要他改成招谕办法，这个办法为各方所接受，仇杀终止。①

总之，从唐至宋，在邻近中原腹地的湘鄂渝黔边设羁縻州县，依靠土家族首领自理其地。这些羁縻州县的土官世代承袭，延绵不断，使土家族地区较唐以前更趋稳定。这种稳定的政治局面，加强了土家族和汉族的经济文化交流，促进了各民族的紧密联系。

唐代，社会相对稳定，土家族区域的经济得以恢复和发展。到了宋代，土家族地区的农业有了新的发展，许多禁令被废除。而这一时期的土家族群体，重新被外界所认识，并以"土"字取代了"巴"字。特别是马希范与彭士愁订立溪州之盟以后，土家族地区出现了长期相对稳定的局面，土家族与汉族人民经济文化联系进一步加强，土家族地区的社会经济逐渐向前发展。但其经济发展呈现不平衡状态，接近汉区的边缘地带发展较快，聚居的边远山区发展则较为缓慢，生产较为落后。

唐宋间土家族的农业生产仍处于粗放的刀耕火种阶段。辰州土著"地界山溪，刀耕火种"，"皆焚山而耕，所种粟豆而已"。正如唐人刘禹锡竹枝词所描写的"长刀短笠去烧畲"的生产情景是一致的。每到春季，用长刀砍倒荆棘丛林，放火烧山，以草木灰作肥料，然后种植粟、豆、稻等农作物。

土家族地区农业发展状况大致可分三种情况：北江地区的施州、黔州、涪州一带的土家族被称为"熟夷"，其地多为早开垦的熟地，农业生产较羁縻州县进步一些；澧水中游"土腴风美，力予耕桑"，农耕经济较为发达；山区丘陵地带土地贫瘠，生产比较落后。随着农业生产的发展，农作物的产量逐渐提高。以粟易盐也反映了当地农业经济的发展。据《宋史·西南溪峒诸蛮》载："夔州路转运使丁谓言：'溪蛮入粟实缘边砦栅，顿息施、万诸州馈饷之弊。臣观自昔和戎安边，未有境外转粮给我成兵者。'先是，蛮人数扰，上召问巡检使侯廷赏，廷赏曰：'蛮无他求，唯欲盐尔。'上曰：'此常人所欲，何不与之？'乃诏谕丁谓，谓即传告陬落，群蛮感悦，因相与盟约，不为寇

---

① 参见土家族简史编写组、土家族简史修订本编写组：《土家族简史》，47～48页，北京，民族出版社，2009。

钞，负约者，众杀之。且曰：'天子济我以食盐，我愿输与兵食。'自是边谷有三年之积。"①《宋史·丁谓传》载："蛮地饶粟而常乏盐，谓听以粟易盐，蛮人大悦。先时，屯兵施州而馈以夔、万州粟。至是，民无转饷之劳，施之诸砦，积聚皆可给。"② 朝廷用食盐换取土家族人民的粟，对双方来说都有利，朝廷解决了军粮问题，而土家族民众获得了生活的必需品——食盐，对双方来说是一个合作共赢的局面。这也从侧面反映了当时土家族地区粮食产量的提高。

经济作物主要有茶、棉和麻（苎麻）等。唐末五代，棉花的种植已推广至湘西、鄂西和川东地区，种植的范围不断扩大，从事种植的农民也越来越多。茶叶的生产多为自采、自焙，陆羽的《茶经》在列举茶叶的产地时，列举了峡州、襄州和荆州等地，他认为峡州所产的茶叶为上等。溪州灵溪郡、巴东郡、夷陵郡等地都出产茶芽，他们以谷皮加工茶叶，并制作茶饼。"巴川峡山纫谷皮之"，"荆巴间采叶作饼，叶老者饼以米膏出之"。③ "土人善织布"，唐宋时期土家人依然保持这项副业，这种织品被汉人称为"溪布"或"峒锦"。溪州产溪布，澧州产纻布，巴东产糙葛，涪州产"獠布"，这些麻、丝织品，都十分精美。他们以蜡染织物，雕蜡成版而印染布幔。朱辅的《溪蛮丛笑》中载："溪洞爱铜鼓，甚于金玉，模取古文，以蜡板印布，人靛缸渍染，名点蜡幔。"④ 他们还以火攻取朱砂水银，以"辰锦砂最良"。但这些手工产品还多属贡品，产量较低。

土家族地区的屯田开始于宋代，分为军屯和民屯。民屯是农业生产的重要组成部分，据《宋史·食货志》记载：在辰、澧、归、峡等州土家族、汉族杂居地区，朝廷对于民屯和民垦是大力提倡和鼓励的，这一时期，出现了一种新的土地所有制形式——小私有土地，即自耕农民拥有的一小块自耕土地。由于朝廷实行屯田垦荒的政策，参加民屯的民户可以分得一小片土地归己所有，自行耕种。"凡民，水田赋粳米一斗，陆田豆、麦夏秋各五升。满二年无欠，给为永业。"⑤ "一夫授田百亩……凡授田，五人为甲，别给蔬地五亩为庐舍场圃……民屯以县令主之。"《宋史·食货志》说这种民屯田地，两年之内，不欠田租地税，即可为农户己业田。从《元丰九域志》中关于辰、澧、归、峡等州民屯客户数量急剧增加的记载，也可看出参加民屯的民户和拥有的土地为数很多。⑥ 为了加强对土家族地区的控制，朝廷在驻军的土家族地区推广军屯，以免长途运输军粮之苦，使参加屯田的土兵且耕且守，摆脱了封建领主的人身依

① （元）脱脱等：《宋史·蛮夷一》，列传第二百五十二。
② （元）脱脱等：《宋史·丁谓传：，列传第四十二。
③ （唐）陆羽：《茶经》。
④ （宋）朱辅：《溪蛮丛笑》。
⑤ （元）脱脱等：《宋史·食货志》。
⑥ 参见李干、周祉征：《羁縻制度时期的土家族经济》，载《中央民族大学学报、》（社会科学版），1997（4）。

附关系。南宋高宗绍兴元年（1131），宋廷规定在荆南、归、峡等地屯军，"凡军士，相险隘立堡砦，且守且耕，耕必给费，敛复给粮，依锄田法，余并入官"。①"兵屯以大使臣主之"，实行寓兵于农。这种兵屯内的土兵成为宋朝的兵卒。

唐宋时期，土家族与外界经济交往的另一种形式是进贡与回赐。土家族的首领定期向朝廷进贡以示归化，而朝廷的回赐往往超过进贡货物的价值。《宋史》中也有记录表明朝贡与回赐对于土家族的重要性，土家族的首领如果有罪，朝廷给予的处罚竟然是禁止朝贡，"仕羲有子师宝，景中知忠顺州。庆历四年，以罪绝其奉贡。盖自咸平以来，始听二十州纳贡，岁有常赐，蛮人以为利，有罪则绝之。其后，师宝数自诉，请知上溪州。皇二年，始从其请，朝贡如故"②。由上可见朝贡中的回赐对于土家族经济的重要性。土家族中的封建领主以进贡的方式与中央王朝进行经济联系。他们"纳贡"的方物包括黄金、名马、丹砂、石英、水银、银装、剑弩、兜鍪、彩排、溪布、花幕、兽皮、麝香、黄连、犀角、蜂蜜、清油、黄蜡等，堪称种类繁多。而他们得到的"回赐"包括金银珠宝、丝绸、服饰和食盐等。

"纳贡"与"回赐"这种变相的官方贸易，促进了土家族与外界的经济交往，使土家族中的封建领主大受其益。他们以少量的土特产品和手工品换回为数不少的食盐、珍贵的丝绸品和服饰，以及金银货币等仅供少数人享用。这种贡赐联系客观上有助于保持该地区的稳定，土酋进京入贡、贸易，促进了土家族与中原地区的交往，汉族地区的一些先进产品和生产技术也通过这一渠道传人土家族地区，这对土家族地区的经济发展产生了积极的影响。

三、土家族地区的土司制度与改土归流

土司制度是我国元、明、清时期中央王朝在少数民族地区通过分封当地首领世袭官职，以统治本地人民的一种特殊政治制度。

土家族在经过与汉、唐以来与中央王朝的政治、经济、文化诸方面的不断交往后，经济社会发展很快，元朝在总结汉、唐以来各朝羁縻统治利弊得失的基础上，为消除羁縻统治的弊端，开始改革羁縻制度。首先设立了各种土司职务，元朝设置的土司有宣慰使、宣抚使、安抚使等职务，负责当地行政管理、发展经济、维护社区稳定等责任。明朝后，又增加了土知府、土知州、土知县等文官职务。从元朝开始，中央王朝就任用土著贵族担任土司土官。宣慰使、宣抚使、安抚使、长官司等职务都由土著贵族担任。土司定职后，王朝定期对土司进行政绩考核，决定土司职务的升降。其次还

---

① （清）徐松辑：《宋会要辑稿》，154 册。
② （元）脱脱等：《宋史·蛮夷一·西南溪峒诸蛮·上》。

规定了土司的义务，中央王朝还规定，土司应定期朝贡。土司向王朝中央进贡，是保持王朝中央与土司地区的联系，维持君臣关系的具体仪式。中央王朝对土司的朝贡非常重视，王朝设有专门部门负责管理朝贡的过程。土司还要对中央王朝纳税。纳税是土司对中央王朝所尽义务的一项主要内容。纳税多以金银和粮食为主。纳税的仪式代表土司对中央王朝的臣服。中央王朝还规定了土司的升迁、惩罚、信物、承袭等制度。

　　土司制度的实质是中央王朝暂时难以直接对统治少数民族地区而推行的间接统治。推行土司制度原非封建王朝的本意，改土归流，把民族地区纳入中央王朝以流官直接管理，才是封建统治者的初衷。因此，只要条件成熟，改土归流都会适时地推进。清朝于雍正五年（1727）至十三年（1735），先后在土家族地区实行改土归流。

四、当代土家族社会的发展

1. 土家族地区人民政权的建立与民族识别

　　1949 年 10 月到 11 月，在湘西，人民解放军后解放了大庸、桑植、永顺、古丈、吉首、保靖、龙山，12 月成立永顺专区公署，下辖永顺、龙山、保靖、桑植、大庸、古丈六个县。在鄂西南，人民解放军先后解放巴东、建始、恩施、来凤、咸丰、宣恩、利川、鹤峰，成立中共恩施地委，组建恩施行政工作队，分赴鄂西南建立各县的行政机构。人民解放军继续解放了川东和黔东北，到 1950 年 2 月，中共沿河县委、县人民政府成立，土家族地区全部解放并建立了人民政权，人民开始行使当家做主的权利，为以后消除匪患奠定了坚实的基础。

　　中华人民共和国成立后，实行民族平等政策，反对民族歧视和民族偏见，新中国成立初期，政府在派出访问团到各地的同时，还分批组织边疆少数民族各方面人士到内地参观。1950 年国庆时，有 380 多位各民族代表和文工团员接受政务院总理周恩来的邀请，到北京参加国庆观礼。湖南永顺县青年女教师田心桃作为中南地区少数民族代表团成员，参加了观礼，9 月 29 日，周恩来总理在接待全国少数民族代表国庆观礼团成员时，田心桃说自己是土家族不是苗族，要求政府承认土家是一个民族。这位年仅 22 岁女教师的诉求，引起了中央领导的重视，无形中推动了正在酝酿中的民族识别工作。对我国境内的各个人们共同体进行科学识别，准确地界定汉族和少数民族，是实行民族区域自治的需要。在这样的背景下，田心桃的诉求，立即引起有关方面的重视。10 月 14 日，中央民委派民族学专家杨成志与田心桃座谈，时任中央民委参事的杨成志教授当即找到田心桃，对"土家"这一称谓进行了初步识别。随后，这项工作落到了著名学者潘光旦肩上。潘光旦先生全身心投入土家研究中。四年间，他从二十四史和大量其他文献中，摘录了大量有关土家和南方民族史料的卡片，写出《湘西北的"土家"与古代的巴人》一文。这篇文章以丰富的史料、确凿的论据阐明：土家不是瑶，不是僚，不是苗，不是汉，而是具有悠久历史的古代巴人后裔的一支，是单一民族。这个结论，至今仍是土家族来源的一个重要依据。潘光旦在研究文献的同时，派汪明教授带队，深入湘西调查土家现状、文化、习俗等，写出《湘西土家概况》。让王静如教授对土家语言进行调查研究，写出《关于湘西土家语言的初步意见》。潘光旦先生向中央提出无论从民族理论、民族政策、客观条件、主观要求等哪一方面来说，"土家"都应该被接受为一个兄弟民族。1956年5—6月和1956年11月至1957年1月，潘光旦以全国政协委员的身份，先后两次赴湘西、鄂西土家人聚居地区实地调查，验证已有的研究成果，了解土家人的要求，推动土家族识别问题尽早解决。1957年1月3日，中共中央统战部发出文件，正式确定土家为单一民族。

1957年，由于"反右派"斗争的扩大化，潘光旦等一批学者被划为"右派分子"，影响了其他地方土家族民族成分的认定工作。党的十一届三中全会以后，党的民族政策逐步得到贯彻落实，湘鄂川黔临近地区的群众恢复了土家族的民族成分。

2. 社会主义时期土家族经济的发展

中华人民共和国成立初期，由于长期受到帝国主义的掠夺和战争的破坏，与其他地区一样，土家族地区经济萧条，人民生活困难。为了迅速恢复国民经济和发展生产，使人民的生活能够尽快安定下来，我国开始了有计划地经济建设，土家族地区也得到了相应的发展。

1949—1952年，属于国民经济恢复时期，为了摆脱经济困境，促进国民经济的良好发展，维护社会稳定，在这一时期，我国主要采取了以下措施：确立国营经济的领导地位、稳定金融物价、建立国营商业，夺取市场领导权、在农村进行土地改革。

中华人民共和国成立以后，经过三年艰苦努力，到1952年底，我国恢复国民经济任务已基本完成。从1953年起，我国进入了开展大规模的社会主义改造和有计划的社会主义经济建设时期，这也就是我国第一个五年计划建设时期。在这一时期内，我国进行了一系列运动与改革，以保证完成所规定的基本任务。土家族地区先后完成了对农业、手工业和资本主义工商业的社会主义改造。

第一个五年计划完成后，土家族地区社会主义改造和社会主义建设方面都取得了巨大的成绩，国民经济和人民生活发生了重大变化。但是，1958—1960年间，我国出现了"大跃进"运动，全民的"以钢为纲"和"人民公社化"运动的高潮在全国范围内迅速展开。土家族地区也开展了大办钢铁和人民公社化的运动。

1961年，国家提出"调整、巩固、充实、提高"八字方针和颁布《农村人民公社工作条例》后，国家经济出现新的转机，逐渐扭转了发展中的被动局面，土家族地区的社会经济也随之出现了新的面貌。土家族地区的农业、手工业和商业获得了一定程度的发展。

"文化大革命"期间，"左"的指导思想占据了统治地位，整个社会动荡不安，经济建设陷入停顿，土家族地区经济也不可避免地受到干扰与损害。

党的十一届三中全会以后，我国坚持从实际出发，以经济建设为中心，实行改革开放的政策，促进了我国社会主义现代化事业健康协调发展。在此历史背景下，土家族地区的改革开放事业也随之逐步展开，20世纪80年代对经济体制实行了全面改革，积极发展对外贸易，这为后来的经济发展奠定了坚实的基础。

经济体制改革：旧有的经济模式严重制约了生产力的发展，为此，土家族地区对经济体制进行了改革，改革领域涉及农业、工业、商业等各个方面。

落实民族经济政策，为土家族地区民族经济发展提供资金保障：党的十一届三中全会以来，国家为了振兴民族地区经济，加快少数民族脱贫致富步伐，拨给民族地区多种民族专项资金。土家族地区政府部门积极争取这些政策的实施，并科学利用这些资金援助，为当地的经济增长添加活力。

西部大开发促进了土家族地区的社会发展，1999年6月9日和6月17日，江泽民总书记分别在中央扶贫工作会议、西北五省区国有企业改革和发展座谈会上明确提出，加快中西部地区发展步伐的条件已经具备，时机已经成熟，并强调在继续加快东部沿海地区发展的同时，必须不失时机地加快中西部地区的发展，把它作为党和国家的一项重大战略任务，摆在更加突出的位置。9月，党的十五届四中全会正式做出了实施西部大开发的战略决策。2000年10月，召开了党的十五届五中全会，会上通过了《关于制定国民经济和社会发展第十个五年计划的建议》，把实施西部大开发战略作为"十五"期间需要着重研究和解决的重大战略性、宏观性、政策性问题，进一步阐述了西部大开发的重大意义、战略目标和主要任务。与此同时，国家也制定了一系列支持西部大开发的优惠政策，加大财政转移支付和建设资金投入的力度，鼓励国内外企业到西部地区投资，加快西部地区改革开放步伐。西部大开发战略的提出与实施，既是实现我国社会主义现代化建设第三步战略目标的重大决策，又是推进民族地区经济社会事业发展，缩小东西部差距，实现人们共同富裕的重要措施。

改革开放以来，土家族地区经济社会发展虽然取得了巨大的成就，但由于产业结构不合理、基础设施薄弱、科学教育落后等原因，与东部发达地区相比，仍处于相对滞后的状态，存在着明显的差距。经过努力争取，土家族地区先后被划入西部大开发的范围之内，这为土家族地区的发展提供了难得的机遇。

第三节　土家族地区土司制度的建立

元朝统治者在以武力征服的同时，对表示愿意归附的土家族首领，采取招抚政策，委以土司官职。在湘鄂西地瓯，元代初中期，当地少数民族各蛮峒的活动比以前呈明显加剧的态势，各土酋势力叛服无常。元初的几次叛乱给元朝制造了较大的麻烦，元朝兴师动众才得以平叛。在平息叛乱的基础上，元朝采取了一系列招抚政策，先后在土家族地区设立了土司的统治。

在鄂西南地区设立惹巴安抚司（今宣恩县）、师壁安抚司（今来凤县、宣恩县之间）、散毛土府（在今来凤县）、怀德土府（在今鹤峰县）、盘顺土府（今鹤峰县）及多个长官司。

在渝东南地区设立石柱安抚司（今石柱县）、酉阳土州（今酉阳县）、邑梅长官司、平茶长官司、石耶长官司（均在今秀山县）等土司。

在黔东北地区初设立思州安抚司，后改思州宣慰司（在今黔东北地区）。思州土司辖地甚广，其下属司亦多，民族成分复杂，但思州土司本身则是土家族。

在湘西设立永顺安抚司（金永顺县）、保静土州（今保靖县）、南渭土州（今永顺县西南列夕、柏杨一带）、安定土州（今张家界市境）、柿溪土州（今桑植县境）及白崖峒长官司（今龙山县西北）、会溪施溶长官司（在今永顺县境）、驴迟峒长官司、腊惹峒长官司、、麦着黄峒长官司（以上三峒均在今永顺地）、五寨长官司（今凤凰县境）、上桑植长官司、下桑植长官司（今桑植县境）等土司。

其中，永顺土司自五代师裕起，至彭肇槐于雍正六年（1728）纳土实行改土归流止，世代承袭司职。[①] 永顺宣慰司领三州、六长官司。三州即：南渭州：辖今永顺列夕、柏杨等地。五代为渭州，元代南渭州之名始见史载。元灭，南渭州知州彭万金于洪武二年（1369）率子金胜附明，因随朱元璋征战有功，仍任南渭州知州职。后因功多得朝廷嘉奖。清顺治四年（1647），清军入辰州，知南渭州彭应麟随永顺司归附。雍正六年，土知州彭宗国纳土归流。然其子彭尔、孙祖裕仍一度据南渭州十余年，后彭祖裕被清廷送至长沙，彭氏在南渭州统治方告结束。

上溪州：辖地在今龙山县地。五代、宋时为羁縻州之一，为彭氏所据。元废，明洪武二年（1369）置知州，顺治四年（1647）内附。元末明初上溪州为张氏所据。张氏土司较完整世系从明永乐十五年（1417）袭职之张友谦起，至雍正六年（1728）时张汉儒纳土归流止。

施溶州：辖地为今永顺县镇溪，施溶及古丈县、高峰、罗依溪等地。五代、宋时为溶州，元为会溪施溶等处，属思州安抚使管辖。田氏得以据施溶州，明洪武二年（1369），以施溶州隶永顺宣慰司，田健霸为土知州。自健霸以下，世系延绵不断，直至雍正六年（1728）田永丰纳土为止。

永顺宣慰司所属六洞长官司为：

---

① 王承尧、罗午：《土家族土司简史》，北京，中央民族学院出版社，1991。

腊惹洞长官司：辖今永顺县王村、保坪、高坪等地。元属思州，以向孛烁为洞民总管。明洪武三年（1370）改属永顺司。顺治四年（1647）归清，至雍正六年（1728）向中和纳土为止。

麦着黄洞长官司：元为麦着土村，属思州，黄麦和踵任洞民总管。洪武三年改村为洞，属永顺司辖。洪武五年（1372），升洞为长官司，清顺治四年（1647）归清，至雍正六年（1728）黄正乾随永顺司纳土为止。辖今古丈县茹通等地。

驴迟洞长官司：今永顺县松柏、羊峰、西米等地。元属思州，向达迪为洞民总管。洪武三年（1370），向达迪子尔莫踵归明，升洞为长官司，隶于永顺宣慰司。顺治四年（1647）向光胄降清，清沿明制仍为长官司，至雍正六年（1728）向锡爵纳土为止。

施溶溪洞长官司：今永顺县长官、回龙及永茂部分地区。宋属下溪州，元属思州所辖会溪、施溶等处。元末汪良任巡检职，自此始汪氏得以执掌施溶洞。洪武三年（1370），改洞为长官司，仍以汪氏为长官。顺治四年归清。至雍正六年（1728）汪文轲纳土止。

白崖洞长官司：今龙山县西北部。宋属上溪州，元设白崖洞长官司，隶于新添葛蛮安抚司，张那律任洞民总管，洪武三年归明，仍为长官司，改属永顺宣慰司，顺治四年归清。至张宗略于雍正六年（1728）随永顺司纳土止。

田家洞长官司：今古丈县断龙、官坝等地。宋属下溪州，元设洞，田胜祖在元末任洞民总管。洪武三年附明，设田家洞长官司，隶于永顺宣慰司。顺治四年归清，至雍正六年（1728）田茞臣纳土止。①

元朝末年，社会动荡，农民起义此起彼伏，土家族地区正处于徐寿辉红巾军的活动范围，朝廷为了牵制和削弱红巾军的势力，对土家族各土司实行笼络政策，普遍超常提升原有土司的等级，同时又新授了大量的土司。

土家族土司多有升职，如《元史·顺帝本纪五》载：至正十一年（1351）四月，"改永顺安抚司为宣抚司"。保靖也在元末时升为安抚司。湘西地区土司升职级别最高的是桑植土司，桑植土司在元朝初年以上桑植、下桑植二长官司隶属于新添葛蛮安抚司，一后曾改为安抚司。到元朝末年顺帝时，又升为安慰司。"向仲山，思胜孙，元朝元统三年（1335）春奉命调征，功授湖广桑植地方等处军民宣慰使司职，颁发印绶一颗，赐袍、玉带、虎符，并司置属员如帖堂、经理司、总理、五营中军以及属下朝南安抚司、戍戈长官司、芙蓉长官司、神旗长官司、龙潭州、安定州、化被州、美坪州等印信十三颗到司，约束土苗，管理上下桑植地。"元末桑植宣慰司的授职是因奉命从征有功而得，不同于其他土司大多得益于元末乱世。元朝廷还在土家族地区广增土司。以鄂西南地区为例，从元末到明玉珍据蜀以前，元朝廷在鄂西南地区设立了三个宣慰

---

① 游俊、李汉林：《湖南少数民族史》，141~142页，北京，民族出版社，2001。

司：施南宣慰司、镇边毛岭峒宣慰司、怀德军民宣慰司；七个宣抚司：散毛军民宣抚司、容美峒宣抚司、高罗宣抚司、隆奉宣抚司、龙潭宣抚司、隆中路宣抚司、龙渠峒宣抚司；六个安抚司：忠孝军民安抚司、盘顺军民安抚司、忠义军民安抚司、金峒安抚司、大旺安抚司、木栅安抚司。元末土家族土司设置数量之多，级别之高，都是前所未有的。其中，大部分还是元末新置。这充分反映出元朝末年朝廷对土家族土司超出常规的笼络招抚政策，也反映出元朝政权衰落、土家族各土著势力借乱世大肆扩张并最终得到中央王朝认定的事实。①

到元朝末年，土家族地区土司的基本格局已经初步形成，为明清时期设立土司奠定了基础。元朝在土家族地区广设土司的同时，还对土司的官衔、朝贡及其义务等也都作了具体的规定，土司制度在土家族地区已经基本形成。

明初，朱元璋对于前来归顺的湖广土司均以原官授之。《明史·湖广土司传》载："洪武初，西南夷来归者，即用原官授之"，"元时所置宣慰、安抚、长官司之属皆先后迎降，太祖以原官授之"。保靖土司早在至正二十三年（1363）以前就投诚于朱元璋，并参加了歼灭陈友谅的湖口大战，且因功升为军民宣慰司。永顺土司的归附，据《明史·地理志》载：洪武二年（1369）十二月置永顺军民安抚司，六年（1373）十二月升军民宣慰司。永顺土司的最初归附应以洪武二年十二月为是，由于临近的保靖土司早于至正二十六年（1366）即以归附，故朱元璋对永顺土司的延迟归附给予了惩罚，将其元末所授宣抚司降为安抚司，并只授土司彭天宝安抚同知一职。为稳定土家族地区的形势，明朝"诏升永顺安抚司为宣慰使司"。随着永顺土司的归附，其周边隶属于它的众多中小土司也都相继归附明朝，明朝分别设腊惹洞、麦着黄洞、驴迟洞、施溶洞、白崖洞、田家洞等六个长官司，上溪州、施溶州、南渭州等三个土州，隶属于永顺土司。自此，永顺土司及其所属三州、六长官司的土司建制格局基本固定，历明、清两朝直至改土归流被废除。②

明朝在元代土司设置的基础上，对土司的建制、品级、承袭、废置、升降、朝贡、征调等事务，均做出了更为明确具体的规定，使土司制度趋于完备。随着土司制度的完善，土家族土司政权也进入其发展的成熟期。在明朝正式的文武土司职衔中，土家族土司除了永顺土司下辖有三个土州属文职土官外，其余全部为武职土司，包括从宣慰司、宣抚司到安抚司、长官司及蛮夷长官司的所有土司，均有设置。综合各种历史文献记载，明初在土家族地区设立的土司，除去永乐年间已经改流的思南、思州二家宣慰司不计，共有宣慰司二家，宣抚司六家，安抚司十家，土州三家，长官司三十三家和五家蛮夷长官司，合计五十九家大小土司。具体来说，在湘西地区设立宣慰司二

① 田敏：《土家族土司兴亡史》，54 页，北京，民族出版社，2000。
② 田敏：《元明清时期湘西土司的设置与变迁》，载《中南民族大学学报》，2011（1）。

家，安抚司一家，土州三家，长官司十二家，分别隶属湖广都司和九溪卫；在鄂西南地区设立宣抚司四家，安抚司九家，长官司十三家，蛮夷长官司五家，隶属施州卫军民指挥使司；渝东南地区设立宣抚司二家，长官司四家，分别隶属四川都司和重庆卫；黔东北地区设立长官司四家。按明制，宣慰使为从三品，高于流官知府的正四品；宣抚使为从四品，安抚使、土知州为从五品，均高于或相当于流官知州从五品的官阶。这表明了土家族土司发展的兴盛，说明土家族土司在明代土司制度中占有重要的地位。明朝廷根据土官"劳绩之多寡，分尊卑之等差"，分别授以宣慰使、宣抚使、安抚使、长官等官职，并准其世代承袭。但是，土司的承袭、升降、裁革和机构的置废，都必须听命于明朝中央。而各级大小土司又以中央王朝为靠山，接受封号诰命，使自己的统治合法化，便于在各自的管辖地区实行有效的统治。与此同时，明王朝为加强对土司的控制，还用土、流间用的政策，在各级土司机构中派遣流官，对土司进行监督。但是，由于土司和封建中央王朝之间存在矛盾和斗争，有些土司自行设置土知州、长官司等土官，并隐而不报。容美土司就曾私立土知州、土指挥使等土官。在今长阳县清江北岸设有玉江、麻栗、施都等长官司。这些土司、土官都未上报封建中央王朝，因而不见于史、志记载。[①]

　　清朝土家族土司的设置总的格局没有太大的变化，只是在一些土司的职衔上有些调整。对明末升职的各土司，清初采取了不同的处理办法，其中，对升为宣慰司的容美、桑植、酉阳、石柱四土司的宣慰司级别给予了承认。而对其他也有宣慰司之升的忠路、东乡、唐崖三家土司则仍如明制，做安抚司或长官司。另外，清初对一些中小土司也有一些调整。以鄂西南地区为例，清代在鄂西南地区设置的土司包括宣慰司一家：容美；宣抚司四家：施南、散毛、忠建、忠峒；安抚司十三家：东乡、金峒、忠路、忠孝、高罗、大旺、东流、龙潭、沙溪、五峰、石梁、椒山、水浕；长官司十五家：木册、唐崖、腊壁、卯峒、漫水、西萍、建南、玛瑙寨成、石宝深溪、下峒平茶、塔平（或源通塔平）、木寨前峒、红鸾后峒、戎角左峒、能陛右峒。[②]

　　其他地区的土家族土司基本沿用明制。

第四节　土司时期土家族社会的政治结构

　　土家族地区的土司制度是一种军政合一、兵农合一的政权组织。这种特殊的政权

①　土家族简史编写组、土家族简史修订本编写组：《土家族简史》，68页，北京，民族出版社，2009。
②　田敏：《土家族土司兴亡史》，54页，北京，民族出版社，2000。

组织在元明清三代均没有变化。土家族地区的土司政权自成一体，形成了一个内部组织结构等级森严、层层隶属的官僚统治体系。各宣慰使、宣抚使、安抚使不仅仅是各统治地区的最高行政长官，又是本地区的最高军事首领。"土司不仅是朝廷任命的区域性的行政长官、家族的首领和酋长，更是军事征战的首脑，并有相应的等级和官阶。"① 土司直接统辖统治区内的"旗"兵，"旗"是土家族土司社会的基层组织，也是基本的军事单位。"旗各有长，管辖户口，分隶于各州司，而统辖于总司。有事则调集为兵，以备战斗，无事则散处为民，以习耕凿。"② 此所谓"聚则为兵，散则为民"③。在这种直接管理户口的"旗"之上，建立着一套军政合一的治理体系。所有的土民编入各旗，他们农闲时为民，战时为兵。

受中央任命的土司同封建帝王一样，子孙世代相袭，以保持独家统治特权。土家族地区土司的承袭制度为封建世袭制，"所设宣慰、知州、长官，不问贤愚，总属世职"。④ 父死子继，无子的兄终弟继。

土司的官僚机构中，除土司外，其下有各级大小土官，他们是土司对土民实施统治的左右手，是土司统治政策的具体执行人。在土司统辖境内，土司自行任命官职，其职务有总理、家政、舍把、旗长、亲将、总爷、峒长、寨长等职。这些职务一般都由土司家族成员担任。

总理：亦称旗鼓，是土司衙署里的高级管理者，地位仅次于土司，一般在家政之上，或至少是与家政同级。"国有征伐，则为大将，生杀在掌。"总理一职，一般由土司的同胞兄弟担任。

家政：次于总理一级的官员，是为管理土司内务的属官，这一职位，也由土司的同胞兄弟担任。

舍把：也称舍人。是土司委派到某一个地方的地方官，他可以管理一方所有的行政事务，并拥有司法权。属于处理文书诉讼、上京城或省府办事的走差。舍把一职，一般由土司王的旁系兄弟担任。

总爷：土司的子弟所担任的各级官职。

亲将：土司的侍卫。

峒长：数寨或一个大寨为一个行政单位的，称为峒，并设峒长。

寨长：是一个村寨的头目，负责管理本寨的地方事务。

总旗、旗长：旗是土家族土司社会的基层组织，具有军、政两方面的功能，各旗

---

① 邓辉：《土家族区域土司时代社会性质初论》，载《湖北民族学院学报》（社会科学版），2004（3）。

② （清）严如煜：《苗疆风俗志》。

③ 《明宣宗实录》，卷八。

④ （乾隆）《永顺县志》，卷三，刻本，清乾隆五十八年（1793）。

设有旗长，旗长在行政管理方面的职责仅限于户籍管理。总旗职位在旗长之上，其职责主要是军事管理。

基层建立军政合一的"旗"。永顺有五十八旗，保靖有十六旗，桑植有十四旗，散毛有四十八旗，容美有风、云、龙、虎等旗。各旗设"旗长"或"旗头"，管理户口和差役，训练土兵。旗长之上还有总旗，其职责主要是在军事管理方面。

严格的封建等级制是土司统治时期政治的显著特征，等级森严，不可逾越。"凡土官之于土民，主仆之分最严。"土司自称"本爵"，土民称土司为"爵爷"、"都爷"或"土王"，称其妻为夫人，妾为某姑娘，幼子为官儿，女为官姐，土司子弟担任官职的为总爷。土司的下属官吏对土司父亲不能直呼其名，甚至与其父名的同音字也必须以其他字代替，"讳父名"，犯者要遭到斥责。在房屋的建筑上等级也极为严格，土司衙署"绮柱雕梁，砖瓦鳞次。百姓则叉木架屋，编竹为墙。舍把头目，许竖梁柱，周以板壁。皆不准盖瓦，如有盖瓦者，即治以僭越之罪"。土司所到之处，土民必须下跪迎接。"土司出，其仪卫颇盛，土民见之，皆夹道伏。即有谴责诛杀，惴惴听命，莫敢违者。"土司俨然一个土皇帝。

土家族土司社会是以军政合一、兵农合一的形式组织起来的，旗是社会的基层组织，也是基本军事单位。各旗"分隶于各州、司，而统辖于总司。有事则调集为兵，无事则散处为民，以习耕凿"。土家族土司以旗为单位来组织其所属土民，应该是对明代卫所制度的一种模仿。旗是卫所制度的基层单位。土家族各土司中，"永顺土司分五十八旗，曰：长利东西南北雄，将能精锐爱先锋，左韬德茂亲勋策，右略灵通镇尽忠。武敌两星飞义马，标冲水战涌祥龙，英长虎豹嘉威捷，福庆凯旋智胜功。以七字为句，每一字一旗，共五十六字，为五十六旗，后添设靖、谋二字，共五十八旗。此外，更有戍、猎、镶、苗、米房、吹鼓手六旗、伴当七旗、长川旗、散人旗、总管旗。……又福字一旗，则系土官宗族"。"保靖土司分六十一旗，曰虎、豹、度、智、谋、勇、威、驱、彪、胜、亲、利、飞、良、先、镇……"桑植土司"其地分十四旗，曰东、西、南、北、神、灵、先、顺、威、龙、虎、戎、宗、客"。其他有容美土司的四十八旗等。由于旗是军政合一，土民是兵农合一，故土司社会实为全民皆兵的社会。

明代征调土兵抗倭，最著名的战役当属永顺土兵取得的王江泾大捷，嘉靖三十四年（1555）五月，聚集在江苏奉贤老巢的二万余倭寇，不断侵犯嘉兴地区。总督张经立即派遣副总兵俞大猷督彭翼南、彭明辅所率领的永顺土兵与广西瓦氏夫人率领的狼兵到平望，参将汤宽率师由中路进攻，参将卢镗等督保靖宣慰彭荩臣所领的保靖土兵驰援，各路官兵协同作战，水陆三面夹攻。保靖土兵遇敌于石塘湾，战之，倭寇大败。倭寇见势不妙，败走平望，副总兵俞大猷以永顺宣慰彭翼南所领土兵与官兵拦路截击，倭寇受到严重的创伤，改走王江泾。先是，永顺兵剿新场倭，倭故不出，保靖兵先入，永顺土官田菌、田丰等亦争入，为贼所围，皆死之。议者皆言督抚经略失宜，致永顺兵再战再北。及王江泾之战，保靖犄之，永顺角之，保靖土兵乘胜追击，倭寇腹背受敌，陷于重围之中，损失惨重，被斩、俘一千九百八十余人，溺水死者甚众，只剩少数突围逃回老巢柘林。"自有倭寇来，此第一功。"明世宗奖励永顺、保靖土兵，给彭翼南、彭荩臣赐三品服，授昭毅将军，加右参政，管理宣慰司事，受赐银币，赐彭明辅银两，赐守忠冠带。后人赞颂永保土兵，写有《永保土兵咏》：

> 自古土兵号虓雄，世人莫敢撄其锋。
> 铜柱擎天蛮地静，彭王岂与夜郎同？
> 经营五溪怀天下，荷戈前驱称荩忠。
> 闻道倭贼犁我庭，五溪深处驶艨艟。
> 廿四旗阵泣鬼神，短兵相接悍且勇。
> 三战三捷倭跳洋，赢得东南第一功。

在以旗为单位、所有土兵兵农合一的同时，各级土司与卫所地区的土官，都拥有由一定数量土兵组成的武装力量。土兵是土司镇压各族人民反抗的工具，维护其统治的主要支柱。"土司有存城兵五营，兵丁每营一百名"，入营土兵均有一定俸禄，"其兵丁每名领工食银三两六钱，米三斗六升，皆民间派给"。土兵五营，即前、后、中、左、右五营，其中以中营最为重要，通常由应袭长子率领，其他四营则由宗亲、心腹之类担任首领。营兵的主要职责，"一以备捍卫，一以供役使"，是土司维持其正常统治秩序的重要工具。① 土家族土司的政治结构中，土司不仅仅是最高的政治长官，从长官司到安抚司、宣抚司、宣慰司层层隶属，一切政令唯土司主之命是从；土司还是最高的军事长官，所有的土民编入所属的旗内，入则为民，出则为兵。土司的统治，实际上是一种"中央"集权式的政权，土司实质上是土皇帝，掌握着辖区内的一切军政大权，实行的也完全是一种"中央"集权式的封建专制统治。

第五节　土司时期土家族社会的经济发展

土司是其辖区内的土皇帝，掌握着辖区内的军政大权。辖区内的所有田地、山林等土地都归土司任意支配。据《思南府志》载：思南宣慰司的所有田地"俱属宣慰田氏私庄"，田氏将其分为十八个"庄田"，分由属下大小十八个土官掌管。永顺县也有这样的记载，永顺彭氏土司在其辖区内，"凡成熟之田，多择其肥沃者自行种收，余复

---

① 田敏：《土家族土司兴亡史》，112～113 页，北京，民族出版社，2000。

为舍把、头人分占"，而广大的土民则不得轻占一草一木，非经土司允许，即使平坎肥沃之地荆棘丛生，也不准开垦，故大多数平民无地或仅有"零星犄角之地"。平民用自己大部分的时间给土司、舍把等大小土官耕种领地，"如奴仆然"。平民实际上就是没有人身自由的农奴，其生活来源仅靠那点贫瘠的"份地"上出产的粮食。①

在整个土司政权的统治时代，土家族社会的经济生活有其特殊性，这就是土司不仅占有大量土地，而且占有大量"客户"即家奴。"土司时，土司及土知州，皆有山及田，役佃户种之。佃户者，皆其所买，人如仆然。""凡土官之于土民，其主仆之分最严，盖自祖宗千百年以来，官常为主，民常为仆。"土司往往采用两种方式来掠夺土地及佃户。一是凭借土司政权的力量，将大量土地及土家平民据为己有。二是将外来流民开垦的荒地据为己有，流民丧失土地后沦为土司的"客户"，任由土司役使。由此可见，土司与佃户或"客户"之间的经济关系就是建立在封建土地所有制基础上的剥削与被剥削关系。土司头人将大量土家平民及外来流民视作他们的家产和家内奴隶，这些丧失土地的"客户"没有人身自由，成为束缚在土地上的农奴。土司既是朝廷任命的地方长官，又是封建领地上的"大庄园主"，同时，也是民族共同体的"豪酋"。土司"三位一体"身份的固定化决定了土司时代社会结构与经济生产的模式化，这应该成为我们理解土家族封建农奴制的社会存在与土地占有特征的历史依据。②

在军政合一的旗之外，还有专为土司家族服役的执事农奴。如永顺宣慰司除设五十八旗外，还设置担任土司衙署守卫的"戍"旗，"土司有存城五营兵丁，每营一百名，一以备捍卫，一以供役使"。土司还设有狩猎役使的"猎"旗，"每冬狩猎，谓之'赶仗'，先令舍把、头目等视虎所居，率数十百人用大网环之，旋砍其草，以犬惊兽，兽奔则鸟铳枪立毙之，无一脱者"。此外，还有专为土司及其亲属制作各种金银首饰、器皿的"镶"旗，经营土司花园的"苗"旗，专事碾米的"米房"旗，供土司举办婚丧、节庆等红白喜事役使的"吹鼓手六旗"，陪同土司外出，以壮声威，随时听从差遣的"伴档七旗"，以及散人旗、长川旗、总管旗，管理散处各地的土司宗族的"福"字旗等，名目繁多，不一而足。③

土司财富来源的一个很重要方面是来自纳贡时中央王朝的回赐和山区大木的开采，明代土司"纳贡"和明王朝"回赐"的次数大大超过了宋元时期，这些政治活动促进了中央王朝与土司的联系，同时又有着巨大的经济利益。如永乐二年（1404）规定："给赏差来到京土官第男头目人等，各照衙门品级高下为差：三品四品钞一百锭，彩缎三表里；五品钞八十锭，彩缎三表里；六品七品钞六十锭，彩缎二表里，八品九品钞

---

① 参见《思南府志》《永顺县志》。
② 宋仕平：《土家族传统制度与文化研究》，33 页，北京，民族出版社，2005。
③ 土家族简史编写组、土家族简史修订本编写组：《土家族简史》，79 页，北京，民族出，版社，2009。

五十锭，彩锻一表里；杂职衙门并头目人等自进马匹方和钞四十锭，彩缎一表里。"如未按时进京朝贡或超过规定朝贡期到京者，赏赐要适量减少，"凡到京过期者减半给赏，后或全赏，弘治三年（1490）以后，正月内到（按规定应在当年12月内到）者亦全赏，二月半到者减半"①。

据《永顺县志》载：正德元年（1505）"致仕宣慰世麟（彭世麒）献大木三百，次者二百，亲督运至京。……十三年，复献大木"。"（正德）十三年，彭明辅以献大木功，授正三品散官……""嘉靖四十二年，以献大木功再论赏加明辅都指挥使……四十四年，复献大木，加明辅……二品服。"

明史《湖广土司传》亦有同样记载："武宗正德十年，宣慰彭世麟献大木三十次者，亲督运于京。子明辅所进如云。十三年世麟献大木四百七十。""永乐十年，永顺宣慰彭源之子仲率上官旗长六百六十七人上京朝贡。"除楠木外，土司所贡献的多为地方珍奇物品，如名贵的兽皮、名马、茶叶、香料、水银、丹砂、麝香、土布、金银器皿、药材、名酒等，朝廷的赏赐包括钞、币、表里、丝、绢、缎、布、靴子、袜子等物品。朝贡赏赐都较丰富，目的在于招徕各民族来朝。在《宋史》中也有记录表明朝贡与回赐对于土司的重要性，土司如果有罪，朝廷给予的处罚竟然是禁止朝贡，"仕羲有子师宝，景中知忠顺州。庆历四年，以罪绝其奉贡。盖自咸平以来，始听二十州纳贡，岁有常赐，蛮人以为利，有罪则绝之。其后，师宝数自诉，请知上溪州。皇二年，始从其请，朝贡如故"②。由此可见朝贡中的回赐对于土司经济的重要性。

土司时代，土家族地区的社会经济缓慢地向前发展。农业耕种仍然主要采用"刀耕火种"的耕作方式，牛耕和铁器并没有得到普遍使用，很多地区还"不通牛犁"。据《永顺府志》载："山农耕种杂粮，于二三月间薙草伐木，纵火焚之，冒雨锄土撒种，熟时摘穗而归。弃其总，种稻则五月插秧，八九月收，山寒水冷，气候颇迟，收摘后连穗高挂屋际或树头，食则舂之，无隔宿储。"③ 春耕时，农民用刀砍掉荆棘杂草，焚烧后的草木灰作为肥料，趁雨播撒小米等作物的种子，秋后采摘收割。土司时期，土家族地区多采用这种粗放型的"刀耕火种"的生产方式，与同时期中原地区的牛耕方式相比，无疑是非常落后的，土民的农业收成也毫无保障，遇到风调雨顺，收成会好一些，遇到水旱灾害，往往颗粒无收。这一时期，土家族地区的农民还没有掌握农田施肥的技术，仅靠"刀耕火种"中的草木灰为肥料。水利设施也不够完善，农作物的种植以旱粮为主。随着与汉族地区经济技术交往的增加，土家族人民学习外地经验，利用山区的自然资源，从事榨油、割漆、种茶、采药、植桑养蚕、养蜂取蜜。湘西盛产桐油，据《永顺府志》载："山地皆种杂粮，岗岭间则植桐树，收子为油，商贾趋

---

① （清）张廷玉等：《明史》，卷三百一十。
② （元）脱脱等：《宋史·蛮夷一·西南溪峒诸蛮·上》。
③ （同治）《永顺府志》，同治十二年。

之，民赖其利以完租税、毕婚嫁，因土宜而利用此先务也。"可见桐油在土家族日常生活中的重要作用，桐油所售不仅仅可以帮助土民完成租税，还可以帮助他们完成婚嫁。

土司时期，土家族地区的粮食作物主要有稻谷、麦、豆、粟、芝麻、高粱，等，瓜果蔬菜有苋菜、甜菜、青菜、冬瓜、西瓜、南瓜、核桃等。经济作物有桐树、茶树、各种药材等。

土司时期的手工业发展较快，尤以家庭纺织最为突出。土家族地区的人民继承了前代的"溪布""峒布""斑布""蛮锦"的传统工艺。在使用原料上，纺织原料以棉、麻、丝为主，其防治技术达到了较高超精湛的水平，得到社会层面的认可，能以棉丝、棉麻混合纺织，纺织工艺水平与汉人大致相同。同治《来凤县志·物产志》载："苗锦大似苎，巾帨尤佳，其妇女衣缘领袖皆缀杂组，藻彩、云霞，悉非近致，谓之花练，土俗珍之。"① "土妇颇善纺织布，用麻工与汉人等。土锦或经纬皆丝，或丝经棉纬。用一手织纬，一手挑花，逐成五色。"永顺、保靖、龙山等地土家族妇女还为"洞锦、洞被、洞巾作鹤、凤、花鸟之状"②。

第六节　土家族地区的改土归流

土司制度的实质是中央王朝暂时难以直接统治少数民族地区而实行的间接统治。推行土司制度原非封建王朝的本意，改土归流把民族地区纳入中央王朝以流官直接管理，才是封建统治者的初衷。因此，只要条件成熟，改土归流就会适时地推进。

清王朝沿袭明制，对西南少数民族继续采取"以夷制夷"的政策。各地土司只要表示归顺，即准其袭职。清王朝经过康熙年间的大力经营，国家统一，政权稳固，可以凭借强大的政治、经济、军事实力，在中南、西南各少数民族地区废除土司制度，建立直接统治。

土司制度的特点为世有其土、世有其民，土司对境内的土民肆意进行政治压迫和经济掠夺，为所欲为，专横不法。在土司的统治之下，土司利用对土民的人身依附关系，暴虐淫纵，作威作福。"土司杀人不请旨，亲死不丁忧。"明代云南人刘彬曾这样写道："彼之官世官也，彼之民世民也。田户子女为其所欲，苦乐安危，唯其所主。草菅人命若儿戏，莫敢有咨嗟叹息于其侧者。以其世官世民，不得于父，必得于子孙，且数信。故死则死耳，莫敢与较者，嗟此夷民何幸而罹此惨。"③ 蓝鼎元在谈到贵州苗

---

① （同治）《来凤县志·物产志》，同治五年。

② （光绪）《湖南通志》，卷四十。

③ 刘彬：《永昌土司论》，载《小方壶斋舆地丛钞》八。

民的悲惨境遇时云："苗民受土司荼毒更极，可怜无官民礼，而有万世奴仆之势，子女财帛，总非本人所自有……土民一人犯罪，土司缚而杀之，其被杀者之族，尚当敛银以奉土司六十两、四十两不等，最少亦二十四两，名曰砧刀银。"①

土司统治下，土地不准买卖，土民不得迁徙，劳役繁重，剥削残酷，土司制度严重地束缚着社会生产力的发展，成为社会经济发展的桎梏。"其钱粮不过三百余两，而取于下者百倍。一年四小派，三年一大派。小派计钱，大派计两。土司一取（娶）子妇，则土民三载不敢婚。土民有罪被杀，其亲族尚出垫刀数十金，终身无见天日之期。"② 土司在其辖区内实行苛虐暴政，"其土民分居各旗，生男力则报书于册，长者当差，赋敛无名，刑杀任意，抄没卖，听其所为"，③ "土司杀人不请旨，亲死不丁忧"。土司的家奴，更是可以随意处置，唐崖土司覃鼎夫人田氏在游玩峨眉山时，将随身带去的百余名婢女，若家奴一样，沿途择配，随意送人。永顺土司"凡舍把准理民间词讼，无论互婚田土及命盗各案，未审之先，不分曲直，只以贿赂为胜负。迨既审后，胜者比索谢恩礼，负者亦有赎罪钱。甚有家贫无力出办者，即籍没其家产，折卖其人口"。④ 经济上，土司对土民更是任意盘剥，肆意敲诈，名目繁多。"永顺则名火坑钱，民间炊爨，每坑征银二钱二分。保靖则名锄头钱，每一锄头进入山，纳银三五钱不等。桑植则名烟户钱，与火坑钱相等。所交秋粮即从此内拨解。"⑤ 土司在苛索土民的基础上，则过着骄奢淫逸的生活。容美土司饮宴"有十二筵，樽用纯金"。"女优之属，皆十七八好女郎，生色俱佳。"⑥

土司久居其地，自霸一方，佣兵征战，扰攘不绝，影响地方社会稳定，导致社会动荡。土家族各土司之间，经常发生战争，土司内部因争袭位，抢夺财产，互相仇杀，连年不休，给土家族人民带来深重的灾难。各个土司之间往往因为争夺土地、人口、财产，常混战仇杀，"一世结仇，几世不休"，破坏了生产的发展和人民生活的安定。明嘉靖十三年（1534）容美土司田世爵指令土目田文祖、张琦、周万雄率兵出境，杀死巴余县应捕刘聪、火甲罗延瑞、吴鲜九数人，掳民百余家。明末清初，百户土司与卯洞土司力争夺人口土地争战不息，达数十年。⑦ 清世宗雍正元年（1723），彭御彬承袭保靖土司之职，其叔彭泽虬、彭泽蛟谋官夺印，带领土兵围攻衙署，互相抄抢杀戮达数月之久。以后，彭御彬又勾结桑植、容美土司以追捕彭泽蛟兄弟为名，率领土兵

---

① 蓝鼎元：《边省苗蛮事宜论》，载《小方壶斋舆地丛钞》八。

② 《清史稿·土司一》。

③ （同治）《桑植县志》，卷八，刊本，清同治十一年（1872）。

④ （民国）《永顺县志》，卷三十六，民国十九年。

⑤ （乾隆）《永顺府志》，卷二，刻本，清乾隆二十八年（1763）。

⑥ （清）顾彩：《容美记游》。

⑦ 黄柏权：《鄂西土家族地区改土归流的必然性和进步性》，载《湖北少数民族》，1985（2）。

焚毁庄寨六十余处，掳掠土、客男妇千余人，折卖于酉阳、施南等处。① 清雍正二年（1724）容美、桑植上司率土兵抢掠保靖民财，焚掠村庄六十余处，抢走男女千余人。② 雍正四年（1726）"桑植土司向国栋恃强负固，与容美、永顺、茅冈各土司寻衅仇杀，贪暴不仁，民不堪命"。③ 土司之间延续不断的相互混战与仇杀，弄得社会不安，民不聊生，甚至连清朝官吏也承认"土民如在水火""土民不堪其命"。土家族人民大批逃亡，以摆脱土司的暴政，保靖司"人民离散，田园荒芜"，容美地区"二十余年民不聊生，流亡转徙，存者寥寥"。因此，酉阳、保靖、桑植、容美等地土家族人民列举罪状，向清官员控告土司，"一时呈词，蝟集大半"。"土民纷纷控告。迫切呼号，皆恋改土。"甚至酉阳土司家族中较为开明的知识分子冉裕荣也因"土官横恣"为害乡民，而具状上告，要求设流。雍正十一年（1733），容美司土家族人民举行暴动，"抗粮结党，携家带眷"，于黑夜将把守关卡的土官捆缚，逃出土司辖区。④

　　土司之间为了自己的利益又往往会相互结盟从而形成较大的割据势力，为国家统一带来隐患。康熙二十四年（1685），保靖土司与容美土司再申旧盟，五十九年（1720），桑植土司与容美土司结为同盟，因此容美土司得以确立其在鄂西南地区的土司霸主地位。"其余忠峒、唐崖、散毛、大旺、高罗、木册、东乡、忠孝等，名目不可悉数，皆仰其鼻息而慑其威灵，若郑卫邾营之事齐晋。合诸司地，不知几千百里，屏藩全楚，控制苗蛮，西连巴蜀，南通黔粤。"⑤ 在这种情况下，土司与清朝封建国家的统一和发展的矛盾日益尖锐。

　　在上述形势下，清廷于雍正六年（1728）至十三年（1735），先后在土家族地区实行改土归流。

　　在土家族土司改流的历史过程中，思南、思州二宣慰司的改流最早，二土司的改流在明初永乐十一年（1413），其改流时间之早，不仅其他土家族土司难以相比，即使在整个土司体系中，也是绝无仅有的。二土司的改流起因于双方的仇杀，《明史·贵州土司传》给予了详细的记载。思南、思州土司改流后，明朝廷在其地设立了把府，分别是思南、镇远、铜仁、乌罗、思州、石阡、黎平、新化。思南、思州二宣慰司最先改土归流，看似是偶然的事件，但在实际上是由社会经济基础决定的，明初，思南、思州地区经过明朝初期四十余年的开发，社会经济有了很大发展，明成祖对思南、思州二土司的改土归流，正是适应了当地社会经济发展的需要，因而改土归流获得了

---

① （雍正）《保靖县志》序，雍正六年。
② 黄柏权：《鄂西土家族地区改土归流的必然性和进步性》，载《湖北少数民族》，1985（2）。
③ （同治）《桑植县志》，卷八，刊本，清同治十一年（1872）。
④ 土家族简史编写组、土家族简史修订本编写组：《土家族简史》，102 页，北京，民族出版社，2009。
⑤ （清）顾彩：《容美记游》。

成功。

清朝对土家族土司的改流,进行得颇为顺利,整个改流过程基本上是在毫无抵抗的情况下完成的。历史上一向以强大著称的土家族土司,在清王朝改土归流的大潮中,有些出人意料地被改流,自然有多方面的原因,但其中,清廷所采取的切合实际的改流方式是一个很重要的因素。这些方式包括以下四种:

策略:和平招抚为主。土家族土司的改流,虽没有一兵一卒的正面冲突,但在策划改流的过程中,鉴于诸土司一贯号称的强大之势,清廷并没有丝毫大意,因而在正式改流之前,都做了一番军事上的调动,对拟改流的土司形成了有效的军事防范和武力逼迫。在土司周边进行军力调配、实施防范的同时,对土家族地区的土司仍以和平招抚为主,武力威逼是手段,和平改流才是目的,永顺土司、保靖土司、桑植土司等都是自动请求改流,通过和平方式解决的。

借口:利用借口裁废土司。这种借口或因土司"暴虐""不法"等罪名而改流,如保靖、桑植宣慰司以"暴虐不仁、动辄杀戮、且骨肉相残"改流,容美宣慰司以"穷凶极恶"改流,施南宣抚司以"淫恶抗提,拟罪"改流,忠建宣抚司以"横暴不法拟流";或以土司"恳请""自愿"而改流,如忠峒等鄂西南十五土司"齐集省城,公恳改流",茅冈土司、上下峒土司等自请改流;或因承袭问题而改流,如酉阳土司兄弟二人争袭司位而被改流,石柱宣慰司因"承袭无期"改流等。

方法:先易后难,先湘西后鄂西,以湘西促鄂西改流。湖广四大宣慰司,除容美土司在湖北,其他永顺、保靖、桑植三土司均在湘西。雍正三年(1725),湖广督抚就决定把矛头指向了湘西土司,而后以湘西推动鄂西,完成改流。他们认为容美土司田旻如"阴悍,诸司畏摄,地处险塞,不可遽取。桑植一司为后户,永顺、保靖乃其犄角,抚数司郡县之,则容美自困"。① 这一策略颇为奏效,湘西土司改流后,鄂西诸土司如坐针毡,鄂西南忠峒等十五土司齐集省城公恳改流。

战略:集中力量打击强大不法土司。这一策略主要是针对鄂西南地区的土司改流。该地区土司众多,但容美土司为众司之首。统治者认为,只要解决好了容美的改流问题,其余众土司的改流就可以迎刃而解。为此,在对容美土司的改流中,主政者煞费了一番苦心。一是揭发容美土司的各种恶行劣迹,从雍正六年至雍正十一年,上书大量奏折揭发容美土司田旻如的劣迹;二是调动兵力,军事震慑,从雍正八年开始,迈柱就令容美附近的兵力做好准备;三是调土司主田旻如进京,各方部署完毕,雍正帝认为时机成熟,下旨调田旻如进京"询问";四是分化瓦解、策动民变。这一策略运用得颇为成功,结果是土民逼使土司田旻如自尽,并拘押众多土官向清军投诚。这一方面是深受压迫的土民爆发出的反抗,同时从某种层面上也不妨视为主持改流的官员策

---

① (光绪)《古丈坪厅志》,卷一,铅印本,清光绪三十三年(1907)。

动的结果。

对于改流土司的安置问题，在实施改土归流过程中，清廷采取了区别对待的政策。自请改土的土司分别委以参将、外委、千总、把总等官职，并准其世袭；强行改土的不再封官；抗拒改革的则以罪革职。并且采取调虎离山之计，令土司及其直系亲属迁往江西、浙江、辽东、河南、陕西、武昌、汉阳等地，以防隐患。土司属下的土官，则令其"各归本土安业"。

根据这一策略，永顺宣慰使彭肇槐在"自请"改流后，"雍正六年，宣慰使彭肇槐纳土，请归江西祖籍，有旨嘉奖，授参将，并世袭拖沙喇哈番之职，赐银一万两，听其在江西祖籍立产安插，改永顺司为府，附郭为永顺县"①。同样"自请"献土的桑植上下峒长官司向玉衡、向良佐二人，被授以世袭把总职衔，茅冈长官司长官覃纯被授以千总职衔。其他方面，鄂西南忠峒等十五个土司分别给予外委、千把总等职衔，酉阳土司所属四长官司授予千总职衔，石柱土司则改为土通判，准世袭。

在改流中采取对抗或本身就是以罪改流的土司，则都受到严惩。"雍正元年，泽虹死，子御彬幼，泽蛟欲夺其职，为御彬所遏。迨御彬袭职，肆为淫凶，泽蛟与其弟泽虬合谋，互相劫杀。二年，御彬以追缉泽蛟为名，潜结容美土司田曼如、桑植土司向国栋，率土兵抢掳保靖民财。七年，御彬安置辽阳，以其地为保靖县。""清顺治四年，宣慰司向鼎归附，授原职。鼎子长庚调镇古州八万。长庚子向国栋残虐，与容美、永顺、茅冈各土司相仇杀，民不堪命。雍正四年，土经历唐宗圣与国栋弟国柄等相率赴愬，总督傅敏人奏，乃缴追印篆，国栋安置河南，以其地为桑植县。"② 除以上业已迁徙的大中土司外，余下多为长官司级的小土司，改流后仍留在原地，包括永顺土司所属的三个土州和六个长官司，保靖土司所属的五寨、竿子坪等长官司，桑植土司所属的上下峒及茅冈长官司，容美土司所属的五峰、石梁、椒山、水浕四个长官司，酉阳土司所属的平茶、邑梅、石耶、地坝四个长官司等。对这些已经改流的小土司，清廷有足够的能力进行控制，所以，把它们留在原地不予迁徙，朝廷并没有任何后顾之忧。

改土归流是一次政治、经济制度的改革，享有各种政治经济特权的土官，并不甘心轻易放弃自己的特权，一有机会，他们就进行反抗。在永顺彭肇槐纳土后不久，由于清官员"约束太严，整饬太骤"，土官田尔根传令各旗四十余人，并随从一百余人，涌入城中，围攻官府，捆绑守卫衙役，企图反抗改革。清廷遂将为首的土官、舍把斩首，其余的发配充军。

纵观雍正年间的改土归流，土家族地区的改革，较之中南、西南其他少数民族地区较为彻底。

---

① 《清史稿·土司一》。
② 《清史稿·土司一》。

第七章 土家族对老司城的文化认同

第一节 土家族对老司城文化认同的概述

　　文化是一种普遍的社会现象，任何国家、民族，乃至任何正式或非正式群体都有其自身的文化要素和构件，这些要素相互适应，构成自稳态的文化系统。不同民族和群体均有其文化传承的内在生成和转换机制，如文化适应历程、民族文化认同机制等。每个民族都可以通过代代相传的行为、思想、传统来予以界定，形成相互有别的态度倾向、社会文化规范和行为模式，发展成独具特色的民族文化单元。土家族由于崇山峻岭的自然环境、渔猎兼蓄的生计方式，其文化发展为具有一定时空性的地域文化。本章将在前文对老司城语言、文化艺术等文化要素与构件具体描述的基础上，从文化互动与融合的视野，展示土家族对老司城文化的调适过程以及认同历程。

一、文化与文化认同

　　"文化"作为一个词汇，含义复杂，具有一定的民族性和历史性色彩。对于"文化"一词的确切含义，至今仍然莫衷一是，在学者们对文化的上百种释义方式中，泰勒（E. B. Taylor）在 1871 年出版的《原始文化》一书中所作的总括性释义依然具有普遍性和代表性："文化或文明，从其广泛的人种史的意义上说，是包括知识、信仰、艺术、伦理、法律、风俗以及一个人作为社会的一名成员所掌握的任何其他能力和习惯在内的一个复杂的整体。"跨文化心理学的研究发现，尽管不同的民族及其文化存在着显著差异，但文化集群间也有一些通约因素，即存在民族间的"内在一致性"。这样一来，便出现了一个根本性的问题：不同民族文化间哪些部分是相同的，哪些是不同的，为什么会有这些不同。对于这个问题的解答总是充满着争议，因为人们总是倾向于根据自身所熟知的民族文化来制定标准，因而往往耽迷于民族文化心理和行为表现的内在差异所造成的表面规则中。

　　"认同（identity）"是一个心理学范畴，最早由弗洛伊德提出，指个人与他人、群体或者模仿人物在感情上心理上的趋同过程。一般指个人在社会生活中与某些人联系起来，并与其他一些人区分开来的自我意识。随后被应用于心理学中，并被哲学、民族学、社会学等多个学科引进和拓展。哲学中指两事物相同时"甲等于乙"的同一律公式，表示"变化中的同态或同一问题"。一般而言，它是指个人或群体在社会交往中，通过辨别和取舍，从精神上、心理上、行为上等将自己和他人归属于某一特定客体。地域、语言、风俗习惯、民族文化、职业、身份、国家制度等通常是认同的媒介。①

　　社会心理学家发现，人类在社会生活中有两种认同的需要。其一是通过寻找"我"与"我群"的差异而获得"自我认同"，它使个体获得一种与众不同的独特性和唯一性；其二是通过寻找"我群"与"他群"的差异而获得"社会认同"。它使个体获得一种与众相同的一致性和同一性。为了同时满足这两种需要，个体总是在寻找二者之间的平衡。文化认同也是一种社会认同，是个体获得文化群体的"我们感"的途径和过程。②

　　文化认同是人的文化存在方式，其核心是文化主体间的价值选择与体认，反映着个体的一种文化价值观和归属倾向。文化的认同不应仅是对本群体、本民族文化的认同，它应超越于本己文化之外，将视角扩展至各民族文化，重视多样文化的理解、诠释和相互尊重，更希冀从跨文化的理解中，开阔视野，以具有豁达的胸怀及多元的问题解决方式。"每一种文化都存在不同的制度让人追求其利益，都存在不同的习俗以满足其渴望，都存在不同的法律与道德信条褒奖他的美德或惩罚他的过失。研究制度、习俗和信条，或是研究行为和心理，而不理这些人赖以生存的情感和追求幸福的愿望，这在我看来，将失去我们在，人的研究中可望获得的最大报偿。"③ 马林诺夫斯基的这段话清楚地告诉我们，不同的制度、习俗、法律和道德信条，是不同文化反映的表征。由此文化认同（cultural identity）反映着个体的价值观和归属感。它指"个体对于所属文化以及文化群体内化并产生归属感，从而获得保持与创新自身文化的社会心理过程。文化认同包括社会价值规范认同、宗教信仰认同、风俗习惯认同、语言认同、艺术认同等。文化认同是形成'自我'的过程。自我是个体心理结构深层的构造，也是探寻一种文化时所能进入的最核心部分"。当我们面对不同的文化时，并不是只有在自己的文化和异己文化之间做出非此即彼的选择，不同的文化领域、地域、民族、社会有着

---

①　季中扬：《当代文化认同的思维误区》，载《学术论坛》，2008（8）。

②　杨宜音：《文化认同的独立性和动力性：以马来西亚华人文化认同的演进与创新为例》，见张奕武主编：《海外华族研究论集》（第三卷），407～420页，台北，华侨协会总会出版社，2002。

③　转引自王铭铭：《人类学是什么》，116页，北京，北京大学出版社，2002。

不同的合理性标准。"评价异己文化的关键在于获得比较适合其本身特点的理解,而不是用自己文化传统的流行观点强加的理解;理解异己文化应是自身文化传统与另一个文化传统对话的过程。从社会学和文化学的角度看,对话是一种交往和互动、沟通和合作的文化,是与民主、平等、理解和宽容联系在一起并以之为前提的文化。"①

我们往往对自己的文化不假思索,视为理所当然,这因为它早已和我们融为一体,无法分割了。可是,一旦我们意识到其他民族有着与我们不同的感情、不同的观念和不同的习惯,我们就会立即开始想到我们是怎样共同享有特定的观念与习俗的。不同文化之间、不同民族之间的交流与碰撞使"我们"与"他们"的界限更明确了,所以只有在不断地对"他者"文化的解释和确认中,才能辨析自身文化的特质。文化认同不仅仅是对自我的定位,更是通过发现与"他者"的差异而确立"自性"的过程。

二、土家族对老司城的文化认同

老司城是土司时期永顺宣慰司彭氏土司的治所,位于永顺县城东南 19.5 千米处的灵溪河畔,现属于永顺县司城村,是土家族彭氏家族统治八百余年的历史古都遗址。据清代乾隆《永顺县志》记载,土司彭福石宠(也做彭福石,彭福石冲)在南宋绍兴五年(1135)袭职后,常感誓下州受辰州约束,于是将治所从龙潭城迁至灵溪河畔的福石郡,因此老司城又名福石城,现在老司城的后山称为福石山(太平山)。因为彭氏土司世有溪州,曾管辖上、中、下溪州等二十州的范围,故老司城内有"城内三千户,城外八百家"的繁荣景象,被誉为"巍巍乎五溪之巨镇,郁郁乎百里之边城"。

尽管几百年来老司城繁华褪尽,土家族人一直把它当做土家族文化的发源地。据永顺民族精英向渊泉介绍,老司城所属的麻岔乡的"麻岔"一词,与土家族语"默塔"谐音,即"开天"的意思。在土家族史诗《摆手歌》中首先就是天地、人类来源的传说,说是张古老开天,李古老辟地:

"在那远古的洪荒时代,天和地,挨得很近,墨贴巴(土家族语,天上的大神一见心烦恼,唤来张古老和李古老。叫张古老补天,李古老补地。张古老日夜没有停手,补了七天七夜,把天补得平平展展,天衣无缝。张古老补天成功了,李古老睡懒觉误事了,毛脚毛手做起来。东边顿几脚,变成一条河,西边挺一挺,变成一条岭,南边踩一踩,土坪一大块,北边太用力,堆成一座山。泥巴捏成大疙瘩,地上变成坑洼洼,棍棒东撮西又撮,弄得地面洞洞多。地上如今不平坦,都怪李古老太慌张。"②

---

① 陈世联:《文化认同、文化和谐与社会和谐》,载《西南民族大学学报》,2006(3)。
② 湖南少数民族古籍办公室主编,彭勃、彭继宽整理译释:《摆手歌》,23~27 页,长沙,岳麓书社,1989。

所以麻岔乡所属的老司城就是土家族开天辟地的地方，也就是说土家族的开天辟地最初是从老司城开始的。

老司城周边万马归朝的山脉中这座被称为"默塔"的山，即土家语的"停到天去的山"，也称"天门山"。"天门"，顾名思义为通往天国的大门。从古至今，中国就有着"天门开"的传说和记载，北宋邵雍写的《梅花诗》中的第一句是："荡荡天门万古开，几人归去几人来。"相传六月初七是"天门开"的日子，也称"半年节"。这一天，三界十方神仙都要上天为玉帝拜贺，而民间百姓则祭拜玉帝，一来酬谢玉帝半年来的保佑与赐福，二来乞求玉帝感念诚意，继续降福降贵。小说《西游记》就曾描绘过连接人界和神界入口处的南天门，民间亦流传着"六十年一甲子南天门开一次"的说法。正因为"默塔"（麻岔）有开天辟地的含义，所以，彭氏土司把治所建在位于麻岔乡的老司城，就是希望在这里能开辟出土司王朝的新天地。

老司城中像"默塔"这样的土家族语地名比比皆是，土家族把老司城当作土家族文化的发源地，土家族悠久文化的活态见证。

为此本章节将根据西南民族大学陈世联教授对文化认同的阐述，从宗教信仰、风俗习惯、文化艺术、伦理道德等四个层面，在文化对话与互动融合的视野中，以老司城的民间记忆为主线，描述土家族对老司城各种具体的文化行为的认同过程并进行解读。

第二节 自然崇拜到祖先崇拜：宗教信仰的认同

宗教信仰作为历史文化的载体，是人的生存意识、价值择定和实践行为的形象化体现。人们的宗教信仰及其行为表达，如同道德信念及其行为一样，是认识和理解一个民族群体的重要通道，也是体现该族群文化认同与变迁的关键要素。中国的宗教信仰没有严格的教规，百姓都是缺什么求什么，"平时不烧香，临时拜佛脚"，具有一定的功利性与世俗性。土家族的宗教信仰也是这样，百姓常根据他们的生产方式和生活方式对崇拜对象进行选择，并且在文化发展的历程中，这种自然崇拜的信仰习俗也发生着不断的调适和演化。由宗教观念、节庆活动、仪式规程及其媒介器物组成的宗教信仰文化，是土家族对老司城文化的价值期待和生活愿望的象征系统，呈现出土家族对老司城的文化认同的变迁过程。

老司城南部是土司时期的宗教区，据考古发掘并结合地方志记载，可以确认的宗教寺庙有祖师殿、观音阁、皇经台、关帝庙、将军山寺、土王祠等。各种不同类型的寺庙和定期举行的宗教活动、祭祀仪式，使这里成为该地区聚集民众、加强社会凝聚力的一种手段。土司时期屡有征战，祖师殿、观音阁、皇经台、将军山寺、关帝庙、土王祠等宗教祠庙借助超自然的威慑力量，起到了凝聚民族内聚力、鼓舞士气的作用。老司城流传下来的民间小调《五修词》概述了百姓对各种宗教神力的信奉：

"一修土王美金銮，四围高墙，照壁高数丈，江山八百年。二修关帝宫，整鼓铜钟，关帝老来称英雄，大刀摆当中。三修祖师庙，鲁班来所造，千年来偏倒，万古把名飘。四修皇经台，实在修得乖，天干年成把经拜，大家齐斋戒二五修观音阁，美女梳头朝北坐，右侧灵溪河，对岸罗汉笑呵呵。"

一、自然崇拜

自然崇拜是人类宗教信仰中一种极为普遍的文化现象，它建立于"万物有灵"观念的基础上。土家族的先民在崇山峻岭、荆棘丛生的自然条件下兴邦立国，对自然的威力和影响感受深刻，相信自然界的一切事物都具有灵魂。他们认为日月星辰、山川草木都有灵性，都值得崇拜，因此一举一动都需探知神意，取得神灵许可。大至邦国政事，小至生疮长疖，都要祈求神鬼，并且鬼神不分，所谓"三十六堂神，七十二堂鬼"。百姓初一、十五都会到土地庙敬神吃斋，过年过节更要抬着猪头、鱼肉到庙里敬神。他们认为被神开光了的牲畜才敢受用，遇上小孩夜晚哭闹不好养，就在山路田边的岔路口立块挡箭牌，让路人念念"开弓断弦，易养成人"的诅咒，孩子再也不会"闹夜"了，即使到地里干活也会先到路边的土地庙烧一炷香，敬土地菩萨。

自然界的神灵庇护着百姓，从而对人的行为施与奖赏或惩罚。在这种观念的影响下，他们往往将在生活中所遇到的种种灾难或疾病归因于对自然神灵的触犯，而将五谷丰登、六畜兴旺、平安健康等视为自然神灵的恩赐，并且在遇到灾害或疾病之时，对自然神灵进行祭祀或祈祷。久而久之，土家族地区便逐渐形成了普遍的自然崇拜习俗，这种自然崇拜成为土家族原始宗教信仰的主要内容之一。

1. 雨神崇拜

人类自进入农耕经济时代以后，旱灾与涝灾便成为威胁人类生存的普遍性灾害。由于那时人们的生存普遍依赖于自然界，依赖于季节的依次更替，以及雨水和阳光。按照他们的想法，只有举行祭祀或巫术仪式，下雨或天晴的自然现象才会出现。面对自然灾难，土家族形成了一套特有的应对危机的方式，这样就自然产生了求雨仪式。

雨神是人类进入农耕时代后所崇拜的神灵之一，在人类的原始意识中，雨神主司雨水和农业丰歉，所以受到广泛崇拜。土家族人的雨神观念有一个发展的过程，最初与灵石崇拜有关。据《水经注》记载："每水旱不调，居民作威仪服饰，往入穴中。旱则鞭阴石，应时雨；多雨则鞭阳石，俄而天晴。"

土家族雨神观念的次生形态则为祖先神崇拜，这里的祖先神又名"社巴菩萨"或

"土王菩萨"。据土家族史诗《摆手歌》记载，社巴菩萨是带领土家族先民从"九重天外"、"万重山外"一路跋山涉河的大酋长，到达湘西后，他率领本族人民击败野兽和土著毛人，重建新的家园。由于其功绩伟大，后被其子孙尊奉为农业丰收之神，主司风调雨顺。老司城的土家族还将祖先神即土司王的亡灵奉为雨神，一遇天旱无雨就去祖师殿祭祀土王菩萨求雨。祖师殿的求雨是土王神斗龙求雨，在《摆手歌》甲唱道：

一到老司岩，见到老司公公。老司公公岩上贴，神志奕奕好气魄。头发披起吹牛角，怒火冲天斗妖龙；妖龙厉害未斗胜，从此贴壁留真身。①

传说远古时土老司为求雨与龙王斗法，土老司不幸被妖龙斗败，妖龙把他的尸体贴在岩壁上化而为石。清朝乾隆时代的《永顺县志·地舆志》亦载有土老司斗龙、败而化石的传说："老司岩，在城东南五十里，高岩悬壁，似人形。相传有巫师印身于石。披发仗剑，宛然若生。至今祷雨屡验。"

老司城的祖师殿是周边地区求雨的地方，清代土家族诗人彭勇功的这首《溪州竹枝词》描述了求雨的情景：

巫师求雨傍河洲，拾起三神洞府游。

归路通忘红日火，搬云突自打跟头。②

祖师殿求雨的仪式十分庄重严肃。每遇干旱年，各寨舍把、峒民、总管汇集老司城，由土司总管牵头商议求雨事宜。祭祀之前，所有参祭人员均须沐浴更衣，斋戒数日，在此期间不得男女同房。祭祀队伍先到祖师殿敬香祭祖，再列队穿过关帝庙、城隍庙、观音阁，并三步一拜，九步三叩首，口中念着"一拜玉皇大天尊，二拜大慈大悲南海观世音菩萨，三拜西方极乐世界大雷音寺佛祖释迦牟尼佛爷"穿街而过。第三天为"开经夜"，开经人右手持黄杨木令牌在开经桌上拍三下，顿时天空的满天星斗变为乌云密集，再用左手持象牙朝剑向天朝三剑，天空顿时雷电交加，倾盆大雨。来年五谷丰登以后，老司城百姓还要打醮谢天神。

2. 山神崇拜

彭氏土司的司治老司城群山环抱，灌木丛生，最适合渔猎兼济的生计方式，当地人把狩猎称为"赶仗"。民国《永顺县志》载："龙山森林皆茂密，往往土司者围场……每冬狩猎，谓之赶仗，先令舍把头目视虎所居，率数百人用大网环之，旋砍其草，以犬吠兽，兽奔而出，鸟铳击毙之，无一脱者。"

猎手们进山打猎，必须先敬媒山神。进山的头天傍晚，须先请土老司安"媒山

---

① 湖南少数民族古籍办公室主编，彭勃、彭继宽整理译释：《摆手歌》，149 页，长沙，岳麓书社，1989。

② 民国《永顺县志》，卷二十八。

坛"。传说因"媒山"与虎搏斗，全身衣着均被老虎扯烂撕碎，赤身裸体，不能让人看见。所以"媒山神"要安在偏远荒僻之处。祭祀时，土老司倒穿蓑衣，选择深山古树或岩壁脚下，用石头砌一间两尺高的小岩屋，屋里摆一个香炉，炉中插上用红、绿、黄纸做的三朵花，表示是"媒山"住的花园；园中插三支红纸做的三角形旗帜，表示是，"媒山"调兵的"令旗"。敬旗时，摆上斋粑、豆腐、刀头肉和一只开叫的雄鸡。众猎手倒穿蓑衣，盘腿而坐，主祭者则口中念叨着"媒山神咒"，以祈求媒山神率领神兵，为猎手驱赶野兽，并保护猎手平安，不受野兽的伤害。一不遭猛兽；二不遭蛇噬；三不滚岩坎，四不遭刺撮脚；五要猎兽归。每逢过年之夜，猎户或经常打猎者将在祭完祖先神后，单独在屋角祭祀媒山神，以祈求来年狩猎顺利平安和丰收。①

　　本章把媒山神作为土家族的山神崇拜，是因为媒山信仰是南方各民族共同的信仰，有的是把媒山作为猎神崇拜，有的是作为山神崇拜，有时的媒山已是山神兼猎神了。这样土家族的媒山神崇拜含有外来文化的元素，"土家族固有的猎神是那位勇斗猛虎的'阿打'，她的本名消逝了，她的今名梅山或者梅嫦、梅婵、媒嫦，是由梅山的汉人传去的。土家族以外来的山名作为自己的神名了"②。因此狩猎是土家族传统的生计方式，而狩猎中敬媒山神的习俗却渗入了汉文化的因素。

二、灵物崇拜

　　灵物崇拜属于原始宗教的形式，它超出了自然崇拜对象自身形态的局限性，被抽象为具有广泛联系的神秘力量。原始人认为种种自然现象和人间所有祸福都是灵物所为，他们崇拜灵物，为的是求它除灾赐福。他们把任何物体都同神秘的灵性结合起来，作为灵物来崇拜。灵物崇拜的对象繁多，既有动物、植物，还有人造物和幻想物。他们的功能主要为两类：一类为吉祥物，显示祥瑞、招喜纳福；一类为辟邪物，驱除邪秽、消除灾厄，反映出先民对自然暴力的畏惧以及对自然创造力的依赖和歌颂。

　　受万物有灵观念的影响，土家族民众认为许多动物、植物、生物、人工物都有灵气，都能给人以吉祥或祸殃，因而受到潜意识的崇拜，特别是与民间吉祥话语、吉祥图案相联系，在追求吉祥幸福的深处，潜藏着灵物信仰和崇拜的观念。在他们的宗教信仰中，祭祀神灵就是求神灵显灵，庇护后人。在人们的日常生活中，一些寻常的器具也是可以显灵的，被称为灵物。它们之所以受到人们的崇拜，是因为它们蕴藏着某种超自然的力量，可以保护那些与灵物有联系的人或持有灵物的人，起到禳灾祈福、驱邪消灾的作用。

---

　　①　胡炳章：《土家族文化精神》，112 页，北京，民族出版社，1999。
　　②　董珞：《土家族的山神和猎神》，载《中南民族学院学报》，1999（2）。

土司时期，土家族地区被供奉为灵物的很多，首先是神灵本身的灵性。

1. 玉帝、观音崇拜

土家族是信仰多神的民族，在他们的主观意识里，只要是能为自己消灾弥难的神灵，无论其原本的神性如何，来自何方，一律视为本民族的守护之神，只要是能为自己服务，给自己带来利益的神灵都会敬奉。玉帝、观音虽然不是本民族的神灵，来自于外来的佛教，但土家族认为玉帝、观音管天管地，还能保佑繁衍后代，是很有灵性的神。在老司城的祖师殿、观音阁、皇经台、关帝庙、将军山寺等庙宇中，都立有玉帝、观音的神像。

老司城对玉帝、观音的崇拜，主要源于当地的一些传说，如《自生桥的传说》：

从老司城沿灵溪河逆流而上，十千米的地方有两座山相互拢靠，形成一座天然桥，司城河从桥下穿过，这座桥被称为自生桥。据说这座桥的形成与彭士愁和吴着冲的相争有关。相传五代初年，吴着冲三代称霸溪州，民不聊生，百姓不见天日。上天便派一星宿下凡灭掉吴着冲，解救百姓。这个人就是天宫二十八宿的文吉星轸水蚓的化身彭士愁，他受观音、玉帝之托来到人间。

据说吴着冲因为称霸溪州，横行霸道，他的女儿尽管貌美如花却二直找不到婆家。吴着冲很着急，在整个溪州选驸马。彭士愁听到这个消息，乔装打扮混进老司城。一次聚会中彭士愁被吴着冲看上，一下子做了乘龙快婿。彭士愁做了驸马后一直想着灭掉吴着冲自己称王，并想尽办法诱骗吴女和自己合作。农历十月十八，吴着冲在生日那天，中了女儿及女婿彭士愁的计后，脚心被毒刺穿破，兵败龙潭城。在侍卫的挽护下，吴着冲沿灵溪河经神仙打眼方向逃跑，来到灵溪河边，鲤鱼精变的吴着冲腾云驾雾跃过了河。彭士愁追到此地，看着哗哗的河水只有干着急，他马上跪拜祈求天神帮忙。这时观音菩萨早已在空中等候，立即用赶山鞭一挥，顷刻间只见一座天然石桥由西向东而过，架在灵溪河上。彭士愁马上率部将跃过仙桥，向吴着冲逃跑的龙山洛塔石洞追去，在百福司漫水土官之弟向柏林的帮助下，把吴着冲追赶到洛塔石洞杀掉。后人为感谢观音菩萨为帮助彭士愁挥鞭赐桥，特把此桥取名"自生桥"。

取得溪州霸权之后，彭士愁特修建祖师殿与观音阁敬奉观音菩萨和玉帝：据说这两个庙宇的修建与自生桥一样也是玉帝、观音的庇护。

祖师殿与观音阁均建在离老司城以南五华里的灵溪河两岸。937年彭士愁在老司城的罗汉山建造祖师殿，在美女山建造观音阁。据说彭士愁前世是天宫二十八宿的文吉星轸水蚓，受观音、玉帝之托，投生人间，统治溪州。上任不久彭士愁在原祖师殿和原观音阁之地，重修了祖师殿和观音阁。

彭士愁的手下安排两庙同时开工到时同时竣工。祖师殿一直没有动静，直到最后一天晚上才听见砍木、刨木、锯木的声音，继而听到立屋的吆喝声，犹如千军万马。原来是玉帝、观音派四大天神、六丁六甲、二十七宿，还有西天如来派十八罗汉、四百九十九个阿罗以及比丘僧、比丘尼等千余名神仙下凡，一天就把祖师殿建好了。

观音阁立屋那一天也很神奇，从辰时到下午戌时屋梁还没立好，正殿中间的一块屋梁硬是安不进去，只得换一根安上。但料场的木料用完了，到山上去砍又来不及，他们想起了祖师殿的料场。来到祖师殿，那里刚好多了一块木料，几个人抬来木料放到观音阁的屋梁上一安，刚好合适。这样观音阁终于在戌时前与祖师殿同一天修成。①

有了玉帝和观音等神灵的庇护，彭士愁及其彭氏土司的江山一直很稳固，从五代十国到宋元明清一直延续了八百年，故彭士愁在祖师殿内供奉彭氏祖师、玉帝、罗汉，在观音阁供奉观音、天神等菩萨。

据说玉帝、观音还保佑彭翼南抗倭获胜。明嘉靖年间（1522—1567）彭翼南同祖父奉命征调，抗击倭寇。他们统兵五千，跋山涉水，来到浙江望驿的一个住处坐下休息，在朦胧中翼南见到了玉帝、观音、祖师等千余神人，观音说："明日我等为你助阵……"翼南高兴得一跃而起，醒后，知道原是南柯一梦。次日，翼南率领五千土苗兵与保靖彭荩臣的土兵于王江径相会合。两路生力军似虎似狼，前后夹击，直令寇众上天无路、入地无门，拼着命抵挡了一阵，该死的统入鬼门关，还有一时不该死的窜回拓林。这次战斗，斩首二千余级，焚溺无数，自出师防海以来，是第一次大胜仗。战后，彭翼南说："这是神人助我也。"以后，彭翼南又多次服从朝廷征倭获胜，每次都受到朝廷的钦封和犒赏。所以彭翼南征倭回来以后在司城大修庙宇三年，并从辽东运回各类铜菩萨二十余尊，还雕刻数百尊各类木质菩萨，一并陈设司城的四大庙内。②由此玉帝、观音等神灵成为老司城各庙宇崇拜的众神，也被土家族人认为是最灵验的神灵。

2. 禁忌文化

在远古时期，恶劣的生存状况使土家先民对大自然束手无策，对变幻莫测的自然与人生现象百思不解，因而产生了万物有灵的观念。"他们认为各种神灵法力无边，决定着人们的灾祸吉福，因而面对这些神灵，人们惶恐、敬畏，不敢触犯神灵，担心神灵报复。受这种原始宗教观念支配，人们尽量使自己的行为符合神灵的要求，以减少和消除灾祸的发生，导致了种种对自己行为的限制，禁忌得以产生。"③禁忌既是一种文化现象，更是一种宗教习俗，它由各民族传统文化积淀而形成。土家族的禁忌文化包括岁时与生产禁忌、生育禁忌、婚丧禁忌、饮食起居禁忌、语言与行为禁忌、数字禁忌等，如忌手指月亮，会招月神割耳朵。忌夜晚在屋里吹口哨，会引来野鬼作祟。新娘花轿忌过土王庙，以免惊动土王神灵，如必须路过土王庙，新娘要下轿步行，否

---

① 向盛福：《老司城民间故事集》，17页，北京，中国戏剧出版社，2010。
② 向盛福：《溯源老司城历史》，见第一届中国土司制度与民族文化学术研讨会论文集，2011。
③ 游俊：《土家族传统禁忌的文化寻绎》，载《广西民族学院学报》，2001（1）。

则会折断轿杠，等等。这些禁忌几乎涵盖了生产与生活的方方面面。

（1）祖师殿的禁忌。老司城的祖师殿是土家族的道教圣地，有水府间、真武大殿、玉极殿、藏经阁、玄武山等五个部分，殿中的每一样物品都具有灵性，据民国《永顺县志·杂事志》记载："祖师殿的神像，系铜铸成，手持七星剑，重九觔，光芒射目。有盗剑去者，行数里，风雷交作。盗惧，负剑还庙谢神，风雷始息。"

祖师殿的藏经阁，藏有张道陵天师的玉皇真经和朱印，还放有一枚黄杨木令牌和象牙朝剑。在土司时代，真经、令牌、朝剑这三件宝物非常灵验，能呼风唤雨。特别是天旱时，百姓来祖师殿求雨，真经、令牌、朝剑是打醮求神的必备宝物，不能随意触犯，违反这一禁忌，神灵是要报复的。

传说有一年，一卸职县官路过老司城祖师殿，看见张天师的令牌和朱印，心生歹意，藏人囊中。舟行至王村十里许的西水河中时，他按捺不住盗宝的喜悦，将令牌取出，在船舷上"啪啪啪"拍了三下，向同行展示令牌的威力。突然间，晴朗的天空变得乌云密布，雷电交加，落下倾盆大雨。西水河陡涨，一浪高过一浪，水浪将船掀翻了，令牌、朱印落水丢失。船中所有的人在慌乱中都掉下河中，盗宝的县官也被淹死。后来水退之后，在失落令牌、朱印之处，堆起一个沙洲，传说此沙洲大水冲不走，洪水淹不着，从此人们把这个地方叫"落印溪"。以此告诫那些触犯神灵的人，信者有神，有神必依。后来落印溪改为罗依溪，这个地名流传至今。[①]

（2）溪州铜柱的禁忌。溪州铜柱是五代后晋天福五年（940）楚王马希范与溪州刺史彭士愁设盟时所立。后恶天福四年（939），锦州、奖州、溪州的少数民族万余人，反抗楚王的统治，由彭士愁率兵出征，取辰、澄二州。马希范率兵迎战，两败俱伤，双方只好罢兵言和，并在铜柱上镌刻盟约，立于边陲规定各自所辖地域，互不进犯。据民国《永顺县志》载："溪州铜柱，在县东南百四十里，下榔保与沅陵县会溪坪对岸，系晋天福中楚王马希范与溪州彭士愁分界处。"

溪州铜柱是马希范与彭士愁分界盟誓的信物，盟誓是"指人们以言辞或仪式共相约束，是先秦及其以后的封建王朝，与边疆诸族或诸族之间结盟或约定的一种常见形式"[②]。盟与誓或有区别，《礼记·曲礼》说："约信曰誓，莅牲曰盟。"相比较而言，"盟"较为正式，通常要杀牲歃血以示神圣和庄重，并有结盟双方的多位官员参加，同时公布盟约甚至刻石为碑。盟誓若以口饮血称"歃血"，表示取信于神。马希范与彭士愁在征战中歃血盟誓，刻盟约于铜柱的仪式，本身就有取信于神灵的含义。因此溪州铜柱是溪州土家族非常崇敬的神物，视为超越时间与空间的"圣物"，明朝周惠畴有诗赞云：

---

① 向盛福：《老司城民间故事集》，66 页，北京，中国戏剧出版社，2010。
② 方铁：《中原王朝的治边方略》，载《学术探索》，2009（8）。

黄金铸就几千年,

眼底诸峰皆委地,

影横西涧龙惊蛰,

碧草白沙相对晚,

胜迹曾闻父老传。

山中一柱独擎天。

光照南山鹤不眠。

凉风两袖袭诗仙。①

作为彭氏集团与马希范歃血盟誓的信物,宋初,辰州官府欲移"溪州铜柱"至辰州,溪州土司彭允林以虎皮、麝香、溪布等物入贡,奏请朝廷禁止辰州内移铜柱。太平兴国七年(982),宋王朝迅速下诏:"辰州不得移部内马氏所铸铜柱。"经过斗争,曾被辰州官府移动的"溪州铜柱"又回到原来位置。

民间传说溪州铜柱是九次炉火炼成的,俗称九火铜,若再加炼一火,就是真金了。所以经历千年沧桑,风雨剥蚀,光彩不减,仍熠熠生辉。千百年来,它为土家人民赐风雨、镇百邪,土家人视之为神柱,他们相信违反禁忌、触犯神柱会遭到神灵的报复。

据传前清中叶,有一学台乘船过会溪,看见溪州铜柱,登岸观赏,视为珍宝,准备请人盗走。渔翁发现后,聚集寨上人前来阻拦。学台老爷见势不妙,只好改变主意,叫家丁们赶快取下铜柱鼎盖运往船上。据说这铜柱鼎盖有九百九十九斤。铜柱鼎盖好不容易被运到船上,学台老爷叫船工快划船,甩掉了闻讯追来的村民。学台老爷盗得铜柱鼎盖,十分高兴,心想虽然卸任,官职没有了,今得鼎盖,这是一生的福分。"彭氏土司八百多年,就是靠的这个鼎盖来保佑。"学台老爷与家丁们你一言,我一语,正说得起劲之时,突然,乌云密布,雷电交加,大雨倾盆而下。酉水猛涨,一浪高过一浪。学台的船在洪水中飘荡,船上几十名家丁乱成一团,喊天叫地。他们很快明白,这是因偷了铜柱鼎盖,触犯了神灵,要遭报应了。学台立即吩咐几个家丁将鼎盖掀下河中,当鼎盖被掀下河中的瞬间,风停雨住,云开雾散。沉顶处突出升起一大沙洲,酉水从沙洲两边分流而过,后人叫"双溶洲"。以后人们把铜柱敬为神物,长期立在沙滩上。②

土家族的这些禁忌文化以约束人们日常语言与行为,防止触犯神灵的方式,"调整了人与自然界的关系,使人们适应、利用与保护自然界,维护自然界的生态平衡,并且协调了人与社会的关系,减少人们之间的冲突,稳定社会秩序,具有较强的社会整

---

① 转引自向渊泉:《溪州铜柱铭文新注》,见第一届中国土司制度与民族文化学术研讨会论文集,2011。

② 向渊泉:《溪州铜柱铭文新注》,见第一届中国土司制度与民族文化学术研讨会论文集,2011。

合功能"①。

三、祖先崇拜

自秦汉以来，随着社会的发展，人类征服自然界的能力一天比一天增长，人们在崇拜自然神灵的同时，终于也认识到人类自己的力量。人们要神化自己，必须先神化自己的祖先。《孟子》、《墨子》、《吕氏春秋》、《淮南子》等古籍就记录了不少有关神灵的内容。土家族由于聚族而居的农业村寨以及由农耕方式、村寨组织而产生的宗族制度，使神化祖先的祖先崇拜成了宗教信仰的主要样态。

1. 神龛与祠堂的祭祖

土家族祖先崇拜的主要形式有自家神龛祭祖与祠堂祭祖两种形式。土家族人认为人死后灵魂仍然存在。"祖先虽然离开了家庭和宗族群体，但祖先灵魂时常在人间来往，无时不在，无处不有，随时随地监视着子孙，保护着子孙：因为祖先虽然死了，但是祖先与崇拜祖先的子孙后裔之间的关系，是一种血缘关系（亲族关系）。对于祭拜的子孙来说，已故祖先是自己的本源，与自己有血缘关系，且辈分又比自己高，可以说没有他们也就没有自己，感激、敬仰之情使人们内心有一种本能的折服和归依感；反过来，认为自己是祖先的后代和继承人，是祖先最爱的人，因此祖先也必然会尽最大力量保护自己，于是把血亲祖先看作是最好、最可靠的、最有力的精神寄托者，是最该供奉的对象。"②

在自家神龛祭祖，土家人俗称为"敬家先"，是对本家庭、本宗族祖先神灵的祭祀。他们一般在自家堂屋后墙壁正中的上方安有神龛。大多数神龛直接设在墙壁上，与墙壁处于同一平面，也有少数神龛是专门制作的，有的神龛嵌在墙壁中，呈内凹状，有的为外凸的柜状，并一直延续到地面。神龛上方有诸如"祖德流芳"等内容的横批，神龛的正中供有"天地国（君）亲师位"的牌位，牌位主体字的左右端用较小的字体竖写"九天司命太乙府君"和"××堂上历代祖先"。牌位两边分别书写对联一副，大多为"金炉不灭千年火，玉盏长明万岁灯"之类的内容。"土家族将'天'理解为'居住在天上的神'，'地'理解为'居住在地上的神'、'君'就是土家人心目中的'彭公爵主、田好汉、向老官人、八部天王'，'历代祖先'就是"自己的列祖列宗'"。③ 把列祖列宗当作自己最该供奉的神灵。祭祀的时间主要是年节祭祀、婚育告祖和日常祭祖。过年过节时大敬，初一十五时小敬，有些家庭敬家先已成为一种常态，每次吃饭时都要先用筷子夹菜插在饭碗上敬默几分钟，自己再吃。不论在自己家中或

---

① 游俊：《土家族传统禁忌的文化寻绎》，载《广西民族学院学报。》，2000（1）。
② 瞿州莲：《试论土家族的祖灵信仰观》，载《贵州民族研究》，2001（1）。
③ 田清旺：《土家族神龛文化研究》，载《中南民族大学学报》，2009（1）。

是在别人屋都是如此。"清朝改土归流以前土家人一直保持古朴的原始宗教祖先崇拜的习俗，只祭祀氏族部落祖先神灵和始祖神灵，尚无祭祀家庭宗族神灵的习俗，这在地方志书中多有记载。自改土归流以后，在汉族儒教文化的冲击与封建政府的明令推行后，才逐渐开始祭祀家祖。到清中叶已蔚然成风，但这种崇拜，从形式到内容均具有浓厚的民族特色，与汉族地区有较大区别。"①

2. 土王祠的摆手舞祭祖

除了神龛祭祖以外，土家族祭祖的方式主要是在土王祠以跳摆手舞的形式祭拜祖先土王神。土司生前是一方土地的统治者，他们生前权势显赫，对百姓掌有生杀予夺的大权，故百姓对其分外畏惧。有些土司曾率领百姓有开疆拓土、守土抚民之功，百姓对其又十分尊敬。他们相信土王死后亦转化为神灵，同样左右这方土地。所以人们或出于对土司王的畏惧，或出于尊敬，奉土王的灵魂为神。跳摆手舞敬土王有土民娱神与自娱的作用，"土民赛故土司神。旧有曾曰摆手堂供土司某神位，陈牲醴。至期，既夕，群男妇并入。酬毕，披五花被锦，歌时男女相携，蹁跹进退，故谓之摆手"②；其中也有被除不祥之意："每岁正月初三至初五六夜，鸣锣击鼓动，男女聚集，摇摆发喊，名曰摆手，以拔（被）不祥。"③ 清代土家族诗人彭勇行在《竹枝词》中描述了老司城土王祠中跳摆手舞祭祖的场景：

> 福石绣屏屏绣多，波击石鼓声声和。
> 土王宫里人如海，共庆新年摆手歌。

> 新春摆手闹年华，尽是当年老土家，
> 问到村人为何事，大家报赛土王爷。

> 新春上庙敬彭公，唯有土家大不同。
> 名有吪嗬同摆手，歌声又伴"呆呆嘟"。④

那么，已故的哪些土司值得土家族人"鸣钲击鼓，男女聚集，跳舞长歌"呢？有几种说法。有说敬彭公爵主、田好汉、向老官人；有说敬八部大王，还有说敬老蛮头吴着冲。彭公爵主彭士愁是彭氏土司的祖师爷，土王祠首先要敬的就是他了。八部大王是酉水流域土著部落的"祖先神"，在酉水河畔保靖县拔茅乡境内的首八峒，至今可见八部大王神庙遗址。酉水河畔船夫们世代相传的号子中就有："黄练潭中吼一吼，八

---

① 游俊：《土家族祖先崇拜略论》，载《世界宗教研究》，2000（4）。
② （清）光绪《龙山县志·风俗》，卷十。
③ （清）光绪《古丈坪厅志·民族下》，卷十。
④ 民国《永顺县志》，卷二十八。

部大王下江口；棋盘滩，棋盘岩，八部神仙下棋来；石桅窄口船难弄，旗杆插在首八峒。"① 跳摆手舞首先要举行仪式，先由梯玛领着大家敬八部大王，全场举行跪拜礼，接着梯玛用土家语唱梯玛圣歌和摆手歌。仪式结束后点燃竹龙，鸣炮，接着就由梯玛带领大家跳起摆手舞来。梯玛所唱的土家族史诗《摆手歌》中有一节《洛蒙挫托》，就是关于土家族祖先"八部大王"与黄帝作斗争的神话故事。其内容大意是八部大王母亲喝了神赐茶叶，生下八个儿子和一个女儿，女儿做了黄帝娘娘，黄帝请她八个兄弟去京城修建房屋。黄帝见这八兄弟本领过人，要谋害他们。他们知道后，放火烧了黄帝的宫殿。黄帝惧怕八兄弟的神威，赐封他们为八部大王。② 跳摆手舞时梯玛所唱的《梯玛歌》是这样说的：远古时代，毕兹卡共有八个部落，各个部落均有酋长、均有名字，有位老人把八个儿子遗弃在青龙山上，因龙哺乳、凤翼温，长成八个力大无比、武艺高强的汉子。他们捉虎像逮猫，拔树像扯草。从此，八个兄弟威震八峒，分别成为八个部落的酋长，为熬潮河舍、西梯佬、西呵佬、里都、苏都、那乌米、拢此也所也冲、接也飞也那飞列也，俗称"八部大王"。③

认为跳摆手舞是祭祀吴着冲，是因为祭祀土王的摆手舞还有大小之分。据说跳小摆手舞祭彭公爵主，跳大摆手舞祭吴着冲，从这个意义上说摆手舞还源于彭氏集团与吴着冲的相争，只不过后来彭氏土司统治老司城时，跳摆手舞才只祭祀彭公爵主了。

老司城的土王宫和松枣摆手堂是土民们跳摆手舞的地方。松枣摆手堂除了立有彭公爵主的神像以外，还有吴着冲的像。吴着冲，非姓吴名着冲，"吴着冲"是属土家族语的记音。"吴"音为"禾"，其意为"围"；"着"音为"撮"，其意为"猎"；"冲"，意为王。"吴着冲"即为"禾撮冲"，即为"围猎王"或"猎王"，与惹巴冲、春巴冲一样都是土家族酋首。

相传老蛮头吴着冲，今龙山之本城里、洗罗里、辰旗里、董补里、洛塔里、他砂里，皆其世土。因吴着冲延江西吉水县彭氏助理，彭氏以私恩结人心，日渐强盛，至彭城遂谋逐吴着。吴着败走猛峒，瑊复率众击之，吴着复逃匿洛塔山。时有漫水司土官之弟向伯林归瑊，瑊令伯林合攻吴着。吴着又遁入洛塔吾山，困毙其处。其山最高险，周围石壁，中通一径，非扳援不能至。上有坪，有池，池水清碧，以人迹不到，池鱼皆生绿毛。吴着毙后，瑊以洛塔之地酬向氏，余土尽归于瑊，后吴着为崇，瑊乃建祠祀。今永顺旧司城，犹有吴着祠，土人争赛焉。④

---

① 胡炳章：《土家族文化精神》，106 页，北京，民族出版社，1999。
② 湖南少数民族古籍办公室主编，彭勃、彭继宽整理译释：《摆手歌》，268～375 页，长沙，岳麓书社，1989。
③ 湖南少数民族古籍办公室主编，彭荣德、王承尧整理译释：《梯玛歌》，10～11 页，长沙，岳麓书社，1989。
④ 清乾隆《永顺府志·杂志》，卷十二。

对于为何在土王祠跳摆手舞祭拜吴着冲，乾隆五十八年抄本《永顺县志·卷一》《沿革》中也有记载：

"后着送阴灵作祟，彭氏惧，乃建祠以祀，今祠尚存旧司城。土人报赛，亦必及之云。信如斯言，是永顺始于彭，又实始于吴也。"

彭士愁继位以后一直感觉吴着冲阴魂不散，于是"各寨有摆手堂，又名鬼堂，谓是已故事土官阴署。每岁正月初三至十七日，夜间鸣锣击鼓，男女聚集跳长歌，名曰摆手。此俗犹存"①。在永顺老司城土王祠内，有一座神像，正面是彭士愁，背面为吴着冲；百姓昼祭彭氏，夜祭吴氏。

对于土家族昼祭彭氏夜祭吴氏的习俗，老司城还流传着《吴着土地堂》的故事：②

在老司城紫金山正面的右侧下边，有一座吴着都督土地堂，堂内供的是青面獠牙的吴着冲菩萨。每年正月初一和七月十三日，天还没亮，土司王带着妻子悄悄地先敬吴着冲，然后再敬家神。敬吴着冲菩萨时不烧香、不点灯，只在路旁顺便扯三根丝毛茅草，放上葱蒜、刀头肉和供果。

为什么土司王要带妻子悄悄敬奉吴着冲呢？吴着冲是八蛮之地老蛮头，人言是千年得道的鲤鱼精所变，满身是鳞甲，刀砍不进、箭射不入、斧劈不伤，个人本领高强，能腾云驾雾。溪州各地小蛮头都恭顺他。

只因彭士愁奉旨侦探，施计入宫成驸马。成婚后，彭士愁利用吴着冲女儿对丈夫的真情，说服妻子合谋在吴着冲的生日之时，以献寿鞋之机使吴脚心中毒。当吴逃于龙山洛塔石洞，被彭士愁按妻子点破的致命处用剑刺死。

吴着冲的生日成了死期，女婿篡权做了土司王。溪州大小蛮头纷纷臣服于彭士愁。可是，吴着冲死在女婿、女儿手里，死得不服，阴魂不散。古溪州内鸡不叫、狗不吠，宫中每晚鬼哭狼嚎，弄得宫内土司、文武群臣日夜不得安宁。

土司王问及妻子："这几天宫内为何闹鬼？"妻子答道："你想世上哪有亲生女儿女婿亲手杀死父亲。统管八蛮之地的父亲被女儿女婿杀死，他能服吗？"彭士愁忙向妻子求救。其妻说道："给我父封一官职，修一个土地庙堂，让他死后仍然管理八蛮之地，父亲不就服气了吗？"彭士愁即日派工匠建造一个"吴着都督土地庙堂"，庙内雕一尊青面獠牙吴的神像。神像面貌青面獠牙，白天自动移动变成背朝街道，面朝堂内，到夜晚又面朝大街，背朝庙堂。吴着冲土地堂落成后，宫内风平浪静了。从此，土司彭士愁管理溪州一切事物得心应手，溪州风调雨顺，百姓过上了好日子，彭士愁也成了溪州百姓爱戴的"土皇帝"。老司城的吴着都督土地堂一直到中华人民共和国成立以后

① 清乾隆《永顺府志·杂志》，卷十二。
② 向盛福：《土司王朝》，210～211页，呼和浩特，内蒙古人民出版社，2008。

因漏雨才倒塌。

为何只有通过跳摆手舞才达到阴灵吴着冲不再作祟呢？嘉庆年间的《龙山县志·卷十六·艺文下》中有一段阐述："相传吴着冲为人准头高耸，上现红光，必多杀戮。家人知其然，以妇女数人裸体戏舞于前，辄回嗔作喜，土民所以有摆手祈禳之事。然当年彭城夺地，因着冲为祟，立祠祀之，至今赛焉，殆所谓取精多而用物宏，其魂魄尚能为厉者与？"原来吴着冲生前有"妇女数人裸体戏舞于前，辄回嗔作喜"之嗜好。土民们投其所好，以土地堂祭祀与跳摆手舞的方式祭拜吴着冲，有娱神与自娱的作用。

在永顺宣慰司三州六长官司五十八旗三百八十峒中，各级行政区均要修造大大小小的土司阴祠，供奉彭公爵主、八部大王、吴着冲，各峒寨每年均要在各自的土司阴祠前面举行摆手活动，其间人们唱摆手歌、跳摆手舞，在以往的血缘认同的基础上进一步实现文化认同与权威认同，从而实现政治一体化，达到对土司各级政府的"国家认同"。

祖先崇拜是原始宗教形态在土家人宗教意识中积淀的结果，千百年来一直是土家人最古老、最固定的信仰。祭祀祖先，告慰亡灵，已经成为土家人日常生活中最普遍的宗教义务。"土家族的祖先崇拜并不是一个完全自我封闭的系统，在多民族的文化交流中它在顽强地保持自身特色的同时其形式与内容也作了些适应性的变异，兼收并蓄了部分其他民族，主要是汉民族的文化因素。如祭祀家祖，是受儒家文化影响后才出现的，其神龛供奉的主神牌位是天地君亲师，副神牌位则杂以儒教、佛教、道教等各路神灵，如'九天司命太乙君'、'观音大士'、'神农黄帝'、'四官大神'等等，却没有土家人自身信仰的'八部大神'、'向王天子'、'彭公爵主'等祖先神灵。"[①] 土家族的这种祖先崇拜，由最初的对土家族的文化认同最终倾向于对历代封建王朝的认同，并与儒家文化的忠、孝的道德观念有内在的相关性，是中国封建宗法政治体系的缩影，祖先崇拜中所体现的文化要素反映出文化整合华夏化倾向的历史必然。并随着"改土归流"的进行通过制度的形式建构了这种华夏认同的趋势，加深了土家族文化与汉文化间的交流，有力促进了中华民族"多元一体"的形成。

第三节　闹丧与厚葬：风俗习惯的认同

风俗习惯的内涵很广，"是指一个民族在物质生活和精神生活方面广泛流行的风尚、习俗、惯例，是在普遍流行的价值观念支配下，在生产生活领域的实践活动中长

---

① 游俊：《土家族祖先崇拜略论》，载《世界宗教研究》，2000（4）。

期传承的行为心理和行为方式，具体表现为衣、食、住、行、婚姻、丧葬、节庆、娱乐、礼仪等物质生活和文化生活等方面"①。主要包括物质文化、精神文化、婚姻家庭等社会生活方面的传统。它反映着一个民族的共同心理感情，是民族特点的重要组成部分，也是一个民族区别于另一个民族的重要标志之一。风俗习惯作为一种民族社会历史现象，它从民族的社会生活中产生，又反馈回去，与现实生活保持着千丝万缕的联系，成为民族社会生活方式的一个组成部分，并以一种巨大的、有形无形的力量对民族社会生活的方方面面产生着深刻的影响。

　　土家族的风俗习惯是在其历史发展的过程中相沿以传的生产与生活方式，它表现在饮食习俗、节日习俗、居住格局、婚姻习俗、丧葬习俗等物质文化与精神文化的层面，包含了土家族传统文化的主要内容。这些内容其他章节都有所涉及，本节着重以老司城的丧葬习俗、婚姻习俗为例探讨土家族风俗习惯产生的文化背景以及由此产生的文化认同。

一、热闹的丧葬习俗

　　丧葬习俗，作为重要的民俗事象之一，它是人一生中的最后一次仪礼。土家族热闹的丧葬习俗主要体现在厚葬中。

　　1. 紫金山墓葬群的厚葬

　　在老司城的东门，有一个被称为紫金山的地方，是明代永顺土司的家族墓地。据文物部门统计和彭氏宗谱记载，这里共有历代土司王及亲属墓冢109座，土司彭显英、彭世麒、彭世麟、彭明辅、彭宗舜、彭翼南等及其夫人都分别埋葬在这里。老司城历代流传有"土司王生在金銮殿，埋在紫金山"的说法。整个紫金山墓地依山势修筑成四五列墓冢，如今地表残存着墓葬封土、拜台、"八"字山墙、花带缠腰过道、南北神道及石像生、照壁等遗迹。墓室的大小是根据官职大小而定，多用特制的浮雕青砖起券，头部设神龛，浮雕青砖画有人物、宝相花、卷草纹、云纹等图案。②

　　土司对于陵墓的构造及碑刻的设计颇多讲究，展示着土司内部的等级观念及防卫心态。如永顺宣慰使老司城的土司墓一般为券顶砖室墓，多由主室与两侧耳室构成，一些墓室内设通道，四周墓壁上饰以精美花草、飞鸟、龙凤、麒麟等的彩绘壁画或平地凸雕的建筑构件与人物。墓外有石墩，立有墓志铭，刻有生、殇的时间和功勋及朝廷的封赏等内容，墓前设有拜台，通往拜台的神道两侧设有石人、石马、石阶等，有的还有以青砖、棉花石灰浆砌成的照壁。照壁内外有龙凤麒麟、八仙过海的图案。

---

② 柴焕波：《湖南永顺县老司城遗址》，载《考古》，2011（7）。

　　为了显示生前与死后的尊荣，历代土司们在死后还要将生前最珍爱的物品作为随葬物一同陪葬。正因为如此，现代的考古发掘才从土司墓葬中发现大量的金、银、玉、铜等器物。据1980年永顺县文物管理所对老司城紫金山墓葬群进行的调查中发现，永顺宣慰司的墓葬群中有大量的随葬品，有金华、金簪、发插、耳环、手镯等金银饰物，还有许多玉器。土司及其夫人随葬的大量贵重物品，势必引来一些盗墓者的贪欲。因此土司们预先修造各种结构相同的疑冢和质料、颜色基本一致的假棺材，发丧时一般是十几副、几十副棺材同时出殡，让人难以从为数众多的棺材中发现哪一副是安葬土司的棺材。据说永顺宣慰司宣慰使死后，是四十八副棺材同时抬上山下葬。这些棺材多为楠木、梓木制成，用土漆漆成黑色或红色，用铁钩悬挂于墓室之内。①

　　2. 以歌兴哀的葬仪

　　不仅是土司的葬仪热闹而隆重，一般土民的葬仪也很热闹。土家人认为人生之死亡并非是绝灭，而是换一种形式的再生，具体地说，就是转换为灵魂形式的生存。正因为人们对这种"灵魂形式"生存的认定，所以死亡在他们看来，仅仅是对肉体生存形式的告别，或者说只是对肉体这一外在形式的告别，它并没有切断灵魂与生者之间的种种联系，相反却是加固了这些联系。

　　所以土家族不仅重生乐生，而且歌死。在丧葬风俗中，常以歌（舞）代哭，所谓"长歌当哭，以乐致哀"的"绕棺"和"跳丧"仪式。老人过世时，同族的丧鼓手、锣鼓手立即自发地聚集在亡者家里，锣鼓齐鸣，歌舞兴哀，以刚健亢奋的乐舞，颂扬死者的文武功绩。不论死者是男是女，也不分名位尊卑。即使亡者生前与人有夙怨或是仇敌，活着的人也绝不计前嫌，皆遵照"红喜要报，白喜要赶"的俗规，不需报请，皆携酒提豚，凑钱聚米，前来帮助办理丧事，俗称"生不计死仇"，"人死众家丧，一打丧鼓二帮忙"，为死者"跳丧"。

　　据考证，"绕棺"和"跳丧"，乃古代巴人的一种军事葬仪，从丧葬仪礼的折光反射出土家族"天性劲勇"的特性。土家族先民的"绕尸而歌，以箭扣弓为节"，"其歌必号，其众必跳"等"绕棺"和"跳丧"的丧葬习俗，表明土家族重生歌死的人生价值观。俗称同庆"老龙归山"、"百年归寿"，又称"白喜"、"白会"，有"红白喜事"之说。《朝野佥载》亦记曰："五溪蛮父母死……打鼓踏歌，亲属饮宴，舞戏一月余日。"此后，"绕尸而歌"作为土家族的丧葬文化传承延续至今。②

　　既然丧事为白喜，故其丧葬仪式中多歌舞。《隋书·地理志》载："其左人……无衰服，不复魄。始死，置尸馆舍，邻里少年，各持弓箭，绕尸而歌，以箭扣弓为节。其歌词说平生乐事，以至终卒，大抵亦犹今之挽歌。"宋人朱辅《溪蛮丛笑》中亦载：

---

①　周明阜等：《凝固的文明》，413～416页，西宁，青海人民出版社，2006。
②　杨昌鑫：《土家族风俗志》，101～102页，北京，中央民族学院出版社，1989。

"习俗死亡，群聚歌舞，舞辄联手踏地为节……名曰踏歌。"在出殡头夜，丧主会花钱请来各路乐鼓队，亲朋邻里主动到丧家闹丧，打锣鼓、吹唢呐，放鞭炮、玩狮子。他们相信死亡是另一种形式的生存，死后的灵魂与其生前一样，同样有情感，有眷念，有愿望，也有着同现实差不多的生活，而且能够回到他以前的家中，与其死去的父母亲友们团聚，以重复过去的故事；又能够以梦境的形式重返人间现实生活，与其子女一道生活，享受子女们的祭祀。人之死亡，并不是生命的真正绝灭，而只是肉体形式的腐朽，但其灵魂仍在，仍然像其生存时期一样存在。

既然如此，死就是一件值得"庆贺"的事了，丧俗中的歌舞，就是为祈祷死者的灵魂能升人那理想的境界。另外，鬼灵有善的一面和恶的一面，它既能庇佑亲人子孙，又能在人间作祟，于是丧葬中的歌与舞，便又糅进了取悦鬼灵的意味。"生时喜酒死时歌"，神灵大驾光临，要接受朝拜，要享用食品，也要欣赏乐舞，悦耳悦目。以乐舞娱神就成了祭仪中，的一项重要内容。所以，闹丧时才会唱："半夜听到丧鼓响，脚板心底就发痒。你是南方我要去，你是北方我要行。"而且由于摆脱了肉体形式的束缚，灵魂不仅显得更加自由，同时其内在能量也大为提高，尤其是对其子孙后代的祸福有着决定权。所以由于土家族人生死观的豁达，丧葬仪式"以歌兴哀"，热闹而隆重，同样体现出土家族丧葬仪式热闹、厚葬的特点。

3. 厚葬与盗墓

土司墓葬群大量的随葬品以及丧葬仪式的热闹，使得厚葬在土司及土民社会中成为一种习俗，也带来了老司城历来屡禁不止的盗墓现象。北京师范大学古代文化史教授李山认为："盗宝现象的猖獗与中国传统的厚葬习俗密不可分。在阶级社会中，厚葬蔚然成风。"

盗墓，是渊源古远的社会文化现象。新石器时代的考古资料已经可以看到有意识的墓葬破坏现象的遗存。在春秋时期"礼坏乐崩"的社会变化之后，厚葬之风兴起，于是盗墓行业尤为盛行。历史上有记载的被盗最早的墓葬是商朝第一代王商汤之冢，距今约 3600 年。历代盗墓者的动机，有对墓主随葬物品的财产追求，有对随葬品的某些特殊需求，而发掘政敌及政敌家族的冢墓，也是中国古代权力争夺中报复对方的极端手段。所以掘墓，又是政治惩罚与政治迫害的一种形式。在沈从文的《凤凰集》中，有这样一段话："土司坟多，与《三国演义》曹操七十二个疑冢不无关系，与初夜权执行也有关系。"老司城历来的盗墓现象与土司生前造孽实施苛政有关，百姓挖土司祖坟也有发泄对土司怨愤的因素。

当然对墓主随葬物品的财产追求，是古往今来最为普遍的盗墓动机。自古及今"无不发之墓"的主要原因，就是对"丰财"的欲求。永顺老司城历代 23 任土司，生前是一方霸主，百年之后一样葬人黄土，老司城东南郊的紫金山墓地，便是明代永顺土司的王室墓地。永顺土司大多葬在老司城的紫金山，这里共有历代土司王及亲属墓冢 109 座。土司的墓葬越神秘越防范就越显示土司的富有，确实从老司城墓葬群盗出来的金银珠宝等殉葬品来看，永顺土司是很富有的。那么土司大量的财富从何而来？

可以这样说，永顺土司的财富，主要并不是来自农田。永顺土司辖内，虽相对湖广其他土司和苗民而言，拥有不少田地，但当时湘西一带主要还是处在刀耕火种的阶段，乾隆十年版《永顺县志》载永顺"山多田少，刀耕火种"，所产主要是小米，"稻谷多仰给永定卫大庸所"。永顺土司所在的老司城位于地势极峻峭的山地之上，自古就非常贫瘠，与外界沟通的唯一通道是灵溪河上的木桥。"在这个既没有发达的农业，又没有矿产的贫瘠土地上，是什么支撑了它的繁荣？"怎么会有一座陪葬品如此丰厚的古墓群呢？湖南文物考古研究所柴焕波先生根据史料及考古资料推测，明中以来永顺土司财富的快速累积，主要依赖于武陵山区大木的开采及他们所领的四处征战的土兵。① 具体来说永顺土司财富的积累源于以下两方面：

其一，在纳贡得到朝廷回赐。湘西地处武陵山区，在明代大规模砍伐之前，尤多楠木。宋代朱辅曾在《溪蛮丛笑》中指出"蛮地多楠，有极大者剖以为船"，即大的楠木可造独木船。明朝几次大规模的皇室营造及江南等地的园林建筑，都使得对大木的需求激增，永顺等土司所在之湖广武陵山区，正是明代皇木采办及私人楠木买卖的主要来源地之一。明代皇木采办的经费浩大，仅嘉靖二十六年（1547），在湖广一省的费用便高达 339 万余两白银。② 这样土司纳贡楠木既有取悦朝廷的政治意义，更有巨大的经济利益，是土司财富积累的原因之一。据《明史·湖广土司传》：明洪武九年（1376），永顺土司彭添保遣其弟义保等贡马及方物，赐衣币有差，自是每三年一入贡。在彭世麒一代，进贡楠木的数量极其惊人，如正德元年（1506）贡楠木 200 根，正德十年（1515 献楠木 300 根，次者 200 根，正德十三年（1518）又进楠木 470 根。纳贡楠木及方物使彭世麒不仅因此得到大量"回赐"，而且还升为都指挥使，赏蟒衣三袭，明辅亦授正三品官。土司的纳贡，除了得到朝廷的加官晋爵外，还得到一些衣物、驿马、币帛等回赐品。

其二，在征调中得到朝廷赏赐。永顺土司服从朝廷征调，给土司换取了大量的封赏爵禄，这是永顺土司财富积累的主要途径。《明史》记载："永保诸宣慰，世席富强，每遇征战，辄愿荷戈前驱，国家亦赖以挞伐，故永保兵号为虓雄。"这些生于深山寒谷的土兵吃苦耐劳，又历经征战训练，作战骁勇，往往攻无不克，以至于苗疆"恃强负固，绝非一朝，朝廷兵威在所不惧，惟畏永保土兵"③。永顺土司彭世麒、彭宗舜、彭翼南多次服从朝廷征战，屡建奇功，他们曾带领土兵抗击倭寇，立下过赫赫战功，他

---

① 柴焕波：《从王村到老司城：永顺彭氏土司的历史踪迹》，见湖南考古网，http：//www. hnkgs. comshow_ news. aspx？id = 438。

② （清）张廷玉等：《明史》，卷八十二，《食货志》。

③ 清乾隆五十八年《永顺县志》。

们为朝廷征调，在四方征剿平叛中建功立业，有的被朝廷授为总兵或将军，有的授布政使、太子太保，乃至一二品官职。除此之外，历代皇帝给永顺土司的赏赐还有金银财宝、大红蟒袍等。明永乐二年（1404）朝廷规定："给赏差来到京土官第男头目人等，各照衙门品级高下为差：三品四品钞一百锭，彩缎三表里；五品钞八十锭，彩缎三表里；六品七品钞六十锭，彩缎二表里，八品九品钞五十锭，彩锻一表里；杂职衙门并头目人等自进马匹方和钞四十锭，彩缎一表里。"①

除了奖赏以外土司从朝廷随征还得到相当数量的军饷，而且湖广土兵因为作战骁勇，所发之饷银往往会高于其他地方土兵的饷银。在土司随征的过程中，大量的白银，通过军饷这一类的渠道，流进了湖广土司辖内。这些白银进入土司地区以后，往往不是作为货币在流通，而是大量成为财富的象征，被储藏或者成为饰品戴在身上（这也是湘西妇女佩戴银质饰品习俗的原因）。

对于土司的富有，老司城周边的土民有很多传说，如《向四把总和土王开亲》的故事：

向四把总是泽丘人，在土王的手下当把总。他会管理家政、会理财，得到了土王的宠爱，在土王宫里不久，自己也发了大财。住的吊脚楼就有数栋，和土王宫殿的气派差不多。家里的长工就有一百多，吃饭开餐时要打锣，上工时要吹牛角号。

后来，向四把总与土王开了亲，在接亲那天，双方都炫耀各自的家当。泽丘到老司城有四十多里，向四把总吩咐管家打开谷仓，叫几百人帮忙把谷子挑出来，从泽丘一直铺到老司城。向四把总对土王说："亲家，这样免得你家接亲的人踩泥巴弄脏了鞋呢。"土王早就知道向四把总摆阔气，笑着说："亲家为了不让接亲的人鞋子上粘谷子，不如在谷子上铺上银子，'那就更干净了呢！"于是土王叫管家打开银库，吩咐彭氏家族与周边村民等千余人挑起银子，从老司城一直铺到泽丘，银库的银子还只挑出一角。接亲人踩着铺满谷子又铺上银子的路，赞叹道："向四把总谷子多、土王的银子多。"②

延续了八百年的土司王朝已经消失在历史的长河中，在这样一个封闭、孤独的老司城，土王挥霍财富的地方是有限的，大量的金银埋藏在何处？在老司城留下了一个隐语，吸引很多人去揭秘、寻宝："大坳对小坳，金银十八窖。窖窖十八块，块块十八金。"对隐语中这"窖窖十八块，块块十八金"的十八窖金银，很多年以后才有人发现了其中的两窖：

在老司城松柏古道的路边，有一个土地堂，供奉着土地公公、土地婆婆的神像，并贴有一副对联："上七里，下七里，金银就在七七里。"这副对联是土王留下的，据说谁能揭开其中的奥妙，谁就能找到埋藏的金银。"上七里，下七里"的范围究竟在哪

① （清）张廷玉等：《明史》，卷三百一十，《湖广土司传》。
② 向盛福：《老司城民间故事集》，119～120页，北京，中国戏剧出版社，2010。

里，多少代多少人都在寻找。有一年泸溪浦市的一个铁匠，路过土地堂歇息，沉思很久，将土地公公、土地婆婆带回家，出手时才知道这两樽神像都是金银铸成的，由此发了大财。原来这副对联的奥妙就在"七七里"，把"七七里"念成谐音的"漆漆里"，即漆有颜料的神像里就对了。①

十八窖中的另外十六窖的金银埋在哪里？老司城留下的这个隐语吸引着人们继续探寻，这也是老司城盗墓现象一直屡禁不止的原因，以至于到现在，老司城的本土文人向盛福向我们描述盗墓现象时还同样神秘：

> 1968年11月的一个晚上，对紫金山土司古墓来说是一场浩劫，有群众反映彭宗舜墓被盗。第二天清晨，我和老司城村干部、书记、治安主任共四人闻讯赶到紫金山被盗现场，只见墓门口外有斗大的孔，从孔内冒出一股雪白的浓雾冲出至四五丈高的空中，然后才慢慢散开，我们一行四人手持手电筒进去观看，中孔石门被撬开，铁锁扭坏，鲜红如故的内棺外椁前回头上的左边用金粉书写的"彭宗舜将军灵柩"，后回头已被盗者损坏，两边龙凤飞舞、各种花草、飞鸟、兽类等图案的花砖呈乌黑精致美丽无比。室内从底面起至1.67米高度以上的圆拱，如仿瓷一样雪白无瑕，后边小孔室四周的一斗三升的宫殿模型式样美丽如故，两侧间为彭宗舜的一夫人、二夫人的墓门，统统被撬开，三墓室内的随葬品全被盗走。这一今古奇观的发现，马上在永顺县城传开，当时一天竟有上千人来老司城现场看热闹。被盗的第三天，墓内棺木被人烧掉，美丽无比的墓室，变成黑烟滚滚从被盗孔口冒出，直冲到数米高的空中，从此，犹如地下宫殿的彭宗舜墓被破坏了。

对于盗墓现象，改土归流以后朝廷与地方政府相继出台了一些措施，保护土司墓葬群。雍正十三年（1735），清代辰、沅、靖道王柔出台了保护土司坟墓的檄文，要求地方官员对土司历代土官坟墓的数量及位置等情况做普查，"逐细造册并报到道备案"，但历代的盗墓现象还是屡禁不止，"恐其祖先坟墓倘有棍徒侵削盗葬，甚至乡僻处所，有刨挖偷盗等情"。乾隆二十六年（1761）永顺府知府张天如也制定了保护土司祠墓的制度，也是要求百姓念在彭氏土司从民众利益出发，主动献土，并受到朝廷赏赐的份上，主动自觉地保护土司宗祠坟墓，使得"彭氏之先，长期安息其魂魄，庶于存恤之典有合焉"②。除此之外清政府对老司城遗址的土官衙署区进行了具体管理，责成彭氏后代多人对空闲朽坏的土司衙署遗址拆掉并变价充公，承管老司城后山基址，并颁发执照。

对屡禁不止的盗墓，尽管朝廷要求地方官"即时飞报，严拿究拟"，"钦依律条，分别绞斩治罪"。但盗墓所带来的丰厚回报使得百姓铤而走险，在严惩方法收效甚微的

---

① 向盛福：《老司城民间故事集》，130～131页，北京，中国戏剧出版社，2010。
② 周明阜等编著：《凝固的文明》，415t～417页，西宁，青海人民出版社，2006。

情况下只有用怀柔政策，要求百姓感念永顺土司"向称恭顺，其上世皆立勋名，载在史册，至我国朝，亦著劳绩。今感沐皇仁，首先纳土，表清置吏，优蒙圣慈，特予高爵重禄，以奖忠诚，恩至渥也"。并晓之以理，动之以情，以善有善报、恶有恶报的观念感化百姓"所冀贤良，共垂德意，即有福报，延及子孙"，以此保护土司坟墓。

文化现象并不是单一的，它是多元融合的产物。土家族丧葬习俗中的豁达与热闹带来了老司城葬仪的厚葬之风，土司在对中央朝廷的纳贡与征调中的回赐与赏赐更使土王的厚葬有了一定的物质基础，最终使得老司城也出现了与中原地区一样的盗墓现象。

二、"世婚"的婚姻习俗

永顺土司在对湘西土家族地区的统治中，其婚姻习俗也影响了整个土司地区与社会。中央王朝对土司的承袭制，使土司家族有了相对的独立性和世袭权，土司承袭的不仅是上一届土司的爵位，而且可以是包括上一届土司以及妻妾等所有财产，这样土司血统的纯洁主要依靠等级内婚与等级世婚进行维护，从而形成世代相传的固定的世婚习俗。如明清时，彭氏土司的通婚圈就在永顺宣慰司、保靖宣慰司及周边土司之间，他们相互屡世开亲。

1. 世婚习俗中的"中表婚"

土司由于部落的强大以及个人军功等原因，从中央王朝那里获得"世有其地"的权力，利用这种权利，土司"世管其民"，依靠土民既从领地上获得巨大的财富，又抓住了"世统其兵"的机会，从而具有地大物博、府库丰盈、兵多将广、装备精良等优势地位。借助这种优势，土司婚姻对象的首选范围就在土司之间，这样土司之间形成婚姻集团的核心，即世婚集团。

中央王朝为了强化对土司的管理，使他们尽快融入汉文化，对于土司的承继人，都有明确规定。明代规定土司承袭"其子弟、族属，妻女、若婿及甥之袭替，胥从其俗"。清代为了弥补前朝承袭顺序规定的模糊性，规定土司亡故或年老有病请代时，"准以嫡子嫡孙承袭，无嫡子嫡孙，则以庶子庶孙承袭；无子孙则以弟或族人承袭；其土官之妻及婿，有为土民所服者，亦准承袭"①。在一定范围内规定了土司承袭的顺序。"肥水不流外人田"，这种严格的承袭制使土司子女不可能与普通土民缔结婚姻关系，故土司之间联姻成为一种必然。而朝廷又规定这种联姻只能在一定范围内，据《明会典·兵部四》载：嘉靖三十三年（1554）规定："土官土舍婚娶，止许本境本类，不许越省，并与外夷交结往来，遗害地方。"如有故违，"或削夺官阶，或革职闲

---

① 莫代山：《土家族明清时期争袭研究》，载《贵州社会科学》，2009（6）。

住，子孙永不许承袭"。该条规定将土司之间的越省婚姻作为子孙是否能承袭的重要条件。这种等级内婚的规定主要是加强对土司集团的掌控，以限制他们的势力，而客观上却促进了土司社会的世婚习俗。

1981 年老司城紫禁山古墓群被盗，在清理保护工作中发掘了一座《诰封明故太淑人彭母墓志铭》，这是迄今为止溪州土司家族已出土墓志铭中最早的一块：

太淑人姓彭氏，两江口长官司彭武次女，诰封昭勇将军，上轻车都尉前宣慰使正斋彭公配也，公讳显英，字朝杰，故封怀将军讳宣郎公，父也……母男二，长男世麒，字天祥，号恩斋，从俗先娶彭氏，系母侄，再娶向氏，亦太淑人幼念声会聘之，系腊惹峒长官司长官向源长女也，字鸳英，性禀廉明，静而无寡，简而有礼，十五而归故，以清房召之。次男世麟，字天瑞，号谦斋，娶彭、向氏，与公同……男孙十一人，长孙名明辅，字伯芬，号得轩，授宣慰使……次明臣。女孙二，一适桑植安抚使向绶，一适腊惹峒长官司长官向仕珑，俱明辅母清房向氏出者……自明辅荫袭，长子名宗汉，今称曾孙——母系桑植安抚向仕英长女，即而宗汉聘桑植安抚向绶长女，亦彭氏所生，欲臣为还回姑舅姻缔之好……①

腊惹洞长官司系永顺土司下辖的六个长官司之一，永顺土司十分重视与腊惹洞的关系。从碑文中我们可以看到永顺土司与腊惹洞长官司之间的中表婚的婚姻形态。永顺宣慰使彭世麒娶了腊惹洞长官司长官向源的长女向鸳英为妾，其父亲彭显英也曾娶了腊惹洞长官司长官之女为妾。彭世麒的弟弟彭世麟的婚配与其哥哥彭世麒相同，也娶了腊惹洞长官司长官向源之女为妾。另外，彭显英的两个孙女中，其中一人嫁给了腊惹洞长官司长官向仕珑。碑文中还说，这两个孙女"俱明辅母清房向氏出者"，可见，永顺宣慰使彭显英与其儿子彭世麒和彭世麟（系彭世麒的弟弟）连续两代都娶了腊惹洞长官司长官之女为妾。

在《故正斋次室淑人向氏墓志铭》中记载：

淑人姓向氏，讳□契，故桑植安抚向宽之次女。母彭氏□□，天顺辛巳四月乙亥之丑生氏，于桑植宦居。氏自幼颖秀知趣不凡，父母重之。年甫十三归宣慰使正斋彭公次室……氏生儿女，长曰茵洁适今保靖宣慰使彭文焕，次曰娥娇适腊惹峒长官向胜祖。

从该碑文中可知永顺宣慰使彭显英的女儿娥娇也嫁给了腊惹峒长官向胜祖。由此可见，永顺土司连续三代土司都与腊惹峒长官司有姻亲关系。

在《昭毅将军思垒彭侯故室淑人向氏墓志铭》中还记载：

永顺宣慰使彭侯天祥，尝以文墨通于予，今年仲春忽遣冠带头目乔永福以手状告

---

① 转引自周明阜等编著：《凝固的文明》，326～328 页，西宁，青海人民出版社，2006。

予曰:"世麒长子明辅之母向氏字凤音者,于弘治十八年乙丑仲冬日十四日寅时,不幸以疾卒于室,卜正德丙寅十二月二十二日附葬夫茔之侧敢借重一言以志墓。"按来状向氏号清房者,腊惹峒长官向源之伯女也。年十五归于侯,其归也以清房父祖乃侯姑祖之血,侯之祖源寔清房姑祖之子,以姻缔亲续世好也。

从该碑文看,彭世麒的妻子、彭明辅的母亲向氏系腊惹峒长官司向源之长女,15岁就嫁给了彭世麒,且向氏的父祖辈是彭世麒的姑祖,彭世麒的祖辈原来是向氏姑祖的儿子,彭氏土司与腊惹洞长官司向氏通过结亲家来延续两家的世代友好。这块碑文正好印证了永顺宣慰司与腊惹洞长官司几代之间的中表婚姻关系。

在永顺土司的联姻中,不仅在永顺土司集团及其所辖的长官司之间有中表婚,永顺土司与相邻的土司之间也有中表婚。在嘉靖元年(1522)《诰封明故太淑人彭母墓志铭》中,亦提到:

(明辅)母系桑植安抚向仕英长女。继而,宗汉聘桑植安抚向绶长女,亦彭氏所生。俗曰:为"回还姑舅姻缔之好"。

永顺土司彭明辅娶桑植安抚向仕英的长女为妻,彭明辅之子彭宗汉则娶了向仕英的儿子桑植安抚向绶长女为妻,彭宗汉的一个女儿也嫁给了桑植安抚使向绶,这被称之为"还回姑舅姻缔之好"的"姑舅姻缔",即嫁出去的女儿所生的女儿再嫁回来。这里,嫁出去的女不是泼出去的水。在中表婚下,对男性而言,姑姑就是岳母。在一个社会中,如果姑表婚一直受欢迎,则妻子们总是在两个家族集团中交换,而自己所属的家族集团里的女性将一直要给予同一个家族集团,这样一个固定的联系网就是通过女性的交换而在两个家族之间建立起来。

土司婚姻关系世代积淀所形成的亲缘圈,构成了土司婚姻圈的基础。前一代土司缔结的婚姻往往是下一代土司重要的社会关系资源与政治伙伴关系,亲缘圈之中形成政治命运的共同体。土司之间的这种对等的婚姻关系还不是一般意义上的两个土司之家的"门当户对",更重要的是两个或两个土司家族的家庭财产、政治权力和社会地位的相互对应,这种对应既是下一代土司婚姻成立的基础,又作为一种社会关系资源成为其自身本能防卫的政治屏障。这种亲上加亲联姻的中表婚,似乎并不仅限于土司之间,至少到改土归流前后,已在土家族地区普遍流行。改土归流后,官员们三令五申,严令禁止"勒取骨种",就是中表婚流行于此地的体现。直到今天,在土家语中,姑母和岳母还是同一个称谓,即"嬷嬷"。

2. 世婚习俗中的"同姓为婚"

由于土司世袭制度所产生的土司内部世代相传的世婚习俗,除了出现土司内部表兄弟姊妹之间互婚的中表婚以外,还出现同一姓氏内部男女之间的相互通婚的同姓为婚的特殊的婚姻组合形态。在老司城发掘的碑刻文献中,发现土司集团内部有很多同姓为婚的婚姻形态。

永顺土司与保靖土司本属于同宗关系，永顺土司的始祖系彭士愁的长子，保靖土司的始祖系彭士愁的二儿子。两江口长官司（达喇巡检司）系保靖土司下辖的长官司，与保靖土司是宗亲关系。从前文所提的碑文《诰封明故太淑人彭母墓志铭》不仅能发现永顺土司与所辖的长官司之间有中表婚，还可以看到永顺土司与保靖土司之间的同姓为婚的婚姻形态。

碑文所记的太淑人彭氏，系永顺宣慰使彭显英的妻子，两江口长官司彭武次女，生了两个儿子即彭世麒和彭世麟，后来彭世麒承袭了宣慰使职位，与其弟彭世麟也娶了两江口长官司彭胜祖（系彭武之子）的女儿为妻，这样彭世麒与其弟彭世麟所娶的妻子是其母亲的侄女，也就是说，永顺宣慰使彭显英娶了保靖土司下辖的两江口长官司彭武的次女，彭显英的两个儿子彭世麒和彭世麟也娶了彭武之子彭胜祖的女儿为妻。永顺宣慰司连续两代土司都娶保靖土司下辖的两江口长官司之女为妻。

在《仁房夫人墓志铭》、《彭世麟墓志铭》两块碑文中①也记载了彭世麒和彭世麟两兄弟娶了两江口长官彭胜祖的女儿为妻的情况，这恰恰是对《诰封明故太淑人彭母墓志铭》所载内容的印证和补充。又据《土家族土司简史》记载："正德十四年，两江口彭惠因与永顺宣慰彭明辅联姻，娶其女为妻，从而得永顺司以兵力相助。"即到了永顺宣慰使彭世麒的儿子彭明辅和两江口长官司彭胜祖的孙子彭惠时，永顺宣慰使彭明辅的女儿嫁给了两江口长官司长官彭惠。②此外永顺宣慰使彭宗舜和其儿子彭翼南，也分别娶保靖土司彭九霄和彭荩臣（彭九霄之子）之女为原配夫人。本属于同宗关系的永顺土司与保靖土司世代为婚，形成了同姓为婚的世婚圈。

3. 对世婚习俗的改进

中原文化从西周开始就确立了"同姓不婚"的婚姻制度，如"同姓不婚，惧不殖也"（《国语—晋语四》）；"男女同姓，其生不蕃"（《左传·僖公二十三年》），这是从伦理和生理等方面考虑，因为同姓通婚将影响种族的繁衍和后代的素质。违反"同姓不婚"这一规定，轻则受到舆论谴责，重则受到法律惩处。在中原文化的影响下，土家族地区自改土归流以后，把"同姓为婚""中表婚"视为"土司积弊"，明令革除。"查土司旧俗，凡姑家之女必嫁舅氏之子，名曰'骨种'。无论年之大小，竟有姑家之女年长十岁，必待舅家之子成立婚配。"③"永顺土人陋习，凡姊妹出嫁于人，所生外甥女长成，其母舅人等必索骨种，或银钱布匹，或牲畜米谷，以餍其欲然后许嫁。如或力不能备，必准第一女与母舅之子为婚。且不论男女面貌是否相当，以致多有男小

① 两碑文现收藏在吉首大学民族研究所和中山大学历史人类学研究中心。
② 瞿州莲：《从土司通婚看土司之间的关系变化：以湖南永顺老司城碑刻为中心的考察》，载《云南师范大学学报》，2012（2）。
③ 袁承宠：《详革土司积弊略》，见乾隆《永顺县志》，卷十一，《檄示》。

女大，男大女小。不相正配者。"① 永顺宣慰司改土归流以后永顺府第一知府袁承宠和永顺县第一知县毛峻德分别发出告示，明令革除世婚的婚俗。雍正八年（1730 永顺知府袁承宠在《详革土司积弊略》中指出：

> 骨种、坐床恶俗急宜严禁，以正风化也。查土司旧俗，凡姑氏之女，必嫁舅氏之子，名曰骨种。无论年之大小，竟有姑家之女，年长十余岁，必待舅家之子成立婚配。不知律条甚明，亦应杖惩离异。②

这里的所谓"骨种"，是特指世婚中的中表婚。本家嫁出去的女儿，在对方家生的女儿，要嫁回给本家同辈的儿子，以取回"骨种"。"律条甚明"，意指《大清律例》。在当时，姑表婚在婚律中是被禁止的，违者按尊卑为婚律罚，处以杖刑及离异。③ 此律在雍正八年（1730），已经定例"听从民便"，加以废除，并于乾隆五年（1740）馆修人律。然而直到乾隆七年（1742），永顺知县王伯麟仍认为此"有乖风化"，要求革除此俗。其在《禁陋习四条》中首禁勒取骨种，该禁文载：

> 一禁勒取骨种。永顺土人陋习，凡姊妹出嫁于人所生外甥女长成，其母舅人等必索取骨种。或银钱布足，或牲畜米谷，以餍其欲，然后许嫁。如或力不能备，必准算一女，与母舅之子为婚，且不论男女年貌是否相当，以致多有男小女大、男大女小，不相匹配者。陋习相沿，有乖风化。④

这种告示产生很大影响，乾隆六十年（1795），迁居外地的永顺土司后代彭承宠从江西回永顺扫墓，借机收族修谱定派，制定规约："一禁抗粮滋事，一禁把持官长，一禁邀盟结社，一禁同姓为婚，一禁乱伦占配。传曰：'同姓为婚'，其生不殖。"⑤

土司之间的"世婚"习俗一直影响着土家族地区的通婚习俗，直到今天土家族地区还保留彭姓之间同姓通婚的习俗，只是这种习俗发展到现在有了合乎情理的解释：彭姓有真彭和假彭之别，同姓为婚中的彭姓有一方是假彭，他们原本不姓彭，改成彭姓是为了摆脱土司的"初夜权"。为了证明土司地区有真彭与假彭之别，民间还流行土司霸占土民初夜权的传说：

> 末代土司彭肇槐，人称白鼻子土司，传说他是蛇精投胎变的，刚出生鼻梁骨长有黄豆般大小的白色疮，并且人长疮长。他残暴无道，老百姓盖屋，他不准盖瓦，只准盖茅草，供他在无聊时，放火焚烧，观赏取乐。他鼻子上长着一种奇痒无比的白斑疮，

---

① 　王伯麟：《禁陋习四条》，见乾隆《永顺县志》，卷四，《风土志》。

② 　乾隆《永顺府志》，卷十一，《徽示》。

③ 　《大清律例》，卷十，《户律·婚姻》。文渊阁四库全书版。

④ 　乾隆《永顺县志》，卷四，《风土志》。

⑤ 　转引自成臻铭：《明清时期湖广土司区的社会阶层与等级：以永顺宣慰司为例的历史人类学观察》，载《吉首大学学报》，2006（5）。

鼻子一痒就杀小孩取血止痒，食其肝滋补身体，之后将其尸体扔入老司城对面的万人坑。惨无人道的是，除每晚"吃"一宫女外，只要是非彭姓新娘他都要先睡上三天三晚，说是代为除邪气。这样，其他姓氏的人，只好皆说自己姓彭，免于被白鼻子土司王糟蹋。当地有这样的民谣"天无柄，地无环，土司有个初夜权；谁家姑娘要出嫁，他要先睡头三晚，土家妹妹哪个愿?①

这个故事明显反映出土家族接受了中原文化的"同姓不婚"的婚姻制度后，对土家族彭氏"同姓为婚"婚姻习俗的合理性做出的解释。初夜权的传说故事与地方政府对"同姓婚姻"的禁令，是土家族面对改土归流以后中原文化入侵所带来的新的文化认同做出的文化调适。

第四节　土、汉文化的融合：文化艺术的认同

文化认同是民族成员思考"自我与他人"关系的过程，是一个在他文化的冲击下否定自我、更新自我，又在自己的文化传统和民族特征中不断创造出新的生活形式、新的文化、新的时代价值以适应时代发展需要的否定之否定的过程。民族成员一方面不满足于自己的特殊性，想吸收别人的东西，把自己的个性扩大为普遍性；另一方面又不想在这个过程中丧失自我，不想变成另外一个人。由此可见，任何一种文化认同、任何一种自我意识、任何一个强大的传统实际上都是在不断地流动，千变万化，生生不息，但又万变不离其宗。土家族对老司城文化艺术的认同体现了土家族在与汉文化交融互动的过程凸显自己的文化认同的过程。

在民族文化认同的文化载体中有物质要素和非物质要素，诸如服饰、器物、建筑艺术、生计方式、神话传说、歌舞、思想观念、人伦礼教等物质和非物质的文化载体，是一个民族成员进行民族文化认知的源泉，具有表意和释义功能，它反映着这个民族对待人事的观念，凝聚着一定的心理和精神意识，通过其成员的倾向性共识与认可，而赋予独特的社会价值和意义，并借助一系列心智运算和实践操作，成为该民族群体的标示，演变和内化为民族共享的心理内容和文化心理特征。

一、非物质文化载体

老司城的非物质文化主要包括史诗、民间故事、文人诗与民间小调、名称文化等，

---

① 向盛福：《老司城民间故事集》，35～37页，北京，中国戏剧出版社，2010。

通过这些文化载体的解读，可以发现土家族在与汉文化的交融互动中的文化认同的心路历程。

以往我们研究社会制度及其文化只从正史中寻找资料，实际上朝廷史官只关注以汉文化为主的社会制度及其文化，以土家族为主的土司社会还流传下大量的口述材料及其民间文献，呈现了土司及土民的生活样态及其文化认同。

1. 史诗与民间故事

离老司城七里路之处，有个地方叫松枣，是土司时代别些公园的中心之地，又是历代土司王及其官兵去南渭州列夕芷草衙署的必经之地。土司彭文勇于大中祥符元年（1008）在松枣修建了一座摆手堂，后来成了老司城附近的土家族跳摆手舞敬土王的聚集地。

> 摆手堂前艳会多，姑娘联袂缓行歌。
> 咚咚鼓杂啼啼语，袅袅余音嗬耶嗬。
> 新春上庙敬彭公，唯有土家大不同。
> 各地咿嗬同摆手，歌声又伴呆呆嘟。①

清代土家族诗人彭勇行的这首《竹枝词》就是当年松枣跳摆手舞的真实写照。清咸丰年间陈秉钧在永顺任知县时，一首《题土王词》一诗中描述了老司城摆手舞延续的情景：

> 五代兵残铜柱冷，
> 百蛮风古洞民多。
> 而今野庙年年赛，
> 里巷犹传摆手歌。

跳摆手舞之前要先由掌坛师（梯玛）唱土家族史诗《摆手歌》，史诗《摆手歌的第一章《天地人类来源歌》的《雍尼补所》一节中，唱出了土家族的来源：

对面山上有一个老婆婆，养了六个儿子，他们做尽坏事，气得老婆婆一病三年六个月。幸好有幺女雍尼、幺儿补所给老人端茶送饭。老婆婆听说雷公汤好喝，让儿子们去找。儿子们抓来雷公，娘嫌雷公太瘦没有肉。儿子们把雷公捆起，养肥后再吃。后来雷公跑掉了，儿子们气得让张古老、李古老帮忙把天塌下让人间的人绝种。张古老、李古老不肯干，雷公只得自己打起天鼓，涨齐天大水，荡平人间。这样人间只剩下补所、雍尼兄妹俩。两人很孤独。天神图介公公要两人成亲，繁衍人类。两兄妹羞红了脸不愿意。通过隔山烧烟、烟相合，隔山滚磨、磨相并等天意证婚后，兄妹只得

---

① 湖南省少数民族古籍办公室彭勃等辑录，祝注先注：《历代土家族文人诗选》，208 页，长沙，岳麓书社，1991。

成婚。雍尼生下一坨肉，砍成一百二十块。拌上三斗三升沙，肉和沙，拌一起，连沙带肉甩出去，成了客家人。和上三斗三升泥，肉和泥，合一起，连泥带肉甩出去，成了土家人。合上三斗三升树苗，肉和苗，合一起，连苗带肉甩出去，成了苗家人。客家哩，土家哩，苗家，都是娘身上的肉哩。客家哩，像河里的鱼群，土家哩，像雨后的新笋；苗家哩，像树上的密叶。人类从此繁衍，人间充满生机。①

土家族史诗《摆手歌》中《雍尼补所》兄妹成婚的故事与苗族的《傩公傩母的故事》一样，反映了原始社会血缘婚的普遍现象。这种民间口承文学运用汉文化的婚姻家庭伦理观，对土家族的传统史诗进行改造，使原始的血缘婚以天意的形式出现，减轻其伦理冲突，体现了汉文化的价值观。史诗《摆手歌》中《雍尼补所》兄妹成婚的故事不仅唱出了土家族的来源，还描述了苗、土、汉民众"像河里的鱼群，像雨后的新笋，像树上的密叶"一样和睦融合的情景。

在土司政权统治时期，土司拥有田土山林，并且择良田沃土自置庄田，把其余土地按等级分赐各级土官，土民只能耕种零星犄角之地。明代，永顺土司每年需向朝廷交纳税粮160两银子，土司以向土民征收"火坑钱"的方式（每个火坑收银二钱一分）把负担转嫁给无地贫穷的土民。在土司制度下，土民世世代代为农奴，无人身自由。土司出外巡游，土民必须跪于道旁迎接。据乾隆年间的《永顺府志》载："即有谴责诛杀，咸悄悄听命，莫敢违抗。土人有罪，小则知州治之，大则土司自治。"可见，土司在统治区为所欲为，是至高无上的土皇帝。② 对此土民敢怒而不敢言，只有用民间故事发泄心中的怨愤，表达对土司制度及其文化的不认同。如《天马山与白鼻子土司王》的故事：

天马山在老司城土司宫殿以南500米的灵溪西岸。《永顺县地理志·山名》载："天马山昂首平背如马耸立。"传说，这天马山还与孙悟空有关。当初孙悟空被玉帝招降，官封弼马温管理天马。后来在八戒与其他神仙的嘲笑中才知道弼马温是最小的官，一气之下将天马栏打破，天马四散出逃，其中一匹天马，从南天门逃出，落于司城灵溪西岸，头朝灵溪河边。传说这天马山与"白鼻子土司王"还有关系。传说，土司王育有一子，刚出生时，鼻梁骨就患有一黄豆般大小的白色的疮。当他当上土司王以后，人称"白鼻子土司王"。白鼻子生活荒淫，在土司地区推行"初夜权"，青年男女成婚之日，新娘的第一夜要送给白鼻子。这使得土家青年男大不能婚，女大不能嫁。更为凶狠的是，在寒冷的冬天白鼻子还叫几十名土家年轻后生，在"龙朝湾"的深潭里入水摸银子，并说：若从水底取出银子，我就不杀，否则就要杀掉。河水冰冷刺骨，白

① 湖南少数民族古籍办公室主编，彭勃、彭继宽整理译释：《摆手歌》，34～116页，长沙，岳麓书社，1989。
② 彭剑秋：《溪州土司八百年》，49～51页，北京，民族出版社，2001。

鼻子看着摸银子的人冷得瑟瑟发抖，反而放声大笑。事后把那些摸银子的后生不管摸着没摸着一律杀掉。每到这时，灵溪河就会大雨倾盆，洪水滔滔，河边的天马山就会调转头，朝着龙朝湾的方向似乎睁大眼睛盯着白鼻子这个无道昏君。①

与以往的民间记忆不同，这个神话传说中通过对白鼻子昏君的谴责，表现民众对土司文化的不认同。在老司城的民间记忆中，对土司社会与文化无论认同与不认同，都说明老司城历经数百年后仍然活在土家族的文化空间中，老司城的土司文化具有真实性、完整性、唯一性的普遍价值，完整地见证了在人类历史上已经消失的土司制度。

2. 文人诗与民间小调

湘西土司自五代后梁开平四年（910），彭城为溪州刺史在溪州地区崛起开始，后其子士愁继位，经过二十余年的经营，彭氏逐渐强盛，拥有上、中、下溪州，又有龙赐、天赐、忠顺、保靖、感化、永顺及懿、安、远、新、洽、富、来、宁、南、顺、高等二十州，为南北江（沅水、酉水）靖边都誓主，设都城于会溪坪（酉水河岸），用木栅围城，谓誓下州。

后晋天福四年（939），彭士愁率锦（今麻阳）、奖（今芷江）和溪州诸蛮万余人征战辰、澧二州，楚王马希范派兵镇压，史称溪州之战。彭士愁据险与楚军作战，战败与楚议和结盟，立铜柱于会溪坪，双方盟约条款，彭士愁仍为溪州刺史，拥有湘西南北两江（沅水自辰溪以上，包括各个支流称南江，酉水及其支流称北江）和澧水、溇水流域一带。自置官吏，拥兵自统，世代承袭。在五代和宋则称刺史或知州，入元以后则称宣慰使、宣抚使、长官司等，统称土司，在老司城福石郡建立司治，统治了溪州八百余年。

对于彭氏土司创建的八百余年土司统治的历史，土家族民众一直很自豪，在老司城流传许多颂扬八百年土司统治的民间小调：

一唱土司坐司城，一统乾坤，修宫殿，立午门，凉洞热洞砖砌成，咿儿哟咿儿哟，赛过西京城，嗬也，嗬也！

二唱悠悠灵溪河，皇宫绕过，如玉带，泛碧波，大河小河两汇合，咿儿哟咿儿哟，一派好山河，嗬也，嗬也！

三唱文昌关帝宫，整鼓铜钟，和尚们，早敲钟，余音袅袅半夜中，咿儿哟咿儿哟，土司世昌隆，嗬也，嗬也！

四唱披发祖师庙，鲁班所造，楠木柱，马桑树，横梁千柱千搁到，咿儿哟咿儿哟，仙机真奇妙，嗬也，嗬也！

五唱雄伟观音阁，朝北南座，灵溪河，右边过，前有梭椤树两棵，咿儿哟咿儿哟，

---

① 向盛福：《土司王朝》，177~179页，呼和浩特，内蒙古人民出版社，2008。

南海配普陀，嗬也，嗬也！"

老司城的彭氏家族以及溪州地区土家族的强宗大姓，也是土家族文人墨客引以为豪的内容，清代土家族文人彭勇行就吟唱道：

野藤花蔓土王祠，旧姓相沿十八司。
除却彭家都誓主，向田覃冉互雄雌。"①

在土家族民众的心目中，老司城的一些建筑就是八百年土司辉煌的象征，正如下面的这首《五修词》唱道：

一修土王美金銮，四围高墙，照壁高数丈，江山八百年。
二修关帝宫，整鼓铜钟，关帝老来逞英雄，大刀摆当中。
三修祖师庙，鲁班来创造，千年未偏倒，万古把名扬。
四修皇经台，实在修得好，天干年成把经拜，大家齐斋戒。
五修观音阁，美女梳头朝北坐，右侧灵溪河，对岸罗汉笑呵呵。

改土归流，把少数民族地区纳入中央王朝的直接控制，这是中国历史发展的必然。雍正六年（1728），末代土司彭肇槐自愿改土归流，并于次年回到祖籍江西吉安老家。这位最后的土司，性格慵懦，加上清室在增加湘黔边势力的同时，以武力先后解除了他的兄弟保靖土司彭御彬及毗邻的桑植土司向国栋，因此，深感唇亡齿寒的他自动选择了"改土归流"。彭氏土司后代有的迁往颗砂，有的迁往太平山坡的新庄，土司所辖的三州六峒也随之销声匿迹，老司城从此废弃，成了以向姓为主的土著和外来者的居住地。旧的土司建筑倒塌了，变成废墟，或者在其旧址上重修简陋的民宅。旧的街巷被沿用，但无力重修。只有从老司城的摆手堂、演兵场、土王祠、祖师殿等遗址显示出的建筑格局中，隐约让人感到古城昔日的气势与辉煌。

老司城失去了往日的繁荣而重返它的起点："一个山多地少、封闭贫瘠、无法养活太多人口的普通小山村。"② 昔日的王朝"樵人牧竖，践踏自如"，"荒芜不治，坏土灭没，不可复识矣"。

十八旗人散尽，
野梅开乱土王祠。
客游迟暮数归期，
恋恋司城欲雪时。

群山巍巍竞葱笼，

---

① 彭勃等辑录：《历代土家族文人诗选》，208～209 页，长沙，岳麓书社，1991。
② 柴焕波：《湖南永顺县老司城遗址》，载《考古》，2011（7）。

未见当年战火红。

雪雨千秋陶伯气，

冰霜万载掩兵戍。

长风悲古三番叹，

明月观今几度愁。

莽山苍茫多故事，

古迹未解念英雄。

散落在老司城的这几首民间小调，是土家族民众对这座土司都城繁华不再，走向衰败的惋惜。

3. 名称文化

我国的中原地区从周代开始就有了人名和字号的概念。《礼记·檀弓上》："幼名、冠字，周道也。"《疏》云："始生三月而始加名，故云幼名，年二十有为父之道，朋友等类不可复呼其名，故冠而加字。"又《仪礼·士冠礼》："冠而字之，敬其名也。君父之前称名，他人则称字也。"由此可见，人名是幼时起的，供长辈呼唤。男子到了二十岁成人时，要举行冠礼，这标志着此人要出仕，进入社会了，这样就开始有了字、号，死后还有谥号。

土司时期大多数土司、土官不会说汉语，仅少数略懂汉语，他们的日常交际仍以土家语为主，乾隆年间的《永顺县志》称："土人言语呢喃难辨。"彭氏土司大多有土名，相当于汉族的幼名。如溪州刺史彭珹的儿子，字士愁，土名"墨帖送"；彭氏土司彭师裕的长子，字允林，谥号忠武公，土名"麦即把"；彭儒猛的季子，字仕义，谥号忠献公，土名"福送"；仕义的两个儿子师晏、师宝，谥号忠勇公、忠纯公，土名惹帖送、惹帖恶；仕义的孙子即师宝之子，谥号忠朴公，土名呼送，俗呼为福石宠，即把土司治所迁到福石城（老司城）的彭福石宠。[①] 除此之外，其他地区的土司也有土名，如南渭州土司的"彭始主俾"、"彭惹即送"、"慨主俾"，驴迟洞长官司的"向达迪"、"向尔莫踵"、"向麦帖送"，田家洞长官司的"田麦依送"、"向麦和送"、"向麦答送"，保靖宣慰司的"彭药哈俾"、"彭南木杵"，两江口长官司的"彭莫古送"、"彭大虫可宜"，等等。可以说至少在宋代以前彭氏土司大多只有土名，像修建老司城的彭福石宠只有土名，而没有汉名与字号。不过根据明代刘继先在《永顺宣慰司历代稽勋录》中的考证，彭福石宠只有土名，没有字号，是因为朝廷没有给他授予汉职，使得后人忽略了他的字号。

从《永顺宣慰司历代稽勋录》看，彭氏土司到了明代才开始使用汉名。他们幼年时用土名，成年以后要开始承袭官职了，才开始有字，死后根据生平行为以褒贬善恶

---

① 《永顺宣慰司历代稽.勋录》，吉首大学中国土司历史文化研究中心馆藏。

赐予谥号。彭氏土司何时开始采用汉名的？实际上早在五代十国时期，彭氏土司在与官方的交往中，就开始采用汉名了。在溪州铜柱铭文中，永顺彭氏土司及与之结盟的田氏、覃氏、龚氏、向氏等几姓主首都是汉名署名。而宋代以后，随着朝廷对土司地区的控制与管理，汉族文化的逐渐进入，彭氏土司开始普遍使用土名。到了明代，彭氏土司基本上很少使用土名，普遍使用汉名的字号了。

湘西土司从使用土名到使用汉名的过渡也是渐变的过程，即使是明初，他们在与官府的交往中也不完全使用汉名，而是土名与汉名交替使用。如明洪武年间，保靖彭万里被授为土司时，已有了汉姓与汉名，而其弟则是以"麦各踵"之名出现。麦各踵之子大虫可宜的夺位之举，约在宣德年间（1426—1435），这说明在湘西一带，直到宣德年间，即使是土司的弟弟（麦各踵）、儿子（南木枰）、孙子（药哈俾），或者是刚刚争袭成功的土司（大虫可宜），在与官府的沟通中，都还在使用土名。即当时即使是土司或其直系亲属，都很有可能只有土名或者是土名与汉名并存，汉名并未被土酋广泛采用和重视。① 土司尚且如此，土民更是可想而知。但官府介入之后，约到正统年间，保靖和两江口彭氏土司本人，在此后官方的记载或者编修的族谱中，则都有了汉姓与汉名。

永顺土司彭氏虽在明初授位时在官方的记载中已经有汉名，但很明显汉名并未在其直系亲属中普及。又如永顺土司所属之麦着黄洞长官司，都是用"麦和踵"、"答谷踵"、"大洛踵"这一类土名，至于其采用汉姓的时间，很明显直到成化十四年（1478）袭位的黄珍，才开始正式以汉姓汉名被记载下来。②

明代是湘西土司采用汉名的高峰期，自此之后，至晚到清初，连土司领下的小头目都有了汉名。康熙年间，永顺宣慰使彭弘海的德政碑中，其所辖之五十八旗三百八十洞首领的姓名，无一例外署以汉名。③ 驴迟洞长官的土司世系亦从"达迪踵"、"尔莫踵"这类土名，到成化年间袭位的土司才采用汉名。以后"踵"这个音，被广泛使用在湘西土司的土名中，"踵"、"冲"在土语中意为长官、头目。南渭州土知州则到嘉靖三十二年（1553），仍有"慨主俾"这一类土司的土名。尽管在官府的记载中，土司经历了这一轮转变后，都拥有了汉姓与汉名，但这并不意味着在日常生活中，他们都放弃使用土名。永顺宣慰使彭世麟就同时还有土名"麦坡"，并载入墓志铭。④

湘西土司普遍使用汉名的时期之所以会出现在明代，这与朝廷对土司的承袭制有关。明代朝廷规定的整套土司承袭的程序，是一套基于以汉文为官方语言的文书体系。

---

① 《明孝宗实录》，卷二百，弘治十六年六月，乙巳条。
② 乾隆《永顺府志》，卷九，《土司》。
③ 见康熙五十二年，《永顺等处宣慰使彭宏海德政碑》，己卯科举人朱鸿飞撰，碑藏于永顺老司城。
④ 转引自谢晓辉：《明代湘西苗疆土司社会的变迁：以永顺为中心的考察》，见豆丁网，http://www.docin.com/p-424100810.html。

在《明会典》中对土官承袭的规定中我们发现，洪武年间，明王朝就明确规定"湖广、四川、云南、广西土官承袭，务要验封司委官体勘，别无争袭之人，明白取具宗支图本，并官吏人等结状，呈部具奏，照例承袭"。土官承袭需有宗支图本，并经过勘验、结状，确定无争袭后方可袭职，这一规定在此后亦被一再重申。

按朝廷对土司的承袭规定，要求湘西这些连汉名都尚未普及的土司，通过宗支图本来确认合法继承人的身份。这首先要土司们认同汉文化，把土名改成汉名，再用汉文把自己的谱系源流表述成一套系统的宗支图本，这种承袭体制客观上促成了土家族文化与汉文化的融合。

明初以来在土司制度中，中央王朝巧妙利用对土司名号的掌控，对土司的产生与继承施加影响；而土司又通过土名与汉名的转换过程中，接触汉文化，并逐渐掌握主流社会的文书体系，争取官方支持的同时，进行文化调适，使土家族文化逐渐与汉文化融合，呈现出多元化的态势。

二、物质文化载体

老司城的物质文化很丰富，这里主要从土家织锦、金石碑刻、族谱等文化载体，呈现出土家族从认同于本民族文化逐渐汉化与儒化的过程，以展现出土家族文化认同的多元性。

（一）土家织锦

土家织锦，是土家族民间工艺品中最具特色的品种之一，土家语称之为"西兰卡普"，意为"打花铺盖"，或"土花铺盖"。五代之前，土家族地区还处在"喜渔猎、不事商贾"的原始猎渔时代，所以对于土家织锦的来源，有两种说法，一说是逃人"五溪"地区的板楯蛮带来的，另一种说法是溪州刺史彭城引进的。据说五代开平年间，江西汉人酋豪彭城归楚后，封为溪州刺史，带来了千余织锦工匠进入土家族聚居地区，土家族地区自此呈现"女勤于织，户有机杼"的繁荣景象。

明朝中叶，彭氏土司彭士麒所撰的《永顺宣慰司志》称土人"喜斑斓服色"。这里的斑斓服即土家织锦，乾隆年间的《永顺府志。物产志》说："斑布，即土锦。"还记："土妇颇善纺织，布用麻，工与汉人等。土锦或丝经棉纬，一手织纬，一手挑花，遂成五色。"嘉庆《龙山县志》也记："土妇善织锦、裙、被，或经纬皆丝，或丝经棉纬，挑制花纹，斑斓五色。"这种以丝线为经线，以棉线为纬线，采用通经断纬，反面挑花，织成五色锦被的方法就是土家织锦工艺。光绪年间的《龙山县志。风俗卷》记载得更为详尽，"土苗妇女善织锦裙、被，或丝线为之，或间纬以棉，纹陆离有古致。其丝并家出，树桑饲蚕皆有术。又织土布、土绢，皆细致可观。机床低小，布绢幅阔不逾尺"。这里不仅记载了土锦的编织方法，还记载了丝的来源、织机的样式、织锦的尺寸和花纹图案等情况。这些记载和我们今天所见的土家织锦的原材料，织机的样式、编织方法、织锦的花纹图案和尺寸大小完全一样。

土家织锦最初是土家族自给自足经济的产物，用于做被面、窝被（小孩摇篮里的小被面）、脚被和盖裙，还是土家姑娘出嫁的陪嫁品。宋代以后，土家织锦工艺发展到很高水平，被历朝列为贡品，史称"溪布"、"峒布"、"土锦"、"寅布"。"寅布"的"寅"本身就有纳税朝贡的含义。《后汉书。南蛮西南夷列传》记载："秦昭王使白起伐楚，略取蛮夷，始置黔中郡。汉兴，改为武陵，岁令大人输布一匹，小口二丈，是谓寅布。"《晋中兴书》、《晋书》也有"巴人呼赋为寅"的记载。《华阳国志。巴志》也记"户出寅钱，口四十"。《辞海》解释说："寅，秦汉间今四川、湖南一带少数民族交纳的贡税名称，交的钱布叫寅钱，交的布匹叫寅布，这一部分民族也因此叫寅人。"

土家族织锦由土民的自用发展到湘西土司对外的朝贡纳税品，是从隋唐时期开始，直至宋代，才形成以锦代赋的纳税制度，《宋史。真宗本纪》："大中祥符五年，峒酉田仕琼等贡溪布。"《宋史。哲宗本纪》也记："元祐四年，溪峒彭于武等进溪峒布。"《宋史。蛮夷》载："元祐四年，知誓下静州彭儒武、知永顺州彭儒同、知谓州彭思聪、知龙赐州彭允宗、知兰州彭士明、知吉州彭儒崇，各其州押副使进奉兴龙节，及冬至、正旦溪布有差。""七年……其蛮酉岁贡溪布。"① 这种"溪布"，又称"峒布"。南宋朱辅《溪蛮丛笑》释"溪布"时说："绩五色线为之，文彩斑斓可观，俗用为被或衣裙，或作巾，故称为峒布。"到了隋代土家织锦从生活必备品变成装饰品了，《隋书》记："诸蛮多以斑布为饰。"因而土家族织锦作为一种工艺水平很高的手工艺品，成为湘西土司对外的朝贡纳税品。

老司城的土司们常常以土家族织锦显示其统治的庄严与威望，清代土家族诗人彭勇行的《竹枝词》中就描述了老司城土王宫的土家族织锦品之多：

福石绣屏屏绣多，浪击石鼓声声和。

土王宫里人如海，共庆新年摆手歌。

这种艺术价值极高的手工艺品也是老司城土家族姑娘必备的"女红活"，土家族诗人彭施涤与彭勇行的诗还描述了老司城中土家族姑娘编制织锦的盛况：

司城少女发排头，春日抛梭织土绸。

忽见自生桥上月，绣楼门外挂钩钩。

---

① 转引自黄柏权、游红波：《土家族织锦的发展演变及其现代启示》，载《湖北民族学院学报》，2005（2）。

溪州女儿最聪明，锦被丝挑脚手灵。

四十八勾不算巧，八团芍药花盈盈。

山村处处柳絮斜，闺女生来会打花。

四十八勾花并蒂，不知将送予谁家。①

土家族传统的生计方式是以农耕生活为主，非常重视家庭生活，祖先崇拜成了他们宗教信仰的主要样态。他们把血亲祖先看作是最有力的精神寄托者，是最该供奉的对象。一般在自家堂屋后墙壁正中的上方安有神龛，供有"天地国（君）亲师位"或"九天司命太乙府君"或"××堂上历代祖先"的牌位。土家族织锦的代表纹样"神龛花"就反映了这一宗教信仰。"神龛花"采用二方连续构图，纹样宽大而壮实，抽象的构图，使之难以辨认出具象的形。"神龛花"纹样取材于土家族堂屋正中的敬神台，它是土家族相对稳定的定居生活以及由此而形成的相对稳固的血缘关系的产物。

在土家族织锦的传统纹样中还有"台台花"，这种纹样织成的织锦一般用作儿童的盖裙，它是外婆家看月子时必须送给小外孙的两件礼物之一。平时在家里，它是包裹婴儿的褪袄，出门游玩，它又可作贴身背负的软背兜。这种织锦还有一种较为特殊的用法，是把它覆盖在婴儿的窝窝背笼上，用以保暖、遮光以及作为防范"白虎"的辅助工具，含有保护小孩生灵的目的。

作为土家族织锦的边饰图案，"台台花"由三种基本纹样构成：第一部分是"补毕伙"，汉语直译为"船小'，意为小船，它横向作二方连续的排列，以较粗的横折线构成图案的基本骨格。第二部分是一组菱形框架的几何图形，夹于小船纹样的中间，与每只船相对应。第三种纹样是在整个"台台花"图案的最下边，土家语称为"泽哦哩"，汉语意为："水波浪"，是一组连续的波折线。整个"台台花"图案以桃红、浅绿、淡黄等色彩为主，小块而艳丽的锦条包围着盖裙大面积的黑色，素雅中显现几分生机。因这种图案呈长条状，当地方言把"一条条"叫做"一台台"，故以"台台花"相称。

在这些由"补毕伙"（小船）、"泽哦里"（水波浪）和"人面纹"组合而成的寓义图案中可清楚地看到，二方连续的水波浪接连不断，与洪水泛滥的"水"相对应；水上面的小船纹，是洪水中葫芦化为的"船"；占主导位置的菱形人面纹处于船的正中，构成整个图案的中心，人面的五官与脸庞分别换以不同的颜色，形成红色、淡绿色（或淡黄色）的脸，这与《摆手歌》中"雍尼"和"补所"的红脸、白脸以及兄妹俩在这个传说中所占的主要位置是一致的。由于传统土家织锦用色有"忌白不忌黑"之俗，忌讳成块的白色出现，"台台花"中的白脸才织成了淡绿、淡黄等浅色。图案中

---

① 彭勃等辑录：《历代土家族文人诗选》，208～209 页，长沙，岳麓书社，1991。

的洪水、小船、"雍尼"和"补所"三种形象各自分开、互不遮挡，但又贯通一气、主次分明，形式和内容在这里得到了较为完美的契合。

土家族织锦"台台花"纹样跟土家族的创世纪古歌《摆手歌》以及民间"旱龙船"的传说是一脉相承的。《摆手歌》是土家族在祭祖时由掌坛师"梯玛"用庄严的土家语伴舞而唱，其中《人类起源》一部分，记述了洪荒时代由于洪水泛滥，人类毁灭，只剩下"雍尼"和"补所"兄妹俩，最后兄妹成婚繁衍后代的故事。土家人民为了纪念再造人类的雍尼和补所，把兄妹俩供奉于由葫芦变成的船中，这就是土家族"旱龙船"的来历。"旱龙船"所到之处，各家各户都要用小孩穿过的鞋子或用过的物品挂在船头，乞求两祖先保佑子孙繁衍。雍尼和补所作为孩子的保护神，历来受到尊重。尽管至今"台台花"出现了几种略有差异的构图，但它始终保留着水纹、船纹、人面纹三种基本图形和排列方式。①

土家族织锦中的"神龛花"与"台台花"纹样是土家族祖先崇拜的宗教信仰的写照，反映了老司城民众对土家族传统文化的认同。

在土家族织锦纹样中，还有一类与"神龛花"与"台台花"一样原始古朴的传统纹样，这些纹样占土家族织锦纹样的大部分，它们以龙、蛇为题材，都完好地保留了土家语名称，称为"窝毕"、"仆兹""仆毕"。"窝毕"是土家语"小蛇"或"蛇崽崽"的意思，"仆兹"即"大龙"。"窝毕"纹样以类环形的小蛇为单位，横向作二方连续排列，这种首尾相接的小蛇具有明显的"自环"特征。"窝毕"纹样，乍看来好像是自然界小蛇的变形，但纹样中有中原文化龙的因素，因为"窝毕"并不是单纯指小蛇，它还有"龙"的含义。土家族的民间传说，往往把龙看成是由蛇精演变而来的，有"成龙上天，成蛇下海"的说法。每逢山洪暴发，人们认为必有"桩巴龙过河"。在土家族织锦妇女的观念中，龙蛇也是无从区分的，在她们看来，"蛇就是龙"。所以把"大龙竺（仆兹）又叫"大蛇"（窝兹），说"窝毕"（小蛇）是一种"仆毕"（小龙）。这种龙蛇互混、指蛇为龙的现象，正好与仰韶文化彩陶瓶上的人首蛇身像和红山文化的玉龙形象有相似之处，它们的龙纹图案带有明显蛇的雏形。

土家族织锦中的"窝毕"、"仆兹"纹样，与红山文化的玉龙造型相当接近，跟长沙左家塘战国楚墓出土的褐地矩纹锦纹饰如出一辙。② 由于它蛇中寓龙，龙意蛇形，将蛇与龙浑然一体，含有中原文化中龙的因素，是土家族文化与中原文化融合的产物。

在土家族织锦纹样中还有一类是"改土归流"以后的衍生纹样，它们明显受到汉文化中吉祥纹样的影响。雍正六年（1728）清朝廷开始对老司城土司的"改土归流"，取消了"蛮不出境，汉不入峒"的禁例，大量的汉文化传人土司地区，一些常见的吉

①　田少煦：《土家族盖裙图案考析》，载《贵州民族研究》，1993（3）。
②　田少煦：《土家族织锦纹样初探》，载《中央民族学院学报》，1989（2）。

祥用语和吉祥纹样出现在土家族织锦上。如"福禄寿"（又作"福禄喜"）纹样，采用八达晕的四方连续布局，把相同的文字排成直行，表达土家族人对幸福、吉祥、平安的向往。土家族织锦是一种通经断纬的纬锦，可随心所欲地变换纬色，但同一图案、同一色彩成直行排列的情况较为多见，可见它还保留着汉代古老的"经锦"遗风。①除"福禄寿"纹样以外，土家族织锦中还出现"福禄寿喜"、"凤穿牡丹"、"鸳鸯采莲"等汉文化中常见的吉祥纹样，土家族人在传承土家族织锦这种传统文化的同时，吸收了许多汉文化的元素，呈现出与汉文化融合、渗透的趋势。

（二）金石碑刻

土家族虽有其语言体系，但都没形成自己的文字，并且土司地区并无官修方志，因此在永顺土司境内的一批土司时期留下的金石碑刻，是文字缺失下的老司城及其土家族社会的文化与历史变迁的重要见证。

1. 诗碑

2004 年暑假，吉首大学民族学研究所组织师生在湘西永顺彭氏土司的统治中心老司城和不二门进行了田野考察，他们在老司城附近收集到了残存的 50 多块摩崖石刻和墓志铭，这些金石碑刻反映了明清时期永顺土司与其邻近土司保靖土司、桑植土司、酉阳土司、容美土司，以及与其管辖下的土司之间的关系及土司势力的消长变化。其中在老司城附近的不二门发现了一块诗碑《溪州隐吏车庚诗》，吉首大学历史与文化学院副院长瞿州莲教授根据碑文内容，结合史料记载认为，这首诗是永顺末代土司彭肇槐所写，隐含着彭肇槐在改土归流时期对清廷的厌恨和不满，从末代土司彭肇槐在诗中隐含的情绪看，在湘西土司的改土归流中末代土司彭肇槐并不像史料《清史稿》所称道的是"自愿献土"，由此她认为末代土司彭肇槐不是自请改流，而是被逼无奈，湘西的改土归流并不完全如史料中说的是和平改流。《溪州隐吏车庚诗》的内容如下：

心雁声。雁声警岁晚，雅集歔儒林。一夕餐英醉，风流自古今。老僧行脚健，胜境喜追寻。却已空凡骨，何庸再洗心（崖右有洗心泉）。药笼窄田地，筚路启山林。流水自清浊，迷途悟昨今。

乙卯重九，同人登高，于观音岩诗以纪之。

溪州隐吏车庚。（盖印）：伯阳古溪州守

瞿州莲教授首先从该首诗的落款"溪州隐吏车庚、伯阳、古溪州守印"及"乙卯"来看，认为应该是永顺末代土司彭肇槐所作，因为能够称"古溪州太守"的只有永顺彭氏。又根据土家语中，"车庚"中的"车"，即"水或者溪"；"庚"，在土家族中有"拜祭"的意思，与"车"连用，隐含有"主人"的意思。"车庚"是号名，连

---

① 田明：《土家织锦》，79 页，北京，学苑出版社，2008。

起来的意思即"溪的主人"。从《古代汉语词典》可知，"伯"通"霸"，即"霸主"；"阳"，本意为"太阳、春"之意，"伯阳"这里可引申为"首领"，为土司彭肇槐号名。"隐吏"，即"官吏的身份不公开"。

雍正五年（1727），永顺最后一代土司彭肇槐献土改流。改土归流后彭肇槐到苗疆任参将，雍正七年（1729）调回到江西饶州继续任参将之职，后来又到河南归德任参将，乾隆十三年（1748）才告老回乡。也就是说，在江西饶州或者河南归德任职期间，彭肇槐于雍正十三年（1735）重阳节期间回到了永顺，因为是永顺末代土司，不便于公开自己的身份，因此诗中落款为"隐吏"。"乙卯年"，应是雍正十三年，即1735年。

从以上推断得知，该诗为永顺末代土司彭肇槐所作。因为是"隐吏"，当时清朝实行文字狱，为了逃避朝廷的追查，土司彭肇槐在第一句采用了谐音，"心雁声"的"雁"的谐音字为"厌"，即"厌恨"之意；"声"的谐音字为"生"。"心雁声"含义是"心里产生的厌恨"。从诗的内容来看是表达对朝廷的不满，隐含着彭肇槐对清朝当时改流时政以及土司个人及家族命运的幽怨与愤懑。

史料记载，湘西改土归流是"和平改流"，彭肇槐是"自愿献土"，彭肇槐为何会"自愿献土"？当时彭肇槐的处境是，清朝中央王朝为了巩固西部边陲的战略需要，于雍正初年（1723）在云贵、广西、湖广等地大规模地推行改土归流。与鄂尔泰在西南地区推行"重剿轻抚"的政策不同，湖广地区的改土归流是以"和平改流"为主。为了对永顺土司实施改流，清廷先扫除了外围势力相对较弱的桑植、保靖土司的威胁，另外，为防止容美土司从后路进攻湘西，迈柱在桑植土司边境陈列重兵。永顺土司在清军大势压境的形势下不得不改流。接着其属下的三州六长官司均于雍正六年（1728）随彭肇槐改土归流。对于彭肇槐被迫改流的处境，民国《永顺县志》里有更为清楚的记载：

开疆拓土，原为世宗本心，又有杨凯、王柔等逢迎之，肇槐于此虽欲不归流不可，推其意，以为负固不服，必遭灭族之患，似不若掩耳盗铃，尚得恭顺虚誉也，而况有世袭微职乎？[1]

从该上谕来看，改土归流本来就是朝廷的旨意，彭肇槐如果不改流，就是违背朝廷之意，将会招来"灭族之患"；如果主动改流，还可获得恭顺的美誉，得到朝廷的赏赐。彭肇槐权衡利弊，最后主动向朝廷献土改流。可见，彭肇槐的所谓自请改流，纯粹是迫于形势。彭肇槐不是自请改流，而是被逼无奈。正如诗中所说："流水自清浊，迷途悟昨今。"当时的"自愿献土"确实是逼于无奈，现在想来当时的一切是陷入迷途啊，是非功过自有世人评说。诗中隐含着彭肇槐对清朝当时改流时政以及土司个人及

---

① 彭肇植：《历代稽勋录》，嘉庆十二年（1807），藏于吉首大学人类学与民族学研究所。

家族命运的幽怨与愤懑。①

瞿教授还根据史料记载分析，彭肇槐的祖籍是江西人，溪州之战以后，随着先祖彭士愁对土家族的统治，彭氏家族在多年的迁徙离散之际，随着其在老司城地区八百年的统治，在感情上已经认同土家族文化了，当然就是"相与忘其所来"，渐渐地土家族化了。在最终告老还乡之际，才回归对原有文化汉文化的认同。这块诗碑可看出彭肇槐文化认同的复杂心理过程。

文化认同本身就是复杂的、多元化的，在不同的历史时期，会随着迁徙所带来的离散表现出移动性的文化认同。移动，顾名思义就是改换原来的位置，移动性则是指表示事物的移动性质。而移动本来是人类最基本的行为模式，随着历史的演进以及环境的变迁，文化认同在移动中形成，在移动中发展。从文化认同的心理结构来看，"文化认同是在文化冲突和融合下，个体根据情境需求而进行的文化心理和行为调整过程。在认同过程中，人们首先面对的是将异质文化与自身文化本体加以自觉或不自觉的比较和辨别，本着实用性原则解构、重构既有的文化价值体系。然后，经过文化价值反思，在文化冲击情境下，产生和强化了自身所属文化本体的文化自我意识和文化存在意识，而文化自我意识的凸显则取决于文化适应主体与所处社会文化环境的和谐程度，这种和谐度的强弱可能决定着个体调整、重组自身既有文化认知结构的努力程度，以及把新质文化要素加以改造、吸纳和民族个性化的强度，其结果便是引入新的民族文化认同内容，促使文化适应主体自觉地转换和拓展原有文化心理模式。因此，借助于文化同化和适应能力，人们的文化认同结构得以不断拓展和分化，从一元特殊认同向多元（多样）整合认同发展，生成更具协同活动能力的文化认同心理结构，同时，也延展了人们的生存空间和心理生活领域"②。

在对湘西进行改土归流的过程中，清廷布置了湖广土司以及湘西土司改流的总体方案，先扫除了外围势力相对较弱的桑植、保靖土司的威胁，为防止容美土司从后路进攻湘西，迈柱在桑植土司边境陈列重兵。在清雍正王朝的大兵压境之下，彭肇槐分析了当前的形势：改土归流本来就是朝廷的旨意，如果不改流，就是违背朝廷之意，将会招来"灭族之患"；如果主动改流，还可获得恭顺的美誉，得到朝廷的赏赐。彭肇槐权衡利弊，最后主动向朝廷献土改流，在文化变迁中进行调适，被迫放弃自己的文化认同。在彭氏家族来到土家族地区时，彭氏祖先已将自身文化与异质文化进行了文化心理和行为调整，在浓郁的土家族文化氛围中，面对土家族文化这一强势文化，迫使文化适应主体进行自觉转换，为了世世代代统治土家族地区，彭氏家族吸纳土家族文化的民族特征，认同了土家族文化。改土归流以后，随着清朝对土司地区的控制，

<hr>

① 瞿州莲：《永顺土司改土归流的"历史真实"：以湘西地区碑刻、地方志为中心的历史人类学考察》，载《西南民族大学学报》，2011（8）。
② 王沛、胡发稳：《民族文化认同：内涵与结构》，载《上海师范大学学报》，2011（1）。

汉文化成了土司地区的强势文化，价值认同成了文化认同的主要因素，再加上在与汉文化长期的交往与融合有了一些精神共鸣，这些客观的精神需求迫使彭氏家族的文化认同开始与汉文化融合。

老司城附近不二门的诗碑《溪州隐吏车庚诗》揭示了清代改土归流后永顺土司彭肇槐的政治生活及其土司家族的去向，并在一定程度上还原了永顺土司改土归流的历史真实，以及老司城末代土司彭肇槐对改土归流的无奈心理，实际上反映的是彭氏家族文化认同的复杂纠结的心理过程，表现土家族文化认同中的兼容并蓄以及多元性。

2. 墓志铭

从1981年开始，永顺县及湖南省考古工作者就对老司城进行了考察，特别是2010年湖南省考古队的考察，在老司城附近发掘了大量的墓葬石刻遗存，有彭宗舜、彭翼南等土司及眷属的墓志铭，如《永顺等处军民宣慰使麦坡墓志铭》、《诰封明故太淑人彭母墓志铭》、《明故昭毅将军思全彭侯故室淑人向氏墓志铭》、《皇明诰封昭毅将军授云南右布政使湖广永顺宣慰彭侯墓志铭》、《永顺宣慰使彭宗舜墓志铭》等，是研究和考证土家族民间历史文化最有力的史料，也是土家族文化与汉文化相互交流与认同的见证。

老司城现今发掘最早的墓志铭是1981年永顺文物队发掘的彭世麒母亲、彭显英夫人的墓志铭《诰封明故太淑人彭母墓志铭》，现存放于永顺土家族溪州民俗博物馆。[1]墓志铭记载了明代溪州土司最强盛时期显英、世麒、明辅的三代家政，并具体描述了彭世麒的成长史，说他从四岁开始就被"教之字义小诗"，待其稍长，便"延师教之"。这里的"师"是从何处请来，墓志铭没有写明，我们从《永顺宣慰使司历代稽勋录传》中发现了答案：

（公）修建颗砂行署，聘延永定卫樊使君公子樊珍，朝夕讨论，建祠修学，崇礼尚贤，诸凡制度，焕然一新。[2]

为了改革土司内部制度与文化，彭世麒从永定卫所延请了汉人樊珍，辅助其改革与创新，使土司内部各种制度焕然一新。彭氏土司之所以能世代相传，有赖于家族非常重视对汉文化的学习与交流。彭世麒还在汉人的辅助下"修祠建学"，这在另外一些墓志铭中也得到印证，其孙彭宗舜的墓志铭《永顺宣慰使彭宗舜墓志铭》中提到他广结外来汉人并得到辅助与支持的记录：

孝宗时有曰世麒者，号思斋，君之大父也。倜傥好义，轻财乐施，凡中朝士大夫，若东白白沙，东山甘泉、阳明，大压，闻山，高吾云巢诸名公，皆厚礼厚币，以求教。

---

① 向凌：《〈诰封明故太淑人彭母墓志铭〉考析》，载《辽宁行政学院学报》，2006（5）。
② 刘文澜：《永顺宣慰使司历代稽勋转》，见《彭氏源流考》，卷一，1995。此文系1983年从道光六年奉先堂版《彭氏族谱》中抄出。

故一方典章文物，彬彬丕变，庶几中州，思斋之力也。

彭世麒"轻财乐施"，对陈白沙、湛若水、王阳明、李承箕这一类当时的名公大儒，都"皆厚礼厚币，以求教"，使得典章文物，一时为之大变，其地虽为土司之区，亦"庶几中州"。彭世麒对名公大儒"厚礼厚币"，延聘汉人为幕僚，收藏"集之者充栋"的书画，倡导和学习儒家经典，践行儒家理论，推动了汉文化在少数民族间的传播和中华文化的共享，是永顺土司向汉文化学习，认同于中央王朝的一种诉求。

在《皇明诰封昭毅将军授云南右布政使湖广永顺宣慰彭侯墓志铭》中还记载了徐阶与王阳明对永顺彭氏的看法：

余初从阳明先生游，闲论天下世族贵盛而悠远者，先生因及永顺彭氏可以当之。余日："何征?"先生日："迩者两役思田，宣慰世麒、明辅、宗舜三世咸征。及和门日侍讲宅，吾见其敏而勤，富而义，贵而礼，严而和，入而孝，出而忠。夫学莫贵乎勤，利莫先于义，接人莫急于礼，驭众莫要于和，立身莫切于孝，报国莫大于忠。彭氏世有六德，恶得不贵盛而悠远乎?"

明朝隆庆二年（1568），吏部尚书徐阶为永顺宣慰使彭翼南写墓志铭，在这个墓志铭中，徐阶讲了他与心学家王阳明交往的故事。有一次，徐阶与王阳明"闲论天下世族贵盛而悠远者"，即谈论全国长期享有尊贵地位的世家大族。王阳明说"永顺彭氏可以当之"，徐阶问为什么，王阳明说永顺彭氏拥有"六德"，所以能够贵甲天下。王阳明讲的"六德"，就是勤政、义气、礼节、和谐、孝顺、忠心。王阳明说永顺彭氏拥有勤政、义气、礼节、和谐、孝顺、忠心这六德，所以能够贵甲天下。

正因为彭氏土司对汉族名公大儒"厚礼厚币"，广为结交，留下了这些名公大儒为他们撰写的许多文章与墓志铭，[①] 推动了汉文化在土家族地区的传播。对于老司城土司在墓志铭中所表现的对于汉文化的认同，吉首大学土司研究专家成臻铭教授认为："在外来强势政治文化传统文化因子向四周呈辐射状运动的过程中，本土弱势政治文化只能被动地适应与模仿外来强势政治文化。由于文化传播方式、文化传统的辐射方式及内化方式存在的诸多统一性，彭氏土司在文化大统一格局下受儒家传统人世思想影响较深，在'人生三立'方面，注重立功与立德，留下许多金石碑刻宣扬其家族的功德，只是由于文化水平的局限，缺乏以著书立说为特征的立言。之所以不注重立言，是因为其血缘世袭体制以及汉文化水平决定了他们没必要也暂时不可能进行立言。这是彭氏土司社会现实价值观念的一种必然反映，同时也凸显儒家文化传统面对政治文化多

---

① 据香港科技大学的谢晓辉在《明代湘西苗疆土司社会的变迁》一文中介绍，她所收集的明代永顺土司的墓志铭无一例外都是汉族官员士大夫为其撰写的。

样性的无奈。"① 这样老司城地区逐渐形成土家族、汉族相互交融、多元一体的文化格局。

(三) 族谱

对于土司的承袭,明代朝廷规定土司承袭需首先递交本族的宗支图谱,确认没有争袭后方可承袭,除此之外还规定土官子弟承袭需入学学习汉文化,这样客观上要求土司必须掌握汉文,并能熟练处理一系列文书与制度的变革,形成"族谱"。在汉文化传播的影响下,历代土司逐渐认同于以儒家伦理道德为基调的华夏文化,为正本清源和记载本族世袭功勋,他们运用修族谱、立祠堂、定族规等做派,使其与内地汉族豪门逐渐趋同。

对于土家族的族源,本土学者根据汉典籍对土家族的描述"廪君蛮"、"武陵蛮",从而得出"乌蛮说",而我们的田野调查却发现清代以后,土家族的族谱毫无例外地都说自己祖先从江西迁入,如吉首大学瞿州莲教授在永顺县羊峰乡青龙村做调查时发现《向氏族谱》有这样一段叙述:

向宗彦生于五代梁太祖开平二年(908),原籍系江西南昌府本城县铁树宫粟树村向家巷人。

青龙村的向氏明确表示自己的祖先向宗彦不是本地土著,而是来自于江西。不仅表现对"乌蛮"的不认同,而且还表现出回避土司,认同于中央王朝的趋向。据《溪州铜柱铭文》记载,向宗彦是与溪州刺史彭士愁一起向楚王饮血盟誓的19个土著首领,是土司王彭士愁一方的主要力量。而在羊峰乡青龙村的《向民族谱》中是这样的叙述:

晋王招贤纳将,向宗彦应招入朝,与马希范等一同进讨土司,土王持勇,不省虚实,先来五十八旗讨战,被向军大败,一路势如破竹,先破辰关,后破九溪六洞,一直战到古丈坪罗依溪,大破蛮兵于会溪坪,遂于天福七年(943)立铜柱于溪州。向宗彦有功无封,反遭毒死,于是晋主加封彦公武略将军,八部大神向老官人。

《向氏族谱》中向宗彦被塑造成了中央王朝的忠实拥护者,作为马希范的主力参加了镇压彭士愁的战争,得到了朝廷的加封。可见,青龙村的向氏家族,逃脱土司彭氏控制之后,为了开脱与彭氏土司的关系,避免引起朝廷疑忌而遭到不测,极力划清与原来土司的界限。而且在外在压力挤压竞争下,向氏家族为了增强其内在的凝聚力,就利用族谱这种资源来构建本家族的历史。彭氏土司统治中心老司城的其他家族,如郑氏、魏氏、李氏等家谱,都有与向氏的家谱一样的结构。改土归流以后的土家族"都为了与原来的土司家族划清界限,证明本家族身份的合法性和正统性,在家谱中对

①　成臻铭:《清代土司研究:一种政治文化的历史人类学观察》,79～80页,北京,中国社会科学出版社,2008。

本家族的历史进行重构"。①

在土家族精英阶层认为祖先为土著的"乌蛮"时，土家族民众群体对此却表现为不认同，而表现出对外来汉人的认同。土家族对族源的这种自我认同有一定的客观依据，那就是在改土归流以后老司城的衰败时期，土家族地区有相当数量的汉族流官及商人进入，土家族的后代不少成了汉族移民的后裔。但也有一些士人未必是汉族移民的后裔，却在中原中心论的影响下，攀附成汉族移民后裔。所以这种自我认同，表象是族源，本质或内核却是"中原"，这群人以本身或先人来自中原为自豪、为标榜，也以此作为分别我群与他群的边界。对于这种攀附中原文化的心理，土家族民族精英向渊泉先生曾这样对笔者说：

> 按《彭民族谱》记载彭士愁来自江西，实际上这是写族谱的后人攀附上的。当年吴着冲选驸马时选上了彭士愁，后来女婿彭士愁赶走了吴着冲，当上了溪州刺史。吴着冲怎能选一个与本族毫无关系的外人辅助他？这里的江西不是一个具体的地名，那时还没有江西省的概念，而是一个地域，指湘鄂川黔以西的地区，其实就是土家族聚居地。当时朝廷有规定，不是名门望族不能考举人，更不能当官。"蛮不出峒，汉不入境"，所以"五溪蛮"都得攀附外来的名门望族。

改土归流以后，随着大量汉族流官与商人的进入，土家族在与汉族接触相处之时，大多处在弱势族群的地位。面对汉族流官占统治地位的新的生存环境，面对强势族群，他们采取的生存策略或文化认同取向是隐忍、融人，甚至为强势族群所同化。在文化认同中他们弱化自己的土司认同，认同了汉族文化。对于这种攀附名人心理而出现的多元文化认同，台湾"中央研究院"的历史人类学家王明珂认为："由于大量汉人军民的移入，以及本地人群因此与汉文化之长期接触，许多西南人群宣称或假借华夏祖源，也践行华夏之文化习俗。因此，在明清时期，许多西南地方汉与非汉区分都是相当模糊的。"②

因此对于土家族在老司城衰败以后极力攀附中原名门望族的这样一种现象，我们不必探究它的真实性，也不必对其更正。实际上，在人类社会上，任何弱势族群与强势族群接触、共处，都会发生弱势族群被强势族群文化暂时同化的问题，正如中山大学的刘志伟说："值得我们研究的，不仅仅是这种历史叙事本身所蕴含的事实，更有意义的是，在宗族历史叙述中，无论是真实记录也好，附会虚饰也好，都是后来被刻意记录下来的，因而是人们一种有意义的集体记忆，而这种集体记忆，在地方社会发展

---

① 瞿州莲：《从〈家谱〉看改土归流后土司时期的土著居民家族建构》，载《吉首大学学报》，2009（3）。

② 王明珂：《华夏边缘：历史记忆与族群认同》，214页，北京，社会科学文献出版社，2006。

的历史过程，更有其特定的社会和文化的意义。"①

此外，当人们面临社会文化转型或者多元文化情境时，个体民族文化认同的价值取向就会趋于多元性、多样性和多维性。里德菲尔德（Redfield）等人认为，文化适应是指两种具有不同文化的群体在连续接触的过程中所导致的两种文化模式的变化。按照这种界定，文化适应是一个"相互适应"的过程，而不是"谁适应谁"的过程。文化适应的核心问题也就是一个对两种文化进行比较的价值判断，当认为主流文化的价值大于传统文化时，民族认同就倾向于全力适应主流文化。羊峰乡青龙村的《向氏族谱》所呈现出的对于汉族中原文化的认同，这与土家族知识精英的文化认同"乌蛮说"不同，有忽略土司文化的倾向。通过文化适应的策略，土家族在认同于本民族文化的同时，会更认同于主流文化，也表现出对土司文化衰败的无奈选择，这样土家族精英与民众在文化认同上具有更多的开放性、兼容性、多元性，形成土家族文化认同的、独特性、唯一性。

第五节　忠君到爱国：伦理道德的认同

忠君，即效忠于君王，效忠于朝廷。土家族"忠君"观念的形成可以追溯到原始部落的首领崇拜。历史上土家族的君王就是人神同一化的"君王"，即廪君。在《后汉书》、《晋书》等有关文献史籍中，廪君不仅武艺高强，具有超人的能力与智慧，掷剑中于石穴，浮土舟亦能渡江，而且还能射杀盐水神女，为部族造福；一声长叹，山崖为崩，为百姓建立家园；更为神奇的是其死后，他的灵魂化为白虎升天。从此土家族便以白虎为祖神来敬奉，以虎的雄性驱恶镇邪。民谚曰"白虎当堂坐，无灾又无祸"，在跳丧仪式中有"虎抱头"、"猛虎下山"等舞姿。千百年来，人们仍然信守这一仪式，直至20世纪中叶，仍有巫师"开红山"，滴血以祭。② 即使后来巴国灭亡，土家人的忠君观念并未因此而削弱："楚子灭巴，巴子兄弟五人流人黔中，各为一溪之长。"③ 在巴国灭亡以后，仍奉巴氏兄弟为酋长，表现出对君王的忠诚。

---

① 刘志伟：《附会、传说与历史真实：珠江三角洲族谱中宗族历史的叙事结构及其意义》，见王鹤鸣等：《中国谱牒研究——全国谱牒开发与利用学术研讨会论文集》，上海，上海古籍出版社，1999。
② 胡炳章：《土家族文化精神》，223～228页，北京，民族出版社，1999。
③ 《通典。州郡十三黔中郡》。

一、碑刻牌坊中的忠君

土家族的忠君观念在八百年的土司统治时期，具体表现为对土司的效忠：

"北江蛮酋，最大者曰彭氏，世有溪州。州有三，曰上、中、下溪州；又有龙赐、天赐、忠顺、保靖、感化、永顺州六，懿、安、远、新、洽、富、来、宁、南、顺、高州十一，总二十州。皆置刺史，而以下溪州刺史兼都誓主，十九州皆隶焉，谓之誓下州。将袭，都誓主率群酋合议。子孙若子侄亲党之当立者，具州名移辰州为保证，申钤辖可以闻，乃赐敕告印符，受命者隔江北望拜谢。州有押案、副使及校吏，听其自补。"

《宋史。蛮夷传》中对土家族彭氏土司势力的描述，反映了土家族忠君的观念主要是对君王的神化。明清时期的土司制度实行世袭制，土司由中央王朝直接任命，由边疆地区各少数民族大小首领充任，"所设宣慰、知州、长官，不问贤愚，总属世职"，[①]其统治权始终控制在一家一姓之手。土司同封建帝王一样，子子孙孙"世袭其官、世长其民、世领其地"，以保持独家统治特权。这种世袭制客观上强化了土家族的"忠君"思想。

由于统治者的渲染及其政治导向，民间对土司王神化的传说，比比皆是。传说彭士愁前世是天宫二十八宿的文吉星轸水蚓，他与观音、罗汉有幸在天宫为神，所以再世受观音、玉帝之托，投生人间，灭掉恶魔吴着冲，统治了溪州。他做了溪州刺史以后修建了祖师殿和观音阁。修祖师殿那一天他通过玉帝、观音召来四大天神、六丁六甲、二十七宿，还有十八罗汉、四百九十九个阿罗以及比丘僧、比丘尼等千余名神仙下凡，一天就把祖师殿建好了。[②]百姓很敬佩他，尊称他为"彭公爵主"。

这样，土司在百姓心目中已经神化了，呼风唤雨，无所不能。百姓不仅在其生前奉之为王，而当其死后，仍然祭祀其灵魂。"各寨皆设鬼堂，谓是已故土官阴魂衙署。"[③]据说跳摆手舞也是敬土司阴魂的一种方式，龙山作罗湖摆手堂就有一副对联"守斯土，抚斯土，斯土黎民感恩戴德；封八蛮，佑八蛮，八蛮疆土风调雨顺。"横批为"同庆丰年。"描述了百姓跳摆手舞敬土司的情景。

（一）彭氏宗祠

除了跳摆手舞以外，有的地方修建了土王祠敬奉土司。"土司祠，阖县皆有，以祀历代土司，俗称土王庙。"[④]这种视土司为神的祭祀行为，也进一步强化了"忠君"观

① 同治《永顺县志》，卷三。
② 向盛福：《土司老司城民间故事集》，31页，北京，中国戏剧出版社，2010。
③ 民国《永顺县志》，卷八。
④ 光绪《龙山县志》。

念。在老司城的衙署区有一座彭氏宗祠，是明万历十九年（1591）第二十四代土司彭元锦在他袭宣慰使之职后的第四年修建的。去彭氏宗祠要穿过老司城正街，走过一条200多米长的官道，经过四个平台和五段石阶梯三十余级石阶，才走进宗祠大厅，这种逐步高升的地势显示出一种威严、敬畏的气派。明万历十九年的《永顺宣慰使司彭氏祠堂碑》载："爰集众议，期终先志，庙貌一新，得奉列像祀焉。而显考怀北亦像木合祀，用识孝思于不匮。其他祭田祭器，伏腊奉祀，悉如定制。"① 祠堂里列着一排木雕像，各具神态，栩栩如生，供奉着十八代土司王的牌位，由此祠堂也被当地人称为"土王祠"。百姓视彭氏土司为神，年年来彭氏宗祠祭拜：

彭公祠畔赛神谣，火树银花照眼姣；
侬识踏歌郎识曲，今宵相约闹元宵。②

（二）德政碑

在彭氏宗祠里还立有一块德政碑，康熙五十二年（1713）为永顺宣慰使彭泓海而立。碑头有篆书"甘棠遗爱"四字，正碑两侧是一对联："一片石铭恩德厚，千秋歌颂山河新。"正中刻有"钦命世镇湖广永顺等处军民宣慰使司宣慰使都督府致仕恩爵主爷中涵德政碑"。碑文记述了所辖五十八旗、三百八十峒抚民以及苗寨对彭泓海德政的拥护与赞美：

使君中涵彭公致仕之明年，余过灵溪，适有承辖五十八旗、三百八十峒军民，抚老携幼，蚁集司城，向余告曰：吾永建自汉，为朝廷南服世臣，迄今几百载，其间执圭守土，代不乏人，咸以苗蛮之故，用法严峻，服民以威，不以德也。是以治乱相寻，无息肩日。自我爵嗣世，天性仁厚，举无失轨，去猛存宽……易杀戮为鞭扑。……节用以恤民膏……

据传，竖立德政碑得到康熙皇帝的首肯，康熙十九年（1680），清廷追剿反叛朝廷的吴三桂之孙吴世瑶，吴退处辰龙关，辰龙关位于常德与怀化的交界地沅陵县官庄镇境内，是由京都通向滇、黔、川等地的必经之道，地势险要，清兵久攻不下。彭泓海父子率3000土兵参战，攻下辰龙关，康熙龙心大悦，授彭泓海永顺宣慰使。彭泓海主要有三大德政：一是执政有方，德政仁政于民；二是应征调辰龙关攻克吴叛军之功；三是任职中期，给康熙奏章："镇竿、五寨等苗疆不由都督府管辖，改由苗族各寨头人自治自管。"这一建议得到了康熙的赞赏。从彭泓海执政以后，都督府不再坐镇镇竿，故而德政碑的背面罗列的立碑人中列有苗七寨头人。彭泓海天性仁厚，德政为民，成

---

① 转引自欹玉松：《永顺老司城及其内部建筑的历史考察》，见第一届中国土司制度与民族文化学术研讨会论文集。

② 民国《永顺县志》，卷二十八。

为土民以及苗民心目中值得信任的君王。

二、朝贡品中的忠君

中央王朝对土家族地区的土司除委以官职、封以爵号和准其世袭外，还额以贡赋，以此作为考量土司对朝廷的忠顺程度，也是土司的国家认同的重要表现形式。"朝贡象征着土官土司对中央政府的臣服，纳税意味着土官土司地区归属央王朝的版籍。"① 西南少数民族接受蒙元政府统治，针对土司的贡赋数额自有定例。"元代土司朝贡的时间，有每年一次、隔年一次、三年一次等几种情况，这是根据土司大小及所居地之远近而居，并不划一……贡品为各地之土特产，由于各地所产不同，贡品亦各种各样，如马匹、训象、珠宝等。元政府本着'宜厚其赐，以怀远人'的原则，对进贡的土司都给予优厚待遇，如赐予衣物、驿马、币帛等，这标志着元政府对西南少数民族地区的治理比以往施行的羁縻政策又大大推进了一步，同时为明代对土司'额以赋役'的制度奠定了基础。"元明时期，"明王朝除把缴纳贡赋作为对土司地区进行掠夺的一种经济手段外，更重要的是在政治上把它作为土司是否修臣职即是否忠于中央王朝的重要标志，故对此十分重视"②。土司朝贡之物多为定期交纳地方特产，土家族地区各大土司按规定每三年须向朝廷进贡，贡品除名贵兽皮、麝香、犀角、溪布、丹砂、药材外，最主要的是湘西特产。

（一）朝贡品的种类

土司向朝廷朝贡的贡品起初并不多，随着时间的推移，贡品种类不断增加，溪布、朱砂等在后期朝贡中越来越多。并且，贡品由水银、朱砂等小型物品，发展到马、楠木等大型物品。

楠木属樟科，常绿乔木，是我国特有的珍贵用材树种。楠木并不是特指某一种树木，而是樟科楠木属或称桢楠属及润楠属树种的统称，古称"柟木"，民间又称其为赤梗、交让木，为我国特有的珍贵木材，名列江南四大名木之首，被誉为"木中贵族"。楠木木质坚韧、纹理细腻、遇火难燃、经水不腐、百虫不侵、淡雅幽香。明代学者王士性在《广志绎》中记载说："力坚理细……吴中器具皆用之，此名香楠，又一种名斗柏楠，亦名豆瓣楠，剖削而水磨之，片片花纹，美者如画，其香特甚……又一种名瘿木，遍地皆花，如织绵然，多圆纹，浓淡可挹，香又过之。

古代楠木分布在我国的分布比较广阔，不过自先秦汉晋时期起，楠木的开发即主要以江南地区为主。明代，位处西南的土家族地区又成为明代采木重要之所，涉及的

---

① 龚荫：《中国土司制度》，40 页，昆明，云南民族出版社，1992。
② 李世愉：《清雍正朝改土归流善后措施初探》，载《民族研究》，1984（3）。

地区包括施州卫、夔州府、辰州府、常德府以及贵州铜仁等地。2002 年湘西秦代古城里耶考古发掘时，发现深藏三万多枚秦简的 1 号井密密扎扎的方形井圈全是楠木制作，就此而言，湘西盛产楠木的可考历史至少追溯到秦朝。湘西楠木真正明文见诸史册应从宋朝开始，湘西民族志典籍《溪蛮丛笑》云："蛮地多楠，有极大者刳以为舟。"《本草纲目》载："楠木高大，叶如桑，出南方山中。"《五杂俎》记："楠木生楚蜀者，深山穷谷不知年岁。"从这些零散的记载中可以看出宋明清时期湘西就是我国南方为数不多的楠木主产地。楠木因其树干挺拔、笔直，上下一般大小，加之气味芬芳，经久耐用，大量用于宫殿寺庙的栋梁、立柱等关键部位。

元代，土司对封建王朝朝贡的经济义务有了明显发展。中央王朝将其视为考察土司"归化之心"和使之瞻仰"天朝威仪"的手段。到了明代这种土司"纳贡"中央王朝"回赐"的关系更为发展，次数更加频繁，规模日益扩大，贡物也愈加增多。因此朝贡楠木成了永顺土司瞻仰"天朝威仪"，向朝廷表达"归化之心"的主要方式。正德元年（1506）第一次贡楠木 200 根；明正德十年（1515）永顺"致仕宣慰彭世麒献大木三十，次者二百，亲督运至京，子明辅亦进大木备营建"①。正德十三年，世麒又进大楠木四百七十根，明辅亦进大楠木备营造。故宫太和殿、十三陵中定陵的木件多为溪州土司进献的金丝楠木。在交通不发达的古代，要将笨重的木材从偏远崎岖的土家山区运往遥远的京城着实不易。

随着朝贡规模的增大，土司朝贡时随从也增多，有数百人甚至上千人者。如明永乐十六年（1418）永顺宣慰使彭源"遣其子率土官部长六百六十七人"朝贡。由于朝贡人数不断增加，明政府对土家族地区土司朝贡人数便加以限制，规定三年一贡，每次朝贡人数不超过百人，到京人数不超过 20 人。但实际上人数远远超过此规定。

朝廷给予朝贡者丰富的赏赐，目的在于招徕各民族的来朝，如未按时进京朝贡或超过规定朝贡期到京者，赏赐要适量减少，"凡到京过期者减半给赏，后或全赏。弘治三年（1490）以后，正月内到（按规定应在当年 12 月内到）者亦全赏，二月半到者减半"②。在《宋史》中也有记录表明朝贡与回赐对于土司的重要性，土司如果有罪，朝廷给予的处罚竟然是禁止朝贡，"仕羲有子师宝，景祐中知忠顺州。庆历四年，以罪绝其奉贡。盖自咸平以来，始听二十州纳贡岁有常赐，蛮人以为利，有罪则绝之。其后，师宝数自诉，请知上溪州。皇祐二年，始从其请，朝贡如故"③。由上可见朝贡中的回赐对于土司经济的重要性。

通过朝贡，土司从中央政府得到了大量绢、帛、钞币、衣物等回赐品。朝廷对土司的回赐除了物品以外还有官职，嘉靖四十二年（1563）"以献大木功再论赏"，升宣

---

①　（清）张廷玉等：《明史》，卷三百一十，《湖广土司传》。
②　（清）张廷玉等：《明史》，卷三百一十，《湖广土司传》。
③　（元）脱脱等：《宋史·蛮夷一·西南溪峒诸蛮·上》。

慰彭明辅为都指挥使，升其子彭翼南为右政使。升迁所授官职，有的是在土官的序列
上往上升级，有的授予流官职衔或授予散阶和勋级虚衔。

（二）朝贡品的功能

土司的朝贡是土家族对汉文化了解的开端，增强了土家族与汉族文化与经济的交
流。对此土司研究专家段超先生认为：

"首先，土家族土司多次带领庞大的队伍深入汉族地区，通过亲眼所见、亲耳所
闻，对汉族的生产工具、生产技术、生产方式、生活方式、思维方式、民族性格、风
俗礼仪等有了许多感性认识，这种感性认识随着朝贡次数的增多而不断深化，从而最
终强化了土家族对汉族文化的认同感，这对于土家族吸纳汉民族的物质文化和精神文
化有积极作用。

其次，土司从中央政府的回赐品中可以了解到汉族先进的生产技术，有利于土家
族采纳吸收汉族的物质文化和生产技术。另外，土司向中央进献楠木、马匹等大型贡
品是以交通改善为前提的，交通改善后，汉族与土家族文化交流更为便捷，从而进一
步促进了汉族与土家族的文化交流。"①

> 楠木叶香自动风，
> 森森独秀五溪中。
> 北京营造太和殿，
> 采伐栋梁立首功。②

从老司城流传的这首清代诗人彭施涤的诗中可以看出，土家族把土司的朝贡看作
是对朝廷忠诚的表现，通过朝贡的方式从而获得了中央王朝的认同，表现出忠君的自
豪感。土家族土司到京都朝贡不仅仅是履行义务，也是土家族与汉族文化交流的一种
形式，它对元至清初汉族与土家族文化互动以及土家族经济、文化的发展有着重要的
影响。明代土司彭世麒的经历体现了基于忠君的朝贡对土司以及土家族地区的影响。
彭世麒于明孝宗弘治五年（1492），袭其父职为永顺宣慰司使，即任后，为朝廷立下许
多战功，受到朝廷的嘉奖，加升昭武将军衔。尔后，又奉调远征郴、桂，再立战功。
明廷又加封世麒为龙虎将军，正一品服色。礼部会勘，题请圣旨，拨白银三十两，为
彭世麒建昭勋牌坊，以彰圣典，为此他多次进京朝贡楠木。正因为在朝贡途中接触了
汉文化，加上自己的兴趣爱好，彭世麒成为彭氏家族中为数不多的颇通汉文墨的土司
之一，在任职期间，编修了《永顺宣慰司志》，内载土司世系及永顺山川、风物、物产
等内容，开创了编修永顺地方志书的先例。③ 通过学习汉文化，土家族土司已不是一介

---

① 段超：《元至清初汉族与土家族文化互动探析》，载《民族研究》，2004（6）。
② 转引自向盛福：《土司王朝》，8 页，呼和浩特，内蒙古人民出版社，2008。
③ 田荆贵：《中国土家族历史人物》，10～11 页，北京，民族出版社，1993。

武夫，而是"才名屈指一世"、"兼有文武之资"的土家族政治家。也正因为对汉文化的爱好，彭世麒在正德五年（1510）致仕以后，还能咏诗论道，优游林泉，以娱晚年。在他的影响下，其儿子彭明道"不慕荣利，隐居白竹山，著有《逃世逸史》"。①

这种贡赋往来，不能只看成是君臣关系，应看成是一种民族亲善和睦关系，是巩固和维护国家统一的表现。正如佘贻泽《中国土司制度》所说的，贡赋之目的，是加强"土司和封建朝廷接触之机"，"一则以表其归化之心，一则亦可藉使瞻天子之威严，中原之富庶，礼教之敦厚"，因为"朝廷非爱其财，且每次给赏甚厚，以表天子之恩也"。

土司通过朝贡向王权国家敬献地方特产，直接体现了对中央政府的归属意识及忠顺心态，具有鲜明的国家意识，是土家族忠君爱国道德观念的直接体现。王权国家通过朝贡制度加强对地方民族政权的牵制和约束，强化了中央政府与地方民族精英的政治联系，对少数民族及民族地区从制度和实践等层面形成并强化国家意识，对中华民族"多元一体"的形成和王权国家的统一稳定具有重大的意义，使族群认同的文化因素与国家认同的文化因素尽可能多地相互交叠。

---

① 同治《永顺县志》，卷三十二。